Wärend Och Wirdarne, Ett Försök I Svensk Ethnologi. 2 Deler - Primary Source Edition

Gunnar Olof Hyltén-Cavallius

WÄREND OCH WIRDARNE.

Ett försök i Svensk Ethnologi

AF

GUNNAR OLOF HYLTÉN-CAVALLIUS.

—eet land, som hetir *Wærend*. — Thær war ok mykit got, swa som godh fiskewatn, bi ok honagh, akir ok wæna ænghia, ok thiokke skogha, — ok margahanda diwr innan.

Legenda S. Sigfridi.

FÖRSTA DELEN.

STOCKHOLM, 1864.
P. A. NORSTEDT & SÖNER,
Kongl. Boktryckare.

Innehåll.

Innehåll

Kap. III. Hedna-tro.

Träsnitten i Häft. I äro följande:

WÄREND OCH WIRDARNE.

Ett försök i Svensk Ethnologi

AF

GUNNAR OLOF HYLTÉN-CAVALLIUS.

—eet land, som hetir *Wærand*. — Thær war ok mykit got, swa som godh fiskewatn, bi ok honagh, akir ok wæna ænghia, ok thiokke skogha, — ok margahanda diwr innan.

Legenda S. Sigfridi.

STOCKHOLM, 1863.
P. A. NORSTEDT & SÖNER,
Kongl. Boktryckare.

PROFESSORN VID KONGL. UNIVERSITETET

I KÖPENHAMN

GEO. STEPHENS ESQ.

till Minne af ett land,

åt hvars språk och litteratur Han egnat en mångsidig forskning.

Förord.

Materialet till närvarande arbete samlades af förf. i hans ungdom, under färder i hembygden och studier af dess folklif och folkmål. Sjelfva bearbetningen tillhör deremot ett annat tidskifte, och är för det mesta utförd på resor i långt aflägsna land, under mellantiderna af en iråkad sjukdom. Häraf frånvaron af all lärd apparat. Hvad här meddelas torde dock thyförutan kunna tjena åtminstone såsom ett underlag för nya forskningar, och förf. hoppas lifligt, att bristerna i hans arbete må i någon mån ursäktas, för den kärlek hvarmed han egnat sig åt sitt ämne, och den sjelfständighet han eftersträfvat i detta ämnes behandling.

Stockholm, Sept. 1863.

Kap. I.

Land och Folk.

§ 1. Södra sluttningen af det Småländska höglandet, med vattendrag som mynna genom Blekinge, har så länge historien vet burit namn af **Wärend.** Detta land är till naturbildning en något skålig högslätt, omsluten af skogvuxna sido-åsar och inåt genomskuren af talrika vatten. Dessa vatten draga sig åt landets midt, der de träffa stora bäckenformiga försänkningar, alla med fall åt söder, och bilda så ett system af sjöar, bland hvilka de ansenligaste äro Helga-sjön, Salen och Åsnen. Alla dessa vattensamlingar ligga ännu på en höjd af från 5 till 400 svenska fot öfver hafvet. Tätt öster om sjöarne Åsnen och Mien begränsas den nämnda sänkningen af en låg landhöjd, som går ifrån norr till söder och afdelar ett mera östligt system af vatten, som likaledes mynna genom Blekinge. Detta nya vatten-system tillhör Wärends sydöstra del eller Konga härad, hvilket härad af ålder haft sin vestra rågång i den nämnda midtel-åsen. Längst i sydvest bildar landet ett hörn, som skjuter öfver in på Helge-åns vattenområde, så att gränsen här faller icke på den naturliga vattendelaren, utan i den stora sjön Möckeln. I nordöstra delen af Wärend upprinna för öfrigt några strömmar, hvilka, efter att hafva genomlupit Kalmarläns skogsbygd och landtbygd, kasta sina vatten rätt öster ut till hafvet.

Landets beskaffenhet företer således en enkel och naturlig konfiguration, med bestämda gränser och skarp afsöndring ifrån grannländerna. Dessa grannländer voro: i norr Niudungen, i vester Finveden, i söder Blekingen och en del af Skåne, samt i öster Kalmarlandet och Möre. Gränsen bildades åt alla sidor genom djupa och vilda skogs-trakter. Dessa skogs-trakter intaga ännu åt söder, emot den gamla riksgränsen, ett bälte om flera mils bredd. Vestra gränsen var ännu för få år sedan, i trakten af sjön Tjurken, blott en vild hålskog, uppfylld af stenharg, myrar och oländig mark, och dertill utan väg, så att man blott vintertiden kunde färdas emellan Wislanda i Wärend och Ryssby i Finveden. När man från Wärend reser stora kungsvägen norrut, kan man knappast undgå att bemärka det stora afstånd och den obygd, som skiljer de nordligaste kyrkorna i Wärend från deras närmaste grannkyrka (gamla Hielmseryd) i Niudung. Och åt öster fortlöper den gamla Kalmarvägen än i dag genom de skärfviga och oländiga hålskogarne i Hälleberga och angränsande socknar, en vildmark, ödsligare än kanske någon annan af dem som ännu finnas qvar i gamla Göta rike.

§ 2. De äldsta underrättelser som stå att vinna om *naturförhållandena* i detta således af sina gränser fattade land-område, måste hemtas ifrån de gamla gårdnamnen. Dessa namn, hittills föga rådfrågade af våra forskare, gifva nemligen, — om ock i de allra enklaste drag, — en historia om land och folk, vid den tid då det förra erhöll en fast, åkerbrukande befolkning. Rådfråga vi nu denna källa angående Wärend, så finna vi att landet, när det först bygdes af sin nuvarande folkstam, ännu till större delen upptogs af en mäktig urskog, som vid vattendragen på många ställen bildade ofantliga sammanhängande *löfhult*, och blott å den magrare grunden, på sand-åsarne och emellan kärr och myrar, bar den vanliga högnordiska barrskogen. Allt efter olika landmån och jordmån bestodo löfhulten af olika slags träd, till en del af ädlaste art. Ofantliga jordvidder intogos af ek- och bok-skogar; deremellan framträdde lönnen, linden, asken och almen i täta lundar, medan björken bildade skogens hufvudstånd å den lättare jorden samt å sidder och i dalgångar. Det hela var en blandning af sydländsk och nordisk skogs-natur, lika omvexlande som landet sjelft och återgifvande alla de skilda lynnena hos vår fosterjord, ifrån den vilda, norrländska skogsmyren ända ned till det rika skånska bokhultet.

För att klart fatta den geografiska utbredningen af dessa forntidens praktfulla löfskogar, behöfva vi allenast efterse hvilka gårdar i Wärend som ha namn börjande eller lyktande på *hult*, *hylta*. Dessa ord bemärka nemligen i landets mål en s k o g a f l ö f t r ä d, förnämligast af ek eller bok. Och af dessa namn, äfvensom af andra sammansättningar i hvilka ingår namnet på något löfträd, förekomma i Wärend ett högst betydligt antal. Serdeles är detta fallet inom Albo härad, som ensamt räknar ej mindre än e t t hundra fyratiofyra gårdar med namn på hult eller hylta, af hvilka 41 i Wigerstad, 23 i Stenbrohult, 18 i Thorsås, 15 i Wislanda, 13 i Härlunda, 11 i Slätthög o. s. v. Hela södra fjerdingen af detta härad och stora skiften af fjerdingen norr om Blädinge-bäck ha således i forntiden bildat nära nog blott ett enda stort, sammanhängande löfhult. Nästan liknande har förhållandet varit i Kinnevalds härad, hvars södra fjerding räknar 11 gårdnamn på hult inom Urshult socken och 16 inom Almundsryd. I Konga härad förekomma dessa namn mera sparsamt: i Liuder 6, i Elmeboda 6, i Weckelsång 7, o. s. v. I Norrvidinge härad äro de allmännast i Bergs socken, som har 6, och i Asa socken, som har 7. Inom Uppvidinge räknar Nottebeck 7, Åsheda 12, Elghult 16, Algutsboda 16, o. s. v. Men om redan dessa gårdnamn tillåta oss en öfverblick af de stora sammanhängande löfhulten, — hvilka visserligen till det mesta bestodo af ek och bok; men jemväl af andra löfträd, såsom Lönshult, Lindehult, Elmhult o. s. v., — så visa de i Wärend ytterst allmänna gårdnamn, i hvilka ingår namnet på olika slags löfträd, att landet i alla dess inre delar varit fordom uppfyldt af löf-skogar, ehuru icke allestädes i lika slutna och sammanhängande skogsstånd. Vi hänvisa blott till gårdnamn sådana som: Ekemoen, Ekewarfven, Eke, Fagereke, Fröseke, Welleke; Bökemoen, Bökebacken, Böket, Wrångeböke; Ask, Eskås; Lönsås, Lönshult; Lindås, Lindefälla, Lindeberg, Linneryd; Almås, Elmisås, Elmeberg, Elmefall; Hässlemoen, Hässlebäck, Hässle, Rotehässle; Saxabörke, Lindbjörke, Björke o. s. v. Och detta slags namn förekomma i Wärend, såsom vi redan antydt, till ett högst betydande antal.

I motsats till alla dessa namn, hänvisande på den fordna praktfulla löfskogs-vegetationen, framträder blott sällan minnet af gamla tidens *barrskogar* i gårdnamn lyktande på *skog*, såsom: Ulfvaskog, Mörkaskog, Ledaskog, Högaskog, Bondeskog, Holstensskog o. s. v. Största antalet af hithörande gårdnamn, nemligen tillsammans tolf, förekommer i det ännu på furuskogar rika Uppvidinge härad. Emedlertid hafva jemväl barrskogarne i forntiden haft en högst betydlig utsträckning, och antagligen hafva de gamla allmännings- och gränse-skogarne till det mesta bestått af dessa å magrare jord förekommande högnordiska trädslag. Vi blifva då i stånd att bilda oss ett ungefärligt begrepp om de fordna barrskogarnes vidd och utsträckning, genom antalet af de utmål, hvilka ifrån gårdarne i den äldre bygden blifvit tagna å de gemensamma, något sednare bebygda allmännings-skogarne. Dessa utmål heta på landets språk *målar*, och återfinnas talrikt i de yngre hemmans-namnen å sådana trakter, hvarest namnen på hult och hylta äro mera sparsamma. Konga härad ensamt har således ej mindre än ett hundra fyratio gårdar med namn på måla, de flesta belägna i häradets ännu af furuskogar uppfyllda södra och sydöstra del. — Elmeboda socken har ensam 45 sådana namn. — Deremot har Albo härad blott 14, hvaraf 7 vid södra gränsen i Härlunda socken. Kinnevalds härads norra fjerding har blott ett enda; men i häradets södra fjerding förekomma 37. I hela Norrvidinge härad finnas blott två sådana utmålshemman, deremot blifva de mer allmänna i Uppvidinge, som utom de redan omtalade namnen på skog räknar 45 gårdar med namn på måla. Hurusomhelst visa dock alltid dessa gårdnamn på måla, att hemmanet icke är ett uråldrigt odalhemman, utan af yngre tillkomst, och således antagligen bygdt och odladt på en jord med ursprungligen svagare vextlighet.

Vid en allmän öfversigt af all denna skogs-vegetationens fordna rikedom i Wärend, som flerfaldigt prisas i den år 1205 författade legenden om S. Sigfrid, blir lätt att fatta, huru konung Gustaf I:s hårda mandater emot fällande af ek, bok och bärande träd kunde blifva en af de verksammaste orsakerna till den blodiga Dackefejden. I ett land, hvarest nära nog all för åkerbruk tjenlig mark i omätliga sträckningar upptogs af ek- och bokhult, såg sig bonden genom dessa författningar våldförd i sin eganderätt och obilligt inskränkt i det fria bruket af sin jord. Visserligen hade han någon ersättning genom den stora mängd svin han vissa år kunde göda på ollonskogen; men denna afkastning föll ojemnt och var ovissare än skörden på åkern eller svedjelandet. Löfskogen, äfven den ädlaste, blef sålunda för gården en börda och betraktades af jordegaren med ett slags fiendtlighet. Vi finna spår af denna stämning hos folket i den skonsamhet häradsrätterna fordom gerna visade i fråga om förseelser emot skogs-lagarne. Vid de mångfaldiga åtal som skogafogden anställde vid Wäreds-tingen under kon. Carl IX:s och Gustaf II Adolfs regering, var det blott sällan förbrytaren blef straffad. Nämnden synes i allmänhet ha varit föga benägen att iakttaga lagens skillnad emellan »bărandes trä» eller »ek axuldigra», och »dödveda trä» som saklöst kunde fällas. Denna fiendtlighet, understödd af vår sednare slappa skogs-lagstiftning, har fortlefvat ända in i vår tid. Ännu på 1830-talet såg förf. »lågorna» eller »trås-vältorna» af en präktig ekpark vid sjön Tjurken, lemnade att ruttna på marken. Efter flera århundradens utrotnings-krig återstår således nu mera blott svaga spår af skogs-verldens fordna herrlighet, och magra ferebuskar tvina nu på många af de åsar, hvilka ännu i mannaminne kransades af de praktfullaste ek- och bokhult. Både lagstiftning och folk synas lika hafva förgätit, att skogarne äro ett vilkor för vårt lands beboelighet. Om således å ena sidan skogs-lagarne icke böra onödigt och våldsamt ingripa i den enskildes rätt att bruka sin jord, så är det å andra sidan blott en rå och falsk uppfattning af eganderätts-begreppet, som ej vill inse, att denna rätt ej får sträckas utöfver hvad som kan förenas med landets och samhällets eget bestånd. »Ty», skrifver gamle konung Göstaf i sitt mandat af den 28 Febr. 1558, »J mån sjelfve kunna besinna, att en hop »skön bärande skog (der riket och den menige man »kunde hafva mycket gagn utaf) är snart förspilld »och ödelagd, för en ringa nytta skull; men ganska »sent uppvext och kommen till makt igen».

§ 3. Landets *djurverld* har naturligtvis delat öde med den landskaps-natur, hvari hon lefde. Så vidt vi kunna döma efter gård- och ortnamn, samt efter ännu lefvande sägner, har denna djurverld omfattat de flesta af svenska Faunans högre djur-arter. Af de kolossala Uroxar, hvilkas lemningar stundom uppgräfvas i de skånska torfmossarne, lefver i Wärend ännu namnet och minnet af den s. k. *Elfva-oxen* (Bos Urus, Nilss.). Ett kruthorn ifrån gården Dackemåla (Henstorp) i Konga härad, enligt uppgift gjordt af ett sådant Elfva-oxa-horn, är 2 fot 2 tum långt och har vid roten 4½ tums tvärmått *). En annan art, hörande till samma slägte och förmodligen stammen för södra Sveriges n. v. boskaps-racer, var de s. k. *Jättakorna*, hvilka omtalas i skånska sägner såsom till färgen svarta; men i Wärends-sägnen såsom hvita eller brokiga. Hvilket djur som rätteligen bör förstås med den i sägnerna ofta omtalade *Bäckahästen* (Necken) torde numera bli svårt att afgöra. Samma är förhållandet med sägnernas *Haf-oxar* och *Haf-kor*, en natur-myth, som dock ifrån början otvifvelaktigt gömmer hågkomsten af någon i Wärend sedd, men sällsyntare djur-art. Vid landets ensliga skogs-vatten byggde *Bjuren* eller bäfvern sina hyddor, i folkets mål kallade bjur-hus, och hvilka ännu någon gång igenfinnas vid sänkning af sjöar och skogsgölar. En gård i Kinnevalds-delen af Skatelöfs socken heter ännu efter denna djur-art Bjurkärr. En mad i Hjortsberga socken kallas Bjurs-ängsmaden och en sjö i Norrvidinge härad Bjursjön. Djupa hålor i gungflyn, sådana som ofta träffas i kärr och mader, heta i Wärendsmålet bjuraskutor, — ett namn, som visar att man fordom ansett dem vara skjutna ɔ: gräfda af bäfvern. En urgammal Wärends-slägt, Bjur, har likaledes tagit namn efter detta djur. — Af det ädlare villebrådet förekommo: *Elgen*, hvars namn återfinnes i Elghult, Elgabeck, Elganäs; *Hjorten*, som

*) Tillhör H. Maj:t Konungens samling. — *Elfve-kor* omtalas likaledes i gamla skånska folksägner.

en gång gifvit namn åt Hjortsberga, Hjortåsen (i Asa socken), Hjortelid, Hjortholmen, samt *Rået Råbocken*, *Rågeten*, *Rådjuret* eller *Djuret*, som gifvit namn åt gården Djurhult samt åt den gamla Wärendska ätten Rå, och äfven återfinnes såsom ett allmänt brukadt Wärendskt mansnamn, Djur (såsom qvinnonamn Djuret). Gårdarne Rååmåla, Rååtorp, Djuramåla, Djuratorp erinra således i andra hand om samma djur-art. Af rofdjur förekommo *Björnen*, hvars namn återfinnes både såsom mansnamn och såsom ättenamn, och dertill i flera gårdnamn (Björnhult, Björnamo, Björneke, Björnelycke), uppkallade dels efter djuret sjelf, dels ock efter någon dess namne. *Ulfven* eller vargen har lånat sitt namn åt den gamla Wärends-ätten Ulf, och medelbart eller omedelbart åt Ulfvaskog, Ulfvahult, Ulfvamo (en skog i Långasjö socken), Ulfvagrafven, Ulfön. *Räfven* uppkallades både i ättenamnet Räf och i gårdarne Räfveberg, Räfvakulla. Efter vildsvinet, som i medeltidens språk kallades *Basse*, *Vildbasse*, bar en Wärendsslägt ännu i början af 1600-talet ättenamnet Basse, och vid samma tid hette det ännu ofta om skogsmän och biltoga, att de »gingo såsom villebestar (ɔ: vildsvin) vid skogen». *Gräflingen* återfinnes både såsom namn på en ännu lefvande Wärends-ätt och i gårdarne Gräflingeberg, Gräflingaryd, Gräflingatånga. Af foglar gåfvo vattenfoglarne namn åt Foglasjö, och *Tranorna* åt Transjö; *Odensvalan* åt Odensvalehult; *Hägern* (äfven ett ännu lefvande ättenamn) åt Hägerhyltan, Hägersjöhylte, Hägeryd, Hägerhult. *Hjerpen* förekommer både såsom ättenamn och i gårdnamnet

Hjerpanäs. *Ramnen* (ɔ: korpen), vare sig ätten eller foglen, gaf sitt namn åt gården Ramneberg; *Ufven* åt Ufvasjö, och *Örnen* så väl åt berget Örnaberg (i Hofmantorps socken), som åt gårdarne Örnhult och Örnhyltan. För att här icke tala om de fogelarter som gifvit upphof till de i landet allmänna sägnerna om Odens jagt, Gasten, Nattramnen o. s. v.

I sammanhang härmed torde böra anmärkas, hurusom i Wärends-målet åtskilliga högre och lägre djur förekomma under egna eller mindre vanliga benämningar. Vi anföra här exempelvis: *ifverkutte*, *ilekutte* ɔ: igelkott; *ikane* (n.), *ickonn* (m.), *gran-oxe* ɔ: ekorre; *lakatt* ɔ: vessla; *läderlapp* ɔ: flädermus; *mullskute* (m.) ɔ: mullvad; *angelmus*, *ångermus* ɔ: näbbmus; *fjärhane*, *fjärtopp*, *fjärhöna*, *fjärhöns* ɔ: tjäder, tjäderfogel; *rya* ɔ: orrhöna; *åkerhöna*, *åkerhöns* ɔ: rapphöna, rapphöns; *äringsfogel* ɔ: sädes-knarr; *elling* ɔ: and-unge; *akane-skrika* ɔ: nötskrika; *alika* ɔ: kaja; *bäckastränta* ɔ: strandgyckla; *gatuvippa*, *tätteltink* (vit-ord), *plog-ärla* ɔ: sädes-ärla; *glänta* (vit-ord) ɔ: glada; *spink*, *gråspink*, *gulspink*, *snöspink* ɔ: sparf, gråsparf, gulsparf; *gölinge* ɔ: en art hackspett; *hackspjutt*, *veda-knarr*, *parrfogel* ɔ: hackspett; *horsagök* ɔ: snäppa; *klera* ɔ: talltrast; *solsvärta* ɔ: koltrast; *måsapytta*, *måsatippa* ɔ: ljungspole; *måk* ɔ: fiskmåse; *nattbatta*, *nattblacka*, *nattsjoa*, *spånakäring* ɔ: nattplacka; *våtakaja* ɔ: qvidfogel; — *bose* ɔ: svart huggorm; *ringhals* ɔ: snok; *fyrlefot*, *fyrfota* ɔ: ödla; *fröa* ɔ: groda; — *ferla* ɔ: fjäril; *locke* ɔ: spindel; *grimsbett* ɔ: en art mask, onda bettet; *amma* ɔ: en stor mörkröd, luden larf med ögonformiga fläckar (mycket fruktad); *glismark* ɔ: lysmask; *tidande-skrubba* ɔ: en art svart skalbagge (tros båda tidningar) o. s. v.

Den djurverldens rikedom, som vi här korteligen antydt, var redan i början af 1600-talet mycket förminskad; men långt ifrån försvunnen, tack vare de lagar, som sökte skydda icke blott den ädlare skogen utan ock det ädlare villebrådet. *Elgen*, denna de nordiska skogarnes prydnad, lefde då ännu i vår lands-ort. År 1617 ransakades på Norrvidinge härads ting om »en elg, som Asa herregårds skyttar hade rest på gårdens enskilda egor». *Hjorten* förekom likaledes. År 1624 blef Jöns Andersson i Lusseboda af Slättö socken, som »skjutit två hjortdjur» sakfälld att böta för hvarje djur sex oxar, eller tillsammans tolf oxar, af hvilka åtta tillföllo kronan och fyra jägmästaren. *Rådjuren* förefunnos på denna tid ännu till stort antal, och på adelns sätesgårdar höllos enkom för deras skuld s. k. djuraskyttar, likasom åtal för djureskjutning mycket ofta förekommo vid härads-tingen, i anseende till de derå satta höga böter. Enligt mandatet borde nemligen den skyldige plikta tre däckergilla oxar för hvarje fäldt djur, vare sig hjort, hind eller rådjur. Således var år 1614 en man i Kinnevalds härad af skogvaktaren tilltalad att hafva skjutit två rådjur. Han sökte försvara sig, »menandes, att när han icke var säker på sitt lif, så »var icke heller rågeten fridgängd»; men blef i trotts af denna invändning dömd att böta 20 daler. År 1626, vid tinget med Albo härad i Sköldstad, anmälde skogafogden Oluff Hansson, att en knekt, Peder i Elmhult, för honom bekänt, att medan han tjente Gudmund Gudmundsson i Strömhult, hade han på några år skjutit »öfver fyratio stycken högdjur, nemligen hjortar, hindar och rådjur», hvilka alla fördes till Strömhult och der förtärdes i hushållet. — År 1627 begärde en man i Albo härad sjelf att »komma åt Ingermannaland», för djur som han skjutit och för sju ekar som han fällt. — Till och med presterna beträddes någon gång med oloflig jagt. Vid tinget med Norrvidinge härad i Tolg, den 29 Oktober 1618, blef vällärd man Herr Joen i Tolg framkallad för rätten och af befallnings-mannen öfvertygad att han haft rådstek på sitt bord, såsom ock sändt befallnings-mannens hustru en »råstöfll», och långt tillförene sålt en luden råbocka-hud för en mark till en skomakaredräng vid namn Sven. Presten sökte undskylla sig, och sade sig icke veta »att det var så »hårdt presterna förbjudet djureskjutning, som androm». Icke förty blef Herr Jon af rätten sakfälld till sina tre oxar; många andra exempel att förtiga.

Den tidens jagtlagar sökte skydda äfven den ädlare skogsfogeln under hans lek- och liggtid, serdeles *tjädern*, eller som han i ortens mål kallas, fjärhanen, fjärtuppen, fjärhönan. Denna fogel-art synes ock hafva förekommit serdeles ymnigt. År 1623 blef en man i Uppvidinge härad dömd att böta sina 40 mark, derföre att han i foglaleken skjutit fjorton fjärhöns. Emedlertid låg det i sjelfva sakens natur, så väl som i det orimliga missförhållandet emellan böterna för en dödad fogel och för en dödad menniska, att blott ett ringa antal brott emot jagtlagarne kunde lagligen åkäras, och i trotts af de höga böterna, eller kanske tillföljd af dem, voro skogsfogeln, likasom högdjuren och »Konungens eget frikallade djur, Rå» fortfarande prisgifna åt skogsboarnes obetänkta jagtlystnad.

Följden af detta råa utrotnings-krig, så väl som af skogarnes uthuggning har varit, att både elgen, hjorten och rådjuret nu mera försvunnit i vår landsort. Omkring år 1830 underhölls en råget såsom en sällsamhet å Kronobergs kungsgård. I den aflägsna Nöttja socken af grannhäradet Sunnerbo förekommer dock ännu någon gång detta ädla villebråd. Efter bäfvern, som omkring år 1770 ännu förekom i norra delen af Kalmar län *), träffas nu mera hos oss blott sällan några förfallna bjurhus; men djuren sjelfva äro längesedan försvunna. Björnarne äro likaledes utrotade; de sista fälldes i det närgränsande Sunnerbo härad år 1825. Men ännu söka vargarne sig hiden i de skärfviga gränseskogarne emot Kalmar län, serdeles inom Hälleberga socken. Vildgåsen kläcker ännu hvarje sommar vid skogssjöarne på gränsen emot Sunnerbo, serdeles vid sjön Tjurken i Wislanda socken. Af den sällsynta Härfogeln (Upupa Epops) visade sig ännu för få år sedan några ensliga individer vid landets södra gräns inom Härlunda socken. Wärends djurverld erbjuder dock nu mera föga interesse, och då jagten förr var medelklassens yppersta tidsfördrif, är det nu allt mera sällan som man på herremannens gård mötes af jagthundarnes muntra skall, eller ser väggarne i arbetsrummet prydda med jagtredskap och segerbyten från det fordna glada lifvet i skogen.

§ 4. Rådfråga vi folkets egna minnen om det eller de urfolk, hvilka i en ytterst aflägsen tid först

*) *M. G. Crælius*, Beskrifning om Tunaläns, Sefvedes och Aspelands härader, sid. 134.

uppträdt i Wärend och med hvilka landets sednare begyggare vid sitt inträngande kommo i beröring; så möta oss djupt ur forntiden de dunkla sägnerna om **Trollen** (Troll-gubbar, Trollkäringar, och i en något förändrad mening: troll-karlar, troll-konor, trollbackor). Detta namn, som sednare blifvit användt för alla slags onda eller öfvernaturliga väsen (såsom käll-troll, hafs-troll o. s. v.), synes ifrån början vara ett rent folknamn. Det blir dock i sägnerna tillagdt tvänne bestämdt skilda folkstammar af alldeles olika lynne, lefnadssätt och seder. Den äldre af dessa stammar går och gäller i Wärendssägnen under sitt egentliga och ursprungliga namn af *Troll*. Den yngre åter synes egentligen ha varit kallad Jättar eller Bergafolk; men fått benämningen Bergatroll på sig öfverflyttad såsom ett smädenamn.

Trollen, sådana de uppträda i den äldre Wärendska folksägnen äro icke »folk», »christet folk», utan ett främmande slägte af sällsamma och misstänkta egenskaper; i den yngre sägnen blifva dessa egenskaper rent af onda och öfvernaturliga. I motsatts till jättarne äro trollen små till vexten, icke större än »halfvuxna barn», hvaraf de ock i norra Skåne allmänneligen få namn af *Pysslingar*. Till utseendet äro de stygga, och när någon ännu skämtvis kallar en annan »ditt leda troll», »ditt stygga troll», eller säger »du ser ut som ett troll», är det visserligen icke för att beteckna någon slags fagerlek. Trollqvinnan, och och serdeles skogsnufvan, har långa, hängande bröst, hvilka hon när hon löper slänger upp på skuldrorna. Trollen gå eljest klädda i grå kläder, med en röd pinnhätta, batt-hätta (toppmössa), på hufvudet, och med håret hängande ned på axlarne. Deras röst är gnällande, hvadan de i norra Skåne jemväl få namn af *Peblinge*. De bo »i backarne», »i bergen», »under jorden», djupt in i skogarne och långt ifrån menniskobygder. Der har man stundom sett röken från deras kulor stiga upp ur jorden eller ur någon gömd skrefva, hvaraf minnet bibehåller sig i det ännu gängse uttrycket att »det är trollen som kölna (ɔ: elda)», när dimman eller solröken om sommaren stiger upp kring kullarne. Det är blott sällan som de nalkas någon menniskoboning, men när det var sträng vinter och mycket kallt »kommo de fordom in i stugorna, satte sig i grufvan och jemrade och uslade sig». Serdeles synas de ha kommit fram till bygderna vid julatiden — likasom seden ännu är i Wärend med tiggare från gränseskogarne; — men voro hos bondqvinnorna föga välkomna gäster, ty de togo oförmärkt det söta af vörten vid bondens ölbrygd, och dels gjorde åtskilligt annat förfång, dels troddes med sina trollkonster bringa ohell öfver folk och boskap; alldeles så som man ännu tror om Lappar, Finnar och Tatare, efter hvilka man af sådant skäl vid utgåendet kastar ett brinnande eldkol.

Till skaplynne äro trollen listiga, elaka, tjufaktiga och sinnliga. De spela folket tusen spratt, hvarhelst så kan åtbära. När vandraren går i skogen »förvilla» de honom, så att han icke »råkar» fram, utan alltjemnt återkommer till samma ställe; ja, så att han till sluts icke igenkänner sin egen stuga. Om han ropar i skogen, »så svara de» ur bergen och backarne, och allt emellanåt hör han deras hånskratt eller förnimmer deras prat och hviskningar i snåren. De bortstjäla hans boskap och taga den in till sig i berget. Sådana bortstulna kreatur sägas derföre vara »bergtagna». Men trollen »bergtaga» äfven barn, serdeles före döpelsen, och unga qvinnor som aflägsnat sig ifrån hemmet, eller barnsängshustrur förrän de blifvit kyrkotagna. När trollqvinnan stjäler barn af christet folk, lemnar hon gemenligen sin egen trollunge i stället. Sådana troll-ungar äro vederstyggliga till utseende, äta så mycket man gifver dem, vexa blott till buk och hufvud och få namn af bytingar, bortbytingar. Trollkäringen far icke illa med det barn hon sålunda tillbytt sig, utan lögar det i vatten och sköter det såsom en mor skulle göra. Bergtagna flickor användas af trollen till hvarjehanda bestyr och skickas emellanåt ned i bygden att stjäla. De göras då osynliga genom en »hätta» som drages öfver deras hufvud. Dylika hättor nyttjas äfven af trollen sjelfva, när de gå ut att stjäla. Detta är orsaken, att man aldrig kommer på dem vid deras tjufverier, och så kunna de icke allenast ligga under golfvet och dricka det söta af bondens ölbrygd, utan jemväl sitta emellan gästerna vid bordet och äta sked om sked med dem utur fatet. Detta är ock orsaken, hvarför maten på många ställen blir så odryg. För öfrigt är det en känd sak, att trollen sällan bli synliga, utan när det är mulet och regnigt i luften. Man får då se dem antingen framför sig eller bakom sig; men aldrig som de gå förbi. Somliga påstå till och med, att trollen icke tåla vid att se solen; ty om de det göra, så »spricka de».

När trollen äro ute på resor, fara de osynliga i luften. Då uppstår en väderhvirfvel, som på landets mål får namn af horfvind eller horfvinda. Serdeles visa sig dessa horfvindar om sommaren, kort förrän det börjar åska, och om våren, när bonden sår sin åker. I förra fallet är det trollen som fly hem till sina hålor, af fruktan för Gofar, och man hör ännu ofta vid uppkomsten af vindkåror sådana talesätt, som: »se, så trollen få brådt om att fara hem; nu börjar snart Gofar köra»; i sednare fallet är det »trollen som äro ute för att stjäla sädes-säd». Detta tillgår så, att trollkäringen vandrar framför såningsmannen och uppfångar det kastade kornet i sitt förkläde. Det är på detta sätt som det sedan »blir tunnsäd och s. k. löndafjärgar på åkern».

När den oerfarne drängen eller bonda-heren kommer ut i skogen, mötes han stundom af någon trollqvinna, serdeles af skogsnufvan, likasom denna ock gör besök hos fiskaren eller kolaren, der han om qvällen sitter ensam framför elden i sin fiskarehytta eller kolkoja. Hon antager då alla slags förföriska later, tager skepnad af en fager jungfru och söker locka honom till kärlek. Men om han låter förleda sig, vinner hon sådan makt öfver honom, att han sedan både natt och dag längtar till hennes möte i skogen, och slutligen blir »från vettet». Detsamma inträffar äfvenmed qvinnor som blifvit bergtagna. När de sedan återfinnas äro de alltid »förvillade», d. v. s. underliga och sjuka till sinnes, och få nästan aldrig vettet igen såsom de voro tillförene.

Trollens egentliga näringsfång är jagt och fiske. De råda öfver skogen och dess villebråd, öfver sjön och dess fiskar, samt öfver vädret och vinden. De kunna samla till sig skogsfogeln och villebrådet, likasom fisken i sjön, och ega vissa dem serskildt tillhöriga djur, trollharar, trolltuppar (ɔ: tjädrar), skällgäddor o. s. v., hvilka ingen kan döda eller fånga, utan som alltid gå fria. Gamla skyttar och fiskare söka derföre gerna ställa sig väl med skogsnufvan eller skogsrå't, och med sjörå't, för att få lycka vid jagt och fiske. Stundom får man äfven om nätterna se ett litet bloss fara öfver sjön; det är då »trollgubben som är ute och ljustrar». Ingen fiskare vågar då skjuta sitt »skepp» ifrån land, och man väntar sig storm och oväder, likasom trollens uppenbarelser gerna åtföljas af häftiga vindkast och dön och gny i luften.

Ehuru sorglig trollens tillvaro än i allmänhet är, hafva de dock sina fester, då de glädja och fröjda sig. Detta inträffar förnämligast om julen. De tända då upp eldar, så att hela berget, backen eller stenen synes stå på guldstolpar, och förlusta sig med dans, sång och lekar. Dryckeshornet eller bägaren går då äfven flitigt omkring laget, likasom hos »folk». Men orsaken till deras fröjd är, att de, likasom nordens natur-vättar, »hoppas vinna förlossning på domedagen.»

Trollen bli mycket gamla, ja, så gamla, att de stundom fått se »tre eke-skogar vexa upp och tre eke-skogar ruttna ned». Efter någras mening »dö de aldrig». Detta är dock oriktigt så till vida, som de förföljas och dräpas både af Oden, som jagar dem med sina hundar, och af Thor eller Gofar, som slår ihel dem med sin vigge. Äfven en eller annan gammal skytt har varit i stånd att döda dem; men då alltid med hjelp af några hemliga konster, såsom genom att skjuta med silfverkula, eller med en kula omlindad med ett af trollets hufvudhår o. s. v. Serdeles gäller detta om skogsnufvan, som icke sällan blifvit förrädiskt ihelskjuten, sedan jägaren ledsnat vid hennes kärlek.

Trollen kunna skifta hamn och antaga skepnad af hvad som helst, såsom af ihåliga träd, stubbar, djur, nystan, rullande klot o. s. v. Äfven kunna de vända syn på folk, så att föremålen visa sig helt annorlunda än de verkligen äro. Derföre, när någon blir bergtagen, ser han i berget likasom stora hus och granna rum och fin mat; medan der intet finnes utom en usel bergskrefva, med mossa till bädd och ormar och ödlor till föda. Likaledes förstå de att på mångfaldiga andra sätt förtrolla, förhamma, förhecka, förvilla, förgöra och kusa folk och få, att i luften tillskicka dem trollskott eller sjukdom, och på deras sinne och handlingar öfva ond inflytelse. Alla dessa hemliga konster, hvilka sammanfattas under det allmänna begreppet af trolldom, öfverfördes i ett sednare föreställningssätt ifrån de gamla trollen till de yngre s. k. trollbackorna, trollkonorna, trollkäringarne. Vi få tillfälle att om dessa yttra oss något längre fram, och vilja här allenast hafva anmärkt, att, efter hvad sjelfva ordens härledning tydligen innebär, har med dessa benämningar ifrån början menats ingenting annat än rätt och slätt trollens egna qvinnor eller qvinno-trollen.

§ 5. Det bör icke gerna kunna uppstå något tvifvelsmål, det ju under dessa i grunden rent ethniska, men sednare af folk-fantasien fattade och med äldre mythiska föreställningar om ovättar och onda naturväsen sammanparade sägen-drag, gömmer sig den dunkla historiska erinringen af ett vildt jägarefolk, med främmande seder, ofullkomliga redskap och skilda religiösa begrepp, lefvande i jordhålor uti skogarne och vid vattnen, och med hvilket våra åkerbrukande förfäder kommit i en långvarig, fiendtlig beröring. För så vidt frågan hittills blifvit vetenskapligt pröfvad, gifver äfven fornforskningen stöd åt denna mening. De undersökningar af forngrafvar och andra fornlemningar, som hittills blifvit gjorda, gifva nemligen otvetydigt vid handen, att redan i en förhistorisk tid, medan det inre af medlersta Europa ännu var uppfyldt af urskogar och moras, har södra delen af Skandinavien emottagit sin första, längs vattnen framträngande befolkning. Af hvad stam denna nordiska urbefolkning varit är ännu oafgjordt; men af den skarpa motsats, enligt hvilken trollen i folkföreställningen betraktas icke såsom »folk», utan såsom främmande onda väsen, låter sig med visshet sluta, att de varit af en ifrån våra förfäders alldeles skiljaktig folk-race. Huruṣomhelst meningarne härom må dela sig, så mycket är dock afgjordt, att nordens förhistoriska urfolk en gång utbredt sig icke blott till det n. v. Danmark och Skåne, utan jemväl till Halland, Bohuslän, Westergötland, Blekinge, Öland och delar af Småland. I alla dessa landskap träffar man nemligen forngrafvar, byggda i halfkors-form eller ock såsom stora stenkistor, med tunga täckhällar, öfverhöljda med kullersten med eller utan jordfyllnad, och innehållande o b r ä n d a l i k och redskap af sten och ben; men föga eller intet af metall. Och af dessa uråldriga forngrafvar förekommer i Wärend ett högst betydligt antal, serdeles vid sjöarne Åsnen, Salen, Helga-sjön och närmaste vattendrag, oaktadt mängden af dem som redan blifvit förstörda. Förf. har inom en trång rymd af Albo härad sett dylika forngrafvar öppnade å hemmanen Hullingsved, Hiulsryd, Ås, Oby, Ströby, Sågsberg o. fl. st. De få hos allmogen namn af rör, kiste-rör, och träffas nästan alltid på åsar, i grannskapet af sjön eller af något uttorkadt vattendrag. Fornvetenskapen antager obetingadt, att dessa grafvar med obrända lik hafva tillhört nordens äldsta bebyggare, och, efter allt hvad man hittills vet om dessa urbyggares seder och lefnadssätt, hafva de utgjorts af ett vildt natur-folk, stående på just den grad af odling, som folksägnen tillerkänner åt de forntida trollen.

Men om man således kan antaga för historiskt gifvet, att yngre, ännu råa, men boskaps-skötande och i någon mon äfven åkerbrukande stammar, vid sitt inträde i landet funno före sig ett i kultur underlägset folk af vildar, hvars grafvar ännu kunna påvisas, och hvars seder och skaplynne hufvudsakligen instämde med hvad vi känna om andra vilda folk i olika delar af verlden; så återstår spörsmålet, hvad som blef denna eller dessa vilda urstammars slutliga öde. Historien vet ingenting derom; men af hvad som annorstädes inträffar vid sammanstötningen af folk på olika odlings-grad kunna vi med visshet sluta, att de dels blifvit gjorda till slafvar, dels ock undanträngda till obygder, der deras fåtaliga lemningar i spridda, ensliga hushåll sannolikt fortlefvat långt fram i en yngre tid. I det förra af dessa afseenden bör anmärkas, att slafveriet fordom allmänt förekom i

Wärend och icke lagligen upphäfdes förr än fram emot medlet af 1300-talet, samt att slafvarne här såsom annorstädes i vårt land kallades trälar, ett namn, som sannolikt är samma ord med det gamla folknamnet troll. Minnet af dessa forntida trälar är nu mera försvunnet hos folket; men en dunkel qvarlefva efter trälväsendet och den ursprungliga stamskillnaden synes ligga i det vida afstånd, som ännu skiljer den jordegande och jordbrukande dannemannen och hans slägt ifrån den obesutne torparen eller backstugusittaren, och som gör att giftermål emellan besutna och obesutna slägter ännu höra till undantagen. Huru högt våra förfäder än skattade jordbesittning såsom oberoendets fasta grund, är likväl det nämnda afståndet ännu alltför stort, för att icke synas snarare grundadt i en uråldrig stamfördom och i det fordna ärftliga förhållandet emellan husbonden och hans trälar eller frigifna. För öfrigt lefva orden träl, träldom, och de dervid fästade begrepp ännu i Wärends-målet. Att trälbärja någon, heter ännu i folkspråket, när man slår någon brun och blå, såsom blott kan göras åt en träl; men som, öfvadt emot en friboren man, är vanhederligt. Att trälgå någon, är att envist hänga efter någon med tiggande och böner, såsom det likaledes blott kan höfvas en träl, men icke en friboren. Ordet trälagtig betyder ännu detsamma som lågsinnad, lågtänkt. — I Elmeboda socken af Konga härad förekomma tvänne gårdar, som efter någon forntida träl fått namn af Trälebo och Trälebonäs. Ordet Tjynne (n.), förmodligen detsamma som Ty, Tyende i Danskan, nyttjas ännu i Wärends-målet för att beteckna hushållet, husets folk. »Tack för både mig och mitt tjynne!» är en vanlig helsnings-formel, när man efter ett gästabud tackar för sist. Ett berg i Hofmantorps socken af Konga härad heter Ambotaberg, af det gamla ordet Ambot ɔ: trälqvinna, och måhända hör till samma rot äfven det gamla Wärendsordet Amlö, Amle (i Rimkrönikan amblode), som betyder en halfvuxen och blott halft förfaren tjenare, och således nyttjas i motsatts till »fulltakanes dräng» eller »fulltakanes piga».

Hvad åter angår de spridda lemningar af det gamla troll-folket, som, undanträngda till djupet af skogarne, der sannolikt bibehållit sig under många århundraden, så lefver deras hågkomst ännu i folkföreställningen, i folkmålet och i oräkneliga lokalsägner. Det urgamla wärendska ättenamnet Trolle synes äfven gömma minnet af härkomst eller annan slags förbindelse med detta urbyggare-folk. För öfrigt kunde denna stams öde, så vidt han i spridda hushåll ännu bibehöll sin frihet, icke blifva något annat, än att likt andra vilda folk antingen utdö, eller ock att upptagas i, och under tidernas längd sammansmälta med stamförvandter bland de frigjorda trälarne, och slutligen med den öfriga åkerbrukande befolkningen. Spåren af trollens seder och lefnadssätt äro dock icke helt och hållet försvunna. På sjön Åsnen och på småsjöarne i Kinnevalds härads södra fjerding brukades för hundra år sedan allmänt, och ännu i dag någon gång, ett slags lätta kanoter, hvilkas konstlösa beskaffenhet gifver skäl att antaga, det de härleda sig från vårt lands vilda urbyggarefolk. Dessa kanoter fingo namn af *ekestockar*, och gjorde skäl för benämningen så till vida, som de i verkligheten icke voro annat än urholkade naturliga stockar af ekträd. En sådan ekstock, som år 1855 ännu fanns qvar vid ett fiskaretorp under Jätsbergs gård, hade en längd af 7 alnar. Bottnen, kullrig

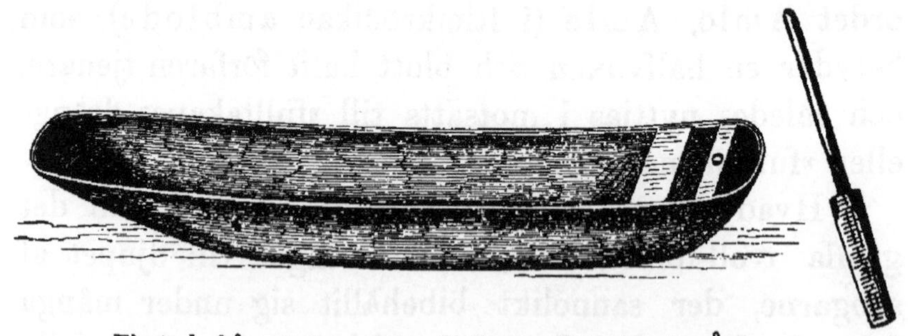

Ek-stock från ett torp under Jätsbergs gård vid sjön Åsnen.

men något afplattad, hade 3 tums tjocklek och en bredd om 24 tum. Sidorna, 14 tum höga, voro likaledes utvändigt kullriga, så att stockens bredd i öfre kanten var blott 22 tum. Fören var något uppstående och i aktern var inskuren en s. k. fjöl eller sittbräda, för roddaren, som förde ekstocken medelst ett styre eller kort åra om 2½ à 3 alnar, hvilken kastades åt begge sidor i vattnet. Bakom fjölen var en slå med ett hål, hvari man, vid ljustring för bloss, satte halstret eller ljuster-lyktan; halstret kunde dock äfven få plats i fören, då fiskaren med ljustret ställde sig midt i stocken. Dessa urgamla fiskarekanoter voro således beräknade för blott en enda man, men kunde bära äfven tvänne. De voro utomordentligt lätta, och flöto äfven på det grundaste vatten; men genom sina afrundade sidor voro de jemväl ytterst ranka, så att det fordrades all vildens eller den öfvade roddarens smidighet, för att med dem »väja böljan» och undgå att kantra *).

Ett annat spår efter de gamla trollen, och efter den afsky som de yngre invandrarne hyste för allt som erinrade om deras bruk och seder, torde ligga deri, att man ända in på 1600-talet begrof stora missdådare, efter trollens fordna skick, i rör uti skogen. Vi hafva funnit ett sådant fall omtaladt i Konga härads dombok för den 17 April 1615, der det förekommer om Åke i Hemmingsmåla, att han blef »ihelskjuten och lagder i skogen uti ett rör».

Men ännu en omständighet, och såsom det vill synas af stor ethnografisk märklighet, är, att man, ifrån urminnes tider och ännu i denna dag, på de vilda gränseskogarne i Wärend träffar spridda hushåll, hvilka,

*) För jemförelse skull meddela vi här en teckning äfven af de gammaldags skepp eller båtar, som ännu förekomma å sjön Bolmen i Finveden och å sjön Sommen i N. Småland.

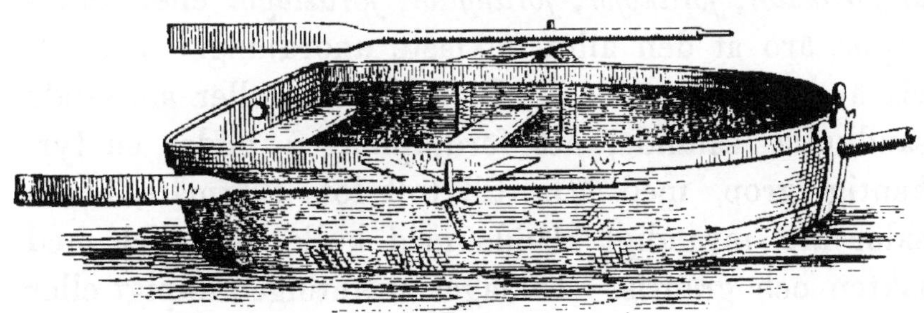

Skepp på sjön Bolmen i Finveden.

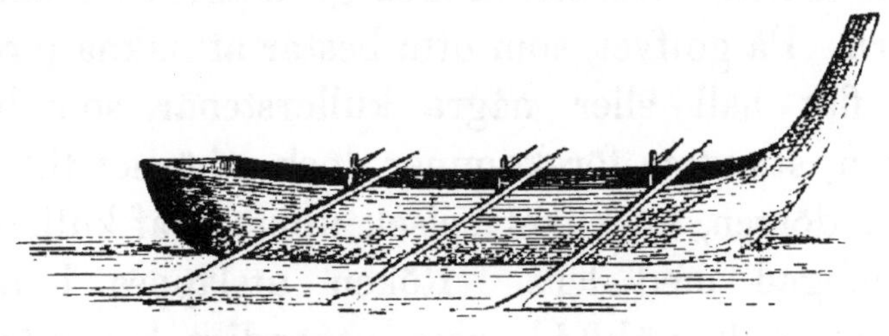

Skepp på sjön Sommen i N. Småland.

utan boskaps-skötsel eller åkerbruk, likt de fordna trollen lefva i kulor under jorden. Dessa jordbyggare förekomma inom Albo härad, i Thorsås och den derifrån utbrutna Härlunda socken (i sistnämnde socken serdeles på hemmanet Karsamålas egor), på den gamla häradsskogen Horjemo, samt nära sjön Möckeln icke långt ifrån Elmhults jernvägs-station; de finnas dock äfven på gränseskogarne i Konga härad och i de till Wärend angränsande Finved och Niudung. De äro ett halfvildt slägte, lefvande om sommaren af tillfällig arbets-förtjenst och om vintern af tiggeri, drifvet såsom yrke. Till lynnet äro de ofta fromma och enfaldiga; men stundom äfven ondskefulla och misstänksamma. I likhet med de fordna frigifna trälarne åtaga männen sig gerna, att, emot andel i afkastningen, — oftast »till halfnads» — åt bönderna svedja fällor på skogen, sätta jordpäron o. s. v. Deras underjordiska bostäder, hvilka få namn af *jordkulor*, *jordkojor*, *jordhyttor*, *jordstugor* eller *backastugor*, äro af den allra enklaste anordning. Vanligtvis äro de nedgräfda i någon backe eller sluttande sandkulle, sålunda, att fördjupningen bildar en fyrkantig grop, med åtta till tolf fots tvärmått, hvars sidor äro invändigt klädda med kullersten eller med läkten och granris. Taklaget är antingen kupigt eller ock uppbäres det af en ryggås, mot hvilken stödja sig oskalade läkten, öfvertäckta med granbark eller näfver, och torf. På golfvet, som ofta består af nakna jorden, är en flat häll eller några kullerstenar, som bilda eldstaden; stundom förekommer dock, i hörnet till venster om dörren, en enkel spisel, uppförd af kullersten sammanfogad med lera. Röken utsläppes i taket genom ett s. k. rökhål, som utvändigt kan stängas med en lämm, eller ock genom en låg skorsten af kullersten, likaledes täckt med en lämm, som kan lyftas eller nedfällas utanför medelst en stång. Dagen intränger antingen genom rökhålet eller genom dörren, hvilken stundom är sluttande, som på ett tält, och om sommaren för det mesta hålles öppen. Sedd utifrån visar sig således jordkulan blott som en »hög» eller som en grön kulle, och när jordbyggaren inträder i sin boning, är det nästan som om han försvunne i jorden. Man finner dock äfven jordhyttor med ett timradt gafvelröste samt med ett litet fönster i taket eller på gafveln; ja, äfven med tvänne gafvelrösten och ett litet fönster på framgafveln. Det är oftast i detta skick, som de få namn af backastugor. — I Östra härad i Niudung förekomma jordkojorna kupiga, som lapp-kåtor, med en liten utbyggnad för eld-

Jord-kula i skogen vid Sjöstabygd nära Möckeln, ½ mil från Elmhult.

Backa-stuga i Konga härad.

Jord-koja i Östra härad af Niudung.

staden, som har en låg skorsten, alldeles såsom kolbrännarnes skogshyttor*). — Vi behöfva icke påpeka det uråldriga och ethnografiskt märkvärdiga i dessa mennisko-boningar, hvilka, med sin konstlösa enfald, sin ytterliga fattigdom och sin undangömda enslighet i någon vild stenbacke djupt in i skogen, ännu i vår tid qvarstå såsom minnesmärken af sederna och kultur-tillståndet hos de urstammar, som före åkerbrukets införande befolkat vårt land, och, efter sina boningar, redan i de gamla Edda-sägnerna om Thors kamp emot troll och jättar, få namn af jordhålornas folk eller klippans söner.

§ 6. Efter och vid sidan af trollen, stundom med dem förvexlade, framträder i landets sägner ett nytt slägte, vanligen benämndt **Jättar**, men äfven (likasom i Eddan) *Berga-folket* (Berga-gubbar, Berga-käringar), samt i den yngre sägnen, genom förblandning och såsom vites-ord, *Berga-troll.* Såsom tydligt angifves redan genom benämningen Berga-folk, äro jättarne i folkföreställningen inga främmande, vilda, onda och halft öfvernaturliga väsen, såsom trollen, utan betraktas såsom »folk», hvilka bodde i landet och lefde alldeles såsom andra menniskor. Det är blott i den yngre sägnen och i den egentliga folksagan eller äfventyret, som deras rent menskliga tillvaro är stadd på flygt ifrån verklighetens till mythens område.

Om jättarnes tillkomst förtäljer en wärendsk folksägen, att de växte upp ur jorden af frön, som blifvit utsådda af trollen, för att sålunda kunna drifva den »christna tron» ur landet. Sedan de i tolf år

---

*) Vid Göta rikes norra gräns förekomma Jordkulor i Krokeks socken på Kolmorden. Inom Svea land finnas de mera allmänt, ända upp till Grangärde sockens Finnmark i Dalarne. I Mora socken möta de s. k. Socken-Lapparne med kåtor ofvan jord.

stått i jorden och vuxit såsom stjelkar, fingo de lif, höljet föll af och de blefvo till jättar. Om deras färd går vidare ett gammalt tal, att »de inte kunde trifvas utan att jemnt få slåss»; att de gjorde stor skada i landet, åto upp boskapen för »folket» (d. v. s. de yngre invandrarne), och utödde både folk och fä. Det är förmodligen af denna kamp-lystnad som jättarne i flera landsorter blifvit kallade *Kämpar*, ett namn som äfven höres i Wärend, och återfinnes i namnet på de tolf första dagarne af Göje månad eller af julen, hvilka ännu vid slutet af 1600-talet af Wärends-allmogen kallades Kämpa-dagarne. En mycket hårdför och storvext bondslägt i Asa socken (slägten Bet, Adlerbet) bibehöll likaledes ända intill början af 17:de århundradet namnet Asa Kämpar, och i Kinnevalds härad förekom en gammal bondslägt med namnet Kämpe. — Jättarne äro således i sägnen hvarken troll eller »christet folk» (d. v. s. yngre invandrare), utan rätt och slätt en folkstam, med hvilken dessa sednare vid sitt första inträngande i landet kommo i en fiendtlig beröring.

Jättarne, sådana de uppträda i Wärends-sägnen, äro ett storväxt och resligt folk med mer än menskliga kropps-krafter. De gå klädda i skinn-kläder. Deras boning är i bergen och de uppehålla sig mest på landets högländta skogs-åsar. Deras näringar äro fiske, boskapsskötsel och åkerbruk. Sägnen minnes ännu, huru man sett berga-gubben fara omkring på sjön och ljustra, eller mött berga-käringen vallande sina kor på bergen. Jätte-korna äro till färgen hvita eller brokiga och bättre än alla andra kor; deras spår synas till och med ännu någon gång om vintern i den djupa snön i skogarne. Jättarnes åkerbruk var inskränkt; de upptogo åt sig små hackland i skogen hvar de kommo. Deras qvinnor förstodo att koka gröt, baka stenkakor och brygga öl, och ännu när dimman vältrar sig kring berg-åsarne hör man folket säga, att det är »berga-käringen som brygger».

Jättarne voro mycket rika; att vara »rik som ett berga-troll» är ännu i Wärend uttrycket för det högsta mått af rikedom. Deras »medel» bestodo i silfver och guld, och de utlånade någongång brudbälten och annat bruda-silfver till sina vänner. Äfven hade de stora bingar fulla med »hvita pengar», hvaraf de, i den yngre sägnen och i folkäfventyret, göra hedersamma föräringar. Koppar-kittlar omtalas jemväl, ehuru mera sällan. Deras vapen voro: hackebillar eller yxor af sten, samt sten-klubbor och slungstenar. Stora gråstens-hällar i skogen, med hål uti, få ännu hos allmogen namn af jätta-yxor; stora lösa stenblock tros likaledes vara fordna jätta-klubbor, och stora rullstenar (jätta-stenar, jätta-kast) visas mångenstädes, hvilka blifvit kastade af jätten, eller slungade af jätteqvinnan eller jättesan i hennes hårband. Om berga-trollen förtäljes stundom i folk-äfventyren, att de haft stora förgyllda svärd. Men för öfrigt synas jättarne icke hafva kännt hvarken vapen eller redskap af jern, och bland Wärendska folksägnerna äro icke minst märkliga de, i hvilka någon ung jätte, eller dräng af berga-folket, tager tjenst i bygden, för att i lön bekomma en yxa af jern eller en gammal jern-lie, med hvilken han hoppas vinna seger öfver fiender bland sitt eget folk.

Med de yngre invandrarne kommo jättarne i mångfaldig beröring, och denna beröring var icke alltid fiendtlig, utan jemväl fredlig. Vi hafva redan omtalat, huru berga-käringen lånade ut sitt brudasilfver och huru den unge jätten sökte sig tjenst i bygden; härförutan omtala sägnerna jemväl, huru bondqvinnorna gjorde besök uppå berget hos berga-käringen och »löskade» henne, hvilket fordom ansågs som tecken till den högsta förtrolighet; huru den fattige torparen bjöd den rike berga-gubben på barns-öl, huru berga-trollen emot undfägnad i mat och öl biträdde vid skörden, huru jätten halp till vid kyrko-bygget o. s. v., ja, en märklig sägen förtäljer till och med, huru en dräng eller here fick se berga-gubbens fagra dotter stå utanför berget och borsta sitt hår, och huru han fattade kärlek till henne och gifte sig med henne, sedan hon lofvat att först »döpa om sig». Ett genomgående drag är dock, att dylika bekantskaper eller förbindelser ansågos opassande, och derföre höllos hemliga eller ock hade olycka med sig i följe.

Jättarne omtalas såsom till later klumpiga och tunga, samt mycket stor-ätna. Rudbeck har upptecknat en folksägen om en K ä m p e p å B o l m s ö, som skulle bära tolf tunnor smör till Kronoberg, såsom skatt ifrån b ö n d e r n a i W e s t b o. När han kom fram skulle han få en måltid mat, då han åt upp en tunna smör, med bröd till, och drack ut ett helt kar med öl; och så gick han hem igen. — Till lynnet voro jättarne enfaldiga och dumma. Folk-äfventyret har gjort sig detta till godo i sagor, der jätten alltid blir bedragen af någon klippsk vall-here, och samma drag återfinnes äfven i lokal-sägnen. För öfrigt voro jättarne råa hedningar. Sägnen förvarar ännu minnet om deras samfärd med Oden och Thor, af hvilka den förre jagar berga-käringen (dock oftare skogsnufvan) med sina hundar, och den sednare tänder eld på jättens fähus och dräper honom sjelf. När de första christna kyrkorna skulle byggas, läto jättarne stundom intala sig att biträda vid arbetet; men blefvo här, såsom alltid, af någon listig munk bedragna på den utfästa lönen. Oftare förekommer då, att när kyrkan begynte resa sig ned i dalen, stod jätten eller jättesan ofvanföre på berget och sökte slå ned henne med en kastad eller slungad sten. När sedan kyrkoklockan lät höra sig, kunde jätten icke lida ljudet af »den stora skällekon», utan drog bort öfver bergen till andra nejder.

Jättarne offrade till sina gudar på stenkummel och stenrösen, hvilka efter dem i Wärend få namn af *Jätta-rör.* Sina döda brände de å bål och begrofvo antingen i stenrör, hvilka då i landets mål få namn af *Jättagrafvar*, *Jättakistor*, eller inom stensättningar af olika form, om hvilka, — såsom vid Ingelstad — bönderna ännu på Rudbecks tid visste säga: »att i dessa ringar voro stora Jättar begrafna och detta var deras lägerställe och ätteplatser.» Till minne af berömda män uppreste de höga och stora stenar, hvilka i Wärend fordom och ännu kallas *Jättastenar.* På flathallar och andra ställen i bergen visar man ännu s. k. *Jätta-spår*, och ett slags runda, af vattnet utsvarfvade hålor få namn af *Jätta-grytor* eller *Jätta-brunnar.* Äfven en gammal Wärends-ätt bar ännu i början af 1600-talet namnet Jätte; ovisst, om på grund af härkomst eller af annan anledning.

§ 7. Då det i ethnologiskt afseende är af stor vigt, att skarpt beteckna och fasthålla de drag fornsägnen åt oss bevarat af de gamla jättarne, och då tvifvel kunde uppstå, väl icke om motsattsen och stamskillnaden emellan troll och jättar, men huruvida Wärends-sägnens berga-folk (berga-gubbar, berga-käringar) i allmänhet äro verkliga jättar och ej riktigare höra till trollen, med hvilka de blifvit sammanförda i det gemensamma vites-namnet berga-troll; och slutligen, då denna fråga endast på grund af inre kriterier kan lösas; meddela vi här nedan några ytterligare bidrag till jätte-folkets karakteristik. De äro lånade ur folksägner ifrån Skåne, serdeles från det med Wärend stamförvandta Willands härad, intagne ibland Skånska presterskapets berättelser om antiquiteter, år 1624, på begäran af O. Worm, infordrade af Kon. Christian IV *). Dessa sägner ega således fördelen af en jemförelsevis tidig uppteckning och derpå beroende relativ äkthet. Den uppfattning de lemna af det gamla jätte-folkets lynne, seder och lefnads-sätt, kan derföre tjena så väl till kontroll af vår yttrade åsigt om jättarnes och bergafolkets allmänna identitet, som att ytterligare belysa de vigtiga ethnologiska spörsmål, som tillhöra frågan om Göta rikes äldsta boskapsskötande och åkerbrukande folkstam.

Jättarne uppträda i den gamla skånska sägnen under den vexlande benämningen af *Jättar* (»Jetter», Jätte-käringar, »Jette-kierlinge») och *Kämpar* (»Kiemper», Kämpa-qvinnor, »Kiempe-qvinder»). Äfven

*) Köpenhamns Univers. Bibliotheks codex in 4:o sign. 35, gammal signatur 82).

förekomma deras qvinnor någon gång under namn af Berg-qvinnor (»Bierg-qvinder»), Bergafruar (»Biergefruer»). Men de skiljas alltid ifrån trollen, bergatrollen (»Trolder, Bierg-trollder»), hvilka sällan omtalas, och då såsom mythiska väsen, boende i berg och högar (t. ex. i berget Ellekuld ɔ: Elfve-kullen, nära Wange by, och i Māglesten vid Ljungby, begge i Willands härad), samt för öfrigt likartade med trollen i den wärendska sägnen.

Jättarne eller Kämparne förete i skånska sägnen alldeles samma karakters-drag, samt lefva under alldeles enahanda vilkor, som Jättar, Berga-folk och Berga-troll i Wärends-sägnen, blott med den skillnad, att de i Skåne uppträda såsom ett folk med en tillstymmelse af ordnad samhällsförfattning. De bodde, likasom berga-folket och berga-trollen, i bergen, i s. k. Jätta-stufvor (»Jetta-stuffver»). I Baalsberg, öster om Filkestad i Willands härad, visades ännu år 1624 en sådan »stufva, jätta-stufva», i hvilken kämpen Baal fordom varit boendes. I berget Kyge Kulld, norr om Kyge by i Kieby socken af samma härad, visades likaledes hålan efter en forntida jätta-stufva. Deras närings-fång voro, likasom i Wärend, boskaps-skötsel och åkerbruk. I berget »lille Eg» af Willands härad bodde fordom en jätta-käring, som »höll fäherde gemensamt med folket östan-till i Fielkinge by». All hennes boskap, som hon lät drifva för fäherden, var svart till färgen. I Wange by (af Willands härad), som förr hette Bursby och låg östan upp under Wange berg, voro fordom tvänne Kämpar, som delade byamarken sins emellan, och uppreste fyra hörnstenar såsom »råmärke och skäl emellan åkrarne».

Förhållandet emellan de gamla Jättarne eller Kämparne och »folket» eller de nya invandrarne var icke alltid fiendtligt; någon gång omtalas äfven en fredlig beröring. Vi hafva redan talat om jätta-käringen i berget lilla Eg, som höll fåherde gemensamt med sina grannar i byn. På byamarken vid Valsjö by i Färs härad fanns år 1625 en eke-lund, som kallades Thules lund, och om hvilken det sades, att han blifvit sådd af en man vid namn Thule, som stått i kärleks-förbindelse med en berga-qvinna eller berga-fru, men ej kunde blifva henne fri, förrän han sått en säd som aldrig skulle höstas. Förbindelser emellan de olika stammarne bringade således äfven här ingen lycka med sig.

I afseende på Jättarnes eller Kämparnes seder upplysa sägnerna, att jätta-käringen i berget lilla Eg i Fielkinge »låtit döpa sina barn i tvänne ihåliga stenar som finnas på berget, och äro nämnde stenar invändigt glatta och urholkade såsom en dopfunt». Således förmodligen tvänne jätta-grytor eller jätta-brunnar. I byn Stora Slogerups vestra vang i Skytts härad visades en sten, »på hvilken Kämpar i gamla dagar haft deras klot-bana (»klode-bane»).» I stenen syntes små hål, förorsakade af klotets nötning. I det höga berget Halde, öster om Oppmanna by af Willands härad, är en klyfta, der två jättar sprungo kapp och täflade att hoppa öfver.

De skånska jättarne höllo ordentliga ting. Nordost om Synderby, i Oppmanna socken af Willands härad, stå på ängen flera uppresta stora stenar, om hvilka gammalt folk visste berätta, att »der varit Kämparnes ting i fordom tid». Likaledes funnos förr en stor hop uppresta stenar i Haslöfs fälad, utanför vangen (ↄ: ängen), i Wieby socken af samma härad. Dessa stenar fingo namn af »Stenedansen» och gammalt folk visste jemväl om dem att säga, »att jättarne derstädes hållit ting och stämma i fordna dagar».

Jättarne eller Kämparne synas ha dyrkat sina gudar i lundar. Åtminstone fanns ännu år 1624 emellan Eslöfs by och Sallerup i Haragers härad en lund, kallad Taabe-lund, som troddes vara sådd af en kämpa-qvinna vid namn Taabe. I lunden var en (helig) ek, kallad Gylde-ek (»Gylde Eeg»), »vid hvilken i gamla dagar varit mycket spökeri» och som ännu med vördnad helsades: »god morgon, Gylde! god afton, Gylde!» af alla förbigående. Således ett heligt träd. För öfrigt voro de råa hedningar och ytterst fiendtliga emot christendomen, för hvars framträngande de hellre veko ur landet. Sålunda kunde »Kämpen Baall» (Balder) i Baalsberg, när Filkestads kyrka var byggd, »icke lida den stora kon med hennes stora bjällra», utan flyttade ifrån sin bostad och ingen vet hvart han tagit vägen. Detsamma var förhållandet med en Kämpe eller jätte från byn Jättenryd i Willands härad, som för »den hvita kon i Ifvetofta» (ↄ: Ifvetofta kyrka) flyttade öfver till ön Rügen (»Lann-Rüen»), der han, gammal och blind, träffades af några sjömän. Att likväl icke hela stammen utvandrat, bekräftas af de märkliga sägnerna, att en jätte, som hette Sigvar Trane, uppbyggt Wieby kyrka i Willands härad, äfvensom ock de äldsta i samma socken år 1624 visste förtälja, om en ganska stor hop upprättstående stenar, kallade Grystenarne

(»Grüstene»), att »jättarne haft i sinnet på detta ställe bygga en gemensam kyrka för Rinkaby och Wieby socknar».

Jättarne voro, likasom de Wärendska bergatrollen, öfvermåttan rika på guld och silfver. Den gamle Kämpen eller jätten ifrån Jättenryd, som af sjömännen träffades liggande blind vid sin eld på Land-Rügen, gaf dem så mycket guld och annat dyrbart gods, att de dermed kunde »fylla sitt skepp». En annan Kämpe, vid namn Alle, hade ett förgyldt svärd, som nedlades hos samma Kämpe i hans graf vid Allerup i Ifvetofta socken (Willands härad). Jättarnes vapen voro eljest icke annat än stora stenar, som männen kastade, men qvinnorna slungade med sina fläteband (hår-band). Tvänne sådana stenar ligga på ett berg, norr om Synderby i Willands härad, hvilka af en jätte-flicka blifvit kastade ifrån berget Stora Ege i Fjelkinge, emot en Kämpe som varit hennes fästeman, men som lupit ifrån henne.

Såsom vi ofvan anfört om Kämpen Alle, lades Kämparnes eller jättarnes vapen i grafven hos sina egare. Dessa grafvar bestodo af sten-ringar eller högar, och få namn af Jätta-grafvar. En sådan »jätta-graf» omtalas i Espö socken af Wämmenhögs härad. Kämpen Alle vid Allerup i Willands härad ligger begrafven i en ring eller krets af stora stenar. En Kämpe, vid namn Rungel, är begrafven på Rungels Lier i Bara härad »i en stor graf som är omlaggd med stenar», och jätten Sigvar Trane ligger begrafven i en hög eller backe, kallad Korshögen, i Haslöfs vang af Wieby socken i Willands härad.

Vi hafva redan i det föregående anfört, att Jättarne i Skåne, likasom i Wärend, omtalas såsom stor-ätna, tölpiga och dumma; men dertill öfvermåttan starka och kamplystna. Den gamle jätten från Jättenryd, som sjömännen träffade på Land-Rügen, förtäljde, att han hopkastat det stora stenröret vid Jättenryd, medan hans oxar åto en boga bjugg eller hafreklippor. När han sedan bad sjömännen räcka sig handen, vågade de icke, utan värmde i stället en jern-stång i elden och räckte honom. Jätten tog om henne så fast, att hon brast i två stycken. En i Wärend ännu lefvande sägen förtäljer om en stor strid, som en gång stått emellan jättarne inbördes vid gården Weddegry i Mellby socken af Göinge härad i Skåne. Man har derom följande rim:

När Weddegry
blef Jätteryd,
hördes ett gny
i himmels-sky.

För att karakterisera jättelynnet, och vårt folks uppfattning af den kamp, som en gång försiggick emellan det enfaldiga, men ärliga gamla jätte-folket och en yngre, i vapen, odling och list öfverlägsen invandrarestam, må det slutligen tillåtas oss, att, efter samma källa, anföra sägnen om Råby Stompe Pilt och Ubbe eller Gubbe Findsson (Finnsson); desto hellre, som samma sägen, ehuru mindre fullständig, äfven återfinnes i Småland, der han blifvit förlagd till Enskällabo-berg, på gränsen emellan Kulltorp och Bredaryds socknar af Westbo härad i Finveden.

»Nedanför Baals berg, i Filkestads socken af Willands härad, ligger en liten by som heter Råby. I sydost derifrån är en hög, kallad Stompe-kulle (Stompe-kulld). I denna kulle skall fordom ha varit »ett spökelse» (en jätte), som het Stompe-Pilt.»

»Det hände sig en gång, att en geta-herde, vid namn Gubbe eller Ubbe Finnsson, dref sina getter upp öfver Stompe kulle, der Pilten hade sitt hem. Då kom han ut förtörnad och sade till Gubbe: »kommer du mer igen att göra mig oro och förtret med dina bjällror och skällor, skall jag krama dig så små som jag gör med denna sten». Härmed tog han upp en flintsten ifrån jorden och söndersmulade honom emellan fingrarne, så att han blef små som sand och gnistorna flögo vida omkring. När Gubbe Finnsson såg detta, tog han frimodigt upp en trind nygjord ost ur sin väska, krystade vattnet ur honom, att det droppade ned på jorden, och svarade: »ja, då skall jag krysta dig så tunn, som vattnet som jag krystar ur denna sten». Pilten sade: »så vilja vi slåss med hvarandra!» Gubbe svarade: »detsamma tycker jag ock; men då må vi blifva rätt vreda på hvarandra». Pilten säger: »huruledes?» Gubbe svarade: »gack du hän på den högen; jag vill blifva här, så vilja vi först banna hvarandra. Ty af bannor kommer vrede och af vrede slagsmål». Pilten sade: »det må väl så vara; dock vill jag banna dig först». Gubbe svarade: »så banna nu det värsta du kan!»

»Pilten sade då: »du skall få ett kroknäbbigt troll.» Men Gubbe spände en styf båge, lade deruppå en skarp pil och sköt till jätten, sägande: »då skall du få en flygande fanden»; men pilen gick Pilten i lifvet ända in till fjädrarne. Då grep han hasteligen till, för att utdraga pilen; men ju hårdare han ryckte, desto värre pina led han. Då sade han till Gubbe: »hvad är det som du sände mig?» Gubbe svarade: »det är en banna». Pilten sporde: »hvarföre har hon fjädrar?» Gubbe svarade: »för att hon skall flyga hastigt fram.» Pilten sade ytterligare: »huru sitter hon så hårdt och fast i lifvet?» Gubbe gaf till svars: »det är för att hon skall bita på och bli rotfast.» Pilten sporde än framgent och sade: »har du ännu flera sådana onda bannor?» Gubbe sköt åter en pil till honom i det han svarade: »ja, der har du ännu en.» Pilten sade: »äst du icke ännu vred?» Gubbe svarade: »nej, det är jag icke; för jag har ännu intet bannat dig nog.» Då sade Pilten: »jag kan rätt illa fördraga dina bannor, mycket sämre dina hugg. Jag vill sätta en annan i mitt ställe att slåss med dig, när du blifver vred.» — Härmed blef en ända på deras strid och träta, och vet man intet vidare att förtälja om Stompe Pilt, utom allenast, att han ännu mycket lång tid derefter plägade förvilla folk, som färdades fram öfver Råby och Råbelöfs marker».

§ 8. Vid noggrann jemförelse och granskning af dessa rent ethniska drag, hemtade ur den lefvande sägnen i tvänne skilda landskaper af gamla Göta rike, blir påtagligt, att vi här icke stå på mythisk grund, utan i sägnen återfinna den historiskt-traditionela erinringen af ett verkligt folk, som en gång intagit vida sträckningar af södra Skandinavien. Detta folk var våra yngre invandrande förfäder underlägset i vapen och odling. Det kände icke, såsom de, jernets bruk; men hade prydnader af guld och silfver och någongång »förgyllda svärd;» ehuru dess vapen eljest i allmänhet icke voro annat än klubbor, hackebillar och yxor af s t e n. Till följe af sina redskaps ofullkomlighet hade det inga ordentligt timrade hus, utan bodde, likt trollen, i hålor och »stufvor» i bergen. Dess näringsfång var boskaps-skötsel och ett åkerbruk, sådant detta kunde drifvas med hjelp blott af elden och hackan. Det hade början till en samhällsförfattning, och samlade sig under bar himmel till ting och stämmor. Dess religion, som otvifvelaktigt hade mycket gemensamt med den inträngande yngre guda-kulten, var en enkel naturdyrkan; man hade heliga lundar (berg, vatten och källor), och tillbad heliga träd. Rimligtvis dyrkade man uppå bergshöjderna äfven Oden, Thor och Baal eller Balder. Barnen »döptes» eller vatten-östes i heliga källor, och de döda (brändes å bål och) begrofvos med sina vapen i stora rör och i stensatta högar. Många af stammen drogo sig undan för det inträngande nya folket och den nya tron; de flyttade nedåt hafvet, eller bortöfver hafvet; men många stadnade ock qvar, lefde efter fädrens vis på bergen och i skogarne, och blandade sig efterhand med det nya folket, som stundom sökte giftermål med deras fagra qvinnor.

Sådan är i korthet folksägnens uppfattning af detta uråldriga folk, och denna instämmer på det allra nogaste med just de resultater, till hvilka den moderna fornforskningen och ethnografien kommit på helt andra vägar. Vid undersökning af de yngre kummel-rören och andra forngrafvar från samma tid, har man således inom en kistformig stensättning funnit lerkrukor, med aska efter b r ä n d a l i k, samt redskap och vapen icke blott af s t e n, utan ock af b r o n s. Beskaffenheten af dessa redskap och vapen antyder, att de tillhört ett folk, stående på just den grad af odling som folksägnens jättar. Inom Wärend äro redskap af detta slag, så väl af sten och flinta, som af brons (svärd, pålstafvar o. s. v.), funna till en stor mängd så i äldre som nyare tider, och serdeles vid utgräfning af de i det föregående omtalade s. k. jätta-grafvarne. Vetenskapen kan då icke förneka den historiska tillvaron af detta forntida folk, hvars grafkummel och öfriga råa, men storartade minnesmärken återfinnas längs kuster och flodstränder, icke blott i de förut af förhistoriska folk (troll) intagna och bebodda danska länderna, med Skåne, Halland, Bohuslän, Westergötland, Blekinge, Småland och Öland, utan derutöfver sträcka sig jemväl till Östergötland och trakterna närmast omkring Mälaren.

§ 9. Antaga vi nu dessa omständigheter såsom vetenskapligt bevisade, och derjemte noga fasthålla så väl den utomordentliga seghet och trohet, hvarmed folksägnen gömmer och bibehåller ett en gång emottaget intryck, som ock dess art, att efter inre rent poëtiska lagar omgestalta detsamma, i den mon det aflägsnas i tiden eller i rummet; så finna vi, i erinringen af Göta rikes jättar och troll, en enkel nyckel till de nord-skandinaviska mytherna om väsen af samma namn, såsom naturvättar, i fiendtlig kamp emot Thor och Asarne. Inom verklighetens område finna vi äfven samma namn och föreställningssätt sednare hänförda på Kväner och andra finska folk, med hvilka nord-skandinaverna kommo i fiendtlig beröring. Men, utom det ljus, som, ifrån en noggrann utredning om de syd-svenska jättarnes lefnadssätt och seder, faller öfver hela nordens äldre mythologi och alla dess historiska befolknings-förhållanden, gifves det äfven ett annat spörsmål, som hittills icke kunnat af våra fornforskare fullt utredas, men som på denna väg torde tillfredsställande lösas. Detta är, om de ännu lefvande folk-minnena af en s. k. *Hackare-tid* (i Westbo: Hack-äfva). Det har nemligen ända ifrån Saxo Grammaticus och intill vår egen tid icke kunnat undgå uppmärksamheten, att i hela södra Skandinavien förekomma öfverallt, ända i djupet af skogar och obygder, en otalig mängd rörkastade öde-åkrar. Inom Wärend förekomma dessa gamla åkrar till oräkneligt antal, likasom i Finveden, Kalmar län, Ydre, norra Skåne o. s. v. Vid den flerfaldiga granskning, de ända ifrån Linnés tid varit underkastade, framgår såsom till fullo ådagalagdt:

att rören blifvit hopkastade med stenar, som aldrig äro större än att de af en enda man kunnat upptagas och bäras;

att åkrarne till vidden intaga minst tre eller fyradubbelt större yta än landets hela, i denna stund befintliga åker-jord;

att de således oundgängligen förutsätta tillvaron af en forntida befolkning, mångfaldigt större än den nuvarande, och

att hvarken myllan å dessa forn-åkrar har det djup, som i de gamla odal-åkrarne vanligen finnes, ej heller balkarne vid rör och renar på långt när uppnått jemförlig höjd med dem i de sistnämnda *).

*) *Rääf*, Beskrifn. öfver Ydre härad, s. 14. — Jfr. *Linnæi* Skånska Resa, ss. 48, 58, 353. — *Linnæi* Gotländska Resa, s. 312.

Af dessa skarpsinnigt iakttagna omständigheter har man ledt sig till den slutföljden, att »odlarne af dessa rymder varit utan arbets-biträde och ensamme hvar om sin intaga», samt att dessa ödeåkrar således härleda sig ifrån frigifna trälar och en genom dem ökad åkerbrukande befolkning, som sedermera till en stor del utdött i den vid midten af 1300-talet härjande diger-döden. —

Emot dessa slutföljder kunna dock göras åtskilliga inkast. Redan antagandet, att detta åkerbrukande slägte till stor del (o: till största delen) utdött i digerdöden, förefaller mera radikalt än historiskt berättigadt. De många i vårt land före digerdöden uppbyggda kyrkorna antyda ingalunda genom sin storlek, att Sverige på denna tid haft en större folkmängd än nu; snarare tvärtom. Genom trälarnes frigifning blef den åkerbrukande befolkningen väl näppeligen ökad, blott annorlunda fördelad, enär jordbruket redan förut fanns till såsom landets hufvudnäring. Att trälarne skulle ha arbetat ensamme hvar för sig, alltid och allestädes, strider så väl emot urgammal svensk folksed, som emot sakens egen natur, enär äfven i trälens hushåll funnos uppvexande söner och döttrar. Den framställda åsigten kan då, efter vår tanke, näppeligen betraktas annorlunda, än såsom en mera snillrik än i sak välgrundad förslags-mening.

Vända vi oss nu ifrån våra lärda forskare till den enkla folk-sägnen, för att vinna upplysning om tillkomsten af dessa vidlyftiga forn-åkrar, så öfverensstämma de ännu lefvande sägnerna oföränderligen deri, att dessa åkrar »härstamma från *Hackare-tiden* (Hack-äfvan)», och att »rören äro Hackare-rör, ifrån den tiden, när jättarne med hackan redde till ett litet åkerfält eller hackland hvar de kommo»*). Den föraktliga benämningen hack-hemman eller hack-hide gifves ock än i dag, i Wärends-målet, åt sådana små i skog och obygd upptagna lägenheter, hvilka skötas för hand, utan egna dragare eller fullkomligare redskap.

Vid granskning af alla till denna fråga hörande omständigheter, kunna vi, för vår del, icke tveka om att antaga folksägnens fullkomliga äkthet och dess deraf beroende historiska betydelse. Vi tro derföre obetingadt, hvad folket trott under mer än ett år-tusen, att dessa rörkastade åkrar härleda sig icke från tiden näst före diger-döden, utan ifrån en aflägsen ur-tid, och att deras beskaffenhet helt enkelt hänvisar på ett uråldrigt jordbruks-sätt, då man ännu icke kände plogen, utan skötte åkern för hand med hacka och andra enkla redskap, alldeles såsom det sker i Wärend än i dag, å små i skogen undangömda hack-hemman och eljest när man nedhackar säd å svedjeland. Ett annat jordbruks-sätt, än med eld och hacka, var öfverhufvud knappast möjligt för ett folk på en lägre odlings-grad eller utan redskap af jern. Hvad åter beträffar sägnens uppgift, att dessa forntida hackare varit jättar, så instämmer detta fullkomligt så väl med Pytheas berättelse, att man redan på hans tid (300 år f. Chr.) i Thule odlade säd, hvilken tröskades under tak, som ock med hvad mera vi redan känna om jätte-folkets lefnadssätt och odlings-tillstånd. Frågan vinner ytterligare

*) Jfr. *Sylvander*, Qvartals-Skrift uti Landthushållning för Kalmar Län (Kalmar 1855), s. 40.

ljus och vår mening får allmän historisk giltighet. i fall det, såsom vi förmoda, genom framtida forskningar skulle kunna ådagaläggas, att hackare-rören aldrig förekomma utom i landskaper, der man jemväl anträffar jätta-grafvar, med brända lik, redskap af sten och brons, samt andra minnes-märken af den forntida jätte-stammen.

§ 10. Frågan bragt till denna punkt, återstå dock tvänne spörsmål, de vigtigaste af alla: hvilket historiskt folk förstås med dessa fornsägnens jättar, och hvad blef det af detta talrika jätte-folk, som en gång var utbredt öfver hela det gamla Göta rike och äfven förekom i de äldsta bygderna af egentliga Svea-land? — Till det förra svara vi, att så väl häfde-forskningen, som fornforskningen i dess sednast vunna resultater, gifver vid handen, att i en aflägsen tid före vår n. v. tide-räkning, och redan före Goternas uppträdande i Tyskland, hafva stammar af *skandinaviska* **Goter** framträngt ur det östra Europas inre till norden, och bildat detta lands första åkerbrukande befolkning. De omtalas, såsom der boende, redan af Ptolomæus i 2:dra århundradet. Procopius i 6:te århundradet omtalar ännu Goter (Gauter) i Thule, och enligt isländska källor, Skalda och Rimbegla, kallades jemväl allt Dana- och Svea-rike fordom Gotland och folket Got-folket (Godþiod). Det var dessa skandinaviska Goter som en gång nyttjade redskap af sten och brons, och efter vår åsigt är det ursprungligen just samma folk, som under namn af *Jättar* (Jotar, Gotar, Forn-Jotar, Jotnar, Gotnar, Godþiod) uppträder i den nordiska folksägnen, fornsagan och mythologien. —

Hvad åter beträffar det sednare spörsmålet, så torde det rättast böra besváras sålunda, att Goterna till stor del åter utvandrat ur Skandinavien, och att de qvarblifna dels efterhand blandats med nya inträngande beslägtade folkstammar, och sålunda ingått såsom en grund-beståndsdel i vår n. v. befolkning, dels ock blifvit undanträngda till landets inre skogar och bergs-trakter, der deras afkomlingar, nästan oblandade, förekomma ännu i våra tider.

§ 11. Minnet af att Skandinavien varit den härd, hvarifrån Goter under en konung Erik eller Berik fordom drogo ut, för att, i förening med sina stamfränder söder om Östersjön, kasta sig öfver det romerska väldet, möter oss redan hos den gotiske historieskrifvaren Jordanes. Men likasom folkvandringens stora rörelser utgingo från norden, så har ock hågkomsten af Goternas första utvandring ur vårt land längst bibehållit sig i norden sjelf. Kämpa-sångerna om Goternas hjeltar, serdeles om den gotiske konungen Thidrik af Bern (Theodorik af Verona), sjöngos under medeltiden såsom folkvisor, icke blott hos de tyska, utan ock hos de skandinaviska Goternas qvarlemnade stamfränder. Bland de sednare bibehöllo de sig ingenstädes längre än i Wärend, der de, enligt P. Rudbecks vittnesbörd, voro allmänt kända af folket ända in i slutet af 1600-talet. Ett lika förhållande egde rum med de om samma gotiska hjeltar gängse folksägnerna, och den redan i början af 1200-talet efter dem hopsatta norska kämpasagan åberopar icke blott tyska, utan ock danska och svenska mäns qväden och berättelser. Ibland dessa folksägner hafva sagan om den mythiske Verland Smed (Völund), och om den historiskt kände gotiske hjelten Vidrik Verlandsson (Jordanes' Vidicula eller Vidigoia, Thidreks-Sagans Vidga eller Vid-eke) varit lokaliserade i Wärend, och ända in i vår tid der betraktade såsom rent nationela minnen. — Vid konung Gustaf II Adolfs kröning tornerade man till försvar för den satsen, att de verldsstormande Goterna utgått ifrån Sverige, och ännu vid slutet af 1600-talet sjöngs, i Westergötland och Dalsland, den af Johannes Magnus på latin meddelade folkvisan om Goternas utvandring till Witalahed eller Söderland (ɔ: Got-landet söder om Östersjön), under den gamle redan af Jordanes kände konungen Erik. Hos våra äldre historiska författare möta oss samma hågkomster. *Saxo Grammaticus*, som lefde i Skåne och der skref sin bekanta krönika redan i början af 1200-talet, förtäljer icke allenast om Jätta-ätten, såsom nordens äldsta hedningar, hvilka störtas af ett svagare men i odling öfverlägset slägte, utan talar jemväl om en stor forntida utvandring ur Danmark, efter hvilken landet blifvit ganska folkfattigt och till en del öde. *Minoriter-munkarnes i Wisby diarium*, likaledes ifrån början af 1200-talet, uppgifver, att vid år 686 utvandrade Longobarderna ifrån Jutland och Hunerna ifrån Sverige, till följe af en trängande hungersnöd. *Then Gambla Svenska Crönica* omtalar konung Eriks utvandring ur Götaland till Witala-hed (förmodligen efter folkvisan), samt hans son Goderik, »som drog först med här utaf Götaland och vann Tyskland, Wälskland och flera land, som nog finnes i de länderna om honom skrifvet».

Minsta Rim-krönikan upprepar samma sägner. *Stora Rim-krönikan* förtäljer om Sverige, huruledes

»här var fordom så dristig allmoge,
att de med stor här utländes droge
och vunno med makt mång rike och land
och hade dem länge under sin hand,
Rom, Neapolim och allt Walland.»

Laurentius Petri förtäljer, efter Jordanes, om Göthernas (Goternas) första uttåg här af Sverige, och tilllägger: att »störste parten bekänner att de af Sverige skola utgångne vara.» *Olaus Petri* omtalar icke blott »ett allmänneligt rykte och mening här i vårt land derom, att Göther (Goter) skola vara här utgångne», samt »den klubbohären, som säges hafva gångit här utaf landet, efter som ett gammalt tal och rykte hafver allt sedan gångit här i riket», utan förmäler ock om »ett gammalt rykte, att Hunahär skulle hafva gått här ut af Sverige» o. s. v.

§ 12. Vid den kritiska behandling, som vår svenska historia varit underkastad allt ifrån Olaus Petri, har man trott sig med misstroende böra emottaga alla dessa sammanstämmande uppgifter. På samma gång nemligen en skärpt granskning ådagalade, att den först emellan åren 1449 och 1476 till Sverige införda »Didrik van Berns fabel» icke i vanlig mening finge betraktas såsom svensk historisk källa, äfvensom att de utländska Goternas bedrifter och konunga-längder icke rätteligen kommo Sverige vid; fattade man äfven misstro till så väl Jordanis uppgift, som till den uråldriga och vidt utbredda historiska sägnen om (de skandinaviska) Goternas utvandring utur Skandinavien. I den förvirring, som uppstod genom förblandandet af skandinaviska Goter med vårt eget lands yngre Götar, kom man på detta sätt att »kasta ut barnet med bad-vattnet», som man säger, och att på samma gång undantränga icke blott de för oss alldeles främmande tyska Goterna, utan ock hela Göta rikes äldsta gotiska stamfolk, utur vårt fäderneslands häfder.

Det blir på tiden att det dit återvänder. Men då så väl aflägsenheten i tiden, som bristen på historiska urkunder gör denna fråga till ett spörsmål, snarare för ethnografien och arkeologien, än för den egentliga häfda-forskningen; måste vi för dess lösning ännu en gång lyssna till fornsägnen och folkets egen hågkomst, såsom här vid lag vår nästan enda och dyrbaraste källa. Och vid sidan af Jordanes' bestämda vittnesbörd om Goterna och Olai Petri tal om en forntida klubbo-här, utgången ur vårt land, genljuder då till oss, djupt ur seklernas natt, den syd-svenska sägnens fruktansvärdaste folkminne, — hågkomsten af den väldiga *Huna-här* och af en stor forntida utvandring ur Göta rike.

§ 13. Hvarthelst vi då vända oss inom detta gamla rike, d. v. s. just inom de svenska landskap, hvarest ännu befintliga jätta-grafvar, med brända lik och fynd af sten- och brons-redskap, hänvisa på en forntida gotisk befolkning, mötas vi af samma uråldriga folkminne om **Huna-hären**, — ett ord, hvars ursprung och betydelse ännu icke äro fullt och bestämdt utredda. Man har deri velat återfinna namnet på ett folk, Huner eller Hunner, och har till stöd för denna mening kunnat åberopa så väl folksägnen och Wisbymunkarnes ofvan anförda diarium m. m., som ock, att, hos gamla normandiska författare, icke blott Huner omtalas boende i Skandinavien, utan ock Normanderna sjelfva någon gång erhålla detta namn *). I de tyska Goternas fordna hemtrakter förekomma jemväl sägner om Huner, samt gamla Huna-grafvar (Hünengräber) o. s. v., likasom ock i Isländarnes skaldestycken de fordna kämparne stundom få namn af Húnir (här icke ett folk-namn, utan en poëtisk omskrifning, som betyder björnar, af sing, húnn). Sannolikt härledes dock ordet riktigare från det gamla præfixet hund-, som i vårt fornspråk bemärker en mångdubbel förökelse af storhet eller antal och derföre brukas såsom förstärkande præfix. Vi återfinna denna præfix i de högsvenska sammansättningarne: hundhedning, hundfatt o. s. v. och såsom rot till räkneordet hundra, samt i Wärendsmålet: i talesätten, »dä va hunnen», »dä va hundana», »alltid ästu ett ohunnen», för att uttrycka någonting bålstort och en deraf framkallad häpnad och förvåning. Enligt denna tolkning skulle således Huna-här betyda den öfvermåttan stora hären, likasom södra Sveriges otaliga lokal-namn, började med Hun- Hunne-, f. ex. Hunaskog, Hunneberg o. s. v., skulle häntyda på ett ovanligt mått af storlek, ɔ: den öfvermåttan stora skogen, berget o. s. v. Hurusomhelst ordets härledning må förklaras kan dock här anses vara af underordnad vigt; enär hufvud-spörsmålet alltid måste blifva, om

*) Hos *Duchèsne*, Script. Hist. Normann.

sjelfva sägnens tillvaro såsom lefvande folkminne och dess härpå grundade rent historiska betydelse.

I nämnde afseende synes vitsord icke kunna frånkännas de uppteckningar af Hunahärs-sägnerna, som redan för omkring hundra år sedan blifvit gjorda i Westergötland, och som oemotsägligt bevisa dessa sägners allmänna utbredning i detta landskap*). Ifrån Östergötland möta de oss likaledes. När Östgötabonden Lars Jonsson år 1538 uppreste sig emot konung Gustaf I, förklarade han sig »vilja resa en *Huna-här* och slå ihel allt ridderskapet och adeln». Att samma sägen förekommit äfven på Gotland, ha vi redan efter Wisby-munkarne anfört. Men ingenstädes synas dessa sägner ha varit mera spridda, eller djupare ha inträngt i folkmedvetandet, än inom Wärend. Den nitiske samlaren af detta lands folkminnen, Regements-Qvartermästaren P. Rudbeck på Huseby, som vid slutet af 1600-talet skref sina Smålands Antiquiteter, har härom mycket att förtälja. Sedan han egnat en stor del af sitt arbete åt sägnerna om Werland Smed, samt dennes förmodade son, den gotiske Widrik Werlandsson, hvars äfventyr naturligen knyta sig till minnet af en urgammal förbindelse emellan de nordiska och syd-europeiska Goterna; öfvergår han till berättelsen om striden emellan (yngre) Götar och Huner, och meddelar en vidlyftig förtäljning om »*Huna-härs* grufveliga fältslag». Enligt de af Rudbeck åberopade sägner, skulle en forntida strid emellan dessa folk ha stått å den gamla Bråvalla-hed i Wärend, nära sjöarne Åsnen

*) *Kalm*, Westgöt. o. Bahusl. resa, s. 59. *Afzelius*, Sv. Folk. Sagohäfder I, s. 104, o. fl. st.

och Salen, vid Hunna by och på Huna skog; i hvilken strid Hunerna blifvit besegrade. På Rudbecks tid visste »hvart barn i byen» att derom tala. Folket visade en källare, vid hvars ingång stod en resesten, i hvilken källare Hunerna haft sitt dricka; icke långt derifrån i gärdet var Huna Kongs-hög och 28 ättebackar, kallade Huna högar, i hvilka Hunernas konung och förnämsta kämpar sades ligga begrafna. En resesten derinvid kallades Huna hall; och hade manfallet i striden varit så stort, att, enligt sägnen, Torps och Torne åar blifvit alldeles uppfyllda af döda män och hästar, så att de gifvit sig ur sina rätta lopp och måst utskära sig annorstädes, »det man i denna dag görligen kan skönja».

Så långt Rudbeck, hvars historiska åskådningssätt upptogs af Erik Dahlberg, som i sitt stora verk öfver fordna och närvarande Sverige lemnar en teckning öfver Huna slag. Vid skärpt granskning torde man dock af Rudbecks hela framställning knappast våga draga någon vidare slutsats, än att sägner, om Huna-här och om stora forntida rörelser hos folken i Göta rike, ännu på hans tid voro lefvande i Wärend, samt att dessa sägner, i följd af namnlikhet, blifvit lokaliserade till Hunna by och omgifvande fornminnesmärken.

§ 14. Vid sådant förhållande är det en lycklig tillfällighet, som låter oss återfinna samma märkvärdiga fornsägen i en vida äldre form, och under omständigheter, der uppteckningens äkthet icke af någon kan dragas i tvifvelsmål. Hon förekommer nemligen i en brottsmåls-ransakning, vid tinget med Albo härad i Lekaryd d. 29 April 1626, förd i närvaro af Ståthållaren på Kronoberg och öfver dess län, ädle, välborne Erik Jöransson, item Arrendatorn, välförståndig Peder Olsson samt härads-nämnden. Handlingarne i denna sak äro ännu till finnandes, och vi meddela af dem ett utdrag efter domboken.

Orsaken till denna rättegång var sålunda, att ett allmänneligt tal och rykte var utkommet efter välbördig Kapiten Cammel, och Fältväbeln Jakob Eriksson samt förredaren (fouriren) Jöns i Washult, att en »fellegammal» man, benämnd Ingemar i Öna i Wigerstad socken, skulle i deras närvaro ha låtit falla några otillbörliga ord, den tid desse förenämnde gästade honom.

Och hade Ingemar i Öna begynt sitt tal sålunda: »Jag hörer, Kapten Cammel, att J hafven haft »bud i Jönköping, och förnimmer, att Fältmarskalken »hafver påbjudit klöfveskatten och utskrifningen.» Härtill svarades: »det är sannt.» Ingemar återtog: »det »faller allmogen alltför svårt.» Han fortsatte:

»Det hände i Konga härad i gamla tider, att »en man, benämnd *Hunesmed*, hade en borgelägers»knekt. En gång, när bonden kom hem af skogen, »hade de eldat ugnen; ty 'på den tiden var så sed, »att de skulle bada i ugnen. Då sade bonden till »hustrun: 'gif mig mat!' Borgelägers-knekten svarade: »'nej, hustrun skall först bada mig'; såsom ock skedde. »När nu knekten blifvit badad, tog bonden ned en »yxa och afhögg hans hufvud. Sedan gick han till »sin granne och bad honom göra sammaledes, och så »allt fort, tilldess de blefvo så starka, att de upp»lade sig emot herskapen både i Sverige och »Danmark, och gingo så vidt, att de stallade

»sina hästar vid Roma port. Och är spådt det »skall ännu så ske, och är nu dertill likt, eftersom »tungan är stor.»

»Item skall ock Herr Tyke Bragde hafva spått, att en hvit skata skulle värpa i en hagtorn vid Helsingborg. Derefter skulle följa ett stort krig, så att spjut och sköld skall flyta i blod och allmogen blifva rebellisk emot öfverheten.» Ingemar tillade, svarande sig sjelf: »Gud gifve det sker icke i min tid!» — Detta var Kapten Cammels berättelse.

Jöns i Washult, hörd såsom vittne om Ingemars yttranden, vittnade detsamma, »både om badandet i »ugnen och om att *Hunesmed* slog ihel sin gifve-galt »och sedan bragte sin granne att göra detsamma, in»till dess att de blefvo så starka, att de stallade »sina hästar i Roma kyrko». Ingemar hade tilllagt: »råde Gud, det sker icke än en gång; ty det lägges så mycket på allmogen, att de aldrig förmå det utgifva.»

Samma sak företogs andra gången, uppå Wexiö rådhus, den 2 Maj 1626, i närvaro af Ståthållaren, välborne Erik Jöransson, item välbördig Bengt Jönsson till Lästa, desslikes Arrendatorn Peder Olsson samt Borgmästare och Rådmän i staden.

Denna dag förhördes den gamle mannen Ingemar i Öna och tillfrågades, om han sådant tal haft hafver. Ingemar bekände att han fört sådant tal, det han ock sjelf på rådhuset ord ifrån ord upprepade, sägandes, »att han var en liten pojk, när han först hörde sådant tal, och visste dermed intet ondt, ej heller sade det i någon ond mening. Icke heller var det han som samma tal begynnt, »utan det hafver

»ståndit man efter man i öfver tusen år»; och aldrig förstod han det skulle vara förbudet härom tala, såsom han icke förstod det vara förbudet tala om Dacke-fejden, och annat som i gamla tider skedt är».

Rättens slutliga dom blef frikännande, nemligen så, att rätten ej kunde tänka att Ingemar talat sådana ord i arg mening, såsom en mytmakare, den allmogen förföra ville och göra afspänstig, utan hade han eljest i enfaldighet talat om framfarna, aflupna tider och de ting som skedda äro här i riket, hvilka bedrifter mest allom förståndigom af historierna och gammal relation äro kunniga och icke förbudne att omtala.

§ 15. Vi hafva här framför oss sägnen om Hunahären och om Goternas utvandring, såsom detta folkminne ännu lefde i Wärend vid medlet af 1500-talet. Genom höfdingens namn Hune*smed*, anknyter sig denna sägen till de likaledes i landet hemmahörande yngre sägnerna om den gotiske hjelten Widrik Werlandsson, som efter sin fader, Werland Smed (i sägnen förvexlad eller sammanförd med den mythiske Wölund), förde en smedje-hammare och tång i sitt sköldemärke. Märkligt nog, träffa vi samma identifiering af Hunahärens anförare och kämpavisornas berömde folkhjelte, i ännu en annan uppteckning af folksägnen, gjord af kyrkoherden Carolus Bolhemius i Markaryd den 26 April 1667. Denna berättelse, som officielt afgafs till Kongl. Antiquitets-Collegium, i anledning af Kongl. Maj:ts påbud om gamla minnesmärken, innehåller, att presten noga sökt och ransakat alla anbefallda stycken, men intet funnit, utom allenast detta:

»att den Gamble *Hund* föregifves ligga här i Markaryds kyrkogård, sunnan om kyrkan och midt på kyrkogården. Vid hans graf står en liten gråhall (gråstenshäll), hvarpå äro uthuggna en smedjehammar och tång. Om samma graf är till att akta, det ingen här i socknen, på så lång tid som någon man minnes tillbaka, har velat, icke heller för denna tiden vill begrafva sina döda nära intill den griftplatsen. »Då jag hafver somliga derom tilltalat, »hvarföre de så göra, hafva de af sin enfaldighet och »efter gammal sägen gifvit till svar, att om någon »grafver der förnär, eller sjelfva grafven upp»kastar, så uppstår och uppkommer af nyo »igen *Hune här*, hvilket jag förlagt hafver, med »flitig förmaning till att frukta Gud med alfvar i »allan tid, och afstå med sådan vidskepelse» etc.

§ 16. Vid ett sådant sammanstämmande af historiska vittnesbörd med en till sin äkthet bestyrkt fornsägen, tveka vi, för vår del, icke att åt denna tillmäta full historisk giltighet. Vi antaga således obetingadt den af alla omständigheter bestyrkta meningen, om en stor Gotisk utvandring ur det gamla Göta rike. För att fatta denna i sitt inre och yttre sammanhang, måste vi dock kasta en blick på förhållandena jemväl i det öfriga Europa. Vi se då, att omkring tiden för början af vår tideräkning begynte en stor gäsning bland folken i södern. Det romerska verldsväldet, som länge tryckt på alla angränsande folk, men som jemväl åt dem lånat något af sin odling, begynte nemligen underkufvande framtränga icke blott åt norr och nordvest, utan ock åt nordost och åt öster. Följden blef en mäktig folkrörelse, i riktning emot Östersjö-länderna, der vi ännu göra fynd af romerska mynt ifrån första och andra århundradet. Vid denna påbörjande stora rörelse hos folken, fördes ur det sydöstra Europas innandömen åtskilliga nya stammar, med en jemförelsevis högre kultur, till Skandinavien, der de före sig funno en stamslägtad befolkning. Dessa nya stammar, hvilka med långa mellanrum inträngde i vår nord, voro förnämligast: *Jutar* på Jutland, yngre *Götar*, längs Göta elf och från Sveriges östra kust, till Göta-länderna omkring Wettern. *Daner* i Skåne och på Danska öarne, *Wirdar* i Wärend, *Svear* öfver Ålands haf till trakterna omkring Mälaren, och *Nordmän* öfver och norr om Bottniska viken. De yngre af dessa stammar brukade allmänt vapen och redskap af jern, och hade redan länge varit påverkade af den romerska kultur, som, förnämligast öfver Byzanz, utbredde sig emot norden.

När dessa nya stammar i allt talrikare skaror från alla sidor inträngde i landet, måste efterhand uppstå en tryckning mot och en sammanstötning med de äldre inbyggarne, af hvilken både westgötiska och wärendska folksägnen bevarat hågkomst, i förtäljningen om »Huna härs grufveliga slag.» Slutet kunde dock ej blifva annat, än att de äldre, i odling underlägsna stammarne dels upptogos i den nya befolkningen, dels undanträngdes eller tvingades att utvandra. Häraf ett starkt återtryck ifrån norden emot södern, och en orsak till de nya mäktiga rörelser ibland fastlandsfolken, som alltifrån tredje århundradet kastade tallösa folksvärmar in öfver det romerska riket; medan, å andra sidan, nya folkhopar fortforo att ifrån öster invandra i vår nord. Först omkring början af 6:te århundradet kan man således antaga, att hela Skandinavien fått en fast befolkning. Men ännu länge fortfor den inre kampen emellan de stamskilda folk-elementerna, — en kamp, hvarutur framgick de yngre, med jern-redskap och högre odling utrustade stammarnes delvisa, och slutligen allmänna öfvervigt öfver de äldre, den sålunda betingade uppkomsten af en mängd små sjelfständiga samhällen, samt dessas ordnande i större grupper och ändtliga förening till en förbundsstat, med Svea-konungen såsom gemensamt stats-öfverhufvud. I ursprungliga stam-olikheter, och deraf beroende olika mått af traditionel odling, ha vi således att söka nyckeln till det äldre nordens samhälle och stat, likasom i stamförhållandena jemväl ligger förklaringen till alla dessa våldiga folkrörelser utåt, hvilkas efterdyningar ännu århundraden sednare frambryta i Vikinga-tågen.

§ 17. Vi hafva redan i det föregående antydt, att Jättarne, d. v. s. de skandinaviska Goter, hvilka ifrån uråldrig tid funnos bosatta hufvudsakligen i Sverige Sunnanskogs, vid de nya stammarnes inträde dels utvandrade med Huna-hären, dels ock undanträngdes från den äldre och bördigare bygden, för så vidt de icke delvis blandat sig med den nya inträngande befolkningen. Att så måste ske, är gifvet redan genom vidden och beskaffenheten af den geografiska yta, på hvilken Goterna voro utbredda, för att ej tala om rörelselagarne för ett utvandrande folk, som omöjligen kan flytta sig annorlunda än i spridda skaror och med långa mellanrum. Ehuru många Goter som lemnade sitt fädernesland, ha vi således skäl att antaga, att de qvarblifna ännu voro nog talrika, för att i många trakter af vårt land bilda folkstockens kärna. Detta öfverensstämmer ock med den märkvärdiga traditionen hos Saxo Grammaticus, som omtalar en tredje ätt af vanliga menniskor, ursprungen ifrån en blandning af Jätta-ätten och ett yngre, invandradt, i odling öfverlägset folk, som med jättarne fört stora krig. På alla sidor tryckta af nya beslägtade folk-elementer, måste de qvarblifna Goterna dock småningom förlora egenheterna i sitt språk, och med detta sin skilda nationalitet, likasom i sednare tider skett med Finnarne i Wermland och med Kvänerna i Norrland. Men i många trakter af vårt land visa sig ännu hos befolkningen, i anletsdrag, väsen, lynne och seder, spåren af det gammalnordiska, tunga, alfvarliga, råa, men ärliga och kraftfulla jätte-blodet. Goternas eget namn lefver ännu i namnet på ön Gotland; i flera svenska folkmål, synnerligast i Gotlands-målet, framträder ännu tydligen en stark Gotisk språk-grund, och öfverallt i våra äldre landskaper upptäcka vi hos folket skiljagtigheter i kroppsbildning och sinnes-art, hvilka icke kunna förklaras annorlunda, än från ursprungliga stamskillnader; men af hvilka många drag hänvisa snarare till de fornnordiska jättarne, än till det öppnare, intelligentare, friskare och lefnads-modigare svenska lynnet.

Hvad nu serskildt beträffar Wärend, visar sig detta lands befolkning nu mera hufvudsakligen likartad, och de skiljaktigheter, hvilka fordom egde rum emellan olika härader och socknar, äro icke serdeles märkbara. Den tid är likväl icke ännu långt aflägsen, då man på olika trakter, och stundom i till hvarandra gränsande socknar, fann icke blott en olika brytning i folkmålet och en olika klädedrägt, utan ock starka skiftningar i lynne och kroppsställning. Şerdeles var detta fallet inom Konga och Uppvidinge härader. Ännu för en mans-ålder sedan kunde således folket i Elmeboda, Ljuder och Långasjö serskiljas ifrån sina grannar, redan genom sitt yttre utseende. Inbyggarne i dessa socknar voro nemligen mera »ljuta» eller mörklagda, med mörklett hy, mörkt hår och gråblå ögon. De voro dertill jemväl af en mera sluten kroppsbyggnad och af ett råare lynne. Enahanda var förhållandet i Norrvidinge härad, hvarest folket i Tolg och Tjureda likaledes skiljde sig från det mer ljusletta folket i den angränsande Asa socken; andra exempel att här förtiga.

Men om dragen af den gamla jätte-stammen sålunda nu äro mindre märkbara hos det egentliga Wärendsfolket, utom måhända i landets östra och sydöstra gränstrakter, så blifva de mera igenkänliga, när vi öfverse det småländska höglandet i sin helhet. Det ligger nemligen i sakens natur, att då en ny befolkning på alla sidor inträngde, dels ifrån de ofvan belägna yngre Göta länderna, dels ock ifrån hafskusterna och längs vattendragen, böra oblandade lemningar af den äldre Gotiska befolkningen stå att söka — om någonstädes — i de magra, ödsliga trakter, som å ömse sidor omgifva den genom landets norra del åt öster framstrykande midtel-åsen. Här finna vi ock ett höglands-folk, som, änskönt utan eget tungomål eller annan bestämd nationel egendomlighet, dock i lynne och jemväl i utseende söndrar sig från sina grannar. Detta folk är nemligen till kroppsbyggnad tyngre, till ansigtsfärg och hår mörkare, i rörelser långsammare än den omgifvande befolkningen. Det har i väsen och skick någonting betryckt, och talar med ett klagande tonfall. Till lynne är det ytterst tarfligt, sparsamt, arbetsamt, ihärdigt och betänksamt, dertill utmärkt genom höflighet, foglighet, fredlighet och en djup religiös stämning. Det fasthänger envist vid sina vanor, nyttjar ännu föga jern, och bygger omkring sjön Bolmen sina hus, lador och båtar med naglar, lås, hakar o. s. v. af träd, utan så mycket som en spik af jern. Sin hembygd älskar det öfver allt annat och sköter sin magra, sandiga jord på nästan samma ofullkomliga sätt som urfäderna. Detta folk, som vi icke tveka att anse för rena lemningar af de undanträngda Goterna, utbreder sig ifrån gränshäraderna i Westergötland, genom vidsträckta delar af Westbo, Östbo, Westra, Östra, S. Wedbo och Aspelands härader i Småland. Vi hafva redan i det föregående anfört en folksägen, som visar att man fordom i Wärend betraktat Westboarne såsom Kämpar eller Jättar. Inom Aspelands härad har samma folk fordom burit namn af *Åsboar*, hvaraf häradets namn Asboland eller Åsbyggarnes land. Men hos sina grannar inom Kalmar-län och hos Olänningarne får denna bygd namn af *Das-landet*, och inbyggarne sjelfva helsas med det föraktliga vedernamnet *Dasar*, af sing. *dase* ɔ: dåse, en trög, tung och enfaldig menniska. Åt Westgöta-sidan få gränshäraderna inom Westergötland på samma sätt namn af *Knalla-bygden*, och inbyggarne helsas för *Knallar*, ett ord som härledes af **knall** ɔ: bergshöjd, kulle, och således jemväl ursprungligen betyder högländare, åsboar. Äfven knallarne anses, åtminstone inom Wärend, för enfaldiga och dumma, och göras, likasom skånska slättboarne, till hjeltar i hundrade bjerta folk-äfventyr. Sjelfva dessa gamla äfventyr visa dock påtagligen, att en tid funnits, då Wärendsbon och Knallen kommit i närmare beröring såsom grannar, och då således Knallabygden varit förlagd äfven **inom** Småland, ungefärligen der, som man nu skämtvis förlägger den s. k. *Geta-bygden* eller *Geta-Småland.* I verkligheten får man ock ännu höra vedernamnet **knallar**, **skålaknallar**, **fata-knallar**, gifvas icke blott åt gårdfarihandlarne ifrån Westergötland, utan ock åt de Östboar och Westboar (förnämligast från Gnosjö, Kulltorp och **Åsenhöga**), hvilka, fordom allmännare än nu, gingo omkring med svarfvade träfat, skålar, dosor, samt med häktor, kardor, ståltråd, tagelsiktar och andra alster af folkets slöjdflit. Hurusomhelst, uttrycker sig så väl i de nämnda folknamnen och i den fördom hvarmed dessa åsboar af sina grannar betraktas, som i deras lynne och utseende en skiljagtighet, som icke ensamt kan förklaras ur yttre förhållanden, utan bestämdt hänvisar på en i stamskillnad grundad olika kropps- och sinnes-beskaffenhet.

§ 18. Den nya folkstam, som vid jättarnes undanträngande uppträder i Wärend, framstår under det egna folk-namnet **Wirdar**, ett ord som tydligen är beslägtadt med landets eget gamla namn *Wärend, Wärends land*, och som anses ursprungligen betyda män, eller, efter en annan tolkning. **bålda män**, **hedersmän**.

Wirda-stammen har ifrån början utbredt sig öfver de fem Wärends-häraderna: Kinnevalds, Albo, Konga, Norrvidinge och Uppvidinge, samt derutöfver till norra delen af Blekinge, nästan hela Östra Göinge och delar af Willands härader i Skåne, till södra delen af Westra härad i Niudung, till Rydaholms socken i Östbo samt till Agunnaryd, Pietteryd och några de östligaste gränssocknarne i Sunnerbo härad af Finveden. Hela stammen utmärker sig i physiskt afseende genom en mindre sluten, ofta reslig kroppsställning, hurtigt väsen, lätt rörelse, brunt hår, blå ögon, rödlett ansigtsfärg. Ansigts-bildningen är rund, ofta med fina och vackra drag. Till själsegenskaper äro Wirdarne ett högst intelligent, lifligt, qvickstäldt, villigt, artigt, stolt och krigiskt slägte. De tala sitt eget mål, Wärends-målet. Detta landskaps-mål (»lands malit» i Legenda S. Sigfridi), som renast talas i Kinnevalds, Konga och Albo härader; men som i Åsheda, Nottebäck, Elghult och några andra socknar af Uppvidinge härad är starkt färgadt af Kalmare-dialekt, har en stor mängd egna dialektord; men utmärker sig förnämligast genom sitt starkt diftongerade uttal. Den djupa vokalen *e* i högsvenskan öfvergår således i Wärends-målet till tveljudet *oi*, såsom: sten ɔ: stoin, ben ɔ: boin, se ɔ: soi, mena ɔ: moina o. s. v. Det högsvenska *å* diftongeras likaledes i många fall till *au*, såsom: gå ɔ: gau, lång ɔ: laung, många ɔ: maunga, mönna. Medljudet *v*, efter h och s, uttalas såsom det engelska *w* eller som ett kort o, och *s* framför v aspireras till *sch*, t. ex. hvit ɔ: h*w*it, hvem ɔ: h*w*em, hvilken ɔ: h*w*ecken, håcken; svart ɔ: sch*w*art, Sven ɔ: Sch*w*en, svin ɔ: sch*w*in o. s. v.

§ 19. Vid hvad *tid* Wirda-stammen först började intränga i vårt land, torde vara svårt att bestämma; men Wirda-målet, änskönt egendomligt, har ingen serdeles ålderdomlig pregel, och allt leder att förmoda, det Wirdarne äro en af de yngre stammar som invandrat i Sverige sunnanskogs. Då härtill kommer, att Wirda-folket ännu vid christendomens införande knappast hunnit fullt utbreda sig öfver det i besittning tagna området, torde man icke gerna kunna föra deras uppträdande längre tillbaka, än till 4:de eller 5:te århundradet af vår nuvarande tideräkning. Deremot bör knappast något tvifvel uppstå om hvad *väg* de följt vid sitt inträde i landet. Allt bebyggande af ett skogsland sker längs vattnen, och Wirdarne hafva otvifvelaktigt, till en början, med lätta fartyg gått uppför Mörrums-elfven och tagit fast fot på öarne och norra stranden af sjön Åsnen, som en gång varit stammens medelhaf. I detta afseende förtjenar serskildt anmärkas, så väl att alla båtar, med undantag af ek-stockarne, ännu i det inre Wärend få namn af s k e p p, som ock att folksägnen ihogkommer, huru ett skepp, lastadt med »guld och silfver», en gång sjunkit i en grop på Runemad vid Sjöby. Ifrån sjön Åsnen har invandringen gått i tvänne hufvud-riktningar: den ena rätt i norr, längs H e l i g e å (Husaby ån), till Salen, der hon grenat sig dels efter Moheda ån till sjön Stråken, dels efter Helige ås öfre lopp till H e l i g e s j ö och de deri från norr infallande vatten, såsom Asa sjö, Bergs sjö och andra små-sjöar i Norrvidinge och i Uppvidinge härads vestra hörn; den andra åt nordost, längs Thors-ån, till Åryds-sjön och vidare emot Uppvidinge. Begge dessa invandrings-strömmar hafva således bidragit att befolka landet emellan Åsnen och Helga-sjön, som också utgör kärnan af Wärend. Åt vester och sydvest har en annán folkström framträngt ifrån Åsnen till sjön Femblingen och Wigerstad-sjön, och gifvit bebyggare åt Albo härads södra del. Befolkningen har således åt alla håll spridt sig ifrån sjön Åsnen, såsom utgångspunkt, och Kinnevalds härad på detta sätt en gång gifvit bebyggare åt Albo, Norrvidinge och stora trakter af Konga och Uppvidinge. Samtidigt med, eller något sednare än den stora hufvudströmmen, har en annan svagare invandring dragit uppefter Hoby-ån, till sjöarne Tiken, Ygden och Nislingen, samt uppefter Rottneby-ån till sjön Rottnen, der hon sammanträffat med invandringen längs Thors-ån. Då hufvudriktningen alltid gick åt norr, äro ock södra fjerdingarne af så väl Kinnevalds som af Albo härader jemförelsevis sednare bebygda. De bestodo långt fram i tiden, likasom sydöstra delen af Konga härad och vida trakter af Uppvidinge, af stora, oskiftade gränse-skogar.

§ 20. Att landets bebyggande verkligen försiggått på den väg vi här angifvit, styrkes af alla omsändigheter. Först och främst anträffas i de angifna riktningarne landets ansenligaste fornminnesmärken, så väl efter Jättarne, ifrån en äldre tid, som ock de jemförelsevis yngre, hvilka ingendera långt aflägsna sig ifrån vattendragen. Vi anmärka, ibland dessa yngre fornvårdar, förnämligast de s. k. skeppssättningarne, hvilka i Wärend talrikt förekomma och väl rimligast böra hänföras till Vikinga-tiden, i hvars rörelser Wirdarne, följande den kända vägen till hafvet, otvifvelagtigt varit verksamma deltagare. Namnet *Viking,* bevaradt i gårdnamnet Vikings-äng (af Gårdsby socken), erindrar ock om denna tid. Vidare är det blott i de nämnda riktningarne som vi träffa landets gamla helgelundar, dess heliga vatten, ortnamn efter hedna-gudarne, och andra qvarlemningar efter forntida hednisk kult. Landets uråldriga borgar och herresäten, såsom: Boslott, Hakeslott, Hvembo, Allatorp, Brändeborg, Tofta, Bergqvara, Kronobergs slott, Eknaholm, Hofmantorp, Asa gård o. s. v., likasom dess få större byar följa allt samma regel. Slutligen finna vi ett säkert intyg om bygdernas relativa ålder i hemmanens olika storlek. Då man vid den äldsta mantals-sättningen, såsom norm för besutenhet, afsåg allenast den befintliga odal-åkern och ängen, men icke utmarken; måste naturligen inträffa, att de äldre och således redan fullt uppodlade gårdarne sattes högre i mantal, än de yngre hemman, som ännu icke hunnit ifrån vildmark till odal upptaga någon större jordvidd. De gamla mantalen fingo derföre jemförelsevis liten ego-rymd, i förhållande till de yngre, först i en sednare tid uppodlade. I full enlighet härmed finna vi ock, att de gamla mantalen längs Hakeqvarns-å (ɔ: Mörrums-å) och vid stränderna af Åsnen och Helga-sjön i allmänhet äro små, ofta icke mer än 2 à 300 tunnland, hvaremot egorymden ökas för de yngre hemman som ligga på ut-ringen, så att längst borta vid den gamla riksgränsen finnas mantal om ända till tvåtusen tunnlands ego-rymd.

I öfverensstämmelse härmed se vi ock, att vid christendomens införande fingo de äldsta socknarne en mindre vidd än de yngre. Socken-indelningen skedde nemligen icke efter areal, utan efter befolknings-förhållanden, och i den äldsta bygden, der uppodlingen mera framskridit, var naturligtvis äfven folkmängden tätare samlad. Vi kunna således äfven af socknarnes allmänna storlek draga slutsatser om bygdens relativa ålder. Granska vi nu förhållandet i Kinnevalds härad, så finna vi, att likasom Wexiö redan ifrån denna tid framstår såsom landets hufvud-ort, så träffas derinvid, i häradets norra fjerding emellan Åsnen och Helga-sjön, icke mindre än elfva socknar, om ifrån 7 till högst 30 små eller medelstora mantal; hvaremot fjerdingen söder om sjön innehåller blott tvänne socknar, med i allmänhet stora och vidlyftiga mantal, så vidt vi undantaga de små hemman som ligga invid sjelfva ån. Då vi nu veta, att vester om sjön låg Albo härads gamla allmänning, Horjemo, och att öster om sjön häradets norra och södra fjerdingar sammanhängde genom en smal landremsa, likaledes tillhörande härads-allmänningen Möckleholt *); men att på södra stranden och på öarne i sjön låg en liten, nu försvunnen socken vid namn Hvembo, så kunna vi äfven häraf leda oss till den slutsatsen, att den äldsta invandringen icke gått igenom skogarne, vare sig vester eller öster om sjön, utan först tagit land vid öfre loppet af Hakeqvarns å, och vidare, öfver Hvembo-ö och de andra öarne i sjön, utbredt sig åt norr, der hon, på sätt vi redan

*) Denna landremsa afstods på 1600-talet till Konga härad, vid en tvist om ett dulga-dråp. Den i söder derom belägna gården Björkeryd räknas ännu till den ofvanför liggande Jäts socken.

anfört, samlat sig i häradets norra fjerding emellan Åsnen och Helgasjön. Den södra fjerdingen, så snart vi aflägsna oss ifrån sjelfva den nämnda ån, är således af en relativt yngre befolkning.

Med Albo härad är förhållandet likartadt. Af häradets 16 socknar finna vi tio, de minsta, belägna i häradets norra del eller i fjerdingen norr om Blådingebäck. Äfven denna befolkning har således ifrån början tätast hopat sig norrut, ofvanför sjön Salen, dit hon framträngt öfver Åsnen genom nedre loppet af Helige å.

Konga härad följer samma regel. Vi träffa 7 af dess minsta socknar, och således dess i forntiden tätaste befolkning, i norra fjerdingen omkring Thorsån, omkring sjön Rottnen och upp emot Helga-sjön. Vester ut träffa vi äfven tvänne små socknar vid sjöarne Tiken och Ygden. Deremot ha de återstående 6 socknarne icke blott stort hemmantal, utan ock, om vi undantaga sjelfva Rottne-ådalen, gårdarne en betydlig egovidd. Ifrågavarande socknar hafva ock långt fram i tiden varit föga annat än stora gränse- och allmännings-skogar, å hvilka utmål blifvit tagna ifrån den äldre bygden. Många af dessa utmål, hvilka inom häradet, och serdeles i denna del deraf, förekomma till ett antal af ej mindre än 140, erindra ännu, sedan de blifvit sjelfständiga hemman, om bolgården som de ifrån början varit tillskiftade, såsom: Bastanäs, Bastanäs m å l a; Högeboda, Högeboda m å l a; Torahult, Torahulta m å l a; Tafvastehult, Tafvastehulta-m å l a o. s. v. Dessa hemmans-namn angifva således icke blott gången af landets uppodling åt denna sida, utan bekräfta ock hvad vi redan anfört, om befolkningens sednare utbredning öfver södra och sydöstra än öfver norra delen af häradet.

I Norrvidinge härad, som fått sitt namn deraf att det ligger i norr om landets medelpunkt, blir förhållandet naturligtvis omvändt. Vi träffa der häradets fem minsta och äldsta socknar söderut, omkring Helgasjön, hvaremot mantalen ökas både till antal och storlek i de öfre gräns-socknarne, Berg, Tolg och Asa. Vi kunna häraf med visshet sluta, att, vid christendomens införande, Wärends norra gräns-trakter emot Niudung ännu voro blott svagt bebygda.

Uppvidinge härad är, såsom vi redan anfört, ibland alla Wärends-häraderna det sist befolkade. Dess första bebyggare hafva inträngt dels ifrån Konga härad, längs Thors-ån och Rottne-ån, dels ock ifrån Norrvidinge, längs östra stranden af Innaren. Här finna vi ock, vid christendomens införande, landets minsta socknar, Häråkra, vid Thors-åns och Rottne-åns källor, samt Dref och Hornaryd, emellan sjöarne Innaren och Örken, ingendera socknen uppgående till 20 mantal. Häradets öfriga socknar äro för det mesta yngre, och derföre stora till hemmantal och till egovidder; de utgöras ännu, såsom fordom, till stor del af oländiga skogs-trakter. På häradets östra ytterkanter möta folkströmmar ifrån Niudung och Kalmar län, hvilka, på sätt vi redan anmärkt, starkt färgat folkmålet i Åsheda, Nottebeck, Elghult och flera socknar. Öfverhufvud är Uppvidinge den oregelbundnast bebygda delen af Wärend, och den enda, hvars befolkning synes sammansatt af i någon mån stamskilda bestånds-delar.

§ 21. Det sålunda i Wärend inträngande och utbredda Wirdafolket har af ålder varit betraktadt såsom ett folk för sig, likasom det en gång bildat en egen, sjelfständig förbunds-stat, med egna lagar och till och med egen konung. Den gamla Westgöta-lagen, som, fasthållande Götarnes egendomlighet såsom stam, endast räknar West- och Öst-Götar till »inländska» män, inbegriper visserligen äfven Wirdarne under det allmänna folknamnet Smålänningar; men hänför dessa, likasom Svearne, till utländska män inom riket. Men äfven i förhållande till Smålänningarne, eller åtminstone till de Smålänningar, hvilka icke likt Finvedsboar och Niudungsboar med Wirdarne förenat sig, framträder af ålder denna Wirdastammens sjelfständighet. I den gamla stadgan om konungens eriksgata bestämmes, att »Wirdarnes lagman och Smålänningarne med honom» ega möta konungen vid gränsen af Östgötarnes lagsaga, på skogen Holaveden, samt följa honom till Jönköping. »Der eger konungen Wirdarne och alla Smålänningarne ed sin svärja, och de honom» o. s. v. Wirdarne voro således på denna tid betraktade såsom hufvudfolket, icke blott inom Tio-häraders lagsaga, utan i hela Småland, och derjemte såsom stamskilda ifrån »alla Smålänningarne.» Ericus Olai, som skref sin latinska krönika i sednare hälften af 1400-talet, skiljer ännu emellan Wärend och Småland, såsom olika och hvar för sig sjelfständiga folkländer. Han omtalar nemligen Göta rike, såsom äldre än Svealand och omfattande Östergötland, Westergötland, Wärend, Öland och Småland, o. s. v. Detta serskiljande synes ock vara fullt berättigadt, redan om vi, utan afseende på Wärends äldre historia och samhälls-utveckling, bygga allenast på rent ethnologiska grunder.

Om vi nemligen granska folk-förhållandena i de Wärend omgifvande små länderna (*Små lönd*, Småland), så träffas åt vester i *Finveden* (ɔ: Finnskogen, Finnmarken) en skild, ehuru beslägtad stam, med ett eget folkmål. Detta mål, *Finveds-målet*, talas öfver nästan hela Sunnerbo härad, med undantag af några bland de östra gränssocknarne, i hela Westbo och i största delen af Östbo och Mo härader; men ingenstädes så rent som i Westbo. Det utmärker sig hufvudsakligen genom en stark diftongering af den högsvenska vokalen *e*, som efter fornnordiskt sätt uttalas *ai*, såsom: stain ɔ: sten, bain ɔ: ben, maina ɔ: mena. »Ja sulle gau te Braiare mä att braiv, å sau kum dar ain hun, å bait me i bainet så ja skraik» ɔ: jag skulle gå till Bredaryd med ett bref, och så kom der en hund, och bet mig i benet så jag skrek. — Det svenska sjelfljudet *å* uttalas deremot i de allraflesta fall såsom *a*, f. ex. anger (ɔ: ånger), tang, lang, sang, stang, mans-aller (ɔ: mans-ålder), manga, ganger o. s. v. I vestra delen af Finveden, på gränsen af Halland och Westergötland, får denna dialekt en egen släpig skiftning. Obestämda artikeln heter här *an*, *a*, *att*, såsom: an åxe (ɔ: en oxe), a kaou (ɔ: en ko), att traä (ɔ: ett träd); a fain an fänta (ɔ: en fin fänta). Vokalen *e* uttalas här icke ai, utan som ett släpande *a*, såsom: stan (ɔ: sten), ban (ɔ: ben), ran (ɔ: ren), vat (ɔ: vet), bat (ɔ: bet), slat (ɔ: slet) o. s. v. — Så väl af dessa språkförhållanden, som af andra omständigheter blir sannolikt, att af Finveds-folket Sunnerboar och Östboar en gång trängt upp längs Lagaådalen, och Westboarne längs efter Nissan, der de sednare jemväl befolkat Mo härad. Stammens medelhaf har varit sjön Bolmen, der han haft sitt gemensamma guda-hof vid gården Stora Hof på Bolmsö, i hvars grannskap, på sjelfva ön, träffas Helga-sjön och en gammal helgelund vid Husaby. Lokalnamn efter de hedniska gudarne (såsom Odensjö, Thorskinge, o. s. v.) och hedniska offerställen (såsom Thorskulle m. fl.) träffas likaledes i sjön Bolmens omgifningar. Det är efter bosättning på olika sidor om denna sjö, som Finveds-folket delat sig i Sunnerboar, Westboar och Östboar. Ehuru mycket Finvedsboarne än må hafva gemensamt med sina grannar Wirdarne, häntyda dock alla omständigheter derpå, att de bildat en egen, svagare, men jemväl råare och i odling underlägsen folkstam, hvilken, på sätt vi redan tillförene antydt, ursprungligen inneslutit mäktiga beståndsdelar af i landet qvarsittande eller dit undanträngda fornnordiska Jättar eller Goter.

Vända vi oss nu åt norr ifrån Wärend, så mötas vi i *Niudungen* af Smålands tredje landskaps-mål, eller af en munart, som, efter allt att döma, rättast bör betraktas såsom en afart af *Östgöta-målet*. Detta mål talas i större delen af Westra härad, i Östra härad, i Norra och Södra Wedbo och Tveta härader, och förmodligen i större delen af Kalmare-län. Det utmärker sig genom ett långt och släpigt uttal af vokalen *a*, som jemväl får ersätta bestämda artikeln *-en*, såsom: jaret ɔ: gärdet, mara ɔ: märren, på tvära ɔ: på tvären, träa ɔ: träden, hästa ɔ: hästarna. Plural-formen *-orna* uttalas *-era*, såsom: koera ɔ: korna, tröjera ɔ: tröjorna. »Kattera springa ätte råttera oppför trappera, långa raera» ɔ: kattorna springa efter råttorna, uppför trapporna i långa rader. Konsonanten *g* uttalas *j*, f. ex.: mōjen ɔ: mogen, skōja ɔ: skogen, plōja ɔ: plogen, o. s. v. Föröfrigt framträder denna munart, som i Östra härad talas med den starkaste brytningen, mindre såsom ett sjelfständigt landskapsmål, än som en qvarlefva af flera blandade folkmål, ibland hvilka Östgötiskan är det förherrskande.

Detta instämmer ock med landets ethnologiska förhållanden, så vidt vi icke blott ifrån språket, utan ock ur andra grunder kunna bedöma dem. I norra och östra Småland äro nemligen, efter all anledning, Norra och Södra Tjust samt Sefvedes härader, längs kusten och Stång-ådalen, bebygda af Östgötar. Detsamma gäller om Tveta, Wista och Norra och Södra Wedbo härader, hvilka likaledes äro utflyttningar ifrån Östergötland, hvadan ock Finvedsbon än i dag säger sig »fara till Östergötland», så snart han har att färdas öfver den bergås, som bildar gränsen emellan hans land och de nämnda häraderna. Hvad beträffar Östra härad, synes dess befolkning hafva inträngt dels ifrån norr, dels ock längs Ämm-ån ifrån öster, likasom densamma icke blott talar Östgötadialekt, utan ock i sitt lynne ådagalägger Östgötens benägenhet för prakt, vällefnad och skrytsamhet. I Westra härad deremot finna vi en befolkning af flerfaldigt blandad härkomst. Denna stamblandning framträder ingenstädes tydligare, än i häradets splittrade kyrkliga indelning. Vi finna således inom Westra härad en sockendel, eller s. k. skate, som söker till kyrka i Östra härad; fem dylika skatar söka till kyrkor i Östbo, och en till kyrka i Tveta härad, hvaremot tre dylika skatar inom Tveta härad på samma sätt söka till kyrkor i Westra härad. Äfven språket är blandadt. I de nedersta gränssocknarne talas Wärends-mål, i det öfriga häradet mest Östgöta-mål. Allt visar således, att invandringsströmmar ifrån Östergötland, Wärend och Finved här sammanträffat, och blandat sig med hvarandra och med en ursprunglig befolkning af qvarsittande eller hit förträngda Goter. Och hvad serskildt beträffar förhållandet till Wärend, röjer sig den olika härkomsten icke blott i de afvikande munarterna, utan ock i olika utseende, folklynne, seder och form på redskap.

Hvad slutligen beträffar Wärends grannländer åt öster och söder, så äro *Biug* (ɔ: Stranda och Handbörds härader) längs Ämm-åns nedre lopp, och *Möre*-landet längs Ljungby-å och Ryssby-å, — det sednare kändt redan i 9:de århundradet — begge befolkade ifrån kusten, och synas med Wärend hafva föga eller intet gemensamt. Annorlunda är förhållandet med *Blekinge,* som likaledes nämnes i Ottars och Ulfstens resa såsom i 9:de århundradet tillhörande Sverige. För att döma af språk, folklynne, seder och utseende, kan nemligen intet tvifvel uppstå, det ju icke detta land, åtminstone i dess norra del, likasom Östra Göinge och en del af Willands härader i Skåne, är bebygdt af, eller åtminstone innesluter starka elementer af Wirda-stammen. Möjligtvis kan detta härröra från de utflyttningar, som egde rum ifrån Wärend under konung Erik XIV:s krig; men går sannolikt tillbaka till äldsta tider. Blekingsfolket synes nemligen ifrån början vara af blandad härkomst och man träffar ännu nedåt skärgården, serdeles i Ramdala socken och på öarne Sturkö, Tjurkö, Hasselö, Aspö och Stenhamn, lemningar af den gamla, äkta Blekings-stammen, en vacker men mera mörklett folk-typ, med skär hy, mörkbrunt hår och ögonbryn, och mörkblå ögon.

§ 22. Den stam-skiljagtighet i förhållande till grannarne och den politiska öfvervigt framför de egentliga Smålänningarne, som af ålder utmärkt Wirda-folket, har naturligtvis ej kunnat undgå att qvarlemna djupa, ännu igenkänliga spår i folkminne och folklynne. Wirden tänker derföre stort om sig sjelf. Vi hafva redan i det föregående anmärkt, huru han anser Knallen för dum, och älskar att göra honom till hjelte i löjliga folk-äfventyr. Detsamma gäller om Skåningen (ɔ: slättbon), som framhålles såsom dum, dåsig och stor-äten, och förlöjligas för sin kärlek till gröt. Om Westra härads-bon heter det gerna skämtvis, att »folk äro tre slags, manfolk, qvinnfolk och Westra-häradsboar», och om Östra härads-bon, som ännu lärer betala den i Kalmar-län vanliga s. k. spring-skatten*), nämner man med förakt, huruusom denna skatt blifvit häradet ålagd derföre, att i Bländas strid emot Danskarne, qvinnorna från Östra härad af räddhåga sprungo sin väg. De ännu för få år sedan icke bortlagda stora slagsmålen vid alla marknader (såsom vid Bo, Stolpastugan, o. s. v.) der Wirdarne i flock kunde träffa samman med sina grannfolk, vittnade ock om uråldriga stamfördomar. Om sig sjelf, sin härkomst,

*) Jfr. *Crælius*, Beskrifn. om Tunaläns, Sefvedes och Asbolands härader, s. 446 o. f.

sina qvinnors fordna tapperhet och derpå grundade företräden, sina uråldriga lika arfslagar o. s. v. talar deremot Wirden med en naturlig, ehuru sällan med en stötande stolthet. Hela folket betraktar sig sjelf af ålder såsom en privilegierad stam, såsom ett folk af adelsmän, ungefär såsom de spanska Baskerna. Detta drag är genomgående och framträder redan i deras ytterliga känslighet för hvarje missaktning, i deras fordna benägenhet att genast i blod aftvå hvarje tillfogad skymf, och i den stränga etikett, det krus och den sirliga höfviskhet, som, fordom mera än nu, iakttogs vid alla förhandlingar, möten och samqväm. Stundom framträder likväl denna stegrade national- och sjelfkänsla såsom en öppen bördshögfärd. Hela stammen yfves således ännu öfver sin härkomst ifrån *Blända* och hennes sköldmör. Åsheda-boarne i Uppvidinge härad, hvilka anse sig förnämare än andra Uppvidingeboar, få ordspråksvis benämningen *Åsheda Riddare.* Inbyggarne i Asa socken visste för få mansåldrar sedan att tala om sin härkomst från den fordna s. k. *Asa slägt* eller *Asa kämpar.* Kinnevaldsboarne sunnan om sjön, hvilka längst af alla bibehållit den gamla näfrätten och seden att gå beväpnad, höra sig ännu gerna benämnas *Knifva-herar* eller *Ifverknifvar,* likasom deras land får namn af *Knifva-bygden.* Vigerstads socken var ännu omkring år 1770 delad i fyra fjerdingar, af hvilka hvar och en bildade en slägt för sig, som sällan tillät giftermåls-förbindelser utom fjerdingen, långt mindre utom socknen. Denna folksed hade visserligen sin rot i grundsatsen, att inom slägten bevara den fasta förmögenheten; men grundade sig tillika på börds-stolthet och börds-fördomar. Och, om man får sätta tro till folksägnen, fanns väl aldrig någon an-dryghet som var mera berättigad. Ty, medan fornsägnerna och fornsångerna om konung Thidrik af Bern och hans tolf starka kämpar bibehållit sig i hela Wärend såsom ett kärt folkminne, så yfdes Wigerstadboarne att vara ättlingar af den ypperste kämpen i denna sago-krets, — af de gamla gotiska folkens berömde national-hjelte *Widrik Werlandsson*.

§ 23. I sammanhang härmed är det en anmärkningsvärd omständighet, att Wirda-folket, såsom det vill synas ifrån äldsta tider, varit deladt i **ätter** med egna **ätte-namn**. Dessa ätte-namn låta ännu till en stor del återfinna sig i de af ätten först bebygda och efter densamma uppkallade gårdar, och man torde häraf få sluta, icke blott att de i allmänhet gå tillbaka till hedenhögs, utan ock att de tillhöra den stam af yngre invandrare, som först utbytte det förra rörliga svedjelands-bruket emot ett fast åkerbruk med skiftad jord och bebygda gårdar. Vi meddela här nedan en på detta sätt, efter gårdnamnen, uppgjord förteckning öfver Wirdafolkets äldsta och ansenligaste ätter; likväl utan anspråk vare sig på fullständighet eller full noggrannhet, enär åtskilliga af dessa namn, under seklernas lopp, antagligen varit utsatte för vilkorliga förändringar i uttal och rättskrifning. Äfven böra vi hafva anmärkt, dels att flera bland dessa ätte-namn, f. ex. Arne, Björn, Bonde, Bose, Bror, Bruse, Faje, Gise, Grim, Grimmel, Humle, Inge, Krok, Lage, Orm, Tyke, Udd, Ulf, Ur, Ygge, Åre, jemväl förekommit såsom i landet brukliga mans-namn, hvadan vi här anföra dem såsom ättenamn endast i det fall, när de i Wärend varit såsom sådana bevisligen brukade; dels ock att ibland dessa namn förekommer ett antal, om hvilka man stadnar i ovisshet, huruvida de rättare böra betraktas såsom fornåldriga mans-namn eller såsom verkliga ättenamn. Vi anföra exempelvis namn med aflednings-ändelsen *-ing*, såsom: Beting, Billing, Bleding eller Bliding, Däning, Hulling, Klobbing, Kunning, Miding, Nisting, Rönning, Seding, Spåning, Stening, hvilka å ena sidan erbjuda analogi med de kända ättenamnen Bökling, Ejsing, Fösing, Gyding, Klipping, Skåning, Sneding, Sterning; men å andra sidan närma sig de kända och i Wärend fordom, såsom till någon del ännu, brukliga mans-namnen: Löfving, Skering, Svening, Söfring, Viking. Till samma kathegori höra jemväl åtskilliga namn på *-land*, såsom Gulland, Hilland, Thorland, men hvilka vi, i analogi med namnet Willand, här betrakta icke såsom ättenamn, utan såsom enkla mans-namn.

Gamla Wärendska Ätte-namn, utdragna ur namnen på landets gårdar.

(*Kin. h.* ɔ: Kinnevalds härad. *K. h.* ɔ: Konga härad. *A. h.* ɔ: Albo härad. *N. h.* ɔ: Norrvidinge härad. *U. h.* ɔ: Uppvidinge härad).

Arne. — Arnanäs A. h. Arneskruf U. h.

Arpe. — Arpamåla K. h.

Askumme. — Askummatorp Kin. h.

Bade. — Badeboda U. h.

Bagge. — Baggaboda U. h. Baggatorp U. h. Bagganäs K. h.

Bark, Barke. — Barkeboda K. h. Barkahult U. h.

Bas. — Bastorp A. h.

Bate. — Batamåla K. h. Batahult K. h.
Beting. — Betingetorp U. h.
Bill. — Billsboda A. h. Billarp A. h. Billa K. h.
Billing. — Billingetorp A. h.
Bister. — Bisterhult K. h.
Bjelfve. — Bjelfvatorp. N. h.
Bjeller. — Bjellerhult Kin. h. Bjellerberg A. h.
Bjesse. — Bjessebohult K. h.
Björn. — Björnakulla K. h. Björnalycke K. h.
Björsse. — Björssamåla. Kin. h.
Black. — Blackemåla K. h.
Bleding, *Bliding.* — Bledinge A. h. Blidingsholm Kin. h.
Blomme. — Blommagården (i Öpestorp) Kin. h.
Bläse. — Bläsamåla K. h.
Bock. — Bockaboda A. h.
Bonde. — Bondeskog K. h.
Borste. — Borstatorp U. h.
Bose. — Bosatorp K. h.
Brand. — Brandstorp U. h.
Bror. — Brorsmåla Kin. h., U. h.
Brun. — Brunsmåla K. h. Brunemåla K. h. Brunamåla K. h. Brunshult A. h.
Brände. — Brändetorp A. h. Brändebol U. h. Brändeqvarn A. h. Brändeborg Kin. h. Brännemåla K. h. Brännebo K. h.
Bubb, *Bubbe.* — Bubbetorp U. h. Bubbemåla K. h.
Bunge. — Bunganäs K. h. Bungamåla K. h.
Buske. — Buskaboda Kin. h. Buskahult Kin. h.
Bänk. — Bänkaboda K. h.
Dacke. — Dackemåla (Henstorp) K. h. Dackevången (under Elmtaryd i Agunnaryd s:n).

Dalbo. — Dalbogård i Hof. Kin. h.
Dam. — Damsboda N. h. Damsryd A. h.
Damp. — Dampemåla U. h.
Diekne (Gekne). — Dieknabygd A. h.
Drake. — Drakemåla Kin. h. Drakastugan (Arnön) A. h.
Drobb. — Drobbenäs K. h.
Dubb. — Dubberås U. h.
Dufva. — Dufvemåla U. h. Dufvelycke A. h. Dufveryd A. h.
Dun. — Dunatorp U. h. Dunshult Kin. h. Dunsmåla Kin. h.
Dånge. — Dångebo K. h. Dånganäs K. h.
Däning. — Däningelanda Kin. h.
Elg. — Elgalycke K. h.
Elling. — Ellingsmåla K. h. Ellingeryd K. h. Ellingsås A. h.
Fisk. — Fiskestad K. h.
Flake. — Flakemåla U. h.
Flyge. — Flygeboda Kin. h.
Fläding. — Flädingsnäs K. h. Flädingsmåla K. h.
Flök. — Flöxmåla K. h. Flöxhult K. h.
Forne. — Fornamåla K. h.
Frank. — Frankanäs Kin. h.
Fröne. — Fröneskruf U. h.
Fåle. — Fåleboda Kin. h.
Fösing. — Fösingsmåla K. h.
Garp. — Garpatorp U. h. Garphyltan A. h.
(*Gedda.* — Gäddeboda, Sunnerbo h.)
Get. — Getamåla K. h. Getasjö U. h.
Gierne. — Giernesmåla K. h. Jernemåla Kin. h.

Giesse. — Giessemåla Kin. h.
Gise. — Gisshult N. h.
Gosse. — Gossagård (i Thorsås) K. h.
Gran. — Gransboda A. h.
Grim. — Grimslöf A. h. Grimmagärde U. h. Grimsgöl K. h.
Gris. — Grisebo K. h. Grisnäs K. h.
Gräfling. — Gräflingetånga K. h. Gräflingaryd Kin. h. Gräflingeryd K. h.
Grönte. — Gröntaboda Kin. h.
Gucke. — Guckatorp U. h.
Gul. — Gulaboda K. h.
Gutte. — Guttamåla K. h.
Gye. — Gieboda N. h. Gyvik A. h.
Gylta. — Gylteboda A. h.
Hadde. — Haddamåla U. h.
Hane. — Haneholm N. h.
Hare. — Harebo K. h.
Hielm. — Hielmaryd A. h., N. h. Hielmhorfva U. h.
Hierpe. — Hierpanäs A. h.
Hiort. — Hiortatorp A. h.
Holk. — Holkhult A. h. Holköa A. h. Holkemåla Kin. h.
Holme. — Holmesås N. h. Holmahult K. h. Holmåkra K. h.
Hulling. — Hullingsved A. h.
Humle. — Humlaryd A. h. Humlebeck U. h.
Hvit. — Hvitahult K. h. Hvitteryd A. h. Hvitabråten N. h. Hvitthult U. h.
Hård. — Hårdahult A. h. Håralycke A. h.
Häger. — Hägeryd Kin. h. Hägerhult U. h.

Häring. — Häringetorp Kin. h. Härensås Kin. h.
Hätta. — Hättemåla U. h. Hättekärr U. h.
Hök. — Höketorp A. h. Hökeboda A. h. Hökaryd A. h. Hökemåla K. h. Hökamåla K. h. Hökaskruf U. h., N. h.
Höna. — Hönetorp A. h. Höneskruf U. h. Hönestöm U. h.
Ihre. — Ihremåla K. h.
Kamping. — Kampingemåla K. h.
Kare. — Kareboda U. h. Karatorp Kin. h.
Karsse. — Karsamåla A. h. Karssamåla K. h. Karssahult Kin. h., U. h.
Katt. — Kateboda A. h.
Kiexla. — Kiexleboda A. h.
Klobbing. — Klobbingsmark U. h.
Knap. — Knapagården A. h. Knapatorp A. h. Knapanäs K. h. Knapetorp Kin. h.
Koppe. — Kopperås A. h. Koppekull U. h.
Kopping. — Koppingebygd A. h.
Korpe. — Korpemåla K. h. Korpalycke K. h.
Krabbe. — Krabberödja U. h.
Krampe. — Krampamåla A. h. Krampanäs A. h. Kramphult N. h.
Krok. — Kroksmåla K. h. Kroxebo K. h. Krokstorp U. h. Krokshult Kin. h., A. h. Kroksnäs A. h.
Krubb. — Krubbetorp U. h.
Krum. — Krumsås A. h.
Kruse. — Krusamåla K. h. Krusseboda U. h.
Kråk. — Kråketorp A. h. Kråkamåla U. h.
Krämme. — Krämmemåla K. h.
Kunning. — Kunninge Kin. h.

Kure. — Kuramåla K. h.

Kutte. — Kutteboda U. h.

Kyle. — Kyletorp Kin. h. Kyleskruf U. h.

Kåre. — Kåramåla K. h. Kåralycke K. h. Kåragården (i Risinge) K. h. Kåranäs K. h. Kårestad K. h. Kåraböke A. h.

Käring. — Käringsberg K. h.

Labb. — Labbemåla U. h.

Lage. — Lagemåla Kin. h.

Ljunge. — Ljungesåkra Kin. h.

Locke. — Lockegård A. h. Lockhult A. h. Lockakulla A. h. Lockarör Kin. h. Lockarön Kin. h.

Lumme. — Lummemåla A. h.

Lång. — Långstorp Kin. h.

Läppe. — Läppamåla K. h.

Mager. — Magersryd U. h.

Make. — Makesmåla K. h.

Miding. — Midingstorp Kin. h. Midingsbråte Kin. h.

Mille. — Milleboda Kin. h.

Måk. — Måketorp U. h.

Mård. — Mårdslätt K. h. Mårslycke K. h.

Mörk. — Mörkaskog U. h.

Nisting. — Nistings-ö K. h.

Orm. — Ormesberga N. h. Ormeshaga K. h.

Penning. — Penningetorp N. h.

Puke. — Pukatorp U. h.

Rabbe. — Rabbetorp U. h.

Raft. — Raftanäs K. h.

Ram. — Ramsåkra A. h. Ramdala Kin. h. Ramsberg Kin. h. Ramsnäs Kin. h.

Rim. — Rimshult Kin. h.

Ring. — Ringstorp U. h. Ringshult A. h.
Rink. — Rinkaby Kin. h.
Ris. — Rislycke U. h. Rismåla U. h. Risinge K. h.
Robb. — Robbagården (i Täfvelsås) Kin. h. Rubbatorp A. h.
Romme, Rumme. — Rommeslycke A. h. Rummamåla K. h.
Ruda. — Rudeboda K. h.
Runge. — Rungeboda K. h.
Runne. — Runnemåla K. h. Runneboda A. h.
Rå. — Råamåla K. h. Råatorp A. h.
Råcke. — Råckatorp Kin. h.
Rånne. — Rånnemåla K. h.
Räf. — Räfveboda Kin. h. Räfvemåla K. h.
Röd. — Rössmåla K. h., Kin. h. Röshult A. h.
Rönning. — Rönningaryd A. h.
Seding. — Sedingshult A. h.
Sele. — Selemåla U. h.
Silfve. — Silfvatorp A. h.
Sjue. — Sjuamåla K. h.
Skalle. — Skallekulla A. h. Skalleboda U. h.
Skarman. — Skarmansmåla K. h.
Skate. — Skatelöf A. h. Skatemåla K. h.
Skepp. — Skepshult A. h. (två gårdar).
Skunte. — Skuntamåla K. h.
Skytte. — Skyttebol A. h. Skyttamåla K. h.
Skåre. — Skåramåla Kin. h. Skåraskog U. h.
Sköfvel. — Sköfvelåkra A. h. Sköflemoen A. h.
Slatte. — Slattesmåla Kin. h.
Snagge. — Snaggamåla U. h.
Sneding. — Snedingsmåla K. h.

Snugge. — Snuggatorp A. h.
Snäre. — Snäremåla K. h. Snäreshult A. h.
Sprit. — Spritemåla U. h., K. h.
Spåning. — Spåningslanda A. h.
Spåre. — Spåreqvarn A. h. Spåramåla K. h.
Staf. — Stafsåkra N. h.
Sterning. — Stenningeboda A. h.
Stibbe. — Stibbetorp U. h.
Stocke. — Stockanäs A. h. Stockaryd A. h.
Stod, Stud. — Stodsboda U. h. Studsmåla K. h.
Stolpe. — Stolparås A. h.
Sträng. — Strängsmåla K. h. Strängshult A. h. Stränganäs K. h.
Stubbe. — Stubbatorp U. h. Stubbalycke A. h.
Stång. — Stångsmåla K. h. Stångamåla K. h.
Sule. — Sulatorp U. h.
Summe. — Summamåla K. h.
Svan. — Svanås N. h.
Svart. — Svarthult U. h.
Söfte. — Söftesmåla Kin. h., K. h. Söftestorp K. h.
Take. — Takeboda U. h. Takamåla K. h.
Tanne. — Tannatorp A. h.
Tate, Tatte. — Tatamåla K. h. Tattamåla K. h.
Taxe. — Taxemåla K. h. Taxås A. h.
Tixe. — Tixatorp Kin. h.
Tjock. — Tjockeboda K. h.
Tjuga. — Tjugeboda Kin. h. Tjugusjö K. h.
Torsse. — Torssatorp Kin. h.
Trolle. — Trollemåla K. h. Trolleboda U. h., A. h. Trollekulla K. h. Trollesgärde U. h.

Tune. — Tunatorp Kin. h.
Tyke. — Tykaskruf U. h.
Tång. — Tångebo U. h. Tångemåla U. h.
Täckel. — Täckelsmåla Kin. h.
Uggla. — Uggleboda U. h. Ugglehult N. h. Ugglekull Kin. h.
Uhr. — Uhranäs U. h. Uråsa K. h.
Ulf. — Ulfsmåla K. h. Ulfsåkra K. h. Ulfsryd K. h.
Werre. — Werahult A. h. Weramåla K. h. Wärebol K. h.
Wrång. — Wrångeboda K. h. Wrånghult U. h. Wrångaböke Kin. h.
Weste. — Westenhaga Kin. h., N. h.
Wrig. — Wrigstad Kin. h.
Ygge. — Yggesryd U. h.
Öde. — Ödetofta N. h. Ödemåla K. h.
Öpe. — Öpestorp Kin. h.

§ 24. Mer än *åttatio af dessa uråldriga Wirda-ätter lefde ännu i början af 1600-talet,* och omtalas i landets domböcker allenast ifrån kon. Carl IX:s och kon. Gustaf II Adolfs tid. Jemte dem framträder ännu ett stort antal andra, kanske lika åldriga Wärends-slägter med egna ätte-namn, och många torde ytterligare stå att uppspåra utur äldre och yngre hittills icke granskade handlingar. — Vi meddela här nedan en förteckning öfver Wirda-ätter och ättemän ifrån åren 1600—1632. De ibland dessa ätter, hvilka, på sätt vi ofvan visat, en gång gifvit namn åt landets gårdar och således gå tillbaka till tiden för landets fasta bebyggande, äro härvid för bättre öfversigt betecknade med *. Till undvikande af hvarje vilkorlighet återgifvas namnen bokstafligen så, som de i handlingarne förekomma.

Wirda-ätter och ättemän, omtalade i landets tingshandlingar för åren 1600—1632.

(*K. h.* ɔ: Konga härad. *Kin. h.* ɔ: Kinnevalds härad. *A. h.* Albo härad. *U. h.* ɔ: Uppvidinge härad. *N. h.* ɔ: Norrvidinge härad.)

**Arne*, Gertorn, i Tegnaby. K. h. 1614—27.
Sven, ibid. 1622—24.
Nils, i Ormshaga. K. h. 1614.
**Bagge*, Jon, i Skepzhult, Viersta socken. A. h. 1620—22.
Jon, en fougdetienare. K. h. 1623.
Jōns, i Whråsa. A. h. 1613.
Måns, ibid. K. h. 1633.
Måns, i Vestörp. K. h. 1621.
Niels. Kin. h. 1631.
Balk, Nils, i Bondaskough. Kin. h. 1616.
Bamse, Birge, widh Juleqwarn. N. h. 1614.
Bank, Suen, en enkling. U. h. 1620.
Bark, *Barke*, Nils, i Bondeskogh. K. h. 1622.
Per, i Hägerås. U. h. 1615.
Per, en godh danneman. K. h. 1629.
gamble Suen. K. h. 1627.
**Barke*, Månss. Kin. h. 1623.
Måns, i Snereshyltan. A. h. 1623—27.
Basse, Måns, i Hestbeck. K. h. 1620.
Bassa, Bengta. K. h. 1632.
Bese, Per, i Dref. U. h. 1615.

Beet, *Beett*, Måns, i Skårtary. U. h. 1616—30.
**Bill*, Jöns, i Vidkier. K. h. 1633.
Nils, i Benestadh. A. h. 1618—22.
Nilss, en Ryttere. A. h. 1622.
Biur, Gudmund, i Runemåla. K. h. 1616—29.
Håkon, i Grimsgöll, Longesjö socken. K. h. 1614—15.
Ygge, en tiuf. U. h. 1618.
**Biörn*, Jon, i Blöteskogh. U. h. 1625.
**Black*, Oloff. K. h. 1618.
Bladge, Suen, i Karssemåla. K. h. 1620.
**Blomme*, Per, i Stora Holm. U. h. 1615—23.
Peer, en soldat. U. h. 1619.
Peer, Capeten. U. h. 1633.
Suen. A. h. 1621.
**Bläse*, Måns. U. h. 1618.
**Bock*, *Bok*, Lasse, i Thorebekzmåle. K. h. 1616—23.
Per, i Dångeboda. K. h. 1616—18.
Bogge, Swen, i Eke. U. h. 1624.
Bhola, Kirstin, i Högaskog. U. h. 1618.
**Bonde*, Carll, i Nöbbele. K. h. 1619.
Gertorn. K. h. 1619.
Håkon, i Stenkessmåle. K. h. 1632.
Lasse. K. h. 1619.
Måns, i Greflingary. K. h. 1619.
Måns, i Torahult. K. h. 1626.
Måns, i Kiellelycke. K. h. 1639.
Nilss, i Viltofta. Kin. h. 1609.
Nilss, i Wederlanda. K. h. 1619.
Nils, i Thelestadh, Bondegården. Kin. h. 1624.
Nils, i Nöbbele. K. h. 1627.
Oloff. K. h. 1620.

Oluff, i Hoff. Kin. h. 1624.
Peer, i Wiltofta. 1557. Kin. h. 1622.
Peer, i Backagården. K. h. 1619.
(*Borre*, Joenn, om 80 år. Westra h. 1630).
***Bose*, Jon, i Siöatorp. U. h. 1615.
Karin. K. h. 1624.
Bosse, *Båse*, Per, i Eke, Ekne. U. h. 1614—27.
Brase, Nils, i Mörteleek. U. h. 1614—23.
Bredh, Nils, i Däningelanda. Kin. h. 1626.
Brims, Arfuid. A. h. 1618.
Nilss. ibid.
(*Brocke*, Nils. Östra h. 1605.)
Broke, Erik, i Wirkmult. A. h. 1604.
Brokin, Måns, i Almåss. A. h. 1613.
***Bror*, Oluf. U. h. 1615.
Brose, *Brosse*, Olof i Torahult. K. h. 1628—32.
***Brun*, Börge. K. h. 1625.
Carll, i Tingzmåla K. h. 1634.
Joen, i Wekelsångh. K. h. 1620.
Per, i Arissbomåla. K. h. 1626.
Brunn, Per wijd Rånnemåla. K. h. 1626.
Peder, en foutekarl. K. h. 1632.
Thore, i Tingzmåla. K. h. 1634.
Bruse, Gummundh, i bråndåse. U. h. 1615—19.
Jon. K. h. 1619.
Nils, i Forssa. A. h. 1623—28.
(**Bråndh*, Torkill, i Läsaridh. Sunnerbo h. 1603.)
(*Bugge*, Nils, i Skarup, Skarp. Sunnerbo h. 1603—11.)
Bulla, Peer. Kin. h. 1629.
Buller, Nils, i Öyaby. Kin. h. 1622—32.
Suen, i Bönnemåla. 1619.
Buncke, *Bungge*, Nilss, i Mårslycke. K. h. 1619—25.

**Bunge*, Nils, i Midingztorp. Kin. h. 1621.
Bundt, Peer, i Torp. K. h. 1620.
Båck, Larss. K. h. 1631.
Nilss, i Galtabeck. U. h. 1620.
Nielss. K. h. 1631.
Båk, Håken, i Huikaryd. U. h. 1629.
Lass, en knicht. K. h. 1626.
Båt, *Bått*, Mattis, i Karsemåla. K. h. 1616—21.
Böklingh, Börge, i Högnelöff. K. h. 1624.
Jon, i Norratorp. K. h. 1614—29.
Nils, i Hägderås. U. h. 1615.
Bönisk, Peer, en afdankat Ryttare. K. h. 1618.
**Dalbo*, *Dalboo*, Jöns, i Blädinge. A. h. 1618—30.
**Dampt*, Lasse, i Pluggeboda. K. h. 1618.
Dansche, Oluff, i Vederlanna. K. h. 1632.
Dask, Pedher, een Drifuare. Kin. h. 1626.
Diedde, Per, i Stegby. U. h. 1618.
Dom, Nils. K. h. 1615.
Drucken, *Druken*, Gudmund, i Kårelycke. K. h. 1614—25.
Larss. K. h. 1614.
Drängher, Ynner, i Midingzbrothen. Kin. h. 1616.
Dudh, Peder, i Skiöreda. A. h. 1604.
Päder, i Lindåss. A. h. 1618.
Dud, Peer, i Skalrelidh. Kin. h. 1622.
Suen, i Toftåsa. K. h. 1612.
Dufua, Dufue-Pellen (en gångeskreddare).
Duse, Anders. U. h. 1620.
Jöns, i Ölliemåla K. h. 1620—26.
Nils, i Alzgustorp. U. h. 1621.
Nilss, i Wackamo. U. h. 1624.
Oluff. K. h. 1622.

Duse, Duuse, Peer, ihelslagen 1585. K. h. 1618.
**Dånge,* Jon, i Bungemåla. K. h. 1630.
Måns, ibid.
Swen, i N. Häsle. K. h. 1615—18.
Ejsingh, Lasse (ifrån Sunnerbo h.). A. h. 1603.
Faije, Jöns, i Öppestorp. Kin. h. 1618. Skrifves äfven Jöns *Fayasson.*
Fals, Peer, i Låsshult. U. h. 1618.
Falz, Peer, i Tommessehult. U. h. 1620.
Fimme, Erich, i Åreda. U. h. 1625.
**Forne,* Nils, i Buamåla. K. h. 1625.
Nils, i Ermittemålle. K. h. 1629.
Fott, Jon, i Elanda. Kin. h. 1629.
Froste, Erich. A. h. 1616.
Fröö, Swen. A. h. 1628.
**Fösing,* Anders, i Getaskerf, en landzknechtt. K. h. 1621.
Fössing, Börge, en Landzknicht. K. h. 1621—24.
Lasse. K. h. 1619.
Fösingh, Oloff, i Sellierydh. K. h. 1614—24.
Fössingh, Peer, i Tickeskruf. U. h. 1622.
Gad, Jon. A. h. 1604.
(*Galle,* Gunar, wällbyrdigh, till Näs. Sunnerbo h. 1609).
Gast, Måns. K. h. 1621.
Matz. K. h. 1626.
**Gedda,* Månss. K. h. 1626.
Per, i Skersehultt. K. h. 1622.
**Gekne,* Suen. K. h. 1614.
**Get, Gett, Geet, Giett,* Anders, i Ryd. A. h. 1618—30.
Gett, Geett, Börge, i Oby. A. h. 1624—27.
Geeth, Birge. Kin. h. 1623.
Gethe-Sissan.

Geting, Jon, i Föreby. K. h. 1618.
Gietingh, Börge. A. h. 1614.
Jöns, i Gåsemåle. K. h. 1624.
**Gijse*, Pädhar, i Segahult. A. h. 1613.
**Gosse*, Bengtt. Corporall vnder Capten Claudj. K. h. 1632.
Gudmundh, i Karetörp. Kin. h. 1615.
Jon, i Möllekullen. Kin. h. 1618—32.
Nils, i Möllekullen. Kin. h. 1618—33.
Nilss, i Torsåås. K. h. 1632.
(*Gåsse*, Niels, i łoffttisnäs. Sunnerbo h. 1609.)
**Gran*, Jöns. U. h. 1615.
Gransko, Herman. Kin. h. 1629.
Grett, Jöns, i Senneshult. A. h. 1622.
**Grim*, Måns, i Ask. A. h. 1628.
Suen, i Vlfzrydh. K. h. 1629.
(*Grijm*, Lasse, i Naglarydtt, i Twingz sochn j Danmark. K. h. 1623).
Grimmell, *Grindell*, Per i Sibbemåla. K. h. 1615—16.
*(*Griss*, Lasse. Sunnerbo h. 1609.
Måns. ibid.)
Gruff, Gudmundh, i Kassamåla (Konga h.) U. h. 1620.
Grön, Håkon, i Hakatorp (Sletthög s:n). A. h. 1616.
Guse, *Gusse*, Gumme, i Gårdzby. K. h. 1620. N. h. 1631.
Jonn, i Gårdhzby. U. h. 1619.
gamble Jöns, i Moeda, 1599. A. h. 1630.
Gussa, Kirstin, i Moada (Hielmsryd s:n). A. h. 1628.
Nils, i Gårdzby. K. h. 1619—20.
Per, i Målaiordh. N. h. 1614.
Gyding, *Gydingh*, Håkon. K. h. 1619—26.
Michell Nilson. K. h. 1626.
Måns. K. h. 1621.

**Hane,* Christopher. U. h. 1619.
Erich, i Suartebek. K. h. 1619.
Gudmundh, i Hulta. K. h. 1633.
Jon, i Swartebeck. K. h. 1619.
Jon, i Wekelsång. K. h. 1619.
Jon, i Hulta. K. h. 1620.
Hanne, Jonn, i Gölliehult. Kin. h. 1616.
Måns, i Böckås. K. h. 1619.
Nils, i Kårelycke. K. h. 1616—30.
gamble Per, i Boddaholm. K. h. 1616.
Haane, wnge Per, i Boddaholm. K. h. 1616—30.
Peder, i Bastanäs. K. h. 1622—32.
Per, i Botahult. Kin. h. 1621.
Per, i Foglasjö. K. h. 1621—29.
Per, i Munkanes. Ihelslagen af Ingewall i Förarm. Kin. h. 1624. A. h. 1624.
Per, i Hiddamåla. K. h. 1624.
Suen, i Elenhult. Kin. h. 1616.
Swänn, i Siöarydt. Kin. h. 1630.
Suen Trottasson, i Nöbbele. K. h. 1620.
Trotte, i Nöbbele (Torssås`s:n). K. h. 1620—24. Kin. h. 1625.
**Hielm,* Nilss, i Granssholmen. Kin. h. 1609.
Swen, ehn vngh drengh. U. h. 1630.
Åke. Kin. h. 1623. A. h. 1627.
**Hiort,* Gudmund. K. h. 1632.
Jortt, Larss, i Vdden. K. h. 1630-32.
Hiortt, Per, i Drobbanäs. K. h. 1622.
Hiup, Olof, i Horsshaga. U. h. 1629.
**Holme, Holming,* Måns, i Kalleboda. K. h. 1614—18.
**Huidt,* Håkon, i Högztorp. K. h. 1618.
Hult, Måns, i Rudeboda. K. h. 1619.

Hulltha, Håkon, i Yggessrydh. U. h. 1624.
**Humble,* (Bengdtt, ij rydh. Sunnerbo h. 1609.)
Gudmund. A. h. 1631.
Håkon. A. h. 1604—13.
Per Gudmundsson, i Pukaström. A. h. 1621.
Hybba, Måns, i Påffuelssmålle, en dansk bonde. K. h. 1633.
Hyph, Måns (Oloffson), i Horsshaga. U. h. 1618.
Oloff, ibid. U. h. 1618.
**Häring, Häringh,* Nilss, i Genestorp. K. h. 1622—26.
**Hök,* Joon, i Boatorp. A. h. 1621.
(*Höök,* Jöns, i Sånna. Sunnerbo h. 16—.)
Nilss, i Vigby, Moede s:n. A. h. 1622.
Inge, Pär, i Bollisnäs. A. h. 1613.
Jette, Jöns, Skogeuachtare. Kin. h. 1628.
Jute, (Anders, i Bodan. Östra h. 1602.)
Jutte, Anders, Prophoss. Kin. h. 1626.
Juthe, Jutte, Gumme, i Blädinge. A. h. 1604—29.
Jöns, i Benesta. A. h. 1613—22.
Nielss, i Blädinge. A. h. 1632.
(*Jutska,* Elin, en dansk kåna. Östra h. 1602.)
Jötta, Sone. K. h. 1623.
Kampe, Jon. K. h. 1632.
**Karse, Karsse,* Jon. K. h. 1624.
Matz, en knecht. K. h. 1622—32.
Olof. K. h. 1618.
Kaasse, Gamall, en thiuff. Kin. h. 1633.
**Katt, Kaat,* Carl, i Deregårdh. U. h. 1621.
Jon, i Skureboda. K. h. 1615.
Kat, Jonn, i Hagaskruf. U. h. 1620.
Måns, en Landsknecht. U. h. 1625.
Kaat, Nilss, i Galtabeck. U. h. 1620—29.

Katt, Per, i Tokesmule. U. h. 1615.
Pelle, en Soldat. U. h. 1624.
Swen, i Ålletorp. U. h. 1624.
Kelfue, *Kielfua*, Måns. K. h. 1619—22.
Kempe, Jon, i Sundslett. Kin. h. 1623.
Suen. Kin. h. 1627.
Kexe, Gudmund, i Tånga. U. h. 1631.
Måns, ibid.
Kiexe, Per, i Tånga. U. h. 1625.
(*Klippingh*, Niels. Sunnerbo h. 1608.)
Knagga, Carin. U. h. 1630.
**Knap*, Nilss. K. h. 1615—18.
Oluff, i Wäkellsångh. K. h. 1622—30.
Knapa-Pellen.
**Kop*, Lasse. U. h. 1618.
Koppe, *Kuppe*, Jeppe. U. h. 1618.
Korne, Anders. (Moeda socken.) A. h. 1604.
Kornne. Oluff. A. h. 1630.
Svente. K. h. 1621.
Måns Swensson, mz thz wedernampnet *Korna*-Massen.
Kornsuen, Jonn. Kin. h. 1618.
Per, i Söby. Kin. h. 1624.
**Korpe*, Arne, i Tegneby. »Han afladhe medh sin hwstru 25 barn och lefde der aff 12 barn som wåre arfvingar effter». K. h. 1622.
Boo, i Wällebo. K. h. 1632.
Måns, i Nöbble. Kin. h. 1630.
Nils. Kin. h. 1636.
Per, i Gransås. K. h. 1614—32.
Korppe, Per i Alguneås. K. h. 1619.
Krak, Nils i Vlzarydh. K. h. 1630.

**Krok,* Carll, en förare. U. h. 1633.
Krook, Jon, i Bro. K. h. 1623.
Jöns, i Sönnansiö. K. h. 1624.
Oloff, i Nygårdh. K. h. 1625.
Per, i Nygårdh. K. h. 1614.
**Krumm,* Krumma-Jonen.
**Kråck,* Anders, i Pluggeboda. K. h. 1618.
Kråk, Jngell, i Skureboda. K. h. 1615.
(*Kugge,* Jon. Sunnerbo h. 1611.)
Kule, Börge. K. h. 1631.
Kulle, Jon, i Ekemåla. Kin. h. 1623.
Kuss, Jacob. N. h. 1614.
**Kutte,* Per, i Slåthra. U. h. 1614.
Per, i Suenhult. U. h. 1619—25.
Kycklingh, Per Swensson, i Bastanäs. Kin. h. 1616.
**Kyla,* Jonas. U. h. 1621.
Kylle, Harald. Kin. h. 1628.
**Kåre,* Jon, i Thorsås. K. h. 1616—24.
Jon, i Risinge. K. h. 1619.
(Jöns, i Yxnult. Sunnerbo h. 16—.)
Jöns, en Landzknicht. Kin. h. 1616.
Måns, i Ask. Kin. h. 1609.
Nilss, i Nöbele. Kin. h. 1609.
Khåre, Nilss, i Kråketorp. N. h. 1614.
Per, i Långesjö. K. h. 1615.
(Suen. Östra h. 1603.)
Kåssa, Kirstin Trussa dotter, »huilken är af adelige föräldrar til fäderne och möderne på Öyelt i Synnerbo födh, och tå kom i ofrelss gifte medh för:de Michell Vbbasson». A. h. 1629.
Kölffua, Måns, i Tägneby. K. h. 1614.

**Laghe*, Mass, i Olufzbool. Kin. h. 1609.
Letta, Peer, i Torssås. K. h. 1619.
Suen, i Sellierydh. K. h. 1627.
(*Liungh*, Suen, i Grydzhulltt. Sunnerbo h. 1609.)
Lock, Peer, i Skeggelöse. Kin. h. 1619.
Peder, en gångeskräddare. U. h. 1624.
**Locke*, Jonn, i Wissefierda. K. h. 1618.
Låcke, Jon, i Bungamåle. K. h. 1624.
Per. U. h. 1625.
Sven. K. h. 1619.
**Långh*, Gudmundh, i Wegby. A. h. 1620—27.
Long, Jon, i Odensiö. Kin. h. 1619.
Jöns, i Hössiö. A. h. 1620—33.
Låre, Hans, i Tagell. Lutenantt. A. h. 1625—28.
Lätt, *Lät*, *Läät*, Måns, i Fröseke. Ländzman. U. h. 1615—24.
Jon, i Lenberke. U. h. 1625.
Löff, Jon, i Lindehult. K. h. 1622.
Jon, i Sibbamåle. K. h. 1624.
Lasse. U. h. 1618.
Måns, i Hökemåle. K. h. 1616—18.
**Make*, Anders, i Högnelöff. K. h. 1619.
Gummund, i Vekelsångh. K. h. 1615.
Jon. K. h. 1628.
Jöns, i Enga. K. h. 1615.
Jöns, i Orrarydh. K. h. 1632.
Nilss, i Högnelöff. K. h. 1619.
(*Moga*, Peder, i Feer, Frillestadh s:n, Medelstadh h. U. h. 1624.)
Mule, Erich, i Fiskestadh. K. h. 1632.
Gise. K. h. 1625.
Löffwingh Gissason. K. h. 1624.

Mule, *Mwle*, Per. K. h. 1614.
Peer, i Trähörne. Kin. h. 1622—24.
**Mörk*, *Mörck*, Löffwingh. A. h. 1621—25.
Nubbe, *Nubba*, Nilss, ij Moaboda, Slätte s:n. A. h. 1614.
Näff, Nilss, en knicht. U. h. 1620.
**Orm*, Hederlig man Her Gudmundh, i Asby. U. h, 1625.
Hans. U. h. 1624.
Nils, i Vӓderlanda. K. h. 1615.
Per, i Greskulla. Kin. h. 1624.
Sven, i Byxholm. U. h. 1618.
Pick, Hanss. U. h. 1620.
Pijll, Mass, i Skorfvdden. Kin. h. 1616.
Plått, Hindrich. Kin. h. 1625.
Porre, Per Nillsson, en landttzknechtt. K. h. 1625.
Putt, Thomas, Feltwäbell. Kin. h. 1628.
Påman, Trufuit. A. h. 1632.
Päta, Nilss. U. h. 1619.
Pök, Nilss. Kin. h. 1623.
Olof. K. h. 1629.
Quast, Jahan, een hofmandh. N. h. 1617.
Jöns. En skielm. Kin. h. 1618.
Rake, Håkon. En knekt. A. h. 1627.
**Ram*, Swen, i Dångemåla. K. h. 1622.
**Ramn*, *Rampn*, Bengt, i Lindefelle. A. h. 1604—13.
Måns. En knekt. A. h. 1604.
Pädher, i Hångsta, Torsåås s:n. A. h. 1613.
Rase, *Raase*, *Rassa*, Måns, i Kielleflaga. U. h. 1619—31.
Rasse, Peer, i Rhås. U. h. 1618—29.
**Ring*, Anders, i Tållgh. K. h. 1618. N. h. 1632.
Carll, i Bledingzholm, 1583. Död, omkring år 1616. Omtalas, Kin. h. 1622.
Jon, i Diurön. 1604.

**Ring*, *Ringh*, Jon, i Frösiehult. Kin. h. 1616.
Jon, i Röswijk. Kin. h. 1624.
Joen, i Holkestorp. N. h. 1631.
»den gamble Jöns R., i Bledingzholm», omtalas Kin. h. 1622.
Jöns, i Nöbbelle. Kin. h. 1625.
Lasse, i Blidingzholm. K. h. 1621.
Måns, i Sellierydh. K. h. 1618.
Måns, i Vrixta. Kin. h. 1627.
Olof, j Åhreda. K. h. 1624.
Päder, i Wexiö. 1604.
Per, i Skeda. Kin. h. 1609.
Per, i Blidingzholm. K. h. 1621—22.
Per, i Bastenäs. K. h. 1616—28.
Per, i Årheda. K. h. 1614.
Per, i Tållgh. K. h. 1618. N. h. 1627—32.
Swän, i Bastanäsmåla. K. h. 1630.

**Rise*, *Rijsa*, Gudmundh, i Grefuemåla. K. h. 1616—20.
Måns, i Kopperemåla (Elmeboda s:n). K. h. 1618.

**Robb*, Carl, i Täfflesåås. Kin. h. 1621.
Nils. »En biltogh man». K. h. 1616—24.
Suen, i Jätt. Kin. h. 1609.
Swän, i Täffuelsåss. Kin. h. 1630.

Rusare, *Russare*, Nilss, i Wret (Mistelås s:n). A. h. 1626—31.

Ruth, Måns. A. h. 1618.

Rijsz, Håken, i Afweskogh. U. h. 1616.
Ryss, Håkon, i Asserydh. U. h. 1620.
Jonn, en knicht. U. h. 1620.
Rijss, Peter. A. h. 1626.
Rijss, *Rijdz*, Påfuel. K. h. 1630.

**Rådå*, Bencht, i Kier. A. h. 1621.

**Råå*, *Rå*, Gunne, i Opparydh. A. h. 1604.
Gunnar, i Opparid (Torsåås s:n). A. h. 1613 - 31.
Måns, i Opparydh. A. h. 1604.
Månss, j Wåderlanda. K. h. 1624.
Nills, i Torssåss. A. h. 1626.
Swen, i Kull. A. h. 1621—27.
Rånde, Lasse. K. h. 1616.
**Rånna*, Jon, i Knussamåle. K. h. 1615.
**Räff*, Abram, i Flogmyran. A. h. 1621.
Räf, Bror, i Tagel (Mistelås s:n). A. h. 1628.
Jöns, i Moeda. A. h. 1624.
Suen, i Kiällehult. K. h. 1627.
Suen, i Tagell. A. h. 1628.
**Rödh*, *Röe*, Per, i Fägerstad. K. h. 1614—22.
Sante, Jöns, »en gammal man». Kin. h. 1628.
**Skalle*, Håkon. K. h. 1618.
Per. K. h. 1620.
Suen, »som ländzman war». K. h. 1627.
Skamper, Oluff, i Lenhofda. U. h. 1625.
**Skate*, Pehr. K. h. 1624. (Skate-Pellen).
Skena, Jon, i Stolperåss (Wislanda s:n). K. h. 1616.
Skiellie, Per, i Skalleboda. U. h. 1615.
Skierping, Päder, i Tagill. A. h. 1604.
**Skött*, *Skiötte*, Börge, i Klasnetorp, en Skerseant. A. h. 1626 - 27.
Skiötta, *Skytta*, Pär, i Klasnatorp (Slätte s:n). A. h. 1614—24.
Per, i Rampnåsa. U. h. 1616—25.
Skrep, Måns. U. h. 1616.
Skråm, Lasz, i Långstörp. Kin h. 1612—24.

Skulle, Måns, i Vekelsångh. K. h. 1622—27.
Per, en Landsknecht. Kin. h. 1624.
Skåning, Nielss, i Tattemåla (Sansiöö s:n). K. h. 1632.
Skåningh, Per, i Gatehultt, »en dansk man». K. h. 1615.
Peer, i Elsserås. K. h. 1620.
Suen, i Åhringzås. A. h. 1618.
Thor. A. h. 1621.
Slenk, Håkon, i Formetorp. A. h. 1622—24. Kin. h. 1624—32.
Måns, i Formetorpet. Kin. h. 1609—16.
**Sneding*, Måns, i Dameskulla. K. h. 1632.
Snedingh, Måns, i Giölliehult. K. h. 1621—26.
Oluff. K. h. 1616—24.
Sommar, Suen. K. h. 1629.
Soppa, Carl. K. h. 1615.
Spegel, i Torp. A. h. 1603.
Spegell, Måns, i Skorfvdden. Kin. h. 1614.
Måns, i Tiufueboda. A. h. 1622. Kin. h. 1626.
Måns, i Sånnehult. Kin. h. 1623—33.
Peer, i Skruff. En knicht. U. h. 1620.
Spole, Per. A. h. 1624.
**Spore*, Jöns. En knegt. A. h. 1604.
**Sprijth*, Hakon. K. h. 1626.
Starke, Jon. U. h. 1614.
Nils, i Swenshult. U. h. 1615.
Nillss, i Måcketorp. U. h. 1625—30.
Per, i Sissehultt. U. h. 1623.
Swen, i Kæsarekullen. U. h. 1615.
(*Steët*, Suen, i Holma. Westra h. 1630.
Stett, Peer, ibid. Westra h. 1630.)

**Sterning*, Måns. Corporal. N. h. 1629.
**Strängh*, Per, i Dampemåla. U. h. 1623.
Stundtt, Swen. K. h. 1624.
Styre, Jon, i Wakelsångh. K. h. 1622—24.
(**Ståcke*, Måns, i Faderstårp. Östra h. 1602.)
(**Stångh*, Nils, i Fhelleshult. Sunnerbo h. 1603.
  Päder. Sunnerbo h. 1609.)
Stöff, Gisse, i Dansiö. A. h. 1624.
**Suart*, *Suardt*, Jon, i Öhr. A. h. 1613—24.
  Jon, i Rydh. A. h. 1629.
  Suartt, Per. Kin. h. 1626.
Susing, Håkon, i Fägerstadh. K. h. 1619.
Syringh, Erick, i Lunnen. K. h. 1620.
(**Trolle*, Lasse. Östra h. 1602.)
  Per Håkonsson. K. h. 1618.
**Tyke*, Anders. A. h. 1625.
  Tycke, Per, i Kuckerssmåla. A. h. 1625—27.
Tysk, Hanss, en Kiöpdrengh. U. h. 1620.
  Måns, i Gåtåsa. A. h. 1622.
  Nils. U. h. 1633.
**Tångh*, Erik, i Elifstorp. A. h. 1613.
  Tång, Jöns, i Nöbbele. Kin. h. 1616—19.
  Måns, i Hiertanes. A h. 1631.
  Per, i Nöbbele. A. h. 1623. N. h. 1631.
Varg, *Warg*, *Vargh*, Anders, i Torp. K. h. 1619—24.
  Peder, i Torp. K. h. 1619.
**Vdd*, Per, i Sibbahult. K. h. 1622—24.
  Vdde, Jöns, i Tägneby. K. h. 1615.
  Vdda, Kirstin, i Tängnaby. K. h. 1627.
**Verre*, Jon, en Rytter under Cnut Drakes Phan. U. h. 1615.
**Wgla*, Frende, i Wexsiö. A. h. 1615.
  Vgla, Markus, i Wexiö. Kin. h. 1609.

**Wgla*, *Vgla*, Marcus, i Toffta. U. h. 1616.
Peer, i Sästetetorp. K. h. 1620.
Per, i Bohult. A. h. 1621.
**Whr*, *Vhr*, Jöns, i Hösiö. A. h. 1613—29.
Jöns, en landzknicht, »är i fiendelandh på Mitho slott dödh bleffuen». A. h. 1624.
Vhre, Jon, i Brennemåla. K. h. 1620.
Winter, Erich. A. h. 1621.
Jacob, i Ingelstadh. K. h. 1626.
**Vlff*, Gudmund, i Tegnaby. K. h. 1619.
Gudmundh, i Torpa. Kin. h. 1628.
Vlf, Jöns, i Nöbbele. K. h. 1621.
**Wäste*, Nils, i Munckenäs. Kin. h. 1612.
**Ygge*, Månss, i Wissefierda. K. h. 1624.
Yra, Nils. En rytter. En landttz knecht. U. h. 1615—19. Kin. h. 1623.
Åre, Åra-Massen.
**Öde*, Per. K. h. 1615.
Sone. En landsknecht. K. h. 1615.

§ 25. Vid genomgående af alla dessa ättenamn, kan man icke undgå att bemärka den fornåldrighet i språkform och den enkelhet i tankegång, som allestädes i dem uppenbarar sig. Begge delarne hänvisa till en långt aflägsen bildningsperiod. Hvad sjelfva språkformen beträffar, erbjuder hon stundom svårigheter; men jemväl åtskilligt af interesse. Äfven der vi icke äro i stånd att bestämdt tyda ordets ursprungliga mening och begrepps-innehåll, skönja vi dock af sjelfva språkfärgen, att det måste ha uppvuxit ur rent nationel grund. Man älskade korta, en- eller två-stafviga namn, med en uttrycksfull och skarpt utpreglad ljudbildning. Många af dessa namn klinga som svärds-hugg, och i de flesta röjer sig något af det stolta, högburna alfvar, som en gång utmärkte den gammal-nordiska kämpa-tiden.

Hvad beträffar namnens mening och betydelse, så är denna vanligtvis mycket enkel. En del namn hänvisa på menniskan under olika åldrar och lefnads-förhållanden, såsom: Faje (ɔ: gammal gubbe), Gosse, Bror, Bonde, Dräng, Kornsven, Skytte; eller på ättefadrens främmande härkomst, såsom: Jätte, Kämpe, Gyding (ɔ: en man från Göinge härad), Skåning, Jute, Däning, Danske, Garp, Tyske, Frank; eller på härkomst från någon viss ätt, utmärkt genom afledningsändelsen -ing, såsom: Beting, Bleding, Bökling, Ejsing, Flädlng, Fösing, Hulling, Häring, Kamping, Klobbing, Kopping, Kunning, Käring, Miding, Nisting, Rönning, Sneding, Spåning, Sterning; eller på någon utmärkande själs- eller kropps-egenskap, såsom: Bister, Grim (ɔ: grym), Hård, Sträng, Bjesse, Krumm, Lång, Mager, Lätt, Starke, Tjock, Bred.

Andra bemärka ovättar och onda väsen, såsom: Trolle, Puke, Gast, Bruse, Drake.

Andra utmärka något djur, såsom: Björn, Ulf, Varg, Bjur (ɔ: bäfver), Basse (ɔ: vildsvin), Räf, Katt, Mård, Gylta (ɔ: ung sugga), Gris, Gräfling, Bagge, Kruse (ɔ: gumse) Bock, Get, Fåle, Elg, Hjort, Rå, Hare, Svan, Korp, Ramn (ɔ: korp), Hök, Uggla, Kråka, Skata, Måk, Hane (ɔ: tupp), Höna, Kyckling, Elling (ɔ: and-unge), Hjerpe, Dufva, Gucke (ɔ: gök), Orm, Bose (ɔ: huggorm), Geting, Fisk, Gädda, Ruda;

eller delar af djur, såsom: Labb (ɔ: björn-tass), Ram, Fot, Skalle, Mule, Näf.

Andra åter äro tagna ur vext-verlden, såsom: Bladge, Blomme, Barke, Buske, Gran, Gransko, Borre (ɔ: kotte), Knagg, Hult, Löf, Korne, Ris, Stubbe.

Andra beteckna helt enkelt en färg, såsom: Hvit, Svart, Mörk, Brun, Röd, Gul, Bläse, Broke, Letta (ɔ: färg).

Andra äro hemtade från vindar och års-tider, såsom: Vinter, Froste, Kyle, Sommar, Weste, Kåre.

I andra återfinnes slutligen begreppet om vapen, dryckes-kärl och olika slags redskap, såsom: Hielm, Hätta, Plåt (ɔ: harnesk), Brand (ɔ: svärd), Udd, Pik, Pil, Kölfva (ɔ: klubba), Ljunge (ɔ: knif), Spåre; Kåsa (ɔ: ett slags dryckes-kärl), Holk (ɔ: kärl af urholkadt träd), Bunge (ɔ: bunke), Bola, Bulla (ɔ: bulle, liten bägare); Skepp, Båt, Krabbe (båt-ankare af en kort granstam med utstående qvistar), Styre (ɔ: kort åra); Tång, Bill, Dubb, Kälfva (ɔ: sqvalt-qvarn), Ring, Spegel, Spole; Klipping, Penning; Balk, Bank, Bänk, Black, Flake, Staf, Stocke, Stång, Raft (ɔ: lång, böjlig stång), Stolpe, Knap, Krok, Krampe, Tjuga (ɔ: klynna), Kugge, Kule, Rake, Skulle, Tanne (ɔ: fackla af tjär-ved) o. s. v.; utan att här tala om det stora antal namn, hvilkas grundbetydelse ännu är obekant eller osäker.

Den idé-krets, inom hvilken de gamla Wirda-ätterna valde sina namn, var således ej serdeles omfattande, och hufvudsakligen likartad med hvad som en gång förekom hos våra äldsta svenska adels-ätter. Man älskade företrädesvis sådana konkreta begrepp, som kunde återgifvas i en enkel heraldisk bild. Föga tvifvel lärer väl ock kunna uppstå, det ju större delen af dessa namn en gång varit i bild återgifna å egarens sköld. För vår del antaga vi obetingadt, att ätte-namnen i allmänhet hänvisa till egarens sköldemärke, och erindra oss dervid berättelsen hos Saxo Grammaticus, om konung Frode Fredegodes i Danmark lagstiftning, hvari bland annat stadgades, att »ho som i striden slår sig fram före sin höfvitsman, vare fri, om han är trälboren: är han en af allmogen, gifves honom sköld och hjelm». Efter vår åsigt innesluta således dessa namn minnet af uråldriga wärendska kämpa-slägter ifrån hedenhögs, så vida icke snarare hela den inträngande Wirda-stammen ifrån början uppträdt såsom en adels-kast, gentöfver den äldre gotiska befolkningen, — och de tillhöra den äldsta bildningen af svensk hednisk krigare-adel. Denna vår åsigt vinner stöd deraf, att åtskilliga af dessa urgamla ätter sednare historiskt uppträda i vårt land, såsom kända frälseätter. Vi påminna blott om namnen: Bagge, (Bark), Bas, Bet, Bonde, Brose, Bruse, Bunge, Båt, Djekne, Drake, Dud, Duse, Flyge, Gad, Galle, Gedda, Get, Gylta, Hierne, Hiort, Holk, Hård, Hätta, (Ihre), Krabbe, Kruse, Kyle, Kåse, Käring, Puke, Räf, Röd, Skytte, Slatte, Sommar, Stocke, Svart, Trolle, Ulf, Uggla m. fl., bland hvilka några till och med ännu återfinnas å svenska riddarhuset. Bland de öfriga träffas åtskilliga, såsom ännu tillhörande urgamla, till en del berömda ofrälse ätter. Vi anföra exempelvis namnen: Arpe, Billing, Bjur, Bock, Brun, Dubb, Dufva, Gräfling, Göding, Hane, Hjelm, Hult, Humble, Häger, Hök, Korp, Krok, Kåre, Kämpe, Lång, Mörk, Ramn, Ring, Spole, Staf, Stolpe, Winter m. fl. Återstoden har under de sednare århundradena småningom bortblandats och försvunnit. Men om vi sålunda fasthålla, att dessa ätter samfäldt ifrån början tillhört en hednisk kämpa-adel, som efteråt dels ingått i den yngre rusttjenst-adeln, dels blandat sig med folket, så finna vi, att adelns första uppkomst i vårt land, såsom annorstädes, varit naturligen grundad i uråldriga stamförhållanden. Sjelfva närvaron till en så hög grad af ett sådant element, samt de dermed förbundna minnen, föreställningar och fördomar, har då icke kunnat undgå att mäktigt inverka på hela Wärends-folkets lynne och bildningsgång. Man behöfver ock ej länge studera detta folk, för att finna, huru djupt i dess allmänna medvetande har inträngt känslan af uråldriga och ädla anor, vare sig än att dessa anor icke få sökas närmare, än vid den stora folk-vandringen och vid tiden för landets första fasta bebyggande.

Kap. II.

Hedna-kult.

---

§ 26. Enligt den mening som vi här söka göra gällande, utgjordes urfolket i Wärend, och i större delen af Göta rike, af **Troll**, hvilka redan från den aflägsnaste forntid, i landets urskogar och vid dess vattendrag, förde ett vildt natur-lif såsom jägare- och fiskare-folk. Vid inträngandet af yngre åkerbrukande stammar blef detta urfolk till en del förträladt, dels ock undanträngdt. Lemningar deraf bibehöllo sig dock länge på landets utkanter, der de på de ödsliga gränseskogarne förde en alltmera sjunken tillvaro, och, i spridda hushåll, kunna spåras ända intill våra tider.

Att qvarlefvorna af det gamla trollfolket icke under sådana förhållanden, och midt ibland stammar med högre odling, kunde gentöfver dessa bibehålla sitt språk och sin nationalitet, ligger i sjelfva sakens natur. Læstadius förtäljer om Lapparne i Norrland, att ehuru folkstammarne synas så skarpt åtskilda, att det till och med för den fysiska naturen tyckes vara motbjudande att förena sig, åstadkommer dock det förändrade lefnads-sättet snart en stor förändring. »I andra generationen är man redan fullkomlig Svensk och i den tredje är den Lappska härkomsten alldeles glömd». Samma förhållande kan iakttagas med Finnarne på Finnskogarne eller Finnmarkerna i Wermland, Dalarne, Helsingland och Jemtland. På de flesta af dessa trakter har nemligen Finnen eller Kvänen redan förlorat sitt språk och sina nationela egenheter, om man än i lokal-namn, ansigtsdrag, kropps-byggnad, klädedrägt och folklynne, ännu kan urskilja spåren af hans finska härkomst. De gamla Trollen i Wärend och i Göta rike hafva således, på grund af en allmän naturlag, antingen blifvit hastigt upptagna i de nya folken, eller steg för steg långsamt förlorat sin nationela egendomlighet. Under många århundraden, och till en viss grad ännu, erbjuda derföre deras afkomlingar i Wärend alldeles samma skådespel, som Socken-Lapparne i Dalarne, Skrultarne i Helsingland och Tiggar-Lapparne i Norrland, hvilka hvar för sig blott förete olika gradationer af en främmande, i upplösning stadd nationalitet. Äfven dessa urbyggare, bland hvilka Skrultarne fått sitt namn deraf att »de skrulta omkring» eller föra ett kringirrande lif, bygga således i ensliga hushåll på skogarne, och ha knappast någon annan näring än att tigga, att sno rep af tallrötter och göra tjenst vid gårdarne såsom flåbusar och vallackare. De äro allmänt begifna på superi. Deras boningar uppföras ännu såsom kåtor, af res-virke, spetsiga uppåt, med ett rökhål, och deras egna platta, korta ansigten röja den Lappska typen, med platt näsa, utstående kind-knotor, bruna ögon och svart hår. Af hela Lappstammen i vårt land är det således nu mera blott en enda gren, — den aflägsnaste, som under egendomliga natur- och kultur-förhållanden hittills förmått bibehålla sig såsom ett serskildt folk, med bestämda nationela egenheter.

Att, vid det dunkel som höljer Göta rikes äldre historia och ethnologi, här framkomma med bestämda meningar om det gamla trollfolkets religiösa bruk och föreställningssätt, kan med fog synas vanskligt. Detta spörsmål står nemligen i det innersta sammanhang med den ännu oafgjorda frågan om vårt sydsvenska urfolks nationalitet, och kan blott på samma gång som denna bli tillfredsställande besvaradt. Trogne den åsigt som vi i närvarande försök öfverallt fasthålla, att nemligen ett äldre kulturskifte kan och bör studeras i de spår det qvarlemnat i folkens språk, seder och föreställningssätt, likasom en geologisk bildning kan igenkännas ännu i sina vittrade spillror, anse vi oss dock böra framställa den mening vi härpå grunda, öfverlemnande åt framtida forskningar i språk, historia och fornkunskap, att åt densamma gifva vederläggning eller bekräftelse.

Granska vi nu det föreställningssätt om de forntida trollen, som i Wärend och i Göta rike af ålder varit gängse, så framgår såsom bestämdt gifvet, att de varit betraktade såsom ett främmande slägte, hvilket icke räknades till »folk», »christet folk», och hvars ethniska namn, Troll, i språket icke ens har något genus. Vi måste häraf ledas till den slutsattsen, att trollen varit af en från våra förfäders skild nationalitet, med främmande utseende, språk, lefnadssätt och seder. Detsamma gäller i lika eller ännu högre grad om deras religiösa bruk och föreställningar, hvilka af de nya stammarne betraktades med den yttersta afsky och i språket sammanfattades under namnet *Trolldom*, — ett ord, som blifvit bildadt ur sjelfva folknamnet Troll, och enligt sin härledning betecknar detta folks seder, bruk och väsende i allmänhet. Då ibland dessa folkbruk de magiskt-religiösa konsterna voro de mest betecknande, och blefvo af våra förfäder mest bemärkta och fruktade, kom ordet Trolldom, att, ifrån ett allmänt ethniskt begrepp, småningom inskränkas till betydelsen af ond vidskepelse eller onda magiska tillskyndelser. Och då, med upplösandet af trollfolkets egen nationalitet och med stammarnes flersidiga beröring eller blandning, de magiska bruken eller trollkonsterna i arf öfvergingo till de yngre trollbackorna, trollkonorna, trollkäringarne eller, såsom de i Wärends-lagen jemväl kallas, Holdorna, så kunde i en långt sednare tid dessa samma trolldoms-bruk, uppblandade med yngre hedniska eller främmande tillsattser, å nyo uppträda i folkets föreställningssätt. Trolldomen, sådan han förekommer i 1600-talets trollransakningar och i den äldre och yngre folktron, är således efter vår tanka en fortgående tradition från det urgamla trollfolket, och erbjuder, ifall denna åsigt är riktig, ett material, som behandladt med vetenskaplig kritik, kan lemna dyrbara bidrag för detta folks karakteristik och för de med denna förknippade historiska och ethnologiska undersökningar.

Utom under namn af Trolldom, förekomma i domböcker från början af 1600-talet de af Wärendsfolket kända äldre magiska bruk, äfven under namn af *Lapperi*, *Vindskepelighet*, *Lefjeri*, *Förgörelse*, *Signelse*, *Läsning*. Ställa vi nu dessa gamla språk-uttryck tillsammans med hvad vi ur landets folksägner och folktro ha oss bekant, så väl om de gamla trollen, som om de yngre Holdorna eller trollbackorna, och söka vi på detta sätt bilda oss en allmän föreställning om beskaffenheten af den svartkonst, som i Wärend redan hos trollfolket var känd och öfvad, så finna vi att trolldom i dess äldsta mening, och skild från den hvita magi som öfvades af landets egna s. k. kloke, hufvudsakligen innefattat:

synvändning, att vända syn, eller konsten att dels göra sig sjelf osynlig, hvilket skedde genom påtagandet af en hätta, »dverghatt», »dverghätta», dels ock att visa tingen under annan skepnad än den verkliga; såsom t. ex. när trollbackorna gjorde en hamn af sin serk, som de blåste full med väder och lade i sängen, medan de sjelfva voro på Blåkulla-färd;

att skifta hamn, eller antaga skepnad af åtskilliga slags djur eller af andra ting. Häraf i Wärend oqvädins-ordet »din förhammade trollbacka», »backapytta» o. s. v.;

att fara i vinden, såsom när trollen fly för Gofar, eller när trollqvinnan om våren far omkring med horfvinden för att stjäla sädes-säd. Ett yngre, men likväl gammalt föreställningssätt är, att trollen vid denna färd rida på grindar, ugns-qvastar, ugns-rakor, getter, kalfvar, kor, o. s. v. Det heter härom i den gamla Westgöta-lagen (Retlosæ Balk I, 5., II, 9): »detta är oqvädins-ord, när någon säger till en qvinna: »jag såg att du red på en qvi-grind (ɔ: grind till en »få-fålla) med upplöst hår och upplöst gördel, i trolls »hamn, då allt var jemnskiftadt, natten och dagen». Samma föreställningssätt återfinnes äfven både om och hos de yngre trollbackorna, hvilka trodde sig på detta sätt »öfver skog och mark, berg och vatten» nattetid fara till Blåkulla, der de i dymmel-veckan voro stadda på gästabud hos Satan;

vindskepelighet. Synes ursprungligen innebära konsten att göra vind, att skipa vinden, leda, styra, befalla öfver vinden, på samma sätt som folket i Bohus-län ännu tror om Finska sjöfarare; men nyttjas sednare i en allmän betydelse, att »bruka vindskepelighet på någon»;

att »trolla man eller qvinna», att förtrolla, att förhamma, att förhecka folk, eller konsten att genom trolldom förändra menniskors hamn, göra dem till Maror, eller förvandla dem till olika slags djur, oftast männen till vargar eller s. k. Varulfvar. Föreställnings-sättet återfinnes ännu lefvande hos Wärendsfolket, både i sägen och saga;

trollskott, villappa-skott eller onda sändningar, ɔ: sådan trolldom, hvarigenom någon plötsligen träffas af värk eller stygn i kroppen. Troddes vara utsänd i vädret, hvarföre det äfven heter »råka ut i ogjordt väder», »råka för ondt i vädret»;

tillvitelse, att genom onda önskningar vita på eller till någon: rofdjur, ohyra, olyckor, brott, sjukdomar och annat ondt. Den »kloke» troddes i motsatt mening, men på lika sätt, kunna vita bort vilddjur och annat ondt, som blifvit någon tillvitadt;

förgörning, förgörelse. Var af många slag och öfvades både emot folk och fä. Gamla Westgötalagen (anf. st.) räknar för oqvädins-ord, när någon säger till en qvinna, att »hon kan förgöra qvinna eller ko». I Wärends- eller Tiohärads-lagen uttryckes alldeles samma begrepp genom ordet trolldom, likasom i Wärendsmålet ordet förgjord är liktydigt med förtrollad, förhexad. Förgörelsen antog gemenligen form af en våldsam eller obotlig sjukdom, men bemärker jemväl annan ond tillskyndelse, så vidt denna åstadkommes genom trolldom med görelse eller tillblandning;

nedsättning, att nedsätta folk, eller att med trolldom göra att någon inte kan bli gift, eller att han mister andras välvilja och deraf beroende framgång. Flickor, som försmås af karlarne, tros vara nedsatta genom trolldom;

att förvilla folk, så att de blifva »ifrån sig», »ifrån vettet», tosota, fåniga, fjantiga, oförmögna att se och urskilja;

hågvändning, att vända andras håg och sinne, så att der kommer »spjell» (ɔ: skilsmessa, oenighet) emellan vänner, syskon, trolofvade, äkta makar o. s. v.;

att kusa eller taga nyttan af andras kreatur, skjutredskap, fiskdon, åkrar, bak, brygd o. s. v. samt »förtaga grannarne en del af boskapens mjölk». Det sednare skedde på flera sätt, men förnämligast genom s. k. Bjergaharar, Trollharar, Mjölkharar, hvilka af trollbackorna utsändes för att dia böndernas kor. Bjergahararne förfärdigades i dymmel-veckan af stickestubbar, brända i begge ändar, hvilka af trollqvinnan kastades på golfvet. Äfven förekommo s. k. Mjölk-käppar, som af trollkäringarne mjölkades.

De medel, hvilka af trollen, såsom af de yngre holdorna och trollbackorna användes vid all denna uråldriga hedniska trolldom, voro flerahanda; men det vid dem alla vigtigaste och hufvudsakliga var läsning, ord, eller en viss traditionsvis bevarad besvärjelse-formel. Om den ursprungliga beskaffenheten af dessa besvärjnings-formler kunna vi nu mera blott döma af de trollsånger, trollformler eller läsningar, hvilka kommit till oss ifrån en jemförelsevis långt sednare tid, och om hvilka vi få tillfälle att tala i det följande. Blott så mycket vilja vi här hafva anmärkt, att de i allmänhet varit versifierade eller rhytmiska. Linné, som år 1741 i Göta-hofrätts hus i Jönköping såg och »läste» åtskilliga s. k. Svartkonstböcker, samlade under de då ännu fortgående trollransakningarne, uppgifver, att de voro »fulla af flärd »och fåfänga, — af afguderi, af vidskepliga böner och »böner till djeflar; de mesta på rim, lika Bose-ver»ser» *). Samma fria, rhytmiska form är ock egendomlig för nästan alla de »läsningar» hvilka ännu fin-

---

*) *C. Linnæi* Gotländska Resa. 1741. s. 330.

nas i behåll. Sjelfva denna form, såsom det naturliga uttrycket för en exalterad sinnesstämning, innebär således, att läsningen af ålder blifvit framsagd under en djup sinneshäfning, likasom de märkvärdiga sinnesförvillelser, hvilka för hela trollväsendet äro så betecknande, icke kunna psychologiskt förklaras annorlunda, än genom en inbillningskraftens och känslans våldsammaste öfverretning. Af trollqvinnan Ingeborg Bogesdotters i Högnalöf bekännelse inför Konga häradsrätt d. 3 Aug. 1618, huruledes hon, på det hennes man icke måtte sakna henne när hon nattetid drog till Blåkulla, utom användningen af vissa »ord», »hade »dertill goda konster, nemligen sålunda, att hon tog »sin serk och blåste'n fullan af väder och lade'n hos »mannen, och gjorde deraf en »sådan fullkomlig form och hamn, »att hennes man — intet annat »kunnat skönja uppå, än att det »hade varit hon sjelf», kan man icke rimligtvis draga någon annan slutsatts, än att hon under sin inbillade Blåkulla-färd befann sig i ett visionärt eller spontant magnetiskt tillstånd. Hos andra individer synes detta tillstånd af onaturlig nerfretning hafva blifvit framkalladt genom smörjning med starkt narkotiska och döfvande medel, hvadan ock smörje-hornet räknades till trollkäringarnes resedon, och ett sådant horn ifrån trollväsendets

Trollbackan Kapten Elins smörje-horn, förvaradt i k. Göta Hofr.

tid ännu förvaras i Göta hofrätt. Hurusomhelst, framkallad genom blotta läsningen eller jemväl genom yttre retmedel, har en onaturlig och ytterlig nerfvernas spänning och sinnets yrsel, samt en dermed förknippad visionär förvillelse, ingått såsom ett hufvudvilkor i det ursprungliga och urgamla trolldomsväsendet, hvars märkligaste företeelser med färder genom luften o. s. v. på detta sätt finna sin psychologiska förklaring. För öfrigt, och utom med blott läsning, utfördes trolldomen under olika omständigheter med skiljagtiga medel, hvadan ock, ibland troll-redskap förvarade i Göta hofrätt äfven förekommer en liten pipa af horn, i hvilken trollbackan har blåst, när hon ville trolla eller frammana sin s. k. puke. Vid trollskott eller ond sändning gick trollkarlen ut i skogen, der han aflossade ett skott, som på äfven det största afstånd troddes drabba hans fiende, eller som, lossadt på må få (ɔ: på slump), träffade menniska eller kreatur, ehvad som mötte. Såsom det heter i en gammal wärendsk signelse:

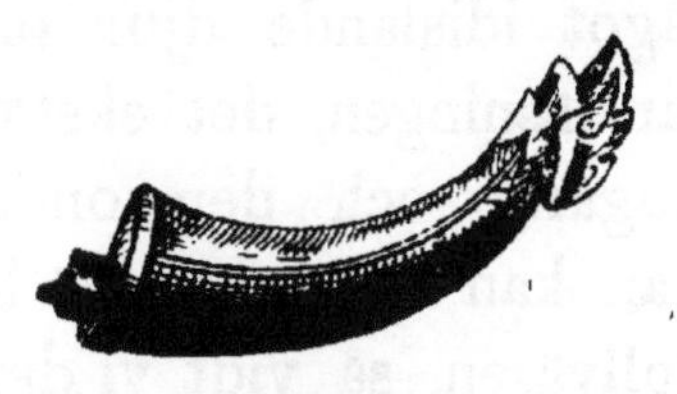

1 dec.-tum.

Troll-pipa, förvarad i k. Göta Hofrätt.

Trollkarlen gick åt skogen att skjuta. — —
»Jag skall skjuta folk och jag skall skjuta fä,
hvad som före är». o. s. v.

Trollbackorna gjorde liknande trollskott med vanlig bake-redskap, hvadan ock i signelserna talas om »skäppe-skott, såll-skott, grissle-skott och ugnqvasta-skott». Förgerning skedde oftast genom en s. k. förgernings-knuta, innehållande onda trollmedel, såsom solfva-tråd, ben af Bjergaharar o. s. v., hvilken trollbackan lade i sin fiendes hus, gård, fähus, eller dyngstack. Wärends-lagen omtalar i samma mening trolldom med horn och hår, och trolldoms åbörd (abyrth) eller inbärande i annans gård. Men förgerningen kunde enligt domböckernas vitsord verkställas äfven på mångfaldiga andra sätt, såsom genom strykning med handen, genom ond dryck eller mat, och genom oräkneliga sympathetiska medel. Linné såg bland trollsamlingarne i Göta hofrätt knytningar med trådar, silke, tagel, rötter; horn, örnfötter, Troll-tyre, gjordt af tredje magen hos något idislande djur o. s. v. Men i denna trolldom var läsningen, det ekstatiska tillståndet, de onda önskningarne och den onda viljan alltid hufvudsak, och man kan ej undgå att bemärka, huru hela vårt äldre trollväsen, så vidt vi derom veta, noga uttrycker just de känslor af hämnd, hat och dyster fiendskap, som vi måste vänta att finna hos det af en främmande nationalitet kufvade, undanträngda och misshandlade gamla Troll-folket.

§ 27. Om vi nu ingå i en undersökning, hos hvilken historiskt känd folkstam återfinnas den grundstämning, de karakters-egenheter och de egendomliga magiska bruk, som vi funnit för det gamla sydsvenska trollfolket utmärkande, så hänvisar oss ethnologien på det allra bestämdaste till de i östra och norra Europa af ålder bosatta folken af Tshudisk härkomst. Alla dessa folk karakteriseras nemligen genom ett grundlynne, som träder i skarpaste motsatts till den gotiskt-skandinaviska stammens, genom sin djupt melankoliska och inåtgående riktning. Hos dessa folk har således handlings-kraften icke varit skattad såsom menniskans högsta, utan den makt som ligger i visdomen, i det högre vetandet, i sången och siare-förmågan. Medan de gotiskt-skandinaviska folkens historia alltigenom visar en kedja af mäktiga utåtgående rörelser, så har de tshudiska stammarnes verld företrädesvis varit en inre, i det stilla, ofta dystra grubbleriet, i dikten och i natur-betraktelsen. Hos tshudiska stammar, mer än hos andra kända folk, hafva derföre af ålder uppträdt Schamaner, Tadiber, sångsmeder, visa, siare och spåmän, hvilka genom runor eller sånger, utsagda under en stark sinneshäfning, eller genom en viljekraftens högsta spänning medan kroppen ligger i en slags spontant-magnetisk hvila, och eljest genom iakttagande af vissa hemlighetsfulla bruk, trott sig kunna befalla öfver vindarne, elden, hafvet, leda naturens makter och andar, likasom menniskornas håg och djurens böjelser, låta sin själ färdas till långt aflägsna ställen och se hvad der tilldrager sig, genom en inre klarsyn förutse och förutsäga framtidens hemligheter, och framför allt dräpa eller förgöra sina egna och sitt folks fiender.

De tshudiska stammarnes uråldriga magiska bruk, sådana de än i dag förekomma hos Lappar, Finnar och andra nordliga folk, äro således i allo likartade med dem, som under namn af trolldom en gång öfvades af de gamla trollen i Wärend och Göta rike. Dessa bruk ansågos ock i öfra Sverige så karakteristiska för Lappfolket, att de hos Laurentius Petri omtalas under namn af Lappekonst. Då nu våra sydsvenska förfäder funno samma bruk för trollfolket så egna och utmärkande, att de för dem valde ett språkuttryck, lånadt af sjelfva folkets namn och betecknande detta folks hela färd och väsende, och då hela föreställningssättet om Lappekonsten inom Svealand och Norge för öfrigt finnes ifrån hedenhögs så noga instämma med hvad af ålder i Göta rike fått namn af Trolldom, att detta sistnämnda ord kunnat derpå öfverföras och för båda gemensamt nyttjas; så kunna vi icke undgå, att redan på grund häraf sluta, det Trollen i Göta rike, likasom öfra Sveriges Lappar och Finnar, *varit af Tshudisk härkomst.* Men äfven andra omständigheter, bevarade i folksägnen och folktron, peka alla åt samma håll. Det gamla folknamnet *Finn* förekommer ännu år 1627 i Wärend såsom mansnamn, och vi träffa der, såsom i det egentliga Småland, ortnamn bildade af detta namn eller dermed sammansatta. Inom Wärend förekomma således: Finnanäs i Albo härad och Löpanäs Finnagården i Norrvidinge härad. Inom Finveden (ɔ: Finnskogen, Finnmarken) förekomma: Finnhult, två gårdar; Finnestad, Finnanäs, två gårdar; Finnatorp, Finnatorpet o. s. v., och *dessa ortnamn,* hänvisande till ett gammalnordiskt folknamn, *kunna följas icke blott igenom hela Göta rike, utan upp igenom allt Svea land, ända tills de sammanträffa med de norrländska* och *norska Finnmarkerna,* hvilka, såsom kändt är, ännu bebos af Finnar (Kväner) och Lappar. Det inom Wärend rådande föreställningssättet sammanförer än i dag de gamla trollen med just dessa i norra Skandinavien eller i »Nord-Lappland» bosatta folk, hvilka i Wärendsmålet få namn af Nord-Lappar, Nord-Lappingar (Nord-Lappskor, Nord-Käringar), Nordbaggar, Finnar (Finngubbar, Finnakäringar), och om hvilka det ännu är ett allmänt tal, att de »äro Troll», »se ut som Troll», »kunna trolla». Det slags trolldom, som eljest får namn af Trollskott, heter i Wärendsmålet äfven Willappaskott ɔ: Wild-lapparnes skott. Men icke nog härmed. Trollen sjelfva synas i Göta rike jemväl någon gång ha varit kallade *Lappar*, ett ord, som i sin medeltids-svenska betydelse likväl icke utmärker en bestämd nationalitet, utan blott en i landets utkant bosatt inbyggare. Lapperi är således i Wärendsmålet, på sätt vi redan anmärkt, liktydigt med trolldom, likasom orden Lappare, Lapperska, i landets domböcker vid början af 1600-talet, nyttjas såsom en lättare beteckning för trollkarl, trollkona. En aflägsen trakt i Wigerstad socken, vid Albo härads yttersta gräns emot Skåne, får till och med ännu i dag hos folket namn af *Lappa-länet*. Blott på denna lösa språkgrund våga vi väl icke påstå, att de en gång i Wärend förekommande bosatta och stillasittande Lappar, d. v. s. gränsbyggare af trollfolket, varit samma folk med de i N. Sverige kringströfvande Lappstammar, hvilka just i motsatts till de förra få namn af Wild-Lappar, Nord-Lappar. Men att en nära stamfrändskap emellan dem egt rum, röjer sig af alla omständigheter. Trollen eller syd-Lapparne voro således enligt Wärends-sägnernas allmänna intyg, på samma sätt som Nord-Lapparne än i dag, till kroppsbyggnad svaga och till lynnet skygga, listiga och okrigiska. Folksägnen, åtminstone i Wärend, vet ingenstädes att förtälja om strider och vapenskiften emellan dem och de invandrande folken; deremot framträda de gerna såsom ett förtryckt, nödstäldt och olyckligt slägte, hvars qvidan och gråt ofta varit hörd ur djupet af de ensliga skogsbackarna. Äfven drägten var de nordsvenska Lapparnes; de gingo, män och qvinnor, oföränderligen lika klädda i grå skinnkoftor med röd pinnhätta eller toppmössa, en omständighet, som utom männens klena skäggvext väl torde förklara, hvarföre folknamnet Troll i vårt språk uppträder såsom könlöst. Deras boning var visserligen icke såsom wild-Lapparnes en kåta af granbark eller ett flyttbart tjäll af hudar, utan en konstlös jordhåla, nedgräfd i någon sandbacke; men dessa jordkulor, hvilka genom hela södra och medlersta Sverige kunna följas ända till Dalarne, der de möta Lappkåtan, antaga stundom (såsom ännu i Niudung) en form, som närmar sig denna sednare, och hela skiljagtigheten är i och för sig icke större, än att hon naturligen förklaras ifrån trollens eller syd-Lapparnes stillasittande och till en viss grad bofasta lefnadssätt under ett blidare luftstreck. Vi äro desto mer befästade i denna åsigt, som vi veta, att man äfven hos Lapparne, f. ex. hos fiskare-lapparne vid Enare, stundom träffar runda eller halfklotformiga kåtor, med nedre afdelningen uppförd af sten och hela kåtan öfverklädd med torf. Äfven de hos trollen eller åtminstone i trollväsendet förekommande »knytningar med trådar, tagel, rötter» förtjena uppmärksamhet, och om vi ej missminna oss, omtalas dylika knytningar såsom än i dag brukliga hos Grönländare och andra med Lapparne beslägtade polar-folk.

Skulle nu den mening vi här framställt om Trollens, syd-Lapparnes eller den sydsvenska urstammens nationalitet befinnas grundad, så ha vi jemväl funnit svar på frågan om detta gamla folks religiösa bruk och föreställningar. Dessa hafva nemligen då varit i allmänhet likartade med hvad som en gång förekom hos nord-Lappar och Finnar, d. v. s. en naturdyrkan, som i sin råare form urartat till fetischdyrkan. Folksägnen i hela S. Sverige bevarar ännu en hågkomst af Trollens fruktan för åskan. I likhet med Lappar och flera andra naturfolk, ha de således i denna makt sett ett fiendtligt och fruktansvärdt gudaväsen (Lapparnes gamle Thor, Ukko Taran), som borde med offer försonas eller blidkas; men icke, såsom de åkerbrukande yngre folken, i henne vördat och tillbedt en national-gud (Göta rikes Thor, Gofar, Gogubben, Kornmoden, Kornbonden), en god fader, som låter skörden mogna på åkern. Äfven af Trollens fetisch-dyrkan finnes spår. Ibland magiska redskap ifrån troll-ransakningarne, förvaras ännu i Göta hofrätt en fetisch, gjord af läggbensknotan hos något större djur, och formad såsom ett groteskt hufvud i enlighet med närstående teckning. Denna grofva fetisch skall, enligt sägen, af någon bland de yngre trollbackorna ha varit tillbedd såsom afgud, och det är troligt, att hon i denna såsom annan vidskepelse blott följt de bruk, som en gång varit gängse bland hennes förfäder af det gamla sydsvenska trollfolket.

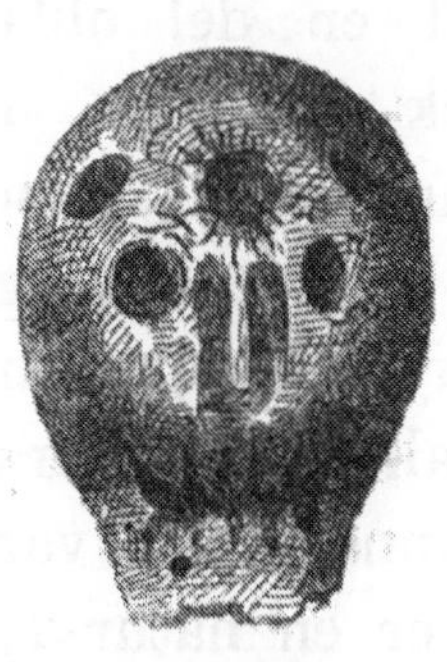

Trollbackan Kapten Elins s. k. afgud, förvarad i k. Göta Hofrätt.

§ 28. Efter och emellan de gamla Trollen inträngde i Wärend och det öfriga Göta rike *Jättarne*, ett folk, som ännu hufvudsakligen hade redskap af sten, men jemväl af brons, och som idkade boskapsskötsel, tillika med ett rörligt jordbruk medelst hacka på svedjeland. Vi hafva redan i det föregående (§ 10) uttalat vår mening, att Jättarne voro samma folk som *Goterna*, hvilka redan före början af vår n. v. tideräkning framträngt ifrån östra Europa och, öfver Östersjön, befolkat södra Skandinavien (ɔ: Skandinaviska Goter) och delar af norra Tyskland (ɔ: Tyska Goter). Ifrån Göta rike hafva de sedan i den stora folkvandringen till en del utvandrat med den s. k. Huna här. Men betydande qvarlefvor af detta gamla folk ha dock stannat i Sverige sunnanskogs, der de, till en del oblandade (Gutar, Åsboar, Knallar), dels ock blandade med yngre invandrande stamfränder, ännu bilda grundstocken i landets befolkning.

Öfver de gamla Jättarnes religiösa bruk och föreställningar ha vi efter folksägnerna redan (§ 8) i allmänhet yttrat oss. Så vidt vi efter dessa sägner kunna döma, var deras religion en hednisk pantheism, eller en natur-dyrkan, som på ett mythiskt sätt uppfattade naturkrafterna såsom lefvande väsen, och naturföreteelserna såsom dessa natur-vättars egna och sjelfständiga, gentöfver menniskan välgörande eller fiendtliga verksamhet. Den naiva innerlighet och enfald, som röjer sig i hela detta åskådningssätt, äfvensom den poëtiska form hvari det vanligen framträder, vittna gemensamt om den högsta ålder. Det är nemligen blott på ståndpunkten af enkel ursprunglighet, som vi hos folken igenfinna detta barnsligt oskuldsfulla samlif med den omgifvande naturen, och om vi eljest söka bevis för Jättefolkets tidiga uppträdande i norden, så kunna vi finna ett sådant i den trohet och innerlighet, hvarmed den sydsvenska folkmythen ännu sluter sig till vårt eget lands serskilda naturföreteelser.

Den enkla naturdyrkan som vi här antaga såsom Jättefolkets religion, och som otvifvelagtigt en gång varit den äldsta formen af nordisk hedendom, har nemligen med en underbar lifs-kraft förmått bibehålla sig såsom lefvande folktro ända in i våra tider. Förklaringen häröfver måste sökas dels i djupet och lifligheten af de intryck som tillhöra hvarje folks barndom, dels ock deri, att denna naturdyrkan till sitt innersta väsen var naturmythisk d. v. s. fattade naturföreteelserna i bilder, hvilka under lika förhållanden städse å nyo framställa sig för folkets fantasi. Härifrån denna underbara förmåga af ständig förnyelse, som för detta slags traditioner är egen, medan så många andra, yngre och af högre art, längesedan fallit i glömska. Vi antaga således de sydsvenska naturmytherna, sådana dessa till stor del ännu lefva i folktron, såsom i grunden äldre än Asa-läran, i den form vi känna henne efter nordskandinaviska källor. Till en icke ringa del hafva de dock äfven varit i den yngre nordiska hedendomen upptagna, och längre fram blifvit blandade med ännu vida yngre föreställningssätt ifrån den christna medeltiden. Vid en skärpt granskning låta sig dessa yngre tillsattser och förändringar ännu någon gång serskiljas, och vi träffa då, på botten af hvarje föreställningssätt, nästan alltid en enkel naturmyth såsom dess innersta kärna. Denna kärna härrör då från ett kulturskifte af den högsta ursprunglighet, ett sådant, som vi här i norden endast återfinna hos det gamla sydsvenska Jättefolket.

Bevisen för den mening om naturmythernas ålder och härkomst, som vi här framställa, ligga redan i mythologiens egna inre bildningslagar. Men äfven andra erbjuda sig. Procopius förtäljer om inbyggarne i Thule, ibland hvilka han fann en talrik folkstam med namnet Gauter, att »de dyrka många gudar »och wättar i himmelen, i luften, på jorden, i hafvet, »och äfven några som sägas bo i källors och floders »vatten. De offra flitigt alla slags offer; men det för»nämsta offret är menniskan, den första som i krig »faller i deras händer. Denna offra de åt Mars, hos »dem den största guden; och krigsfångarne offras ej »blott på vanligt sätt, utan de upphänga dem på träd, »eller kasta dem på törnetaggar, eller förgöra dem »på annat ömkeligt sätt». Hela det historiska sammanhang hvari denna berättelse meddelas, synes antyda, att hon närmast bör förstås icke om de yngre Götarne, utan om de skandinaviska Goterna eller Jättarne, hvilka voro förvandter till de syd-europeiska Goter om hvilka Procopius handlar i sin historia. Vi ega således här den äldsta framställning om de sydsvenska Jättarnes gudalära, och denna instämmer på det allra nogaste med de drag om samma folk, som vår inhemska sägen åt oss bevarat. Men äfven andra tillförlitliga källor hänvisa på olika skeden i vår nordiska hedendom, perioder, till lynne och karakter bestämda af rent ethnologiska förhållanden och af de historiskt uppträdande stammarnes skilda nationalitet och bildnings-grad. En uråldrig fornjotisk grundval i botten af Asaläran blir således märkbar vid en kritisk granskning af Eddorna; Asarne äro sjelfva till en del af Jätte-slägt, emellan bådas ätter hafva i forntiden giftermål egt rum o. s. v. Och alldeles samma tanke framträder hos Saxo Grammaticus, på det märkvärdiga ställe, der han talar om förändringar hvilka hedendomen undergått under tre serskilda tidskiften, af hvilka den äldsta, eller Jätteättens, efter stora krig störtas af ett annat i kroppsstyrka underlägset men i odling öfverträffande slägte, hvars välde slutligen öfvergår till en tredje ätt af vanliga menniskor, ursprungne af de båda föregående *).

Då den undersökning vi här anställa öfver befolknings-förhållandena i Wärend leder oss till en mening, öfverensstämmande med gamle Saxes, nemligen att Wärends-folket, — oafsedt de gamla Trollen, hvilka voro af främmande härkomst, — ursprungligen blifvit bildadt genom blandning af tvänne förvandta stammar, af hvilka Jättarne voro de äldre, och de yngre, *Wirdarne,* redan hade vapen och redskap af jern, kände ett fast åkerbruk samt stodo på en jemförelsevis högre odlingsgrad; så få vi om Jättefolkets naturåskådning och gudalära hufvudsakligen hänvisa till de qvarlefvor af hedniska föreställningssätt, hvilka, mer eller mindre uppblandade, ännu bibehålla sig i landets folktro. Vi lemna af dessa en enkel öfversigt i det följande. Äfven af den yttre kulten hafva några spår bibehållit sig, ehuru de icke

---

*) *Saxo Grammaticus,* Lib. I, p. 9.

alltid låta serskilja sig ifrån yngre hedniska bruk. Vid granskning af hedendomen i Wärend ledas vi då till den meningen, att Jättefolkets och Wirdafolkets religiösa bruk och föreställningar hufvudsakligen varit öfverensstämmande, och att Jättarnes religion blott var den nordiska hedendomen i dess äldre, råare och mer ursprungliga form. I likhet med Wirdarne och de yngre svenska stammarne firade äfven Jättarne julen, såsom landets största nationela högtid. De tolf första juldagarne fingo ännu vid slutet af 1600-talet, efter dem eller af annan anledning, i Wärend namn af *Kämpa-dagarne.* Deras förnämsta gudar synas ha varit Oden (Mars) samt Thor och Balder. Åt dessa och andra gudar eller naturvättar helgade de vissa vatten, orter, lundar, högar, stenar, källor och träd, hvilka voro landets första enkla helgedomar, och bland hvilka de äldre tunga offerhällarne ännu i Bohuslän tillskrifvas Jättarne, och således få namn af *Jätta-stugor.* Likaledes upptände man åt gudarne eller i annan religiös syftning heliga eldar. Dessa eldar fingo namn af Bål och man brände å dem jemväl sina döda, ett drag, som återfinnes i Wärendssägnen om den af Oden dräpta berga-käringen Gloa. Äfven af de hos Procopius omtalade råa och blodiga mennisko-offren förekomma spår, åtminstone i den form, der de gamla Jättarne offrade sig sjelfva åt Oden, genom att störta sig utför branta berg. Nära Hof, på Solberget vid Wexiö, finnes en sådan forntida ättestupa, som hos folket ännu får namn af *döda-spring* (ɔ: döds-språnget). Till och med det ytterst märkliga drag, som Procopius (Bell. Goth. 2: 14) tillägger de gotiska Herulerna, nemligen, att de slogo ihel sina ålderstigna och sjuka och sedan brände dem på bål, återfinnes i den wärendska folksägnen. I Skatelöfs gamla kyrka förvarades för tvåhundra år sedan några gamla klubbor, hvilka af folket sades vara s. k. *ätteklubbor*, ifrån den tid, då hedningarne hade för sed att dräpa sina sjuka och ålderstigna genom slag af en klubba. Emedlertid låter i detta såsom i andra fall sig icke alltid noga bestämmas, hvad som tillhör ett äldre eller ett yngre hedniskt skick. I den framställning vi här gifva af spåren efter hednisk kult och hednisk tro i Wärend, behandla vi derföre beggedera såsom för hela Wärendsfolket gemensamma, öfverlemnande åt hvar och en, att, vid granskning af formens relativa ursprunglighet och vid jemförelse med tillgängliga skrifter om vår yngre hedendom, bilda sig en mening, om huruvida de rättare må hänföras till det äldre skede, som tillhör Jättefolket, eller det yngre, som tillhör den sednare invandrade och högre odlade Wirdastammen.

§ 28. Ibland **heliga vatten**, som i Wärend förekomma, bör i första rummet nämnas den stora sjön *Åsnen* eller *Asnen*. Denna sjö, som af ålder var Wärends medelhaf, på samma sätt som sjön Bolmen är Finvedens och sjön Wetter Göta-ländernas, har efter all anledning fått sitt namn bildadt ur det gammalnordiska ordet *ås*, isl. *áss*, gud, skydds-gud, och har således varit helgad åt Land-Åsen (isl. Land-áss) eller landets skyddsgud. Hvilken denne skydds-gud varit erfara vi deraf, att hela sjön, eller åtminstone den vik som går fram vid Skatelöf, ännu i slutet af 1600-talet fick hos folket namn jemväl af *Odensjön*. Åsnen eller Odensjön äro således namn, hvilka ursprungligen innesluta samma mening, nemligen att detta vatten var helgadt åt Oden, såsom landets skydds-gud. I sammanhang härmed har ån, som ifrån den högre upp liggande sjön Salen löper in i Odensjön, af ålder varit kallad *Helige å*, och sjelfva oset, der hon mynnar i sjön, fått hos folket namn af *Asnekofve* (ɔ: land-Åsens eller Odens kammare), en benämning, som förknippas med sägner, om huru »Oden fordom uppsteg ur Åsne kofve, för att välja de slagna på Bråvalla hed (ɔ: landet närmast omkring Åsnen och Salen), och föra dem på guldskepp till Valhall».

Följa vi Helige-å i dess öfre lopp ofvan om sjön Salen (af ordet Sal, Sel, Sele ɔ: ett lugnvatten emellan forssar), så komma vi till en annan sjö, som, längre fram vid de fem häradernas förening till en förbunds-stat, blef Wärends, och slutligen hela Tiohärads gemensamma medelpunkt. Denna sjö, i och invid hvilken de fem Wärends-häradernas rågångar ännu mötas, var likaledes ett heligt vatten och har af hedna-verld varit kallad *Helige sjö*. De forssar, hvilka bildas vid sjöns utlopp i Helige-å, heta af ålder *Helige Värman* (nu: Helgevärma, af Värme, Värman, Värmane, i Wärendsmålet ɔ: en forss, ett vattenfall). I sjön ligger en stor ö, kallad *Helige ö* (nu Helgö), till hvilken går en stenbro eller ett vad, som ifrån hedenhögs fått namn af *Helige Bro*, och på sjelfva ön fanns ännu för några mans-åldrar sedan en helgelund, som af folket kallades *Helige Lund*.

Gå vi från Helige sjö vidare uppåt, längs vattendraget ifrån norr, som således icke är annat än Helige-å i hennes öfversta lopp, så träffa vi ännu ett heligt vatten i den s. k. *Asa sjön.* Sjelfva namnet synes antyda, att äfven denna sjö varit helgad åt land-Åsen eller landets skydds-gud, likasom derintill belägna fornvårdar, såsom Odens graf och Odens krubba, samt ännu lefvande folksägner om Oden, här såsom vid Åsnen hänvisa på en uråldrig kult af denna i Wärend ifrigt dyrkade hedna-gud.

Utom dessa åt Oden helgade vatten, hvartill kanske bör läggas forssen *Pukaström,* nu ett qvarnhemman i Moheda socken af Albo härad, förekomma i landet äfven vatten helgade åt Thor. Ett sådant är ån, som från nordost faller in i sjön Åsnen, och som af ålder varit kallad *Thors-ån,* likasom den sjö som hon i sitt lopp genomgår ännu heter *Thorsjön.*

Hvad plats nu dessa åt gudar och landvättar helgade vatten ursprungligen intogo i den uråldriga hedniska natur-kulten, är svårt att afgöra. Men det saknas icke all anledning, att man i dem gjort offer af flerahanda slag, och jemväl blodiga offer eller blot. Den intill helgelunden vid Skäggalösa framlöpande vik af Odensjön eller Åsnen heter än i dag *Blot-viken.* Folksägnen både i Wärend och i Westergötland omtalar offer, i vattnet gjorda åt Necken, såsom f. ex. en svart gumse eller en silfverpenning, af den som vill lära sig Elfve-spelet. Som bekant var Hnikur eller Necken jemväl ett bland Odens mythiska tillnamn. Äfven af religiösa tvagningar i de heliga sjöarne finnes spår i folkseden. Rudbeck omtalar, huru folket ännu på hans tid brukade offra på Moderhögen vid Skäggalösa, sedan de förut lögat sig i Odensjön, »hvilken vidskepelse ännu, fast icke så

»uppenbarligen, dock alla midsommars- och pingst-»helgar brukas, då folket i byarne löga sig der-»sammastädes och offra mat och dryck på högen». De heliga vattnen synas alltså en gång ha varit brukade, så väl till att i dem blota för gudar och landvättar, som ock till religiösa tvagningar i allmänhet såsom en förberedelse till offren. Man återfinner således här alldeles samma föreställningssätt och religiösa bruk, som i den offerkult som öfvades vid de heliga källorna.

§ 29. Af dessa **heliga källor** känna vi i Wärend hufvudsakligen följande:

i Kinnevalds härad: i gamla Hvembo Lund, en helig källa; vid Odenslanda by, *Sifferstad källa*, förmodligen uppkallad efter S. Sigfrid eller Siffre; vid östra Thorsås, *Thorsa källa* och *Åsa källa;* vid Ingelstad, *Uggle källa* (ungefär ¼ mil ifrån byn); vid Wexiö, på Solberget ofvanför ättestupan, en offerkälla; vid Öyaby, en mycket helig källa, *Silfvastad källa* (densamma, som af Linné kallas Lefva källa eller Silfva källa); tätt vid Öhrs kyrka en offerkälla, kallad *Barnabrunnen;* på Trähörna utmark i Urshult socken, *S. Sigfrids källa;* vid Ryd, nära Almundsryds kyrka, *S. Örians källa.*

i Albo härad: vid Skatelöf, *Helge Thors källa;* vid vestra Thorsås, en offerkälla; vid Aringsås, en offerkälla; vid Krumsås i Blädinge socken, en offerkälla kallad *Sigfrids-källan*, samt i Brummershulta mark i Wigerstads socken, en liten källa kallad *Stenevattens källa.*

i Konga härad: vid Wexiö, på sluttningen af Östrabo backe, *S. Sigfrids källa* (nu igenfylld); i Långasjö, på Örmo mo vid den s. k. Lusse-stigen, *Lusse källa.*

i Norrvidinge härad: *Barnabrunnarne*, tre källor i Ödetofta mosse af Tolgs socken.

i Uppvidinge härad: *Rafvela källa* (ɔ: Ragvalds källa), i Dädesjö socken, nära Ramnåsa; en offerkälla vid Källehult, i samma socken; *Lyrekällan*, emellan Granhult och Lenhofda i Nottebäcks socken.

Såsom vi inhemta af denna förteckning, förekomma i Wärend ännu offerkällor, nemligen Thorsa källa, Helge Thors källa och kanske Åsa källa, hvilka, efter hvad namnen bestämdt innebära, en gång varit helgade åt hedna-gudar. Ty att den Helge-Thor, efter hvilken en af dessa källor bär namn, icke var något katholskt helgon, utan just den gamle hedniske Åke-Thor, blir tydligt, så väl af det sätt hvarpå de äldre christna lärarena eljest gingo till väga vid christnandet af hedniska folkminnen och folkseder, som af en vid samma källa fästad fornsägen, som lefde ända in på 1600-talet, enligt hvilken »den store Thore Gud» låtit henne upprinna på det ställe der en flicka mördat sin fästeman. Möjligtvis hafva ännu flera bland Wärends offerkällor burit ursprungligen rent hedniska namn, hvilka i en sednare tid fallit ur minnet eller blifvit utbytta emot andra; och serskildt kan detta förmodas om de offerkällor, hvilka vid ett sådant namn-skifte i den äldre medeltiden blifvit uppkallade efter kända katholska helgon, såsom S. Sigfrid, S. Örian (ɔ: S. Göran), Lusse o. s. v.

De heliga källorna, på detta sätt helgade åt hedna-gudar och landvättar, och bland dessa företrädesvis åt Elfvorna, brukades dels till religiösa tvagningar och dels till offer. Att redan de gamla jätteqvinnorna i källor vattenöst sina barn, är ett drag som ihågkommes i folksägnen, och när de första christna lärarena, enligt en allmänt spridd och trovärdig berättelse, döpte hedningarne i källor, rättade de sig härvid efter ett rent hedniskt skick och föreställningssätt. Ännu år 1741 vet Linné att förtälja om Lefva (ɔ: Silfvastad) källa, att »här förmentes att »menniskorna sig fordom tvättat, förrän de kommo »till Odens tempel». Hogkomsten af dessa urgamla, med offren förbundna religiösa tvagningar, har således länge bibehållit sig hos folket, likasom sjelfva seden, i en något förändrad christnad form, ännu i vår tid är lefvande. Hvad åter beträffar källornas bruk till offring, så är detta tydligt angifvet redan genom deras namn af *offerkällor*, i fornnordiska språket *blot-källor*. Man blotade således jemväl i källor, likasom man finner spår af att mennisko-offer i dem blifvit förrättade; vi erinra blott om de fem konungarne som på Mula ting störtades i en källa. Seden att offra i källor är icke heller ännu utdöd, och vi få tillfälle något längre fram att derom tala. Vi vilja här allenast hafva anmärkt, att de heliga källorna, ofta, om ej alltid, lågo i eller invid någon Helgelund, der de stundom synas hafva varit det enda offerstället. Otvifvelagtigt hafva de således en gång varit medelpunkter för en egen och sjelfständig offerdyrkan, och flera omständigheter föranleda, att denna vattenkult, likasom hon är den enklaste, äfven är en af de allra äldsta beståndsdelarne i vår hedniska gudadyrkan.

§ 30. Utom heliga vatten hafva jemväl vissa land, öar, åsar, berg, vallar, näs och andra rum varit helgade åt landets hednagudar och således ansedda för heliga. Vi träffa sådana heliga landsträckor i det n. v. gamla *Wislanda*, hvars namn härledes från ordet *wi* ɔ: helgedom, och således betyder det heliga landet, samt i *Odenslanda*, eller det åt Oden helgade landet. Om den stora ön *Helige-ö* i Helige sjö ha vi redan i det föregående talat. Ön *Frösö* i Åsnen synes en gång ha varit helgad åt guden Frö eller Frey. Både inom Albo och Kinnevalds härad träffas åsar, fordom helgade åt Thor och efter honom bibehållande namnet *Thorsås*, likasom de dithörande socknarne ännu af allmogen kallas *Thors socknar*. En ås (och gård) i Albo härad bär efter guden Frö namn af *Froåsen*. *Pukeberget* i Skatelöfs socken antyder genom sitt namn, att det en gång varit helgadt åt någon hednisk gud eller puke, här sannolikt Oden. Vid *Odensvallahult* har icke blott hultet eller helgelunden, utan äfven sjelfva vallen (lekvallen?) eller öppna fältet varit åt Oden helgad. Samma är förhållandet med *Asaryd* i Norrvidinge härad, hvars namn är sammansatt med ordet ryd ɔ: röjning, öppen plats. I Konga härad träffa vi namnet *Thorsnäs* ɔ: det åt Thor helgade näset. När, i en vida yngre tid, landet erhöll en fast åkerbrukande befolkning och bebygdes med fasta gårdar, öfvergingo dessa uråldriga namn, redan i den äldsta tid gifna åt heliga land och vatten, till de på eller invid dessa rum anlagda gårdarne. *Asa gård* fick således namn efter den närliggande Asa sjön, likasom *Odensjö by* efter Odensjön och gården *Thorsjö* efter Thorsjön. *Wislanda* gård och socken bebygdes på landsträckan omkring det gamla viet eller helgedomen, och behöllo ställets gamla namn. *Odenslanda* by lades på det åt Oden helgade landet; byarne och socknarne östra och vestra *Thorsås* utsträckte sig öfver de åt Thor helgade åsarne; gården *Thorsnäs* anlades på det heliga Thors-näset, och gårdarne *Odensvallahult* och *Thorshult* lånade namn ifrån äldre åt Oden och Thor helgade hult eller helgelundar. Samma förhållande synes ha egt rum med gårdarne *Frösöhult* i Kinnevalds härad och *Fröseke* (af eke, i Wärendsmålet ɔ: ekelund) i Uppvidinge härad. Den uråldriga seden att helga land åt gudarne synes dock hafva fortlefvat ända in i den yngre hedendomen, äfven sedan landet fått fasta gårdar. Vi träffa således i Uppvidinge härad gården *Asby*, och på gamla Hvembo-ö, i sjön Åsnen, gården *Thorsatorp*, i hvilka sammansättningen med orden by och torp hänvisar på att namnen äro samtidiga med ställenas bebyggande såsom gårdar. Man skulle således kunna förmoda, att dessa gårdar blifvit helgade åt Oden, såsom land-Ås, och åt Thor; så vida de icke hellre hänvisa till någon i grannskapet befintlig åt dessa gudar egnad helgedom. Vi veta nemligen, att på gamla Hvembo-ö funnits en helgelund, som kan förmodas ha varit åt Thor helgad.

Såsom vi finna af ofvanstående förteckning öfver i Wärend förekommande ortnamn, sammansatta med hedniska gudanamn, hafva bland hedna-gudarne företrädesvis Oden, Thor och Frö varit i landet dyrkade. *Baldanäterna*, en lekvall eller helgelund i vestra Thorsås, bär dock ännu namn efter Balder. Om de i Wärend i flera byar förekommande Lockagårdar har Rudbeck uppkastat den förslagsmeningen, att de bära namn efter Asa-Loke; rimligare synes dock, att de äro uppkallade efter medlemmar af Wärends-ätten *Locke*, som en gång gifvit dem sina första åboar.

I afseende på de heliga landen, öarne, åsarne, bergen och andra åt gudarne helgade rum, bör för öfrigt anmärkas, att de gerna återfinnas i grupper, i närheten af hvarandra och af de heliga vattnen. Man har vid deras utväljande företrädesvis afsett naturskönhet och naturrikedom, såsom man i gudarne såg gifvarena af alla goda gåfvor. Om den ofvan omtalade Helige-ö heter det således ännu i en beskrifning ifrån slutet af 1600-talet, att hon är »den här»ligaste i hela Svea och Göta rike, innehållandes mera »än 1½ mils vidd i sin circumference, bestående allena »af idel fruktbara träd, såsom sköna eke- och boke»skogar, samt apel, rönn, oxel och hägg, med fiskerika »vikar, fruktbara näs, åkrar och ängar, och god jagt »af harar och djur (ɔ: rådjur). Allestädes uppfyllas »der öronen af mångahanda lustigt sjungande foglars »ljufliga sång, och till åskådande är hon som den »kostligaste planterade trädgård. Med ett ord, allt är »här ljuft, hvad ögonen se och fötterna tråda».

§ 31. I grannskapet af de heliga vattnen och källorna, uppå de åt gudarne helgade land, öar, åsar berg, vallar och näs, träffa vi landets hedniska **helgelundar.** Våra förfäder, såsom i allmänhet de gotiska och germaniska folken, hade nemligen för sed att dyrka sina gudar under bar himmel, i lundar. Man trodde, att såsom dessa hemlighetsfulla väsen företrädesvis älskade de åt dem helgade vatten och orter, så vistades de framför allt, ehuru osynligen, i lundarnes ensliga och tysta dunkel. Det är i denna tro på gudarnes och landvättarnes personliga närvaro, som orsaken bör sökas till den heliga skräck och vördnad, hvarmed dessa och andra helgedomar ännu i sednare tider varit ansedda, och i detta föreställningssätt finna vi jemväl förklaringen till de flesta af vårt lands hedniska offerbruk. För öfrigt omtalar Olaus Petri dylika helgelundar, »der de mycken vid»skepelse haft och djefvulen mycken spökelse be»drifvit hafver», såsom ännu på hans tid förekommande flerestädes i vårt fäderneslând: »ändå att de intet »brukas; ej vet heller den menige man huru de i för»tiden brukade voro».

I Wärend hafva spridda lemningar af dessa forntida helgedomar bibehållit sig ända fram i vår egen tid, och andra låta spåra sig i folksägnen och i lefvande lokal-namn. De, efter hvilka vi funnit mer och mindre märkbara spår, äro hufvudsakligen följande: i Kinnevalds härad, vid och omkring sjön Åsnen: *Odensjö lund,* vid byn Odensjö, på sjelfva stranden af Odensjön; *Odens lund,* vid Odenslanda; *Odensvallahult,* nu en gård, vid en med Åsnen förbunden mindre sjö; *Frösöhult* och *Fröseke,* nu gårdar; *Hvembo lund,* på den gamla Hvembo ö; en *helig lund* vid Skäggalösa; *Kalfshaga lund,* nära Kalfsvik. — Vid och omkring Helige-sjö: *Helige lund,* på Helige-ö; en helgelund, som gifvit namn åt byn *Lundaby; Hofs lund,* norr om Solberget, vid byn Hof. — Vid Helige-å: en askelund vid Gemla. — Dessutom *Täfvelsås Lunden,* på åsen vid Täfvelsås-sjön; *Nöbbele lund,* vid Nöbbelesjön i Wederslöfs socken; *S. Sigfrids hult,* en bokelund, och *Lundabacken,* en hög ås, begge i Urshult socken.

i Albo härad, vid och omkring sjön Åsnen: *Thorshult,* nu en gård i vestra Thors socken, vid en å, som faller in i Åsnen; *Baldanäterna,* en lekvall i gärdet vid vestra Thorsås; *Fru-lund* eller *Rosenlund,* i ekebacken vid Skatelöf. -- Vid och omkring sjön Salen: *Huns lund,* vid sjön i Ströby gärde; *Ekelund,* på sjöstranden söder om Lästad; en *helig lund,* på det s. k. Wretanäset i Blädinge gärde; en lund vid Aringsås, som gifvit namn åt *Lundagård; Dagra lund,* på åsen emellan Aringsås och Lekaryd; *By-lunden,* emellan Lekaryd och Hiertanäs, ner vid ån. Dessutom *Mosteruds lund,* en boke-lund på en hög ås vid Moheda; *Brunstorpa-lund,* en gammal helgelund i Hjortsberga socken; *Lunden,* en gård i Transjö, af samma socken; *Kaje-lund,* söder om Wigerstads kyrka vid Walie-sjön, och *Härlunda,* nu en by i socknen af samma namn.

i Konga härad har en lund otvifvelagtigt funnits vid *Ingelstad;* en gård i Hofmantorps socken heter *Lunden.*

i Norrvidinge härad hafva lundar funnits i grannskapet af *Asa sjön;* en gård i Bergs socken heter *Lunden,* och en höjd öster om Tolgs kyrka får namn af *Lunda-backe.*

i Uppvidinge härad är en gård *Lunden* i Drefs socken.

Såsom vi se af denna förteckning, voro de gamla helgelundarne, på samma sätt som de heliga vattnen, källorna, orterna och åsarne, stundom helgade åt någon viss gudom, efter hvilken de buro namn, såsom efter Oden, Thor, Balder, Frö, och Fru eller Freya. I allmänhet synas de dock ha varit egnade för gemensam kult af landets hedna-gudar och land-vättar, och det är blott vid en enda ibland dem (S. Sigfrids hult), som vi finna att det äldre hedniska namnet blifvit utbytt emot ett yngre, lånadt ifrån landets katholska skyddshelgon. För öfrigt antydes genom lundarnes namn och geografiska läge, att de varit gemensamma helgedomar för det omgifvande bygdelaget, eller någon gång ensamt för byn (f. ex. By-lunden vid Lekaryd). Deras läge i grannskapet af landets vattendrag, och serdeles invid de heliga vattnen, angifver tydligt hvar vi ha att söka Wärends äldsta bygd, och huru den fasta, åkerbrukande befolkningen utbredt sig redan under den hedniska tiden.

Lundarne bestodo af gamla, resliga träd, oftast ek eller bok, och finnas alltid i en naturskön omgifning, vanligtvis på åsar och höjder, med fri utsigt till angränsande vatten. I deras grannskap träffas gerna gamla lekvallar och forntida ättehagar eller begrafnings-platser. Rudbeck omtalar Hvembo lund, såsom belägen på den »vackra och fruktbara Hvembo-ö, »som utom åkrar och ängar af idel ljufliga eke- och »boke-skogar består» — — »uppå en öfvermåttan »lustig plan, ett litet stycke från sjön, uppå en vacker »höjd». Helige lund på Helige-ö skildras af samma författare, såsom »en skön lund af sköna bärande eke- »och böke-trän». S. Sigfrids hult var på samma författares tid »en kostelig boke-skog» — — »och me- »na några, att S. Sigfrid har sjelf honom med egne »händer besått af boke-nötter». Om Ingelstad, der i grannskapet af Inglinge-hög otvifvelagtigt funnits en eller flera forntida helgelundar, heter det: att kungsgården »är mycket ljufligt belägen ibland sköna ängar »och åkrar samt tvänne vackra sjöar och en vatten-

»rik, i många grenar lustig fördelt å; hafvandes hela »den trakten fordom varit med kostelig eke-skog be»prydd, men för något mer än hundra år sedan» (d. v. s. i slutet af 1500-talet) »af vådeld uppbränd, som »många af samma slags qvarstående träd och stubbar »nogsamt bevisa och vittna». Sjelfva högen ligger »ett litet stycke från sjöarne, i ett blomstrande gärde — — ibland fruktbara, ljufliga trän». Hofs lund omtalas år 1749 af Linné, såsom »beprydd med många »högstammiga täcka löfträn, besynnerligen med ek och »bok». Kaje-lund skildras af samma författare, såsom »behagelig af sina täcka ekar». Lunden på Wretanäset vid Blädinge har ett förtjusande läge, och Mosteruds-lund, som ännu finnes qvar, är en fager bokskog uppå en hög ås, med härlig utsigt öfver Moheda-dalen.

Så länge helgelundar i Wärend funnits bibehållna, har ock hos folket fortlefvat det gamla hedniska föreställningssättet, att onda, d. v. s. hedniska, gudaväsen och ovättar i dem ha sin boning. De hafva derföre städse varit betraktade med en vidskeplig fruktan, och att skada träden i en sådan helgelund, att der störa friden eller annorledes oskära ställets helighet, har ända till i sednare tider varit ansedt för »olofligt». Man h a d e icke ens l o f, eller m å t t e icke gå in i en sådan gammal hednisk lund, och fridstöraren undgick icke sitt välförtjenta straff. Rudbeck förtäljer om Frulund vid Skatelöf, att han »hålles i stor vördning »i denna dag, så att i n g e n t ö r s g å i n i h o n o m »med trotts». Exempelvis anförer han, huruledes Föraren Mons:r Hagelsten, »som ännu lefver», gick in på denna platsen och blef der »alldeles vettlös och

»rasande, förrän hans kamrat, Johan Persson, fick ho- »nom i armen och drog'en dädan». Om lunden vid Odensjö förtäljes ännu år 1805, att alla som gingo ditin blefvo »förvillade», så vida de icke »vrängt något klädes-plagg». Lunden vid Blädinge, hvaraf lemningar för icke längesedan funnos qvar, ansågs af folket med helig vördnad, och i Brunstorpa lund vågar än i dag ingen hugga ett träd, af fruktan att straxt »råka för» någon häftig sjukdom.

Det är detta uråldriga föreställningssätt som vi ha att tacka för, att några af dessa fornhelgedomar, eller åtminstone spår af dem, kunnat ända till vår tid i Wärend bibehålla sig. De flesta ha visserligen under de sista tvåhundra åren blifvit sköflade, såsom f. ex. Helige lund på Helige-ö, i hvilken några af de äldsta träden redan på Rudbecks tid blefvo »ruinerade» af befallningsmannen Sone Bengtson, som lät flytta sin gård intill samma lund. Hofs lund, som ännu för hundra år sedan var Wexiö stads allmänna lust-ort, har ännu sednare blifvit uthuggen, och Täfvelsås lund har i vår egen tid delat samma öde. Men spår af de hedniska helgelundarne finnas ännu vid Skatelöf, Brunstorp, Mosterud och flerestädes i vår landsort, och om de två sistnämnde veta vi, att de ännu för få år sedan funnos i det närmaste bibehållna.

§ 32. Samma plats och betydelse som helgelundarne intogo i bygdelagens och byarnes gemensamma gudadyrkan, intogo **heliga träd**, *Vård-träd*, *Bos-träd*, i den enskilda och husliga kult som öfvades vid hvarje gård. Enligt ett ännu lefvande föreställningssätt bodde i dessa gamla träd gårdens vättar och skydds-andar, hvadan de ock af folket ända in i vår tid varit betraktade med helig vördnad. Man har vid dem bedit och offrat, serdeles på thorsdags-qvällarne och före stora högtider, för att dymedelst afvärja sjukdom, olyckor och ohell på menniskor och boskap. Offren ha gemenligen varit mjölk eller öl, som gjutits öfver trädets rötter. Ännu i dag bibehållas på en och annan aflägse gård dessa forntida bruk, likasom på Gotland, ännu vid slutet af 1600-talet, gamla män hade för sed »att gå bort och »bedja under stora träd, såsom deras förfäder hafva »gjort i sin tid».*)

Vård-träden, som i Wärend oftast utgöras af någon gammal lind, ask eller alm, förekommo ännu för några mansåldrar sedan vid nästan hvarje gård. De voro så heliga, att ingen vågade af dem bryta så mycket som ett löf, och att skada dem medförde säker olycka eller sjukdom. Ett sådant vård-träd, kalladt *Helige Lind*, stod på Rudbecks tid vid Hunna by, och finnes upptaget på en af grefve Erik Dahlbergs ritningar öfver Bråvalla-hed. Vid gamla Wislanda står sedan flera århundraden ett annat sådant heligt vård-träd, kalladt *gamla Wislanda-asken.* Detta träd, som nederst vid roten är 24 fot i omkrets, har af ålder varit hållet i största vördnad, så väl hos

Gamla Wislanda-asken.

*) *Haqv. Spegel,* Rudera Gothlandica. A:o 1683. (Hds.). I, 6.

folket, som hos den gamla prestaslägten. Torparen, Pehr i Gransboda, erhöll på prosten Hyltenii tid befallning att hamla några af trädets fyrnda grenar; men icke ens detta var lofligt, utan gamle Pehr föll ned och slog sig illa. I Lönshult var vårdträdet en alm, som höggs, i fyllan och villan, af en drucken bonde. Men han fick sedan ingen ro, hvarken natt eller dag. Vid Östragård i Lindås, af samma socken, står norr om vägen en gammal ask, som likaledes är fridlyst och som ingen dristar röra. Yngre wärendska och småländska slägter hafva gerna tagit sig tillnamn efter sin fädernegårds och fäderneslägts heliga vårdträd. Vi anföra exempelvis slägten Almén, som tagit namn efter en stor alm, fordom vårdträdet vid gården Bjellermåla i Almundsryds socken, och de berömda slägterna Linnæus, Lindelius och Tiliander, som alla togo namn efter ett och samma heliga träd, en stor lind med tre stammar, som fordom stod i ett rör vid Jonsboda Lindegården, i Hvitaryds socken af Finveden.

§ 33. Midt i helgelunden var offerstället, der bloten förrättades, vare sig nu att detta skedde i en helig källa eller på en stenvård. Denna sednare förekommer, i sin råaste form, rätt och slätt såsom en jordfast sten, *Blotsten* eller *Blothäll.* Då vi i Wärend träffa dylika råa blotstenar allenast omkring en af landets heliga källor, och då Elfvorna, enligt ett ännu gängse föreställningssätt, troddes bo i dessa vatten, ledes man lätt till en förmodan, att sådana blotstenar hufvudsakligen varit använda för blot till Elfvorna, i våra äldre urkunder omtalad under namn af Elfveblot, Alfa-blót. Det är till denna uråldriga sed att i helgelundarne blota på stenar, som den gamla

Uplands-lagen syftar med sitt bekanta stadgande, att »ingen skall blota för afgudar eller tro på lundar »och *stenar*».

Blotstenarne eller Blothällarne voro gerna af en ofvan något afplattad form, för att bättre qvarhålla det å dem utgjutna offerblodet. För samma ändamål insvarfvade man å dem äfven små, runda eller ovala fördjupningar, om 1 à 2 tums djup och ungefär lika tvärmått. De trenne blotstenar, hvilka i Wärend finnas bibehållna, hafva alla dylika små hålor klumpigt insvarfvade; nemligen två ibland dem, hvardera tre små hålor, och den tredje sju likadana fördjupningar, på sätt närstående teckning närmare upplyser. Alla tre stenarne ligga på sluttningen af Östrabo backe, invid Wexiö, hvarest efter all anledning fordom varit en helgelund, och de finnas inom ett afstånd af 30 till 35 steg ifrån den gamla, nu igenfyllda Sigfrids-källan.

Blotstenarne vid Sigfrids-källan, på Östrabo backe.

Om rätta meningen med dessa stenar och deras här omtalade små fördjupningar, hvilka likaledes förekomma å gamla Bohuslänska offerhällar eller s. k. Jättastugor, har hos våra fornforskare rådt någon ovisshet. Frågan finner dock sin lösning, om vi granska ett forntids-bruk, som än i dag bibehåller sig på några ställen i Svea rike. Således finna vi nära Linde stad, tätt vid en skogsväg som leder till Bohrs bruk, en jordfast sten, af liknande beskaffenhet med dem som förekomma på Östrabo backe. Stenen är vid pass 4 fot hög, 9 fot lång och 7 fot bred, ofvantill platt, med derå inslipade 5, och å sidorna 4 små hålor, hvardera 1½ tum breda, lika djupa, samt 2 tum

Elfvestenen vid Bohrs Bruk i Westmanland. Troll-dockor.

långa. Denna sten får hos allmogen namn af **Elfvestenen,** och qvinnorna i den omgifvande bygden ha ännu för sed, att när deras barn bli sjuka, hvilket enligt folktron kommer från Elfvorna, först *smörja* stenen med talg eller smör, som ingnides i de nämnda små hålorna, och sedan i dem *till offer* insätta små *dockor* (»trolldockor») af hoplindade klutar. Samma fornsed iakttages vid en s. k. *Elfgryta,* eller ett skålformigt hål å en klipphäll, vid gården Tjursåker i Wårfrukyrka socken nära Enköping. Qvinnorna i den närbelägna stugan ha nemligen till ett slags yrke, att på thorsdags-qvällen der *smörja för sjuka* med svinfett, och sedan i Elfgrytan *offra* en knappnål som den sjuke burit. Vid jemförelse med dessa i vårt land ännu lefvande folkbruk, kan då icke gerna något tvifvel uppstå, att ju de liknande stenar som i Wärend och annorstädes inom Göta rike förekomma, äfven varit nyttjade till smörjning och offring, och att de således äro gamla blotstenar, vid hvilka våra förfäder öfvade den gamla Elfvebloten och eljest blotade för sina gudar och naturvättar.

§ 34. I sin mer utbildade form förekommer offerstället i helgelunden såsom ett stenröse, hvilket än i dag uti Wärendsmålet får namn af *Harg* (n.), *Horg* (m.), *Stenhorg* (m.). Såsom bekant finnas dessa ord äfven i nordiska fornspråket och betÿda der en offerplats; begge dessa begrepp sammanfalla således med hvarandra i språket. Huruvida nu Harget eller Horgen ifrån början tillika var ett graf-rör eller ätte-kummel, är ett spörsmål som vi öfverlemna till våra fornforskares afgörande. Men all anledning saknas åtminstone icke till en sådan förmodan. Enligt det föreställningssätt som var rådande hos våra hedniska förfäder, blef den aflidne efter döden ett slags vätte, som bodde i sin grafhög, på samma sätt som elfvorna i källan eller vård-trädet. Det låg då nära till hands, att genom blot på grafhögen låta honom njuta andel i de framburna offren, och vi finna i den husliga kulten bestämda spår af ett föreställningssätt, enligt hvilket man trodde gudarne, likasom de aflidne, osynligen närvara vid de lefvandes offer-samqväm. Samma tanke framträder äfven i medeltidens bruk att i kyrkorna nedlägga helgonens qvarlefvor och der begrafva sina döde, och låter spåra sig, ehuru mindre tydligt, i den Wärendska folktron om Kyrko-grimmen, och i sägnen om Kaja, som blifvit lefvande begrafven i blothorgen i Kaje-lund.

Horgarne i helgelundarne förekommo af olika form och beskaffenhet. Rudbeck förtäljer om Helige lund på Helige-ö, att »midt uti lunden är ett mycket »stort stenrör, på ett trindt, fast hälleberg lagdt, »derå alla offren af de dertill förordnade afguda»prester celebrerades». Denna horg var således af bara sten och förmodligen till formen rund. Om Kaje-lund säger oss Linné, att »på dennes östra sida »var ett fyrkantigt stenrör med konst hoplagdt». Äfven här var således en stenhorg, men fyrkantig. Om Hofs lund uppgifver samma författare, att »midt »uti lunden var en kulle med underliggande »hopbragte stenar, såsom en ätteplats». Offerstället i Hofs lund var således icke egentligen en horg, utan snarare en *Hög*, uppkastad af jord, med en omgifvande fotkedja af stenar. I Hvembo lund syntes ännu på Rudbecks tid »rudera af stenmuren i lunden». Offerstället i denna lund synes således ha varit en enkel stensättning eller stenring. Om Moderhögen, en gammal offerhög på stranden af Åsnen vid Skäggalösa, berättar samma författare, att ofvantill på högen var »ett fyrkantigt stenlagdt hål», på samma sätt som vi ännu finna i lunden vid Blädinge, der högen är uppkastad af jord, blandad med kullersten, till en omkrets af vid pass 150 fot, med en stensättning eller fotkedja nedtill, och ofvantill en fyrkantig fördjupning, omsatt med stenar. — I Finveden, inom den enda Femsjö socken, förekomma icke mindre än nio stycken trekantiga stenrösjor, alla på höjder och i lundar, samt med en liten grop ofvantill. De få hos folket namn af Tillbedje-platser, och måste utan allt tvifvel anses för gamla offerställen. Vi finna således flera olika anordningar af den uråldriga **horgen,** *Blothorgen,* och tillika flera öfvergångsformer emellan denna, som var af bara sten, och den yngre **högen,** *Blothögen,* som var uppkastad af jord och som i allmänhet synes tillhöra det yngsta skedet af hedendomen i Göta rike.

En serskild egenhet, och som synes förtjena att af fornforskarne bemärkas, är, att man stundom öfverst å offerplatsen träffar icke en blothåla, utan en *Blotsten* eller *Blothäll,* alldeles likartad med de jordfasta blotstenar, som vi i det föregående omtalat. Denna blothäll har då haft samma ändamål som de ofvan nämnda, å högens topp befintliga, fyrkantiga, stenlagda hålorna, nemligen att emottaga det utgjutna offerblodet. Vi hafva funnit en uråldrig stenhorg med sådan blothäll, under namn af Wälters Sten, vid Folkslunda i Långelöt socken på Öland, aftecknad af fornforskaren J. H. Rhezelius år 1634 *). De för fornvår-

Horg med blotsten, vid Folkslunda by i Långelöts socken på Öland.

dens ursprungliga bestämmelse så upplysande, små runda hålorna eller fördjupningarne träffas der å sjelfva blothällen. Inom Wärend förekommer ett analogt minnesmärke, nemligen offerhögen i Frulund vid Ska-

*) *J. H. Rhezelius,* Monumenta Runica in Ölandia. 1634. Hdskr. å K. Bibliotheket.

telöf. Denna hög, som hos Erik Dahlberg finnes aftecknad under namn af Harald Hildetands grafhög, beskrifves af P. Rudbeck sålunda, att »der är först »en trind stenmur, som är 60 steg ikring. Emellan »hvarje 4 eller 5 steg är en stor sten, och emellan »de stora stenarne små stenar lagde; och är åter en

Hög med blotsten i Frulund vid Skatelöf. Efter gr. Dahlbergs ritning.

»stor sten med fem uthuggna hål uti». Således enligt Rudbecks beskrifning en enkel stensättning, men enligt Dahlbergs ritning en hög, med stensättning, och enligt båda, inom stenringen en blothäll med sina karakteristiska små håligheter. Vi kunna då, vid en allmän jemförelse, icke gerna tveka om rätta beskaffenheten af Wärends beröindaste fornvård, den 68 fot höga och 400 fot vida Inglinge-hög eller Kongshögen vid Ingelstad. Denna hög, som väl måste anses tillhöra hedendomens yngsta skede i Wärend, har antagligen varit en blothög, eller åtminstone använd såsom sådan, likasom han, efter hedniskt skick, bevisligen varit ända in på 1500-talet brukad såsom

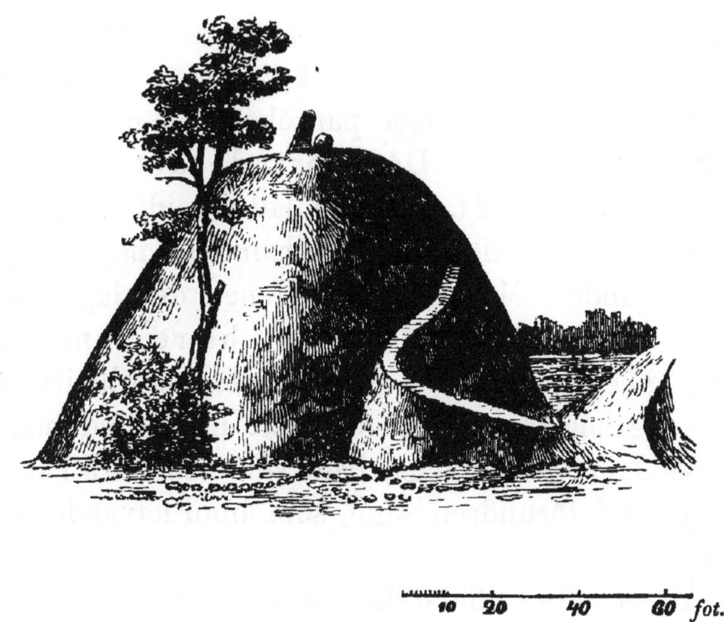

Inglinge-hög.

Hög med blotsten vid Ingelstad. Efter gr. Dahlbergs ritning.

tingshög. Den runda stenen med slingsiraterna å högens topp är en prydligt arbetad blotsten, till beskaffenhet och ändamål för öfrigt lika med de blotstenar vi i det föregående omtalat.

Blothorgar, blothögar, och andra hithörande offerställen under bar himmel, förekomma ännu i Wärend till stort antal. De hafva, på samma sätt som helgelundarne, ända fram i sednare tider varit skyddade genom det hos folket fortlefvande föreställningssättet, att ovättar, gastar och onda hedniska väsen i dem hafva sin boning. Att på något sätt ofreda eller rubba dem, har fördenskull ansetts olofligt och farligt. Ännu på Rudbecks tid visste man omtala, huru en Major Jöns Gyllensparre, som hade sitt säteri i Ingelsta by, lät ifrån Kongs-högen nedvältra den ofvan omtalade »trinda och vackra stenen — och med »största besvär af många par ökar och mycket folk »bringa till sin gård. Då störtade det ena oxe»paret straxt dödt. Stenen lades midt på gården »framför förstugu-dörren, der han ock några dagar »blef liggande. Men så länge stenen der låg, kunde »ingen menniska eller kreatur ha ro, sömn eller »lisa i gården, förrän stenen återfördes till sitt rum »på Kongshögen, och då drog ett hvitt stod honom »tillbaka igen, som många, både små och stora i Ingel»sta by med förundran sågo, som ännu lefvandes veta »omtala».

Äfven efter offerställen under tak finner man några dunkla spår, likasom vi af historiska urkunder veta, att de i den sednare hedendomen förekommit flerestädes i Göta rike. Dessa timrade gudahus fingo hos våra förfäder namn af **hof**, *Gudahof*. Om deras byggnadssätt veta vi föga mer, än hvad som låter sig sluta af det som förekom vid de öppna blotställena, med hvilka de naturligtvis måste hafva haft en hufvudsakligen öfverensstämmande anordning. Nära Wexiö, i den trakt der vi af ålder finna Wärends kärna, träffas än i dag en by, med det fornhedniska namnet Hof, och inom Uppvidinge härad förekomma Hofgården i Åsheda och Hofgård i Elghults socken.

§ 35. Vid sidan af den gamla natur-kulten, med blot till gudar och landvättar i heliga vatten och på stenar, uppträder i vår nordiska hedendom en annan, något yngre, men dock redan från Asien medförd kult med *heliga eldar*. Likasom blotoffren, der de icke skedde i vatten, i allmänhet förrättades på en konstgjord upphöjning uppå åsar och kullar, så upptändes dessa eldar alltid på berg och högt belägna ställen. De hade ifrån början till mening, att, såsom ett heligt renings-medel, skära landet ifrån ovättar och onda naturmakter, och stå i bestämd förbindelse med den ifrån östern tidigt inkomna kulten af Balder eller Baal (solen, sommaren). Redan i tider, äldre än all historia, ingick eld-kulten såsom en allmän beståndsdel i vår nordiska hedendom, och allt skäl gifves att förmoda, att jättarne eller Goterna medfört densamma redan vid sitt första inträde i vårt land, som utan eld icke kunde odlas eller bebyggas.

Vi få om dessa heliga eldar, och om de spår af en forntida eld-kult som ännu kunna uppsökas i folksed och folktro, tillfälle att yttra oss i det följande. Vi vilja här blott hafva i allmänhet anmärkt, att efter Pytheas berättelse, och i enlighet med det föreställningssätt som vi här angifvit, plägade inbyggarne i Thule, redan flere århundraden före vår n. v. tideräkning, upptända eldar på bergen för att fira solens återkomst. Våra förfäder, så väl Goterna, som de yngre invandrande stammarne, hade ock för sed att bränna sina döda, och skilde sig härutinnan ifrån landets urbyggare af Troll-folket, som efter vilda folks sed nedsatte sina döda, obrända, i en stengraf, icke alldeles olik de lefvandes egna, underjordiska boningar. Om de förändringar som dessa skick undergått, genom inflytelsen af nya invandringar och nya religiösa idéer, tillhör det arkeologien att upplysa, och vi beklaga djupt, att denna vetenskap ännu icke hos oss hunnit samla det antal säkra data, som är af nöden, för lösandet af detta och andra dermed sammanhängande historiska spörsmål.

§ 36. Om de forntida *hedniska offerbruken* ega vi här allenast att yttra oss, så vidt som qvarlemningar i wärendskt folkmål, folksed eller folktro deröfver sprida något ljus. Såsom bekant, är all hednisk gudsdyrkan ursprungligen bön och offer. Offret, som till försoning frambars åt gudar och landvättar, heter i vårt fornspråk **blot**, ett ord som i det yngre språket närmast brukas om blodiga offer. Detta ord återfinnes i Wärend i namnet på Blot-högen, en hednisk offerhög öster om Asa sjön; Blot-berget, ett berg, hvaruppå eller hvarinvid den gamla helgelunden vid Skäggalösa var belägen, och Blot-viken, den redan i det föregående omtalade vik af Odensjön som framgår invid nämnde helgelund. Att »blotas» hette ännu vid början af 1600-talet i Wärend, att med dragen knif göra vilda, hedniska åtbörder. Ordet förekommer icke sällan i landets domböcker från denna tid, och oftast i sammanställning med orden mana eller svärja, såsom: »när han länge hade blotas och mant»; »när han så hade svoret och blottas» o. s. v. Vi torde häraf få sluta, att blotandet eller offringen i forntiden skedde med vild åtfärd och under framsägandet af vissa manings- eller besvärjningsformler.

Att höfdingen eller offerpresten, vid blotens förrättande, varit iklädd en hatt af utmärkande beskaffenhet, förmodligen med vida och sida skyggen, tyckes hemta något stöd ifrån en gammal wärendsk folksägen, att den som genom att gå årsgång blifvit klok, »så att han vet svara till alla fördolda ting och spådomar», plägade, när han ville spå, »taga sin (dverg-) hatt på hufvudet och sin run-kafle i handen». Då »den kloke» otvifvelagtigt icke är någon annan än hedna-presten i en något förändrad skepnad, ledas vi till en förmodan, att sägnen, oaktadt inblandning af den mythiska dverghatten, ursprungligen hänvisar till något bruk att bära hatt, i forntiden eget för offer-presterna, likasom för Sidhöttur eller Oden sjelf. Med större bestämdhet våga vi då yttra oss derom, att menigheten, vid blotens förrättande, iakttog vissa hedniska offerbruk, genom att gå eller dansa omkring blothögen, under afsjungandet af offersånger; vi veta nemligen, att ett liknande skick iakttagits vid offring i de heliga källorna, långt fram i den christna tiden. Dansen, sången och spelet, voro i allmänhet utmärkande för de hedniska offer-festerna, och, på sätt vi längre ned skola visa, är ingendera förgäten i den gamla wärendska folksägnen.

Utan att här tala om mennisko-offren, hvilka hos våra förfäder tillika voro ett hedniskt rätts-bruk, så att i en yngre tid blott missdådare eller krigsfångar blefvo på detta sätt gifna åt gudarne; voro offerdjuren dels icke ätliga, dels ätliga. Till de förra hörde roffoglar, vargar, hundar och kattor; till de sednare förnämligast hästen. Sedan djuret blifvit med knif dödadt och dess blod på horgen eller högen utgjutet öfver blotstenen eller blothålan, upphängdes den liflösa kroppen på träden i den omgifvande helgelunden, så vida djuret icke kunde vid offergillet förtäras. Tydliga spår af dessa urgamla offerbruk hafva i folkseden bibehållit sig. Våra svenska lagar hafva ända intill sednare tider qvarhållit stadgandet om aflifvade missgernings-kroppars upphängande på stegel och hjul. Ännu i vår tid har man i Wärend haft för sed, att högt upp i gamla ekar upphänga kropparne efter dödade vargar. Samma urgamla offer-skick ligger äfven till grund för den här såsom flerestädes bibehållna seden, att öfver stalldörren upphänga dödade hökar och andra roffoglar. Hvad åter beträffar dödandet af hästar, hundar och kattor, så vida det sker med knif, äfvensom förtärandet af hästens kött, har detsamma länge hos Wärends-allmogen varit betraktadt såsom »oärligt». Våra äldre christna förfäder sågo nemligen deri ett hedniskt offerbruk, och således höjden af hednisk styggelse, och detta föreställningssätt är så djupt rotadt, att ännu i vår tid ingen vågar trotsa det. Ordet rackare (af racka ɔ: hund) är således i Wärend det gröfsta af alla skymf-ord, och rackaren, eller hund- och hästslagtaren, redan i och för sitt yrke, tillika med hela sitt hushåll utskjuten ifrån samfärd med ärligt och christligt folk. Det är för öfrigt betecknande för folkförhållandena i vårt land, att detta yrke icke utöfvas af individer tillhörande den i landet herskande, bofasta och åkerbrukande stammen. I Wärend synes det således af ålder hafva utöfvats af spridda hushåll på gränseskogarne, ättlingar af det gamla trollfolket och sednare blandade med kringstrykande Tattare (ɔ: Ziguenare). I Norrland är det likaledes öfverlemnadt åt den föraktade Skrulten eller Socken-Lappen.

Sjelfva seden att offra på blothögar och blotstenar har i Wärend bibehållit sig långt fram i sednare tider. Rudbeck förtäljer om gamla Hvembo lund, huru folket från kringliggande byar af ålder haft för sed att dit församla sig om sommaren »och »offrade många utfästa offer, samt der spelade »lekte och dansade nätterna igenom kring stora eldar». I fråga om Moderhögen vid Skäggalösa nämner han en ännu på hans tid öflig folksed, att vid pingst och midsommar löga sig i sjön och sedan »offra mat och dryck på högen». Och om den tillförne omtalade blothögen i Frulund vid Skatelöf, med sin derpå liggande genom fem uthuggna hålor utmärkta blothäll, förekommer det hos samma författare: »och »bruka somliga af gemene man än i dag att offra »penningar i denna sten, när något dem fattas »eller felar, som H:s Höggrefl. Excell:s Kongl. Rådet »H:r Dahlberg sjelf med mig såg, när vi der voro, »penningar ligga i stenen». Det är alltför sannolikt, att, vid nogare ransakning, samma urgamla folksed torde finnas i Wärend flerestädes hemligen öfvad ännu den dag som i dag är.

§ 37. Vid bloten upptändes på och omkring blothögen stora eldar eller **bål,** likasom bål äfven synas ha blifvit tända på det omgifvande fältet, inom stenringar, stensättningar och på grafhögar, der hvarje ätt eller gård af ålder hade sin ätteplats. Vid dessa eldar brändes delar af offret och tillreddes offergillet, hvars anrättning väl hufvudsakligen bestod af offerhästens kött, men jemväl af annan medförd gillesmat, eller förning. Någon del af denna anrättning äfvensom ben och qvarlefvor af offerdjuret, lades likaledes på bålet, såsom offer åt gudar, landvättar och aflidna fränder.

Mer eller mindre tydliga spår efter dessa gammalnordiska offerbruk hafva intill vår tid bibehållit sig, icke blott i landets fornvårdar, utan ock i folksägen och folksed. Af de förra hafva vi redan i det föregående korteligen berört blothorgarne och blothögarne, och vilja här blott hafva anmärkt, att i deras grannskap vanligen träffas ättekummel, ättehagar, ättebackar och ättehögar, d. v. s. forntida grafvar ifrån brännåldern, af olika form och beskaffenhet. »Rundt omkring Kongshögen» vid Ingelstad funnos således ännu på Rudbecks tid icke mindre än ett hundra sextio fem serskilda »stenringar, somliga »lagda i trinda ringar, somliga i oval och aflånga, och »somliga fyrkantiga». Den största af dessa stensättningar (eller ättehagar, såsom de af ålder varit kallade), höll i längd 31 steg. Härförutan funnos vid Ingelstad åtskilliga högar och »ättebackar», hvaraf 20 »små högar, några kringlagda med stenar», hög vid hög i en krets, 35 steg öster från Kongshögen. Likartade gamla begrafningsplatser ifrån bränn-åldern hafva förekommit, eller förekomma ännu, i Wärend på många ställen, serdeles på den gamla Bråvalla-hed, och vi hänvisa rörande dem till den i grefve Dahlbergs verk införda kartan. Vid deras granskning finna vi då, icke blott prof på de olika formerna af forngrafvar ur brännåldern, ifrån det äldre stenkumlet och den nakna stenringen till den yngre jordhögen, med mångfaldiga dem emellan liggande öfvergångsbildningar, utan kunna ock, ifrån deras tillstädesvaro på en och samma fläck, utreda, hvilka bland dessa former som bevisligen tillhört en och samma folkstam, och huru således begrafnings-skicken hos denna samma stam efterhand utbildat och förändrat sig. Men icke nog härmed; vid gräfning i och omkring dessa forngrafvar, serdeles inom ättehagarne eller stenringarne, träffas nästan alltid spår af aska, tillika med brända ben, häst-tänder o. s. v. Hittills gjorda undersökningar, så vidt vi om dem veta, förete således ingenting som står i strid med vår här framställda mening, att bål varit på grafstället upptända och offer der gjorda, icke blott vid förbränningen af den döde och hans aflidna ättemän, utan ock vid de stora allmänna blotgillen, som egnades åt landvättarne gemensamt, d. v. s. icke blott åt gudar och naturvättar, utan ock åt aflidnas skuggor.

I Wärends-folkets sägner igenfinna vi åtskilliga hithörande drag. Rudbeck förtäljer, att ännu på hans tid syntes i gamla Hvembo lund rudera efter »stenringarne, der eldarne varit». Om stenhorgen i Helige-lund på Helige-ö förtäljdes vid samma tid, att »der syntes ofta eld brinna i röret än om nät- »terna, som folket derhos boende refererar». Om Moderhögen vid Skäggalösa visste bönderna i Odensjö berätta, »att denna hög står om högtidsnätterna »på stora gyllene stolpar, hvarunder synes än i »dag icke allenast springas och dansas, utan den »härligaste musik man vill höra, hålles». Om Kongshögen vid Ingelstad heter det, att »i denna konung »Inges hög bränner ljus om stora högtidsnätter »än i dag, och säga de som bo i byn, att de ofta se, »serdeles om julnätter, att denna Kongshög står upp- »rest på fyra gyllene stolpar och att derinne, »likasom af krönta konungar, dansas och sjunges». Om den mindre hög (30 fot hög och 200 fot vid), som på samma ställe finnes i närheten af Kongshögen, heter det likaledes, att »der alltid syntes eld om nät»terna». Öfverallt i den wärendska folksägnen möta vi således brutna återljud från de nattliga hedniska blotgillena med deras offerbål, offersång, gillesvisor, spel, dans och lekar, och dessa intryck från en längst förgången kult återvända än i dag icke sällan för den af gamla hågkomster lifvade folk-fantasien.

Dessa sålunda i folksägnen ihogkomna forntida offerbruk, med bålbränning, hafva icke så spårlöst försvunnit ur folkseden, som mången torde vara böjd att föreställa sig. Ända fram i våra tider har man vid kyrkorna i Wärend haft för sed, att, vid jul-ottan, på kyrkovallen göra ett flammande *bål, julbål,* af hopkastade brinnande jula-tannar (ɔ: jul-facklor af tjärved) och jula-bloss. Likaledes har man i dymmelveckan, på dymmel-onsdags qväll och påsk-afton, sedan solen gått ned, brukat på åsar, höjder och kullar, upptända stora bål eller eldar. På Rudbecks tid hade folket än i minne, huru byalagen omkring Hvembo-lund plägat dit församla sig om sommaren, samt »der spelade, lekte och dansade nätterna igenom kring stora eldar». Seden att emellan pingst och midsommar, men förnämligast på sjelfva midsommars-afton, hålla midsommars-lek, med spel, lek, dans och glädjeskott, under bar himmel och i lundar omkring en midsommars-eld, är icke heller ännu alldeles bortlagd (den förekom för icke länge sedan i Mosteruds lund, och på Gröns-kull vid Wärends norra gräns); om ock leken nu mera allmännare öfvas utan eld, under träden i en lund, eller kring en midsommar-stång, på en grön lekvall i gärdet eller mellan gårdarne i byn. Bål och eldar på senhösten äro deremot i Wärend försvunna. Men i aflägsna delar af Finveden hade vallhjonen ännu icke längesedan för sed, att när de på sommarmorgnar och qvällar drefvo sin boskap till och från betet, kopkastade de grenar och qvistar till ett **bål**, som derefter uppbrändes på senhösten, sedan vallgången upphört.

Hedna-skicket, att på de aflidnas grafvar lägga sten, bränna bål och göra offer, är icke heller alldeles utdödt såsom folksed. Det är nemligen ännu sed mångenstädes i Wärend, att, på det ställe vid vägen der någon vådligen omkommit, må hvarje vägfarande kasta en sten, en torr gren eller buske (oftast en enbuske). Denna handling heter att *offra*, och på detta sätt bildas efter hand en stor hög af stenar och ris, som får namn af ett *bål* eller *värpe*, och som då och då uppbrännes. En sådan bränning heter att *bränna bål*, och ännu så sent som år 1826 finnas serskilda förbud af myndigheterna utfärdade emot sådan bål-bränning. Folktron antager för öfrigt, att genom denna handling af fromhet, öfvad emot en afliden, förekommes att han icke såsom gengångare må ofreda dem som färdas vägen fram. Så väl sjelfva seden, som det dervid fästade föreställningssättet äro således i grunden rent hedniska, och vi se deri en fortsättning af våra äldsta förfäders skick att bränna sina döda, öfver dem uppkasta kummel och att sedan vid blotgillena bränna bål och göra offer på deras ätteplats eller ättehage.

§ 38. Sedan **gillet**, *blotgillet*, *offergillet*, på sätt vi redan anfört, blifvit börjadt med en måltid af offerhästens kött och af förning, som förtärdes vid offerbålet under bar himmel, följde *minnes-drickningen* eller *minnes-skålarne*. Äfven dessa tömdes vid det på ätteplatsen brinnande bålet, så att de aflidnas skuggor tänktes dervid personligen närvarande. Man drack ur horn och skålar, hvilka helgades genom att bäras öfver elden; äfven utgöts af sjelfva drycken på blothögen och i offerbålet. Den första och högsta skålen pålystes och egnades åt Oden, äfven om någon annan gud var land-Ås; derefter följde skålar för öfriga gudar och landvättar, så vidt de voro i landet kända och dyrkade, och slutligen för aflidna fränder, hjeltar och berömda män. Emellan det att minnes-skålarne gingo rundt omkring hela laget, afsjöngos *gilles-visor* till de gudars och hjeltars ära, åt hvilka blifvit egnade. Slutligen drack man äfven till de lefvandes pris, drack hvarandras skål eller drack enmännings, och öfverlemnade sig åt gilles-glädjen med lust och gamman, med glam, sång, lekar, spel, dans och andra förlustelser.

Att sålunda i allmänhet tillgått, kunna vi sluta så väl af hvad Eigla saga, Sturleson och andra författare åt oss meddelat om sedvänjorna vid guda- och konungahofven under hedna-tiden, som ock af hvad som förekom vid de andeliga gillena under medeltiden och vid allmogens gillen i en ännu nyare tid. Dessa, såsom andra folkseder, hafva nemligen blott långsamt undergått förändring. Det fornnordiska gudahofvet, konunga-salen eller gästabudsstufvan, med sin midt på golfvet brinnande eld, hvaröfver dryckeshornet bars emellan de å båda sidor befintliga högsätena, företedde således alldeles samma anordning, som det äldre blotgillet under bar himmel, utan annan olikhet, än som måste uppkomma vid gillets förflyttande under sotad ås. Detta ämne är dock så fullständigt utredt af äldre författare, att vi kunna anse öfverflödigt att här vidare derom yttra oss.

Med mera skäl torde vi då kunna meddela några upplysningar om de mindre allmänt bekanta *andeliga gillena* ifrån medeltiden, oaktadt intet sådant ordnadt gille, så vidt historiskt kändt är, inom Wärend förekommit. Alla omständigheter hänvisa dock derpå, att både saken och namnet varit här lika kända som i det öfriga Sverige, om ock i en mindre regelbunden form, och att öfverhufvud samma, eller åtminstone likartade gilles-bruk varit gängse i Wärend, som i andra delar af vårt land. Beslutet på riksdagen i Westerås, år 1544, hvarigenom gillen och gilles-gästabud helt och hållet aflystes, samt den snart derefter utbrutna Dacke-fejden förklara nogsamt, huru den historiska erindringen af dessa ordnade brödraskap kunnat i Wärend gå förlorad, änskönt deras bruk och sedvänjor allmänneligen ingått i folkseden. Då dessa samqväm bilda öfvergången ifrån det hedniska blotgillet till yngre christnad sed, anse vi oss derföre böra här något närmare taga dem i betraktande.

De andeliga gillena förekommo under medeltiden i vårt land till ett stort antal; man känner af dem namn på flere än hundra, och jemväl några af deras handskrifna skrån eller stadgar finnas bevarade till vår tid. Så vidt vi från dessa skrån kunna sluta, voro de ett slags andeliga brödraskap, helgade åt något katholskt helgon, och hvilka sammanträdde för gemensamma gästabud och dryckeslag, blandade med andakts-öfningar och kärleks-verk. Gillena bibehöllo således fortfarande sin ursprungligen religiösa karakter; allenast att deras skyddspatron blifvit ett helgon i stället för en hedna-gud, alldeles såsom vi tillförene sett ske med åtskilliga af de gamla hedniska blotkällorna. Med undantag af detta namn-skifte rådde eljest vid gillena mera hednisk än christen sed, åtminstone derutinnan, att sjelfva dryckeslaget städse förblef ett religiöst offerbruk, och att minnes-skålarne tömdes för helgonen, alldeles på samma sätt som förr, för gudar och aflidna, vid det nattliga blotgillet kring den hedniska offerhögen.

De andeliga gillenas stämmor eller sammankomster stodo under ledning af en ålderman, som i sin befattning sålunda motsvarade hednagillets Gode eller offerhöfding. Välplägnaden och ölet anskaffades genom gärd eller skott, d. v. s. allmänt sammanskott, som uppbars af enkom dertill utsedda gilles-värdar, gärdamän eller skaffare. Dessa ålåg det äfven att tillreda gilles-stufvan med kläde, löf, gräs, stop, horn och handkläde. Gillet stod, sattes, hölls eller dracks, likasom i hedniska tiden, om aftonen efter lyktadt dagsverk, likväl så tidigt, att första minnes-skålen lystes eller föreslogs före klockan sex, och den sista icke sednare än klockan nio. Då gillet, likasom dess förebild det gamla blotgillet, var en religiös högtid, borde ingen dervid störa den allmänna friden: redan före inträdet i gillesgården tog man derföre af gillesbröderna deras sporrar, spjut, svärd eller stekamets, yxa, pål-yxa, bred-yxa, vidyxa, knif, långknif, daggare och andra värjor eller vapen.

När alla som tillhörde gilles-laget blifvit församlade, gjordes först själa-bön för aflidna gillesbröder och gillessystrar, hvarefter hornet eller minne-karet bars för åldermannen, som rådde för minnes-drickningen. Åldermannen lyste nu högsta minne, d. v. s. skålen för Gud i himmelen, Treenigheten eller ock för gillets skyddshelgon, och drack dervid sjelf minnes-skålen; sedan gaf han lof att bära karet omkring till gilles-folket. Härunder aftogo alla sina hattar och hättor, och hvar och en uppstod, när han skulle »minne för sig göra». Äfven uppstämdes härvid gilles-sånger eller gilles-visor, motsvarande de offersånger som fordom sjöngos vid de hedniska blotoffren. Vi ega ännu qvar en sådan gilles-visa ifrån Gotland, antecknad af »gamble Buræus», såsom ett (ehuru ytterst vårdslöst) prof på »Gotniskt mål»,*) och meddela henne här nedan tillika med försök till öfversättning. Hon är tillegnad den heliga Treenigheten, och lemnar ett märkligt prof på öfvergången ifrån den hedniska offer-sången till den yngre christna psalmen.

Gilles-visa från Gotland.

Ver havom oss ett häiligt Minne,	*Vi hafve oss ett heligt Minne,*
däth stånder alt på vårom hand.	*det ståndar allt uppå vår hand.*
Låistom oss Gudh Fadher uti himelrik	— — *oss Gud Fader i himmelrike*
och Son och then Heiligh And!	*och Son och den helige And!*
Du sancta Trönia, du stat oss bij!	*Du Sancta Trinitas, du statt oss bi!*
Än valdogher är oran Gudh.	*Än väldiger är vår Gud.*

*) *Buræi* Collectanea (Handskr. i K. Biblioth.), s. 483.

Christ stodh up af dåudha,	*Christus stod upp af döda,*
läyste han os al wärilin af naudha;	*löste han oss all verlden af nöd;*
ty viliom ver alla vara gladhiom	*ty viljom vi alle vara glade*
och lofvom vårom herrom i allom stadhiom!	*och lofva vår Herra allestädes!*
Kyriäläis.	*Kyrieleeson.*

Den sista minnes-skålen som iskänktes och dracks var Alla Helgons Minne. Först sedan minnes-drickningen på detta sätt var lyktad, kunde åldermannen gifva gillesbröderna och gillessystrarne orlof att qväda höfviska visor. Hvar och en hade nu äfven lof att dricka den andre till, och så fortgick dryckeslaget med öldrickning ur horn, kannor, stop, bullar och bägare eller bikare, hela natten igenom, alldeles så, som det i en råare form tillgått vid de hedniska offergillena under bar himmel.

Jemföra vi nu dessa drag ur forn- och medeltiden, med hvad som i en nyare tid och än i denna dag är wärendsk folksed, så träffa vi deremellan en märkbar, att icke säga en fullkomlig öfverensstämmelse. Alla stora gästabud få nemligen i Wärend namn af *Gillen*, och serskildt gifves detta namn åt de från hednatidens offergillen direkt nedstammande *Jula-gillena*, för att här icke tala om *Friare-gille*, *Flytte-gille* (ɔ: flytt-öl), *Täcke-gille* (ɔ: tak-öl), *Slåttra-gille* (ɔ: slåtter-öl), *Timmer-gille* (ɔ: kör-öl) o. s. v. Ett utmärkande drag för alla dessa gillen, likasom för *Lekstugorna*, som mest hållas vid kyndelsmessan och under tak, samt för *Midsommars-lekarne*, som hållas vid midsommar under bar himmel, är att de oftast, om icke alltid, åstadkommas genom sammanskott af hela grannhället. Detta sammanskott uppbäres af serskildt förordnade skaffare eller gärdamän, hvilka för sådant ändamål gå gård emellan. Äfven i de fall, när intet sådant sammanskott är behöfligt, utan värden sjelf bjudit sina gäster, medföra de gifta qvinnorna alltid s. k. *förning,* bestående af hvitmat och annan *gilles-mat.* Gillesgården är alltid på bästa sätt tillredd, och golfvet strödt med hvit sand och hackadt gran- eller ene-ris om vintern, och sommartiden med löf och ängsblommor. Värdfolket sitter efter gammal sed i högsätet eller högstolen, och anrättningen sker genom kokesan (ɔ: kokerskan) samt genom förgångs- och återgångs-qvinnor, som bära in maten, och skänkesvenner, som bjuda omkring drycken i kärl af flera olika slag, men fordom mest i s. k. snipa-skålar. Sedan gästerna vid sin ankomst blifvit helsade med handtagning och undfägnade med s. k. handmat, bortlade man i fordna tider vapnen och gästabudet började med bön och med afsjungandet af en psalm. Derefter satte man sig till bords. Efter måltiden begynte minnes-skålarne, som pålystes af värden med ett tal, som väl fordom haft metrisk form, eftersom det ännu kallas rim eller qväde. Likasom vid de hedniska blot-gillena första skålen alltid egnades åt Oden Allfader (hinn allmatki áss), så har i Wärend äfven varit christet gilles-skick, att första skålen som blifvit pålyst och drucken varit *Guds Minne, Guds åminnelse-skål, Herrans åminnelse-skål, Guds skål i himmelen.* Vid drickandet af denna minnes-skål gick hornet, kannan eller skålarne rundt omkring bordet; först sedan dryckeslaget sålunda blifvit öppnadt kunde hvar och en dricka den andre till, hvarvid man alltid svarade på skålen utur samma kanna, och gästabudet stod så med lust och glam efter fornnordisk sed, ofta hela natten igenom. Det är anledning att tro, att man vid denna minnes-drickning under medeltiden icke förgätit de gamla, kära folk-minnena om Thidrik af Bern och hans tolf starka kämpar, och att de till denna sägenkrets hörande äldre och yngre kämpavisorna, länge sjungna äfven såsom gilles-visor, kunnat på detta sätt hos Wärends-folket bibehålla sig lefvande ända in i nyare tider.

Då minnes-drickningen, och serskildt pålysningen och drickandet af Guds Minne, är det jemförelsevis mest märkliga bland de hedniska offerbruk som ingått i våra yngre gilles-seder, må det tillåtas oss att genom utdrag ur domböckerna närmare stadga hvad vi yttrat derom, såsom en wärendsk, ända in i nyare tider lefvande folksed. — Sålunda hände sig år 1621 i Kinnevalds härad, att två landsknektar, af hvilka den ene het Lille Håkon, kommo druckne gångandes till Brorsmåla, i Eriks gård; men bonden sjelf var gången till sin granne eller gårdman i gilles-gästabud. När knektarne så icke träffade Erik hemma, gingo de efter honom bort i gilles-gården, och satte sig der obudna till bordet, uppå den bänk som kallas sätet. När de nu hade druckit en stund ibland mycket skämt, begynte Erik i Brorsmåla att qväda, sägandes: »jag vill dricka Rafvel Barkares skål med puss (!) och Bror Håkons minne». Lille Håkon menade att härmed syftade på honom, och blef vred, sägandes sig skola qväda om en annan. Då sade Erik: »jag vill dricka Guds skål i himmelen!« »Nej,» svarade Lille Håkon, »du skall dricka den skålen du begynt hafver,» och slog så genast till honom med knifven, och vid att bonden gaf sig tillbaka, drabbade stynget genom låret, och det andra stynget drabbade i hufvudet. Sedan kom den andre knekten och slog Erik öfver axlarne med en bössa, och dermed undslapp bonden.

Dagen efter nyåret 1628, vid ett barns-öl i Iremåla i Konunga härad, förekommer likaledes, huru tvänne knektar gingo obudna in i gilles-stugan och helsade ingen ute eller inne, sättande sig i Södrebänk och »lade sina värjor bakom sig». För att nu förtaga dem den onda meningen och uppsåtet som de sutto i, begynte Olof i Mårdslätt »dricka Guds »åminnelse-skål, såsom deras plägsed är, tac»kade Gud för ett godt framgånget år, önskandes ett »lyckosamt nytt år, bättre och intet värre,» såsom hans ord då föllo. Härtill svarade knekten och hans stallbroder: »allt hafva vi lika godt, antingen det blifver värre eller bättre», hvarefter de uppstodo och dansade och ville icke dricka skålen.

Rudbeck förtäljer om samma uråldriga folksed: »det har ock varit gammal uråldrig sed i Småland »att dricka Guds skål i himmelen, på sådant sätt, »och brukas än i dag, att den ene grannen och vän»nen går till den andre om jul-afton, bärandes i sin »hand den bästa dryck han har i sin gård, och dric»ker sin granne till Guds skål i himmelen, ön»skandes öfver honom, hans hustru och barn, Guds »nåd och välsignelse; och så gå de byen om. Alla »måste då vänner vara och *jula-frid* hållas; den måtte »ingen bryta, som icke vill hållas för ett vidunder och »hvars mans niding.»

Icke ens än i dag är denna minnesdrickning helt och hållet bortlagd. Det är nemligen i Wärend ännu folksed, att vid bröllopp skall brudgummen »dricka skålen», hvilket sker med ett s. k. rim. I detta rim göres ofta en ursäktande häntydning på det uråldriga bruket att dricka Guds minne, och vi hafva hört detsamma framföras med följande ord: »jag »dricker Konungens skål; ty Guds skål kan ingen »dricka; för Han är en ande, Han kan inte »dricka vår skål. Sedan så dricker jag mina svär»föräldrars, och mina föräldrars, och alla slägtingars »och alla goda vänners och min kära hustrus skål.»

§ 39. *Offerbruken vid de heliga källorna* voro hufvudsakligen instämmande med hvad vi redan anfört om offren å horgar, högar och blotstenar. Efter blotens förrättande i sjelfva källan, upphängdes äfven här kroppen efter det offrade djuret i de omgifvande träden eller i den närbelägna helgelunden. Vi finna tydliga spår af detta forntids-bruk, i den tväfaldiga offring som vid källorna ännu i sednare tider förekommit, sålunda, att den offrande, efter att ha druckit af källans vatten och dermed vattenöst sin kropp, dels i sjelfva källan nedlägger penningar, knappnålar o. s. v., dels ock på de omgifvande träden, eller på dertill enkom uppsatta träkorss, upphänger hår, bindlar, klutar, kryckor och andra minnesmärken efter en iråkad sjukdom. Äfven offersången och offergillet voro, vid källorna, lika med hvad som förekom vid de stora blot-offren å högarne. Då denna kult väl närmast afsåg de i källor boende Elfvorna, och således var en form af den forntida Elfve-bloten, synes dock det dithörande gillet aldrig hafva haft samma storartade offentliga karakter, som offergillet i den yngre elds-kulten, med sin blot, offerbål och minnes-drickning. Snarare tyckes detta gille, såsom ännu sker, ha inskränkt sig till en glad folk-fest i det gröna, i alla de fall, der icke besöket vid källan skedde för att genom en helig tvagning förbereda sig till de stora blot-offren å horgarne, då offergillet således blef för begge dessa religiösa handlingar gemensamt.

Vi ega ännu qvar en katholsk offersång ifrån offerkällan i Ingemo-lund, belägen på Dala och Ljungoms skog i Westergötland. Denna källa, som otvifvelaktigt ifrån början hetat Ingemo-källa, har under katholska tiden blifvit christnad till S a n k t Ingemo-källa, och således det äldre lokal-namnet Ingemo (af mo ɔ: sandmo) på en gång personifieradt och kanoniseradt. Man ser af den nämnda offersången (anförd ibland Geijers och Afzelii Sv. Folk-visor), att folket haft för sed, att först g ö r a b ö n och k n ä f a l l i S. Ingemos kapell, — ett bruk, som väl i äldsta tider blifvit fullgjordt vid källan sjelf. Derefter har man d r u c k i t af källans »h e l i g a v a t n» och dermed bestrukit sina skador, och slutligen o f f r a t (till kapellet), hvilket allt skedde under afsjungande af o f f e r s å n g e n och med iakttagande af vissa, i grunden hedniska, yttre bruk. Såsom det heter i offervisan:

»Tre resor rundom går Jag kring;
mitt lilla offrar i denna ring.»

Detta offer, som nu skedde till kapellet, har ifrån början skett i sjelfva källan. Seden, som förnämligast iakttogs nätterna före pingst och midsommar, men jemväl Pedersmesso-natt, bibehöll sig i full kraft ännu så sent som år 1671.

Offerkällan i Ingemo-lund i Westergötland (afteckn. ibl. Peringskölds Monum. Sveo-goth. i K. Biblioth.).

I Wärend hafva offerbruken vid de heliga källorna varit desamma. Vi ega ännu qvar ett stycke af en gammal visa om Helge Thors källa vid Skatelöf, hvilken visa förmodligen varit fordom brukad till offersång. Det lyder:

Thore lät vattnet springa af grund;
god makt hade han.
Det botade en blindan i samma stund,
det heliga namn.

Denna källa söktes i synnerhet på natten efter Helig Thorsdag (ɔ: Christi himmelsfärds-dag). Eljest sökas offerkällorna i Wärend förnämligast på Helga Trefaldighets-afton och på aftnarne före pingst och midsommar. Folket samlar sig då, efter gammal sed, vid källan, dricker af det heliga vattnet eller tvår dermed sina skador, och offrar sin gåfva, — oftast en knappnål eller en kopparslant. Ingen dristar röra dessa på källans botten samlade offerpenningar; ty »då får tagaren den plåga, som offraren miste.» Seden att på de omgifvande träden upphänga kläder, bindlar, blöjor, klutar, hår o. s. v., iakttogs ännu för några mansåldrar sedan flerestädes, f. ex. vid de s. k. Barnabrunnarne i Tolgs socken, hvilka på 1600-talet söktes för barn-sjukdomar jemväl af långväga främlingar, ifrån Öland, Gotland, Skåne o. s. v. Vid en annan Barnabrunn, offerkällan vid Öhrs kyrka, som besökes på midsommars-qvällen, har man ännu för sed, att icke blott offra en skärf i den nära dertintill uppställda fattigbössan, utan ock på källans botten, såsom offer, nedlägga lintyget som det sjuka barnet burit. De gamla offerbruken kunna således följas ända in i vår egen tid, om än de heliga källorna nu mera sökas mest efter gammal vana, och offergillet qvarstår blott som en glad folkfest, firad med mat, dryck och glam, i den ljusa vårnatten under träden i lunden.

§ 40. Vi hafva redan i det föregående anmärkt, att elds-kulten, såsom en jemförelsevis yngre beståndsdel af vår nordiska hedendom, står i förbindelse med den från öster införda dyrkan af B a l d e r, ljuset, solen, sommaren. De religiösa bruk som närmast tillhöra denna kult, kommo på detta sätt i naturligt sammanhang med solhvarfven, årstidernas vexling och årets deraf beroende astronomiska indelning. Vi finna ock, att de stora hedniska blot-offren hållits på vissa regelbundna tider, som fingo namn af *högtider* och sammanföllo med årsskiftena. De förnämsta bland dessa högtider voro således af ålder: vid starbraket eller midvintern, midsommarn och dagjemnings-tiderna. Jul (nyår), Midsommar, Wårfrudag (Mariæ bebådelse-dag) och Mickelsmessa hafva i enlighet härmed icke blott blifvit firade såsom stora christna fester, utan jemväl fordom och ännu i Wärend varit Reppa-dagar, d. v. s. märkelse-dagar, ifrån hvilka man räknar årets fyra reppar eller trettingar. De lagtima tingen, hvilka i forntiden alltid sammanföllo med de stora offren, fingo af samma skäl i Wärend ännu för tvåhundra år sedan namn af Nyårs-ting, Walborgamesso-ting och Mickelsmesso-ting.

Vår christna **jul**, sådan han firas i Wärend, bibehåller ännu i många enskilda drag spår af sitt ursprung från en hednisk högtid. Vi hafva redan i det föregående talat om jula-tannarne (ɔ: jul-blossen) och om jul-bålen på kyrko-vallen, hvilka, tillika med seden att på jul-natten eller jul-ottan fira gudstjensten vid ljus, otvifvelaktigt äro en qvarlefva efter hedningarnes sed att omkring helgedomen tända nattliga offer-eldar. Äfven det i Wärend fordom gängse bruket, att breda kyrkorna med julhalm, är måhända snarare af hedniskt än af christet ursprung. Men utom de spår af offentlig kult, hvilka på detta sätt i den christna medeltids-kulten ingått, bibehöll äfven den husliga kult, som vid denna högtid öfvades i hvarje gård, städse samma ursprungliga karakter af en hedniskt religiös offer-högtid inom hus. Han är i detta afseende en återbild af sedvänjorna i det gamla nordens konungahof och gästabudssalar, och hedna-tidens föreställningssätt skimrar ännu alltjemnt fram, under täckelset af de nyare christliga idéer, som blifvit lånade från den fromma medeltiden.

Ibland ännu bibehållna wärendska jul-seder, finna vi således bruket att på jul-bordet, vid sidan af *julaljuset,* ställa en s. k. *julahög,* af kakor, lefvar, limpor och bröd af flera slag, bland hvilka man alltid öfverst träffar ett aflångt vört-bröd, som får namn af *jula-galten* eller jula-kusen. Huru vågadt det än kunde synas, tveka vi icke att i denna fornsed se en erindring af den hedniska offerhögen, med sitt bål, och Frejs-galten å dess topp såsom offerdjur. Högtidens hela anordning i öfrigt, med julahalm å golfvet och julabonader å väggarne af den festligt smyckade stugan, bibehåller likaledes karakteren af ett husligt offer-gille, hvartill man ännu såsom fordom bereder sig genom tvagning och bad i badstugan. Julabordet, festligt anordnadt, med sin ofvan i taket såsom en himmel utspända juladuk, och med sin mångfald af gilles-mat, hvaribland alltid förekommer *julahösen,* eller det kokta svinhufvudet, och julagröten, samt med sin öppna kanna full af jul-öl, är sjelft icke annat än ett husligt offeraltar, med offer åt landets och hemmets skyddsgudar. I *julagrisen* och julahösen möter oss åter den gamle åt Frej helgade galten, som väl i äldsta tider slagtades denna qväll såsom offer, och å hvars hufvud man i hedna-tid gjorde sina heliga löften. *Julabrasan,* som fordom brann midt på golfvet och ännu alltid tändes i hvarje hus, var det husliga offerbålet, hvaröfver man vid minnesdrickningen bar minnes-skålarne. Julapsalmerna, som på jul-afton alltid uppstämmas, äro blott en christnad form af den äldre fromma offersången och gilles-visan, och sjelfva minnesdrickningen, hvilken, såsom vi sett, länge bibehöll sig i wärendska folkseden, fortlefver ännu i bruket att denna qväll alltid låta julakannan gå rundt omkring laget.

Ett föreställningssätt, som genomgår alla våra äldre hedniska offerbruk och som icke otydligt ännu framskymtar i wärends-allmogens fromma jul-seder och folktro, är för öfrigt det, att om julen, men förnämligast på sjelfva jul-qvällen, alla slags hedniska väsen äro ute och färdas och att (de, så väl som) de aflidnas andar denna qväll osynligen gästa hos de lefvande. Det är fördenskull, som man på jul-afton, under rygg-åsen, öfver dörrarne och flerestädes i huset, uppsätter jula-vippor och jula-korss af halm. Häri ligger ock förklaringen, hvarföre man på denna qväll icke må *göra någon kring-gerning*, d. v. s. sådan gerning som sker medelst kringvridning, såsom nysta, spinna o. s. v.; ja, icke ens att vingla foder åt boskapen genom att svepa halm omkring höet, hvadan fodret bör vara på förhand tillredt, före helgens ingång, som är i skymningen på jul-afton. Af samma orsak må man denna qväll icke heller göra något buller, såsom hugga, bulta eller ropa; ja, icke ens tala högt, utan blott hviska. Det är för döingarnes eller de aflidnas skull, som man vid badning på jul-afton icke må utsläcka elden eller utsläppa värmen ur badstugan; de döda komma nemligen denna qväll att bada, innan de besöka sitt gamla hem, för att sedan mötas i kyrkan, hvarest de hafva ljus upptända och hålla gudstjenst. Samma, i grunden hedniska föreställningssätt återfinnes under christnad form, i den gamla folktron, att det är för **änglarne** som jul-ljuset tändes, som julbordet står dukadt natt och dag, och som ölkannan ställes öfver jul-natten öppen på julabordet. Det öl, som sålunda framsättes, heter derföre i Wärend *ängel-öl*, likasom dagen efter trettondedagen, då julen lyktar, ännu får namn af *Far-ängladagen*, emedan änglarne, som varit på besök, då fara sina färde. Ändtligen träffa vi enahanda föreställningssätt i folkseden, att jul-afton på logen utsätta jul-gröt (såsom offer) åt tomten; i folktron, att Glo-son ligger under julbordet hos den som vägrar henne offer, och att den, som denna qväll är ute och färdas, löper fara att möta Oden på hans höge gångare o. s. v. Ingen går derföre på jul-afton onödd utur sitt hus (likasom man äfven på juldagen hvarken gör eller mottager besök), utan allenast den som ämnar gå **årsgång**, för att efter forntida Wärends-sed spana det kommande årets tilldragelser. Men för dennes genom fasta, ensamhet och mörker, förberedda fantasi te sig än i dag hemska bilder ur hedendomens natt; han möter på vägen den gullborstade glo-son, han ser trollen leka under klippan, och förnimmer i dunkla förebud de ting som komma skola.

§ 41. Äfven efter de andra stora hedna-högtiderna finna vi tydliga spår i wärendsk folksed och folktro, och serdeles gäller detta om den fornnordiska **vårbloten** eller *vår-offerhögtiden*. Då denna högtid, såsom vi redan anmärkt, under hedendomen firades vid vår-dagjemningen, så öfvergick han längre fram till den christna *Påsken*, som likaledes infaller vid denna årstid. Det är således i de vid påskahögtiden fästade folkbruk och föreställningssätt, som vi ha att söka spåren efter denna hednafest, och efter de hedniskt-religiösa idéer som en gång deri uttalade sig.

Likasom, enligt folktron, alla slags hedna-gudar och andra onda väsen ännu äro ute och vanka på jul-natten, eller den natt då den stora hedniska midvinters-bloten gjordes, så gäller samma föreställningssätt äfven om de nätter, som näst föregå påsken eller det fornhedniska offret vid vår-dagjemningen. Man har nemligen trott, och tror än i dag, att vid denna högtid äro alla slags ovättar ute och färdas och hafva en ökad makt att göra skada. Vår-högtiden har således fordom haft, och bibehåller ännu hos folket karakteren af en allmän skärings- och renings-fest, för att skydda land och folk emot ovättar och trolldom. För öfrigt har ej kunnat fela, att ju föreställningssättet i tidernas längd undergått åtskilliga förändringar. Alla de förderfliga tillskyndelser, som ifrån början varit tillräknade onda natur-väsen, gengångare och andra ovättar, öfverfördes nemligen sednare, och redan i hednaverld, på trollen med deras fruktansvärda trolldom, och öfvergingo ifrån dem, såsom vi i det föregående anmärkt, till de yngre trollbackorna eller trollkonorna. Då, efter stammarnes blandning, dessa trollbackor oigenkännliga lefde midt ibland det herskande folket, förlorade det gamla national-hatet sitt fäste, och upplöste sig efterhand i en dyster och misstrogen fruktan för ensliga, okända eller eljest illa ansedda individer. Våra trollransakningar bevara härom många sorgliga vittnesbörd, och hela vårt svenska trollväsende uppträder härigenom blott såsom en naturlig följd af brytningen emellan skilda stamfrändskaper och religionsläror.

Hurusomhelst, är föreställningen om trollens och trollbackornas makt att förgöra folk och få vid vår-offerhögtiden, påsken eller dagjemningen, i vårt land urgammal. Redan i den gamla Westgöta-lagen, på det förr anförda märkliga stället af Retlosa-balken, heter det: »detta är oqvädins-ord till qvinna: jag såg »att du red å en qvi-grind, med upplöst hår (och »löst gördel) i trolls hamn, *då allt var jemnskiftadt »natten och dagen* (þa alt var iamrift nat ok dagher), »eller när någon säger till henne att hon kan för-»göra qvinna eller ko.» *) Begreppet om de yngre trollbackorna, deras färd genom luften och deras förgörelse-konster, fanns således i vårt land fullfärdigt långt före utgången af 1200-talet, och knöt sig redan då till dagjemnings-tiden, den tid på året »då allt är jemskiftadt, natten och dagen». I den yngre christna medeltiden öfverflyttades denna tidsbestämning, på sätt vi redan anmärkt, till den christna påsken. Trollbackorna få derföre i Wärend äfven namn af *Påska-käringar*, och den trolldom, som af dem öfvades med förgörelse och färd till Heckenfjell eller Blåkulla, uttryckes i Wärendsmålet genom ordet *Påska-sysslor*. Hela föreställningssättet om påsken, såsom den tid på året, då ovättar, troll och trollbackor i synnerhet vanka, och då all slags hednisk trolldom företrädesvis öfvas, är dessutom ännu lefvande hos folket. I den s. k. dymmel-veckan, som i Wärend räknas ifrån middagen på dymmel-

---

*) *Collin* och *Schlyter*, Westgöta-lagen. Retlosæ B. I, 5. II, 9.

Onsdag till middagen på påsk-afton, må således icke eld vara upptänd efter det sol gått i skog, eller tändas innan sol gått upp; ty så långt som röken går, hafva de nattetid kringfarande trollbackorna makt att öfva förgörelse. På skärthorsdags-morgon må icke heller lämm eller spjell dragas, utan att eld är förut uppgjord i spiseln. Af samma skäl må i dymmelveckan ingen vara uppe längre än till mörkningen eller stiga upp före dager. Alla dörrar, så väl i mangården som i fägården, böra i denna vecka vara tecknade med korss af krita eller tjära. Intet bohags-tyg må då lånas ut ur gården, ej heller någonting gifvas åt tiggare, och vankar någon främmande, hvilket strider emot landets sed, så kastas eld efter honom vid utgåendet. Inga väfvar må då ligga till blekning, att icke linlanden må kunna förhexas. Ugns-redskap, såsom qvastar, rakor, grisslor, äfvensom sopqvastar och dyng-grepar, må då icke läggas ute, att ej trollbackorna må nyttja dem att rida på. I alla sädes-bingar må sättas egg-jern med stål uti, på det ingen förgerning må drabba åkern, och likaledes sättes stål i dyngstacken, att ej trollbackorna må hafva makt att förgöra fäet, taga nyttan af korna eller taga något kreatur att rida på till Blåkulla. Ingen brygd må då göras, ty då kunna trollen taga det söta af vörten. Allt ondt, såsom skade-djur, ohyra och sjukdom, må då icke nämnas vid namn; ty då blir man det icke qvitt, utan får deraf lida hela det kommande året.

Otvifvelagtigt hänvisa dessa och dylika drag till ett urgammalt hedniskt föreställningssätt, som står i noga förbindelse med fornseden att i vårdagarne fira en stor och allmän offerhögtid. Ty att en sådan högtid verkligen varit firad veta vi af historiska urkunder. Men om vi än icke visste det, skulle vi kunna sluta dertill, af de spår vi träffa i lefvande christlig kult, i folksed och folktro. Såsom vi tillförene sett, i fråga om julen, hörde det nemligen till hedningarnes religionsbruk, att på helgedagar och högtider måtte ej göras någon kringgerning, ett forntidsskick som ännu under dymmelveckan noga iakttages i Wärend. Icke heller måtte man göra något slags buller, utan allt borde vara tyst, stilla och fridfullt. Detta i en äldre föreställning om gudarnes närvaro grundade religiösa folkbruk återfinnes, alltifrån medeltiden, i vårt nordiska sätt att fira påsken, och vi kunna då med allt skäl förmoda, att det der ingått såsom en qvarlefva ifrån en gammal hednisk högtid. Det var på grund häraf, som kyrkoklockorna fordom i vårt land aldrig blefvo rörda under påskveckan, och som denna erhöll sitt ännu bibehållna namn af *dymmel-veckan* eller den tysta veckan. Ett annat, likaledes betecknande drag är den i Wärend ännu ej förgätna folkseden, att på dymmel-onsdag och påsk-afton upptända stora eldar på åsar och kullar, samt att dessa samma qvällar aflossa skott, för att såsom det heter »skjuta ned påska-käringarne». De nämnda eldarne tändas i Wärend, såsom annorstädes i vårt land, först efter solens nedgång, och det är just häraf, som en dylik nattlig folkfest omkring en eld om påsken får i södra Bohus-län namn af *Påske-vaka*, hvartill då äfven hörer ett gästabud af hopsparad gillesmat eller af s. k. »Påska-gömmor». Vi hafva redan i det föregående antydt, hurusom dessa bruk äro lemningar efter hedningarnes vår-offergille och de vid detta upptända offerbål. Härmed sammanhänger ock en i Wärend gängse folktro, att ingen skall kunna förgöra eller taga nyttan af boskapen så långt dessa eldar äro synliga. Föreställningen om ett landets renande, genom eld, ifrån ovättar och troll synes nemligen hafva ingått i den gamla hedniska eldkulten, såsom öfverhufvud i all hednisk offer-tjenst. Seden, att genom aflossade skott skjuta ned påskakäringarne, blir då icke annat än en ny form för ett äldre hedniskt bruk, och det bör i sådant afseende anmärkas, att dagarne i dymmelveckan ända in på 1600-talet fingo i Wärend namn af *skär-dagarne* (ɔ: renings-dagarne), likasom thorsdagen i samma vecka ännu bibehåller sitt efter all anledning hedniska namn af *skär-thorsdag.* Denna dag, ännu helighållen af Wärends-allmogen, likasom han varit det under medeltiden, har i hednatid tilläfventyrs varit just dagen för det stora vår-offret. Ett dunkelt minne så väl af denna vår-offerhögtid, som af skärthorsdagens egen stora helgd, synes gömma sig under den gamla wärendska folktron, att det är i skärdagarne, som Satan (Pocker) gör besök i gårdarne hos trollbackorna, äfvensom att det är just på denna samma skär-thorsdagsnatt, som han bjuder alla onda hedniska qvinnor till sig på gille i Blåkulla eller Heckenfjäll.

§ 42. Vi hafva i det föregående (§ 40) talat om huru man i Wärend af ålder haft för sed, att på Helig-Thorsdags-natten samt pingst-afton och midsommars-afton twå sig och offra i de heliga källorna; huru man likaledes haft för sed att vid samma tid på försommaren löga sig i sjöarne (§ 28), offra mat och dryck på Moderhögen vid Skatelöf (§ 36) och fira glada gillen i de gamla helgelundarne och på de forntida lekvallarne (§ 37). Huruvida nu allt detta hänvisar till någon forn-hednisk högtid, som en gång företrädt vår christna pingst, torde vara svårt att afgöra; ehuru saken icke är utan sin sannolikhet. Det antagligaste blir väl då, att denna helgedag eller högtid närmast motsvarat Christi himmelsfärds-dag, som i Wärend får namn af *Helig Thorsdag* och af ålder i landet firas såsom en glad folkfest. Men vid den förvirring i de gamla hedniska folksederna, som föranleddes genom införandet af nya katholska helgedagar och helgonamessor, synas de religiösa bruken i denna äldre försommar-fest hafva blandat sig med sedvänjor, som närmast tillhörde den stora hedniska midsommar-högtiden, och som egentligen icke voro annat än en en förberedelse till denna.

Att ju den ännu bibehållna seden att fira midsommar har sin grund i en forntida folksed, och att denna christna helgedag en gång varit en hednisk offerhögtid, kan nemligen knappast vara tvifvelagtigt, lika litet som att denna högtid närmast varit egnad åt *Balder*, Solen, Sommaren. Inom vissa lands-orter, såsom i Dalsland, heter högsommaren ännu i folkmålet *Högbaln*, ɔ: den höge Balder eller Baal. Redan härigenom var ock gifvet, att denna högtid skulle erhålla den dubbla karakteren af en hednafest med på en gång eld och blommor, och han bevarar i Wärend, såsom flerestädes i norden, ännu dessa dubbla egenheter.

Enligt gammal Wärends-sed må således alla åkrar och kålgårds-land på midsommars-afton löfvas, med i jorden nedstuckna löfqvistar af al, hägg eller hassel, hvaraf tros komma en god årsvext. Då bör allehanda löf och blomster, men framför allt Johannesa-gräs (Hypericum) plockas och hopbindas till midsommars-qvastar, hvilka upphängas i husen och i ladugården, — det sednare, på det ingen må ha makt att förgöra boskapen. Alla örter och blomster till läkedom för menniskor och djur må denna afton samlas, om de eljest skola ha sin fulla kraft, och efter forntida sed upphemtas då äfven midsommars-dagg, som sedan lägges i degen när man bakar bröd. På samma qväll löfvas kyrkorna och strös med löf och blomster, likasom man i Wärend fordom på jul-afton strödde dem med julhalm, och i ljuskronorna sättas blommor af nordens lilja, den välluktande konvaljen. Ingen må på sjelfva midsommars-dagen taga så mycket som ett grönt strå af jorden, vid äfventyr att få likmatken eller kräftan. På midsommars-afton må dessutom slagrutan skäras, om någon med henne vill leta efter draka-medel och jorda-gods. Vill någon fördrifva mask ur sin åker, skall han på midsommars-qvällen i jorden nedsticka en sädes-krake, med tjocka ändan uppåt, eller en upp och ned vänd sopqvast. Samma natt skall ock vakas (hvadan ock den nattliga midsommars-festen i Wermland, S. Bohuslän m. fl. st. får namn af *midsommars-vaka)*, och om någon tigandes och fastandes då går ut till en korss-väg, ter sig för honom vålnaden af hans tillkommande fästemö eller fästeman, alldeles på samma sätt som förebuden te sig för den som på jul-natten vandrar årsgång.

Alla bibehållna forntids-drag tyda således derhän, att midsommars-afton en gång i hedna-verld varit hållen i helgd, på ett sätt motsvarande hvad som förekom på jul-afton eller qvällen före midvintern. Det tydligaste vittnesbördet om att man på denna natt fordom firat en stor hednisk offerhögtid med flammande offerbål, synes oss likväl kunna hemtas ifrån den i Wärend (likasom i Jemtland och S. Bohuslän) ännu ihogkomna eller bibehållna folkseden med *Midsommars-eldar* och *Midsommars-lek.* Vi ha om dessa midsommars-eldar redan i det föregående korteligen yttrat oss; de upptändes ännu på Rudbecks tid i gamla Hvembo-lund, hvarest de omgifvande byalagen samlade sig om sommaren »och offrade många utfästa offer, samt der spelade, lekte och dansade nätterna igenom kring stora eldar». Ännu för icke längesedan upptändes de ock i Mosteruds-lund och på Gröns-kull. På Baldanäterna, i gärdet vid vestra Thorsås, tändes visserligen icke mer någon eld, men folket samlar sig ännu dit vid midsommar, uppsätter löfhyddor och håller midsommars-lek med spel, sång, dans, lekar och öldrickning, på samma sätt som Blekings-allmogen af ålder plägat midsommars-natten dansa emellan tre gamla ekar på Kalmare-kulle vid Hoby. Allmänt bibehåller man dock i Wärend ännu seden, att i stället för midsommars-lek omkring en midsommars-eld eller under träden i lunden, låta dansen gå omkring en s. k. *Midsommars-stång,* som smyckas med kransar och blommor och uppsättes på en grön plan i gärdet eller i byn. Äfven denna midsommarsstång är likväl blott en symbol af **elden**, och hon företer en anmärkningsvärd likhet med de s. k. *brandons* eller midsommars-facklor, som i form af en hög, med spånor och tjärved omlindad stång, ännu efter gammal sed på midsommars-qvällen uppresas i de Pyreneiska fjelldalarne, och som antändas af sockenpresten under kyrkosång och det samlade folkets jubel-rop.

Efter den offerhögtid, som en gång synes ha varit firad äfven om hösten vid dagjemningen, förekomma deremot i Wärend få eller blott föga märkbara spår. Man har dock, såsom ofvan blifvit anmärkt, af ålder hållit Mickelsmessan för en reppadag och tillika för en af årets stora märkelse-dagar, och i Finveden upptändas ännu offerbål om senhösten. Äfven Lusse-qvällen (qvällen för Lucias dag, d. 13 Dec.) har i Wärend varit firad såsom en folkfest med gille och lekar. Enligt en ännu allmän folktro, skall Lusse-natten vara den förnämsta bland de fem nätter på året, på hvilka man kan »gå årsgång». Äfven skall vid midnatts-tid på Lusse-natten allt vatten i källor och åar vara vändt i vin, och, efter gammalt tal, måtte ingen denna natt mala, vare sig på handqvarn, eller på »kölfve-qvarn» eller »sqvalta«, vid äfventyr, att honom skedde något ohell, eller att qvarnen stadnade och Necken bröt sönder hans hjulstock. Samma föreställnings-sätt om det olofliga i att mala (som var en »kringgerning»), har i Wärend äfven varit gängse rörande qvällarne närmast före jul och före årets öfriga stora märkelse-dagar. Ytterligare spår efter den gamla hedniska höst-offerhögtiden torde dock stå att uppsöka i folksederna inom andra delar af vårt land, och om Lusse-morgon erindra vi oss serskildt, att densamma såsom en af årets stora folkfester ännu firas och helighålles i N. Bohuslän och Wermland.

§ 43. Utom dessa stora och allmänna hedniska offer-högtider, har man i hednaverld äfven helighållit Thorsdagen, som inom den hedniska *femten*, eller veckan om fem dagar, således var helgedag. Många drag i wärendska folktron hänvisa till detta uråldriga bruk. Alla läsningar, signerier och annan hemlig vidskepelse, till skydd mot förgerning, trolldom och onda inflytelser, hafva varit öfvade på Thorsdagsqvällen. Thorsdags-barn tros framför alla andra kunna se gastar och gengångare. På Thorsdags-morgonen, före solens uppgång, må bot och läkedom ingifvas sjuka kreatur, om det skall hjelpa. Vid samma tid må äfven skälla bindas på skälle-kon, så bli kreaturen ej rifna af odjur. På Thorsdags-qvällen är det, som Oden besöker de rika bönder som satt honom tjenst; samma qväll bör han ock sökas af dem som med honom vilja hafva samfärd. På Skärthorsdagsnatten är det som Pocker samlar trollbackorna till gästabud. På natten till Helig Thorsdag söker folket ännu de heliga källorna, och dagen sjelf firas i Wärend såsom en folkfest o. s. v.

Då så många drag i sägen och folktro hänvisa på ett forntida helighållande af Thorsdagen, blir det serdeles märkligt, att i Wärend igenfinna detta bruk jemväl såsom lefvande folksed. Det gifves nemligen en och annan aflägsen gård, hackhemman och backastuga, der man ännu i dag, efter gammaldags sed, brukar »*Helga Thor*», »*Helga Thore-gud och Frigge*» eller »*hålla Thors-helg*». De bruk som härvid iakttagas äro af flera slag, men hufvudsakligen likartade med hvad som af ålder förekommit vid de öfriga hedniska helgedagarna och högtiderna. Man må således icke på thorsdagen skära sina naglar; om någon det gör, kan han bli förgjord. Icke heller må man löska eller kamma barn. Så snart qvällen kommer må stugan hållas väl sopad, skurad och fejad, bordet dukas, ljus upptändas, och mat och öl framsättas. Man må då hålla alldeles tyst, så att ingen må hugga, bulta eller ropa, utan blott hviska hvad han vill säga. Gör någon annorledes, så kommer olycka på boskapen. Men framför allt må i Thorshelgen, likasom i juldagarne och i dymmelveckan, ingen göra någon kringgerning. Man må således denna qväll icke köra med vagn på egorna, icke lägga (sno) tömmar, icke mala, vare sig på hemqvarn eller på kölfveqvarn, icke nysta tråd, icke varpa garn, icke ens svepa hö till kreaturen; men framför allt icke spinna; ty om någon det gör, få hans kreatur kringsjukan. Man har härom ännu ett gammalt rim:

Sikta, sälla (ɔ: sålla)!
Thorsdags-qvälla
är totta-snutten dryg.

Totta-snutten är den spunna ändan på lin-totten, som i Thorshelgen icke må röras. Men orsaken, att man på Thorshelgen låter spåntenen eller spinn-rocken hvila, är att på Thorsdags-natten »spinner Thore-gud och Frigge», så att rocken bör vara för deras räkning. Äfven heter det att Puken spinner på spinn-rocken om Thorsdags-nätterna, eller att om någon spinner den qvällen, så »spinner det efteråt hela natten».

Man kan ej undgå, att så väl i dessa bruk, som i de sägner och det föreställningssätt som vid dem äro fästade, igenkänna samma grundtanke som genomgår hedendomens hela offerväsende, nemligen tron på gudarnes och de aflidnas personliga närvaro hos sina dyrkare, och på deras deltagande i de offer som åt dem helgas, vare sig nu att detta sker på blothögen med sitt flammande offerbål, eller i den tysta Thorsdags-qvällen på det upplysta bordet i bondens stuga.

§ 44. Af alla de nötta spår efter våra förfäders hedna-kult, som på detta sätt låta igenfinna sig i folkseden, torde i allmänhet bli tydligt, att i den yngre hedendomens sedvänjor kulten med eldar och offerbål framträder såsom förherrskande, om än vid dess sida en äldre kult med vatten och tvagningar fortfarande bibehåller sig. Vi antaga nemligen att offerbruken med eld äro de jemförelsevis yngre, likasom lång tid må hafva förgått, innan menniskoslägtet gjorde denna eröfring ifrån himmelen, som ock hos flera folk varit ihogkommen såsom ett af vårt slägtes tidigaste minnen. Hos de nordiska folken har detta minne väl länge sedan förbleknat; men ännu för en mansålder sedan funnos trakter i vårt land, f. ex. Dalsland, hvarest gamla skogsmän och skyttar förstodo, att efter våra urfäders sed upptända eld utan stål och flinta, medelst att häftigt rulla en torr eke-käpp mellan händerna emot ett torrt trä-stycke, och i Wärend är samma sed, änskönt öfvad annorledes och i annan mening, icke okänd än i dag. Likasom Loke (ɔ: eldens gud), enligt Eddan, var i tidens morgon räknad ibland Asarne, så erindrar man sig i Wärend ock ett föreställningssätt, som otvifvelaktigt tillhör vårt äldsta kultur-skifte, och enligt hvilket elden ännu betraktas såsom ett slags mäktigt, lefvande väsen, lättretligt och ondskefullt till sin natur, och som derföre icke måtte gifvas löst, utan hållas bundet, men i fångenskapen med aktsamhet behandlas, och, retadt, med offer blidkas. Det är på grund af detta uråldriga föreställningssätt, som man i Wärend än i dag icke gerna vill nämna eldens namn, och framför allt icke vid kolmilor eller tjäru-bränning. Af de gamle kallas elden derföre nästan alltid värme, såsom »låna mig värme!» »akta värmen!» »värmen är lös», o. s. v. Är någon ifrig, när han skall påtända en fälla, så tros elden bli svår att släcka, och om vid en eldsvåda någon springer eller ropar, tros elden blifva desto häftigare. Om någon ovårdsamt spottar i elden, så straffas han genom att få bläddror på tungan; får någon deremot af annan orsak sådana bläddror, så botas det med att tre gånger spotta i elden. Låter någon mjölk, vid kokning, pösa öfver i elden, så får kon ondt i spenarne, om han icke genast i elden inkastar vatten och salt. Äfven när barn fälla tänder, kastas den fällda tanden i elden såsom ett slags offer, och när folket om qvällarne fäster elden, d. v. s. rakar aska öfver de brinnande glöderna, sker det icke utan att signa, eller deröfver göra korsstecken.

Om nu än denna uppfattning af eldens natur och verkningar är den äldre och ursprungliga, så framträder tillika, redan i ett tidigt skede af hedendomen, föreställningssättet om elden såsom ett heligt reningsmedel, och såsom framför allt mäktig emot ovättar, gengångare, trolldom, förgerning och onda natur-inflytelser. Det är ett sådant föreställningssätt som i allmänhet ligger till grund för hela den fornhedniska elds-kulten, med dess offerbål, äfvensom för den dithörande fornseden att å bål bränna sina döde. När, enligt sagornas berättelse, Thielfvar förde eld i land på Gotland, eller Landnams-männen buro eld omkring sina nya områden på Island, skedde det således i mening att helga landet och skära det ifrån ovättar, alldeles såsom när Wärends-bonden, i en långt yngre tid, låtit sina eldar i skärdagarne lysa öfver hela landet ifrån kulle till kulle. Hela föreställningssättet är dessutom ännu icke utdödt, utan bibehåller sig lefvande i Wärends folkseder och folktro. Medan nyfödt barn är hedet (ɔ: odöpt), må derföre icke elden slockna på spiseln, att ej barnet må kunna bortbytas af trollen. Kommer någon utifrån, der späda barn äro inne, må han ej tala ett ord, utan att först hafva rört vid elden. När barnsängs-qvinna far till kyrka, för att kyrkotagas, må hon först rökas med en påtänd linne-klut och vid utgåendet stiga öfver ett eld-kol, som kastas före henne genom dörren; sker icke detta, så kan hon blifva bortbytt eller förgjord. Talar man om trollbacka, må man tillika nämna eld (och vatten och kyrkans namn), att hon ej må hafva makt att skada. Kommer trollbacka (eller Tattare) i gården, kastas efter henne vid utgåendet ett brinnande eld-kol. Så långt som påsk-eldarne synas om våren, är boskapen om sommaren fredad för odjur. När kon kalfvat, tages tre gånger på grisslan eld-mörja och lägges i det första vatten hon skall dricka, att ingen må kunna med trolldom taga mjölken ifrån henne. När det skall tjernas smör, må en eldglöd läggas under tjernan, en knif eller annat stål sättas i tjernan, och tjern-töreln, doppad i vatten, hållas och vändas öfver elden. Är tjerningen förgjord, så att det ej vill blifva smör af, må en glödande skare eller stickbrand tre gånger kastas i tjernan. När jäst lemnas utur gården, må ett brinnande eldkol efteråt kastas i kärilet. Vid brygd och mäskning rökas karet med svafvel och krut, eller sättes stål i, eller lägges en brödbit och bok (psalmbok) på, att det ej må förgöras. Att döda ej må gå igen, uppbrännes sänghalmen och en eldglöd kastas efter likfärden. Bär någon hos sig bröd och svafvel, blir han ej ofredad af gastar; men är någon gastakramad, må han rökas med svafvel och krut, eller stöpes öfver honom med smält bly i vatten, eller fälles en eldglöd emellan lintyget och bara kroppen. Och slutligen, vill någon genom att gå årsgång få se förebud till hvad under året komma skall, må han den dagen icke ha sett någon eld, och »om så vore, att de om dagen sett någon eld inne, så slå de eld af stål och flinta för sig ute, hvilken eld de mena hafva dämpat det hinder de kunnat ha af den andra elden».

Vi kunna icke misstaga oss om det kultur-skifte, hvarifrån alla dessa i Wärend öfvade »skrock» eller vidskepliga bruk härleda sig; de bära alla pregeln af sitt tidehvarf och härröra ifrån den hedniska eldskulten, med dess användning af elden, och serdeles af den eld som icke blifvit slagen ur stål, såsom ett heligt renings-medel. Huru nu elden i den yngre vidskepelsen blifvit ersatt af stålet, korsset, krutet, messe-vinet och boken (psalmboken eller Bibeln), är icke här stället att utreda; dessa yngre medel, hvilka hvart efter annat uppträda med anspråk på en hemlighetsfull makt, äro sjelfva blott uttryck för sitt tidehvarfs allmänna kultur-tillstånd. Deremot böra vi här fästa uppmärksamhet på ett annat fornskick, äfven härrörande ifrån vår hedniska eldskult, hvilket genom långa årtusenden bibehållit sig i Wärend och i det öfriga Småland såsom lands-sed, och som icke saknar sin stora märkvärdighet. Vi mena den s. k. **Gnid-elden**, eller hvad man en gång i öfra Sverige synes hafva förstått under benämningen Löp-eld.

Det har således i Wärend varit lands-sed, att, vid utbrottet af stor död, våldsam farsot på folk och fä eller annan allmän nöd, har man öfver landet burit helig eld, kallad *Gnid-eld.* Denna eld får sitt namn deraf, att han framkallas genom gnidning, sålunda, att man med en torr eke-pinne häftigt borrar ansyls (ɔ: motsols, från höger till venster) emot något torrt trä, tills det fattar eld. Den heliga elden, sålunda upptänd, kringbars sedan öfver hela landet, ifrån gård till gård, med den yttersta skyndsamhet, ungefärligen på samma sätt som man af ålder kringfört konungens budkafle. Kringbärandet gick igenom natt och dag och måtte aldrig stadna, likasom elden ej heller måtte införas under tak. Så snart han på detta sätt kommit fram till någon gård, blef bäraren ståendes ute och ropade med hög röst: »Gnid-eld! Gnid-eld!» Straxt var allt i rörelse för att noga utsläcka all gammal eld i gården, att tända ny eld af den heliga elden, och att skyndsamt befordra gnid-elden till nästa gård. Sedan röktes vid denna nytända eld hela huset, både folk och fä, redskap, fiskedon, skjutvapen o. s. v., och allt troddes på detta sätt bli skyddadt, så väl emot farsoten, som emot annan förgerning. — Seden bibehöll sig länge, och man har ännu qvar en Landshöfdinge-embetets kungörelse i Jönköpings län af d. 13 Aug. 1764, med förbud emot sådan elds kringbärande.

Den heliga eld, som på detta sätt blef tänd, kringburen, och så länge som möjligt i hvarje hus hållen vid lif, ansågs och anses af folket med samma vördnad, som Romarne ansågo den Vestaliska tempel-elden. Saken är ock i sig sjelf densamma, om än vexlande i yttre form, och vi finna allestädes i den forntida elds-kulten samma ledande grundtanke, vare sig att vi studera honom hos de antika eller de nordiska folken. Festus berättar ock, att när den heliga elden slocknat i Vestas tempel, måtte han icke å nyo tändas, utan på ett sätt, alldeles lika med det som iakttogs vid framkallandet af vår nordiska gnid-eld.

§ 45. Såsom redan af det föregående torde vara klart, skedde öfvergången ifrån hedna-kult till christen kult i Wärend ytterst långsamt. De nya christna lärarena delade sjelfva för det mesta tänkesätten af den tid, hvars barn de voro, och undveko visligen att stöta sina landsmäns rådande vanor, bruk och föreställningssätt. Den gamla hedendomen fortlefde derföre ett sjelfständigt lif vid christendomens sida, under flera århundraden, och drog sina sista andedrag först långt fram i en nyare tid. Hela vår medeltid erhåller härigenom sin allmänna karakter af ett brytnings- eller öfvergångs-skede; men brytningen var i vårt land mindre våldsam, än man på grund af de sidoställda kulternas olika art egde att vänta, och, efter fulländadt bildnings-arbete, hvilar ännu hela vår nyare svenska odling på en öfverhufvud djupare hednisk grund, än man i allmänhet är van att föreställa sig.

Allestädes varseblifva vi således en enkel och naturlig öfvergång ifrån det gamla till ett nyare, utan plötsliga språng och våldsamma kastningar. Men öfvergångs-länkarne emellan äldre hednatids- och yngre medeltids-bruk hafva i allmänhet blifvit mindre bemärkta. Vi finna oss häraf uppfordrade, att med dem något närmare sysselsätta oss, åtminstone så vidt förhållandena i Wärend dertill gifva en osökt anledning.

Hvad således beträffar detta lands gamla helgelundar, offerkällor, blothögar och andra ställen för öfvandet af hednisk kult, finna vi att de, vid christendomens införande, varit i allmänhet behandlade med den yttersta skonsamhet. Der de nu mera äro förstörda, får sådant i de flesta fall tillskrifvas icke de äldre missionärernas fromma nitälskan, utan en vida yngre tids okunnighet eller egennytta. Förhållandet vinner ock sin enkla förklaring, när man sätter sig in i medeltidens kultur-tillstånd, föreställningssätt och öfvertro; och S. Sigfrid och hans efterföljare, sjelfve barn af sin tid, handlade utan tvifvel klokt, då de heldre vädjade till öfvertygelsen än till våldet. Hvarken de eller christendomens sak har derpå förlorat.

De nya lärarena åtnöjde sig fördenskull till en början, med att åt de äldre hedniska offerbruken gifva snarare en yttre christen pregel, än något väsendtligen förändradt innehåll. De samlade sina nyomvända just på de ställen, der hedningarne af ålder plägat sammankomma till gudstjenst och offer under bar himmel. Här uppsattes ett enkelt **böne-korss**, och vid detta förrättade de nyomvända sin bön och nedlade sin offergåfva, alldeles efter hedniskt skick. Utom den förändrade offersången blef eljest allt vid det gamla. I samma heliga källa, der hedningarne plägat vattenösa sina barn, göra sina religiösa tvagningar och blota till gudar och elfvor, undfingo de nychristna det heliga dopet; icke långt derifrån uppsattes då likaledes ett böne-korss, vid hvars fot offergåfvan nedlades. Under den sednare medeltiden, då klingande mynt mera allmänt kommit i rörelsen, anbringades å böne-korsset en jernbössa, i hvilken offerpenningen nedlades. Härifrån uppkomsten af våra protestantiska f a t t i g s t o c k a r eller f a t t i g b ö s s o r, hvilka i Wärend ännu allmänt förekomma dels i grannskapet af gamla offerkällor (såsom vid Öyaby, Öhr o. fl. st.), dels ock vid vägmöten, vid gamla kyrkor och eljest på rum och orter, der de rimligtvis trädt i stället för de äldre katholska bönekorssen.

Äfven i de hedniska helgelundarne, på de gamla lekvallarne och folkets andra samlingsställen, uppträdde bönekorsset. I sjelfva Helige-lund på Helige-ö uppställdes under medeltiden, och, enligt sägen, af S. Sigfrid, ett katholskt bönekorss, hvaraf den närbelägna ängen, ända in på 1600-talet, behöll namn af *Korss*-ängen och den närstående ladan kallades Korss-ladan. I gamla Hvembo-lund känner man visserligen icke något korss, men ännu i slutet af 1600-talet fanns den intrångande katholska kulten der symboliserad genom en bild, rimligtvis den heliga jungfrun, målad på ett bräde, som blifvit fästadt ini en stor ihålig ek och slutligen der fastvuxit. Vid Wexiö, som efter all anledning varit rikt på fornhedniska helgedomar, träffas ännu ett gärde, som efter något katholskt bönekorss fått namn af *Själakorss*-gärdet. De närliggande S. Annæ gärde och Helga Lekamens gärdet hafva, efter de katholska namnen att döma, äfven en gång varit helgade rum, och således icke heller saknat sina christna bönekorss. I allmänhet uppsattes korsset, såsom en christendomens symbol, på alla sådana ställen, dem man ville serskildt beteckna såsom christna, och der man begärde sina trosförvandters fromma förböner eller offer. Det var för att påkalla dessa fromma förböner, som man uppsatte korssen jemväl på de aflidnas grafvar; och på rum invid vägen, der någon vådligen omkommit, träffas i Wärend ännu någon gång det christna bönekorsset tätt bredvid det gamla hedniska offerbålet.

De bönekorss, som voro mera enkom afsedda för den christna offertjensten, och vid hvilka man under christendomens första århundraden, efter hedniskt skick ännu alltjemnt höll gudstjenst under bar himmel, omgåfvos redan tidigt med en låg stensättning eller stenmur, med öppningar för in- och utgång, men eljest hufvudsakligen lika med hvad som förekom vid de hedniska blothögarna. En sådan christen fornhelgedom under bar himmel fick i Wärend namn af **offerställe**, *böneställe* eller *bedjeplats*. I den gamla helgelunden S. Sigfrids hult i Kinnevalds härad, förekom fordom, eller kanske ännu, ett sådant offerställe, sex alnar ifrån den heliga Sigfridskällan, i hvilken S. Sigfrid döpte hedningarne. Enligt Rudbecks beskrifning var der en stor sten, »trind som en pelare», 5 fot hög och 8 fot tjock, ofvantill slät som ett bord, och hvarå »äro uthuggna många korss». »Två alnar ifrån stenen, rundtomkring, är »en stenmur, på alla sidor ½ aln hög, derest S. »Sigfrid stått inne och predikat, och döpt i käl»lan.» Vi torde icke mycket misstaga oss, om vi af denna beskrifning sluta, att stenen ursprungligen varit en hednisk blotsten, och källan en hednisk blotkälla, och att en ursprungligen hednisk helgedom här blifvit förvandlad till ett christet böneställe. För att emedlertid förtydliga så väl den äldre formen och beskaffenheten af dessa gamla christna helgedomar, som det sammanhang, hvari de stå med våra yngre slutna medeltids-kyrkor, må det tillåtas oss att här välja några exempel, tagna äfven från andra delar af vårt fäderneslånd.

På Sikevarps udde, i Bredsäters socken af Kalmar län, fanns således ännu år 1634 ett öppet Offerställe, som i folkmålet fick namn af *Korss-kummel*

Offerställe (Offer, Korss-kummel) på Sikevarps udde, i Bredsäters socken, Kalmar län. 1634.

eller *Offer*. Det bildade, enligt Rhezelii ritning och beskrifning, en låg rundel eller ringmur, om 13 stegs (vid pass 39 fots) tvärmått, med in- och utgångs-öppningar i norr och söder. Midt i rundelen stod ett 11 fot högt stenkorss, hvari fanns ett hål, der fordom varit fästad en stålväska eller bössa, i hvilken sjöfarande haft för sed, att offra till de armas behof, sedan de inom ringmuren »hållit sina »böner till Gud om välfärd, och hvarannan önskat »vind och godan bör i Jesu namn och hamn i samma »namn». — I Alems socken af Kalmar län, mellan Pata Kapell och kyrkobyn, fanns på samma tid ett offerställe, formadt som en fyrkantig stenmur,

Offerställe emellan Pata kapell och kyrkobyn, i Alems socken, Kalmar län. 1634.

med öppningar åt två motstående sidor och ett träkorss midt uti; »hvilket af ålder så varit hafver och »hållits vid makt. Säges hafva varit Offerställe»

Samtidigt fanns vid Espedal, i samma socken, ännu en öppen stensättning, som af folket kallades kapellet. Midt i denna stensättning var en stenlagd fyrkant, antingen såsom altare eller såsom fotställning för det förstörda bönekorset. Der ofvan, åt norr, var muren lagd i halfrundel, och nedantill, åt söder, såsom en framtill öppen fyrkant. Ingångs-öpp-

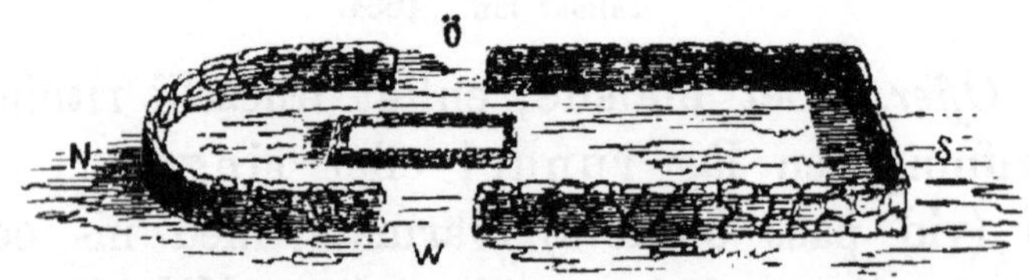

Offerställe, kalladt Kapellet, vid Espedal, i Alems socken, Kalmar län. 1634.

ningarne voro å ömse sidor i öster och vester. Enligt folkets berättelse hade här fordom varit Kapell, så att »förrän kyrkan gjordes, hafva de gått dit »och predikat. I fejde-tiden har man ock derstädes »begrafvit folk». *)

Såsom vi finna af ofvanstående, fingo de öppna christna offerställena under bar himmel någon gång jemväl namn af *Kapell;* en benämning, som väl eljest närmast tillkommer de äldsta slutna, ännu små och inskränkta christna helgedomarne. Dessa helgedomar fingo namn af **offerhus**, och voro icke annat än de äldre hedniskt-christna offerställena satta under tak. Hülphers, i sin Dal-resa (år 1757), omtalar ett sådant offerhus vid Grangärde i Westmanland, som varit uppbygdt öfver en (offer-?) källa vid Grytänge, och haft två gluggar på hvar sida, »derigenom folket då

*) *I. H. Rhezelii* Collectanea Antiquit. in Ölandia et Smalandia. A:o 1634 (Hds. å k. Biblioth.).

Offerhus vid Grangärde i Westmanland. 1757.

»inkastat och offrat af sitt, näringsmedel, Os»munds-jern m. m.» Detta offerhus var fyrkantigt och af enklaste byggnads-art. Mera prydligt och efter nordisk fornsed klädt med spån, var då ett gammalt förfallet Kapell, som på Peringskölds tid (i slutet af 1600-talet) ännu fanns qvar på Hofva kyrkogård i Westergötland. Rimligtvis har äfven detta kapell varit ett forntida offerhus, eller åtminstone af en från de fyrkantiga offerhusen lånad byggnadsform; likasom vi med skäl torde kunna antaga, att våra s. k. *rundkyrkor*, af hvilka några ända till vår tid bibehållit sig, så väl i Svealand (Solna, Munsö, Mörkö m. fl.), som i Kalmar län och på Bornholm, ursprungligen icke varit annat än offerhus af sten, sednare förvandlade till små kapell eller kyrkor; men ännu i sin byggnadsform bevarande

Offerhus (kapell) på Hofva kyrkogård i Westergötland, vid slutet af 1600-talet.

grundteckningen af det fornnordiska runda offerstället. Vi finna således, att, vid sidan af de arkitektoniska former, dem våra svenska medeltids-kyrkor lånat ifrån den grekiska basilikan, uppträda i vårt land äfven egendomliga nordiska byggnadstyper, förtjenta att studeras, likasom vi i allmänhet tro, att det rent nationela elementet spelar en vida större rôle i hela vår medeltids-bildning, än man i allmänhet synes böjd att antaga.

Offerhus (Rundkyrka) vid gamla Dimbo i Westergötland, vid slutet af 1600 talet.

Från det ursprungliga öppna offerstället, och de äldre små slutna offerhusen eller kapellen, uppväxte i den yngre medeltiden de s. k. **offerkyrkorna.** Hvad som för dessa kyrkor är utmärkande, var mindre deras byggnadsform, som i allmänhet öfverensstämde med andra medeltidskyrkor, utan deras vidblifvande karakter af allmänna offerställen, hvilka, genom offer grundade, borde genom offer underhållas. Vi ega, så vidt kändt är, blott en af dessa fromma medeltids-institutioner inom Wärend, nemligen Härlöf i Albo härad; men i aflägsna trakter af de länge hedniska Finveden och Niudung, förekomma flere, såsom: Fembsjö, Sandvik, Kållerstad, Tutaryd, Lemnhult och Lannaskede. Till dessa offerkyrkors underhåll hafva af ålder varit gifna offer, äfven ifrån långt aflägsna delar af vårt land, och torde såsom ett ålderdomligt drag böra anmärkas, att dessa offer alltid bestodo af något djur, som gafs in natura, om det än i en sednare tid kunde med penningar lösas. Ännu år 1788 hade man för sed vid Sandviks offerkyrka, att hvart för sig pålysa eller kungöra så väl hvad djur som blifvit till offer gifvet (lamm, kalfvar, kor o. s. v.), som den lösepenning som derför blifvit af egaren erlagd till kyrkan. Hvad slutligen beträffar det ringa antalet af offerkyrkor i sjelfva Wärend, må man icke deraf draga den slutsattsen, att de uråldriga offerbruken här tidigare än hos grannarne försvunnit ur folkets vanor. Tvärtom, blefvo de redan tidigt genom lag ordnade, och ingingo i landets katholska och sednare äfven protestantiska kyrkoförfattning. Enligt Wärends- eller Tiohäradslagen borde alla, som själarykt ega, offra till presten »på juldag och påska, helgonamessa och kyrkomessa. »Då skall presten å altaret få lef och lefs-sofvel »af hvarje husfru, derest ej mera sjelf bonden vill». Vidare borde hvarje hustru i inläsnings eller kyrkogångsafgift gifva ½ mark vax och ½ örtug i penningar, »och lägga å altaret tre lefvar bröd och »sofvel». Offret lades således under medeltiden in natura på sjelfva altaret. Längre fram utbyttes det emot en frivillig penning-gåfva, och har i denna form bibehållit sig ända in i vår egen tid. De torde dock vara få, som, vid åskådandet af ett s. k. *Offer* i en wärendsk lands-kyrka, veta eller ihogkomma, att denna folksed här icke är blott af lånadt och judiskt ursprung, utan skjuter rötter genom hela medeltiden, djupt ned i vår egen fornnordiska hedendom.

Kap. III.

Hedna-tro.

§ 46. Likasom vi sett att den gamla hedniska offerkulten i Wärend bibehöll sig, såsom folksed, ännu flera århundraden efter christendomens införande, och att dess bruk, plägseder och föreställningssätt, hela medeltiden igenom qvarstodo såsom underlag för den nya christna kulten; så gäller detsamma jemväl i afseende på våra förfäders **hedna-tro**. Hedendomens verlds-åskådning och guda-lära qvarstodo nemligen länge, såsom lefvande *folk-tro*, vid sidan af den nya läran, och spillror deraf ha i Wärend förmått bibehålla sig ända in till våra tider. Dessa lösa spillror hafva naturligtvis ej kunnat undgå, att, under påverkan af så många århundradens christliga idéer, småningom upplösas, vittra och på mångfaldigt sätt ombildas. Men de låta sig dock ännu i många fall igenkännas, om ock deras urskiljande, likasom i allmänhet studiet af medeltiden med dess olikartade bildningar och öfvergångs-former, kräfver en stor varsamhet. Vi hänvisa i öfrigt till den mening vi redan i det föregående uttalat, om vår hedna-läras egen uppkomst ifrån elementer af olika ålder, och härrörande ifrån landets dels äldre gotiska, dels ock yngre invandrande wirdska befolkning.

Hvad som ibland dessa qvarlefvor af uråldrig hedendom torde vara märkligast, såsom det är djupast liggande, är den i Wärend ännu lefvande tron på ett blindt, allt beherskande **Öde.** Folket bibehåller än i dag samma verlds-åskådning, som en gång var hedendomens innersta kärna och grundval. Allt hvad som timar och sker i verlden, godt eller ondt, är på förhand skipadt af en hemlighetsfull makt, hvilken allt är undergifvet och af hvilken de yttre händelserna blott äro uppenbarelser, likasom menniskans egna lidelser och hennes genom dem bestämda handlingar. Man igenkänner allestädes en evig verldslag, men har ännu icke förmått höja sig till en allmän och klar uppfattning af idéen om en christlig försyn, eller om menniskans handling såsom beroende af viljans fria och sedliga sjelf-bestämning. Och i sammanhang med denna tro på Ödet, såsom en högre allt beherskande nödvändighet, fattar ännu mången efter hedningarnes sätt hela skapelsen, såsom ledd och befolkad af hvarannan underordnade, mer och mindre mäktiga natur-vättar, under hvilkas inflytelse äfven menniskan, och hvad henne tillhör, står i lifvet, och emellan hvilka hon sjelf intager sin gifna plats efter döden.

Spåren af detta föreställningssätt framträda allestädes märkbara, i wärendskt folkmål såsom i wärendskt folk-lif, om ock nu mera oftast i en mildrad form. Ännu i sednare tider har man dock exempel på en rå fatalism, såsom då en mor vägrade tillåtelsen att genom rullning söka till lifvet återkalla hennes drunknade son, eller i den gängse motviljan mot att i sjukdomsfall tillkalla läkare o. s. v. Man har nemligen länge betraktat dylika åtgöranden, såsom otillåtna ingrepp i ödets oföränderliga skickelse. För öfrigt nyttjas ännu ordet *öden, öen, ön,* i landets folkmål, under betydelse af genom ödet eller skickelsen bestämd, såsom: »äss ja ä öen te å loiva tess den daen kommer» (ↄ: om jag är af ödet bestämd att lefva tills den dagen kommer); »han va inte öen te å få soi sia hoira växena» (ↄ: han var inte af ödet bestämd att få se sina gossar uppvuxna) o. s. v. Eljest heter det nästan alltid vid inträffande olycksfall: »det var rätt så skickadt», »ämnadt», »bestämdt», »utsedt», »förordnadt»; »det skulle så ske»; »det skulle så hända»; »det var rätt så, att det skulle så vara». När dråparen dräper, såsom när han sjelf får gå till döden, säger ännu alltid wärends-qvinnan, full af medlidande: »ja, det var väl så hans öde»; »stackare! det var ett ynkeligt öde». Ödet spelar således sin hemlighetsfulla rôle, hvarhelst död och olycka äro framme, likasom öfverallt, der menniskan, beherskad af våldsam lidelse, synes handla mindre efter eget rådslag än på grund af en inre bjudande nödvändighet. Allting är detsamma underordnadt, hedna-guden och natur-vätten såsom mennisko-sinnet, och då hela naturlifvet och skapelsen är en sammankedjning af olika potentierade makter, står med detta föreställningssätt i noga förbindelse den allmänna tron på tydor, varsel, genfärd och förebud, genom hvilka ödet i dunkla tecken förebådar stundande tilldragelser.

Vi få om dessa tecken närmare yttra oss i det följande, och vilja, med anledning af ödes-gudinnornas fornnordiska namn af Nornor, här blott hafva anmärkt, att i Wärendsmålet förekommer ett verbum, norna, nyrna, som betyder gifva hemliga vinkar, hemligen underrätta, hemligen åtvarna. För ex. »jag nornade, nyrnade, nyrnde åt honom, att han skulle ta sig i akt». Om och huruvida detta ord nu står i förbindelse med namnet på de hedniska nornorna, öfverlemna vi åt våra språkforskare att utreda.

§ 47. Ibland de forn-nordiska hedna-gudarne har, såsom vi redan i det föregående anmärkt, **Oden** varit i Wärend hållen för den högste, och, efter all anledning, tillika dyrkad såsom land-Ås eller landets skydds-gud. I sådan egenskap har man åt honom egnat vissa heliga vatten, orter, lundar och andra helgedomar, och vid de hedniska offergillena helgat honom första minneskålen såsom *Allfader*, hinn allmatki áss, den allsmäktige guden. Ifrån denne gud, Allfader, till de christnas Gud, Allsmäktig, var öfvergången lätt förmedlad; vi finna ock, att man i Wärend, och sannolikt redan från den äldsta christna tiden, haft för sed att vid sina gillen tömma första minnes-skålen för *Gud Allsmäktig i himmelen* (jfr. § 38). Det kunde likväl icke dröja länge, förrän den inre motsättningen emellan den gamla och nya läran trädde bestämdare fram, och man kom att inse, hurusom hedningarnes och de christnas gud Allsmäktig icke voro ett och samma väsen, utan att dem emellan förefanns en inre outplånlig motsatts. I mån som christendomen slog rot i det allmänna tänkesättet, kom nu den äldre Gud Allfader, eller Oden, att framstå såsom ett Gud Allsmäktig i himmelen motsatt gudaväsen. Men ännu alltjemt var han den christna Gudens jemlike, och det är först långsamt, under en fortsatt kamp emellan hedendom och christendom, som vi se bilden af den gamle Allfader, Oden, steg för steg förlora sitt fäste i folkföreställningen, grumlas och bli oigenkänlig, tills han slutligen, såsom en öfvervunnen mörksens ande, drager sig undan i natten och alltmer antager de förvridna dragen af de christnas Satan.

Vi få, i det följande, tillfälle att närmare påvisa denna öfvergång i föreställningssättet. Med afseende på den degradation af Odens-idéen, och den kamp emellan äldre hedniska och yngre christliga föreställningssätt som vi här betecknat, böra vi dock hafva anmärkt, att denna inre strid i Wärend varade längre än annorstädes, och att vi deraf finna spår ännu långt fram i sednare tider. Wärends domböcker, vid början af 1600-talet, framställa således flerfaldiga exempel på rena hedningar, individer, som öppet förnekade christendomen och de christnas gud, som aldrig gingo till kyrkan, utan »offentligen kallade på Satan», åto och drucko i djefvulens namn, och egnade sin tro och sin dyrkan åt *en annan Gud* eller åt »*den andre*». Hvilken denne andre Gud verkligen var, kan icke vara något tvifvel; man igenkänner hos honom ännu alltid dragen af den gamle hedniske Oden *Allfader*, ehuru småningom sjunkande ned emot den utifrån lånade idéen om djefvulen. Allt detta torde bli ännu mera tydligt genom det härefter följande. För att emedlertid visa, hurusom Oden Allfader, eller »den andre», ännu för tvåhundrafemtio år sedan i wärendska folktron bibehöll sin ställning, såsom ett »den *store* Guden,» »Gud den Allsmäktige», »Gud Allsmäktig i himmelen» sidoordnadt, om än mindre mäktigt gudaväsen, vilja vi här utur domböckerna anföra några upplysande exempel.

En beryktad trollbacka i Sunnerbo härad, vid namn Elin i Horsnäs, blef år 1610 »pröfvad på vattnet», hvarvid hon icke sjönk, utan flöt. Hon yttrade då, att »hon ej trodde hennes Gud skulle så hafva svikit henne».

Nyårsdagen år 1617 hände sig i Albo härad, att Jöns i Ware gått till Wislanda kyrka och varit vid tre predikningar. Förr än han vände hem, gick han in i prestagården och fick mat. Då bad presten honom bli qvar öfver natten; men han ville icke, utan sade sig vilja gå hem till sina bröder och mågar. När han nu kom hem, fann han dem alla, tillika med sin hustru, sittande vid bordet att dricka. Ibland dem var ock Jöns Persson i Tubbemåla, som likaledes varit till kyrkes och varit vid två predikningar. Hvad det nu led, kommo fränderna att ordkastas om ett ljus, som tröt och ej nog hastigt tändes. Då sade Jöns i Ware: »vi viljom icke hafva sådant tal. Hämter mig in en kanna öl; vi vilje dricka Vårs Herres »skål!» När ölet kom, drack han Herrans Åminnelse-skål och talade det bästa han kunde, och drack Jöns i Tubbemåla till. Då tog Jöns i Tubbemåla kannan och drack, sägandes: »hjelp oss Gud »Allsmäktig! Vill inte Han, *då hjelpe oss den* »*Andre!*» Detta tal hade han tre gånger. Då svarade Jöns i Ware: »bevare oss, Gud Allsmäktig! Vill du »hafva *Den* till dryckes-stallbroder, då vill jag gå ifrån »dig». Dermed gick Jöns i Ware undan till ett herberge, för att lägga sig. Men Jöns i Tubbemåla tog sin knif och sprang efter honom. I den strid emellan fränderna som nu följde, fick Jöns i Tubbemåla ett knifstyng, så att han vardt död fjorton dagar efter.

§ 48. Om Oden såsom *Valfader*, eller gifvare af seger och herre öfver dem som falla i strid, hade man i Wärend sägner ända in emot slutet af 1600-talet. Några af dessa sägner finnas antecknade af P. Rudbeck, i hans skrift om Smålands antiquiteter, och i Palmskiöldska samlingarne. Hit hörer den längre fram följande berättelsen om presten Per Dagsson, som straffades af Oden, derföre att han gjort ohägn på en gammal val-plats. Såsom vi deraf se, föreställde man sig i Wärend Oden Valfader, såsom en jättehög man till häst och med spjut i handen. — Dit hörer ock den ofvan åberopade sägnen, om huru Oden kom upp ur Åsne-kofve, eller sjelfva oset, der Helige-å (Husaby-ån) mynnar ut i Odensjön (Åsnen), för att välja de slagna på Bråvalla-hed och föra dem på guldskepp till Valhall. »Och samma guld»skepp, om hvilket hvart barn vet att tala, skall vara »nedsänkt vid Rune-mad, vid Nyckel-berget». Det är i enlighet med detta äldre föreställningssätt om Oden, såsom gifvare af seger, som den yngre folktron antager, att man genom pakt med djefvulen kan göra sig hård emot både lod och jern. Ett sådant fall förekommer i Albo härads dombok för den 18 Maj 1632, der det heter om en förrymd knekt och skogsman, att han »hade med then Onda så vidt gjort »kompakt, att han var hård, så att hvarken lod eller »jern kunde göra honom skada». Det är ock enligt samma uppfattningssätt, som djefvulen sjelf i folkmålet ännu får namn af *den hårde, hin hårde, hin håle*.

Såsom vi sett uppträder Oden Valfader, i folksägnen, ridande på en hög svart gångare och med spjut i handen. Hästen var ock såsom offerdjur honom företrädesvis helgad, och synes ha stått under hans serskilda beskydd. Spår af en gammal förbindelse i föreställningssättet emellan hästen och den hedniske Oden återfinnas ännu i wärendska folktron. Så väl Necken, som Djefvulen, uppenbarar sig stundom i skepnad af en häst. Wieselgren omtalar, hurusom Satan, i skepnad af en häst, dansade hvar natt på ett loft i Brohult af Wislanda socken, och huru man ännu vid slutet af förra århundradet sökte på en kyrkogård »bortläsa den svarta hästen». Äfven omtalar han en sägen, om en man som sköt »den stora hästen» i pannan. Rääf har i norra Småland antecknat en läsning emot en sjukdom hos hästar, kallad Floget, i hvilken läsning Oden anropas eller åberopas. Läsningen lyder:

Oden står på bergen,
han spörjer efter sin fåle;
floget har han fått.
Spotten i din hand och i hans munn;
han skall få bot i samma stund.
I namn, etc.

När hästar vantrifvas och om morgnarne stå ruggiga och svettiga, heter det hos Wärends-folket, att »de ridas af Maran», och när de få invärtes krämpa eller ref, säger man, att »de ridas af Necken». Begge dessa föreställningssätt synas hafva tillkommit genom förblandning med Oden, Puken eller Fanen. Vi finna åtminstone ingen rimligare förklaring till den ännu gängse seden, att öfver en häst, som rides af maran, i spiltan upphänga (ett brändt bagga-horn eller) en död skata, äfvensom till den allmänna folktron, att om man dödar skator, får man ohell på sina hästar. Skatan var nemligen en åt Oden helgad fogel, och man synes en gång hafva föreställt sig, att Oden sjelf, eller, i den yngre folktron, något ondt och fruktadt hedna-väsen (Necken, Maran) nattetid skulle rida bondens hästar, så vida icke den heliga fogeln vore dem till skydd. Ett liknande föreställningssätt synes äfven ligga till grund för folkseden, att öfver stalldörren upphänga roffoglar, såsom örnar, ufvar, hökar och ugglor. Dessa foglar blefvo nemligen i hednatid offrade åt Oden; deras upphängande är således ett slags hedna-offer, och folktron antager oföränderligen, att det sker, på det hästarne må trifvas och icke om nätterna ridas af Maran.

Ännu för några mansåldrar tillbaka brukade Wärends-allmogen offra eller gifva till *Odens hästar*. Dervid tillgick sålunda, att man antingen vid slåttern på ängen qvarlemnade några gröna gräs-strån, hvilka nedböjdes och täcktes med mossa, så att de ej skulle af boskapen röras, eller ock på hvarje bredestad qvarlemnade en frisk hö-tapp, som på lika sätt skyddades emot ohägn. Härvid pålyste eller tillsade bonden alltid uttryckligen, att »detta skall Oden ha till sina hästar» eller »detta får vara åt Odens hästar». Underlät någon detta offer till Odens hästar, så troddes han få till straff, att åt året på sin äng erhålla en dålig gräs-skörd.

I sammanhang med de hedniska föreställningarne om Oden såsom Valfader, eller gud för dem som falla på valplatsen, och Oden såsom Hanga-Tyr, eller tillika gud för dem som blifvit offrade och upphängda i helgelundarne, står den i Wärend ännu lefvande folktron om *Odens foglar.* Alla de skilda arterna af korp-slägtet, men förnämligast ramnen eller korpen, kajan och skatan, hvilka såsom as-foglar åto af de blodiga liken, betraktas nemligen än i dag af allmogen såsom heliga, och deras ofredande eller dödande tros föra ofärd med sig. Man säger om dem, att »de äro Odens foglar» eller »Pockers följe» eller »höra Fanen till», och att vid Olofsmesso-tid Oden, eller Skam, Pocker, Fanen har dem i åtta dagar hos sig, eller synar dem, i Heckenfjäll eller Blåkulla, der han plockar fjedrarne af dem och äfven tager de fetaste, för att på dem koka soppa. Detta är orsaken, hvarföre alla skator, som man får se vid denna tid på året, äro nakna och skalliga om halsen. — Serdeles för korpen har man ännu en med fruktan blandad vördnad, och ofredandet af hans näste eller dödandet af fogeln sjelf anses bringa säker olycka. Höres korpen klonka öfver gården eller om korpar huggas sins emellan, så bådar det intet godt. Höras korpar på kyrko-vägen, så spörjes någon död. Låta korpar höra sig, när lik föres till grafven, likasom i fall det då är oväder, tros den aflidne icke hafva dött väl. Korpen sättes således ännu alltjemnt af folktron i förbindelse med dunkla minnen af forntida hedendom. Äfven skatan är en betydelsefull fogel och skyddad af ett uråldrigt föreställnings-sätt. Hennes bo, som ofta var bygdt i det vid hvarje gård stående gamla vårdträdet, måtte ej af någon röras. Rifver någon ned skatebo, så tros han blifva skabbig. Om skator skjutas, tror man att det blir olycka på hästarne. Höras skatorna skjattra, så bådar det främmande; men sker det nattetid, så stundar någon stor olycka, såsom f. ex. vid kolerans utbrott i Jönköping sommaren 1834. Äfven roffoglarne, hvilka, på sätt vi redan nämnt, i hednatid egnades åt Oden såsom offerdjur, ställas någon gång af folktron i en dunkel förbindelse med Skam eller Oden. Således när gladan ses fara i luften, tros hon kunna »vitas bort», att hon ej gör skada på höns och kycklingar, i fall någon till henne ropar:

»Gla, Gla, Glänta!
Skam skall dig hemta,
föra dig öfver stock och sten.
hugga af dig båda dina ben».

eller, efter en annan uppteckning:

»Glada, Glada, glänta!
Skam skall du vänta.
I morgon skall du hänga
på fyra och tjugo strängar,
med alla dina ungar,
hjerta och tunga,
lefver och lunga;
din lumme-tjuf!»

§ 49. Den skepnad, under hvilken Oden oftast uppträder i wärendska folktron och folksägnen, och hvari han, till och med ännu i våra dagar, stundom visar sig för Wärendsbor som nattetid färdas öfver ödsliga trakter, är såsom en nattlig gengångare. Många ännu lefvande personer hafva således sett honom vandra emellan höst-dimmorna på Ulfsboda-myr, i Wislanda socken, och på flera andra ställen. Han är då antingen till fots, med en sid och vid hatt på hufvudet (ɔ: Oden Sidhöttur), eller till häst, ridandes på en hög, svart gångare, hvars skor i folksägnen gemenligen omtalas såsom smidda af klart silfver. En häst-sko af Odens gångare, likväl icke af silfver, utan af jern, förvaras ännu på Wexiö konstkammare. De nätter, under hvilka Oden gör dessa ensliga vandringar eller färder, infalla förnämligast vid de gamla hedna högtiderna, såsom julnatten och skärthorsdags-natten. Han lider då icke gerna att menniskor komma i hans väg; ty natten, och framför allt dessa nätter »höra honom till». Någon gång talar han dock äfven vänligt till den ensamme och förskrämde vandraren, som på julqvällen icke uppnått sitt aflägsna hem, och sägnen vet till och med att förtälja, huru han låtit denne sitta upp bakom sig på häst-länden, hvarefter färden gått genom luften, öfver haf och land och öfver berg och dal, såsom midnatts-stormen. Spörjer någon den hemlighetsfulle ryttaren till, hvem han är, så gifver han korteligen till svar, att han »är en *Öcken-vandrare*».

I nära förbindelse med dessa urgamla hedniska föreställningar, förekomma i Wärend, likaledes ännu lefvande, en allmän folktro och flerfaldiga sägner om Oden, såsom en nattlig jägare. Han färdas då antingen till fots eller till häst, förer vid sidan ett stort jagt-horn och i handen ett spjut, eller, i den yngre sägnen, en bössa. Villebrådet som han jagar är oföränderligen en skogsnufva eller ett bergatroll, som flyr för honom genom luften, med utslaget hår och de långa, hängande brösten uppslängda öfver axlarne. Jagten går öfver skog och berg, såsom när foglen flyger eller vinden far. Någon gång har man mött Oden hemvändande från sin nattliga jagt, med den dödade skogsnufvan hängande tvärs öfver häst-länden. Oden i denna skepnad är, enligt den yngre folksägnen, en forntida konung, som på detta sätt får fara och jaga så länge verlden står, till straff för sina många och stora synder, medan han lefde här på jorden. Men ibland alla dessa synder var det den största, att han älskade jagten öfver allting, så att han, för att få jaga, icke ens gaf sig tid att höra den heliga messan.

Oden, såsom nattlig jägare, har alltid före sig två svarta, raggiga hundar, hvilka i den yngre folktron uppträda med eldröda tungor och brinnande ögon, och otvifvelagtigt gifvit upphof till föreställningen om de s. k. helvetes-hundarne, hvilka tros åtfölja Satan eller af honom vara utskickade. Nämnde hundar omtalas ännu allmänt af folket, under namn af *Odens hundar.* Folksägnen vet förtälja, huru de stundom kommit in på någon enstaka gård, för att erhålla en beta bröd af christet folk. Deras skällande är såsom ett kort, något hest hundskall; den ene hundens något gröfre än den andres. Ännu i dag, när Wärendsfolket om höstqvällarne, vid den tid då vildgåsen (Anser Cinereus eller Anser Leucopsis) är stadd på flyttning, får höra ett dåft susande högt upp i luften, med ett sällsamt läte, såsom af drifvande jagthundar, är det en allmän mening, att »det är *Odens jagt,*» »det är *Oden, som är ute och jagar*»; »det är *Odens hundar,* som höras i luften». Stundom tycker man sig härvid äfven förnimma dönet af skott, lossade i fjerran, samt andra hemlighetsfulla ljud ur den mörka rymden. — Vi torde icke behöfva för våra läsare påpeka, hurusom hela detta föreställningssätt är i grunden natur-mythiskt, och visar våra hedniska förfäders uppfattning af en enkel, men för dem obekant naturföreteelse.

Likasom Oden, eller, i den yngre folktron, djefvulen gör hård emot skott och gifver lycka i krig, så tros han ock, såsom sjelf jägare, gifva sina vänner och tjenare lycka till jagt och fiske. År 1625, d. 28 Febr., ransakades på Kinnevalds härads ting i Täfvelsås om en dråps-sak, hvari en man, vid namn Nils Månsson i Täfvelsås blifvit dräpen af sin granne, vid namn Börge. Detta mål väckte redan i och för sig ett stort uppseende inom häradet, enär Börge var känd såsom en stilla, blödig och saktmodig man, som aldrig förnärmat någon menniska, hvaremot den dräpne var en vild slagskämpe och öfverdådig menniska, »sådan som icke plägar dö på lakon-säng». Men hon syntes för alla än mera märklig, när det under ransakningen blef upplyst, hurusom i Nils Månssons kläder, dem han hade på sig när han blef slagen, »fanns en skrift, fast underlig skrifven, med många »korss och sådana bokstäfver som ingen förstå »kunde. Men begynnelsen var så med svenska bok»stäfver, att han bekände sig hafva gjort kontrakt »med Satan, att tjena i 14 år; hvaremot Satan »lofvat honom stor lycka i att skjuta alle»handa foglar och djur, desslikes ock fisk, af »hvad sjöar och vatten han söka ville». Den dräpne blef på grund häraf dömd »utan kyrkogård». För öfrigt syntes, vid målets öfvervägande, rätten fast otroligt, att den blygfärdige Börge skulle fälla en sådan öfverdådig menniska, som honom ringare aktade än ett barn. »Men», tillägger domboken, »Satan, som »visste tiden och kontraktet, förde honom visserligen »på denne saktmodige mannen». — Hela föreställningssättet lefver för öfrigt hos Wärends-folket än i dag.

§ 50. I Laurentii Petri svenska krönika omtalas, huru Oden varit »landskunnig» under namn af *Rike Oden*. Samma föreställnings-sätt, om *Oden* såsom gifvare af rikedom, har i Wärend varit gängse ifrån äldsta tider, om det än i den yngre folktron alltmera öfverföres på djefvulen eller Satan, med hvilken personer i sednare tid gjort pakt och lofvat honom tjenst, för att vinna penningar och rikedom. Vid tinget med Åsheda prestagäll i Uppvidinge härad, den 6 Febr. 1632, framkom för rätta Jöns Köpdräng och anförde, att han kom till Börge i Rosendal, i akt att låna penningar, till att betala sin gäld med. Börge svarade: »gif dig *Odhan* i våld, så får du penningar nog!» Jöns frågade huru det skulle gå till. »Jo», svarade Börge, »du skall gå bort på en korss-väg om »en thorsdagsafton, och gifva dig *Odan* eller »*fanen* i våld, och sedan ropa tre rop, så kommer »han fram och gifver dig penningar nog». Men Jöns Köpdräng, som för egen räkning fann saken betänklig, gick i stället till Christman i Svenshult, lärde honom samma konst och bad honom gå ut på stora landsvägen, der han fann en korss-väg, och gifva sig fannen i händer och sedan ropa: »*Ode* kom, *Ode* kom, »*Ode* kom och gif mig pengar! Jag vill sätta »dig tjenst». Christman följde hans anvisning, och gick första gången ifrån sitt hem till Asby, två och en half mil, ut på landsvägen, och ropade tre rop och gaf sig Oden i våld. Men när han andra gången gick ut i samma mening, att försvärja sig, kom han inte längre än till Bredhalla, en half mil från sitt hem, förr än han blef så sjuk, att han inte orkade ut på landsvägen.

Vanligaste sättet att med Rike Oden träda i förbindelse var eljest, såsom »det har af hedenhögs varit »en vidskepelse och skick i Wärend» och ännu förekom på Rudbecks tid, »att den som ville blifva rik, »*böd* offentligen *Oden till gäst* och manade honom »till sig. Och såsom den onde anden, den sig i »Odens hamn förskapat, alltid är färdig till så»dant som kan förleda menniskan från rätta salig»hetens väg, kom Oden alltid om Thorsdagsnätter »farande och gästade hos sådana bönder, som »sedan af hans penningar uppfyllde kallades rika. »Och som han hade många att gästa, kunde han inte »oftare komma till någon af sina värdar än hvar »nionde Thorsdags-natt. När han kom resandes var »hans stat så, att först kommo ett par stora svarta »hundar löpande. Der näst red stundom en, stun»dom två grufveligen stora tjenare före honom uppå »svarta hästar. Sedan kom han sjelf åkandes i »en gräselig stor vagn, med stora svarta hästar »före. Kusken var äfven stor, och så väl han som »husbonden hade stora, höga hattar, sådana som »bönderna i gamla dagar brukte draga. Så folket, »som hästarne och hundarne hade gräseliga stora ögon, »som brunno som eld i skallen på dem, och är han »intet angelägen att alltid följa landsvägen, utan far »fram öfver stenar, berg och dalar, nästan som om »Thordön kör, och går det alltid fort för honom. »Der stenigt är, tappar han dock stundom bort häst-

»skorna, hvilka äro väl tilltagna och finnas efter ho-»nom, och somligstädes här i landet förvaras såsom »en sällsamhet».

Således gästade han ännu på Rudbecks tid »hos »många giriga bönder, ja, ock andra ståndspersoner »här i landet; det alla veta intyga. Såsom salig Knut »Matsson Rijs sade om tre grufveligen rika bönder, »nemligen Lindorm i Skräddaremåla, Olof i Holie och »Jon i Wälie, hos hvilka Oden förmentes gästa, att »de hafva skämt af *fanen* allt det han eger, så nu »går han gård emellan och tigger».

»Vidare är att märka, att der Oden gästar, måste »hans värd väl laga till om honom, tvätta och upp-»feja den stuga eller kammare han skall gästa i, och »bordet stå dukadt tillreds, med ljus på. Inga »qvinnfolk få der gå in; ty de hafva gemenligen »silfver-korss hängandes på bröstet och det kan Oden »intet lida. Trenne rätter mat vill han hafva och öl »dertill. När han det förtärt, lägger han så många »hvita penningar i fatet igen, som maten var »mycken till, och när måltiden är ändad, reser han »bort med samma process som han kom dit». — Rudbeck tillägger, att han »hört berättas af dem som »säga sig genom nyckelhålet på dörren ha sett honom »(Oden), att han ser ganska leder ut; att han har »stora horn, som räcka upp i taket, och tungan ned »på bröstet. Men för dem som umgås med honom, »ser han ut som en stor, tjock, svartklädder karl».

I hela denna folktro blanda sig, på ett vidunderligt sätt, äldre hedniska föreställningar med yngre idéer och sedvänjor ur medeltiden och den nyare tiden. Huru det tillgick, när någon offentligen böd

Oden till gäst, ha vi ofvan visat, i berättelsen om Christman i Svenshult, som på thorsdagsqvällen gick bort till en korsväg och ropade tre rop och gaf sig Oden i våld. Folktron, att Oden personligen gör besök hos sina dyrkare hemma i gårdarne, är rent hednisk; hon är icke annat än ett råare uttryck för den gamla idéen, om gudarnes och de aflidnas osynliga närvaro vid de för dem anrättade offentliga eller husliga offermåltiderna. Vi se ock att Odens gästning hos rika bönder i Wärend ställdes i förbindelse med den på Rudbecks tid, och ännu, i åtskilliga bondhus iakttagna seden, att Helga Thor, med uppdukadt bord och tändt ljus, alldeles såsom på jul-afton. Otvifvelagtigt är ock hela sagan ingenting annat än ett yngre försök, att förklara denna urgamla, blott dunkelt förstådda plägsed. I Odens och hans körsvens utrustning med stora, höga hattar, igenkänna vi ett drag, betecknande så väl för den gamle Oden Sidhöttur, som för de hedniska Odens-presterna. Odens färdande i vagn, och med en ståt sådan som höga herrar brukade vid slutet af medeltiden, är icke annat än en ny form af den äldre naturmythen om Odens färd genom luften om höstqvällarne. Nämnda naturmyth lefver för öfrigt än i dag, jemväl i denna form, och förf. har mångfaldiga gånger hört Wärendsboar förtälja, huru de nattetid sett en stor svart karét draga förbi genom luften, och kunnat skönja hundarne, hästarne, eldskenet och hela ståten, nästan ord för ord lika som det beskrifves af Rudbeck. Det heter då än i dag, såsom det hette i hednaverld, att »*Oden är ute och far*», »*Oden far förbi*», eller, efter ett yngre föreställningssätt: »det är sjelfva Pocker eller Fanen, som är ute och färdas». Huru för öfrigt denna naturmyth rättast bör förklaras, lemna vi åt våra naturforskare att afgöra. Af alla beskrifningar vill det synas, såsom gömde sig derunder den af folkfantasien uppfångade bilden af sträckande större flyttfåglar, som nattetid i väldiga skaror draga fram öfver fälten. Härifrån det hemska, sällsamma ljudet i luften, dönet och hvinandet, hundskallet, hvimlet af svarta hästar och tjenare, och den mörka vagnen, som ilar fram med stormens hastighet. – Hvad slutligen beträffar sådana drag, som att den onde anden förskapat sig i Odens hamn, eller att Oden ej kan lida silfverkorsen, som qvinnor bära på bröstet, eller att han är svart, har stora horn på hufvudet och en lång, röd, hängande tunga, så igenkännes i dem alla föreställningssättet om, och den vidriga bilden af Satan, sådan han i vårt land ännu allmänt framträder i folktron, eller på väggmålningarne i lands-kyrkor från den yngre medeltiden.

§ 51. Hos våra krönikeskrifvare från reformations-tiden, omtalas Oden äfven såsom en *runokarl* eller trollkarl, och Laurentius Petri förtäljer om »den landskunniga runokarlen och afguden, Rike Oden benämnd». Att kronisten härvid endast anför en på hans tid lefvande svensk folktro, blir desto mera antagligt, då vi ur vida äldre källor ha oss bekant, att Oden en gång varit ansedd för runornas uppfinnare, och att dessa, vare sig i betydelsen af skriftecken, eller af hemlig vetenskap, besvärjelse, trollsång, ansetts ega hemliga och öfvernaturliga egenskaper. Men hela föreställningssättet framträder icke blott i det äldre norden, utan igenfinnes lefvande ännu i sednare tiders folktro. I de gamla sägnerna om den store runo-karlen Kettil Runske, af hvilka vi ega en högst märklig uppteckning ifrån det till Wärend angränsande Niudung, förekommer, huru Kettil vann sin öfvernaturliga makt, genom att från Oden, eller berga-gubben i, Ufvela-berg, bortstjäla hans tre runo-kaflar*). Och äfven i Wärend hafva dessa uråldriga föreställningar en gång hört hemma. I Rudbecks relation, om det i Wärend fordom och ännu väl kända hedniska bruket att på högtids-nätterna gå årsgång, för att bli klok eller »vis i många saker», heter det således uttryckligen, att »när de »hafva gått i sju år och hållit sig tillbörligen, kommer »på sista dagen af sjunde året när de gå, en man »ridandes, ur hvars hals går bara eldslåga, och »har denne man en run-kafle i munnen. Om nu »den som går årsgång är så snäll och dristig, att han »springer till och tager kaflen ur munnen på den »andre, så säges det, att han genom denna kaflens »bärande hos sig blifver ganska klok, så att han kan »veta allt hvad man frågar honom efter; ja, han skall »kunna se nio alnar ned i jorden». Tydligen är ryttaren med runkaflen här ingen annan än den hedniske Oden, som enligt en allmän folktro är ute och färdas på sin svarta gångare, just samma högtids-nätter då man borde gå årsgång. Eldslågan i hans munn är naturligtvis en yngre medeltids-idé, lånad ifrån Biblens skildring af afgrunden, icke såsom ett gammalnordiskt helvete, stelnande af köld, utan såsom ett sydländskt infernum, brinnande med eld och svafvel. Men run-

*) Läsning för folket, 8:de årg., 2:dra häft.

kaflen som han bär är en attribut, otvifvelaktigt af ålder tillagd den gamle runokarlen Rike Oden, vare sig nu att denne uppträder till häst eller såsom en hemlighetsfull bergagubbe, och sjelfva föreställningen om runornas underbara makt genomgår all svensk folktro. Hon fortlefver än i dag hos Wärends-allmogen, som i sina läsningar och signerier ofta finnes använda den gammalnordiska runmynden, vid sidan af medeltidens olika formade korss och kabbalistiska tecken.

§ 52. I hela den framställning vi här lemnat, öfver spåren af den gamla Odens-tron i Wärend, se vi allestädes det ursprungliga hedniska föreställningssättet stadt på flygt, och småningom vikande undan för ett yngre, lånadt ifrån medeltidens allmänna uppfattning af djefvulen. Ingenstädes sker detta likväl tydligare, eller antager blandningen af fornnordiska och sydeuropeiska idéer en hemskare och vidrigare gestalt, än i det föreställningssätt, som karakteriserar vårt nyare svenska trollväsende. Vi hafva om hela detta väsende redan uttalat vår mening. Enligt denna voro våra svenska trollbackor närmaste arfvingar, icke blott till de gamla trollens magiska bruk, utan ock till de hedniska Holdornas och Sejd-konornas dystra vidskepelse, beggedera uppblandade med sydfolkens halft romaniska, halft germaniska hex-väsen. Äfven här se vi dock den ursprungliga bilden af en fornnordisk Oden någon gång framskymta, och förf. erinrar sig en troll-ransakning, i hvilken Satan, vid det ensliga besöket i trollbackans gård, ännu var utmärkt genom sin hatt, sådan som höga herrar brukade bära. I de trollransakningar vi känna ifrån

Wärend, är dock den nordiske Oden redan alldeles undanskymd af medeltidens *Puke*, på en gång en sydländsk vampyr eller djefvul, och en österländsk Satan. Till utseende är han således »ganska stor och svart, »hafvandes horn på hufvudet och långa, hvassa »klor på händerna». För de qvinnor, som vilja lära sig trollkonsten, uppenbarar han sig under skärdagarne vid ensliga möten i skogen eller hemma i gården. Der måste de då först knäfallande »besvärja sig med Satan», »försvärja» eller »öfvergifva den store Guden» och lofva att honom aldrig mer tjena; utan »gifva sig uti Satans våld». Till ett tecken af denna förbindelse, öfverlemna de sig åt hans omfamningar, hvarefter han sätter ett märke på deras kropp, ofvan om hjertat, på bröstet eller på skuldrorna; der suger och diar han blod af dem i sömnen och qväljer dem. Nu hjelper han dem att göra s. k. *Bjerga-harar, Di-harar* eller *Mjölk-harar*, hvilka förfärdigas af stickestubbar, som äro brända i båda ändar och kastas vid golfvet, hvarefter hararne skickas ut till trollbackans »förläningsbönder», att af deras kor dia mjölk, som de sedan utspy i ett af trollbackan framsatt käril. I dymmel-veckan, serdeles på skärthorsdags-natten, håller Satan äfven gästabud för trollbackorna i *Blåkullan* eller *Heckenfjell*, dit dessa, likt de gamla trollen, då komma farande genom luften, ridande på kalfvar, ugnsqvastar, rakor och annan redskap. Vid gästabudet sitter Satan sjelf i högsätet och den förnämsta trollqvinnan hos honom, och sedan en puke och en trollbacka så långt det räcker. Deras omfamningar äro det enda afbrottet i den gräsliga högtiden, vid hvars slut hvarje trollqvinna erhåller sin förläning, der hon ensam eger taga nyttan af sina grannars kor; hvarefter Satan gifver dem orlof att fara hem, och sällskapet vänder igen till sitt på samma sätt som det kommit.

Oden, eller, såsom han i denna förvridna skepnad uppträder, Satan, sätter sig under samma nyare tid i förbindelse icke blott med de wärendska trollbackorna, utan jemväl med stora missdådare, hvilka satt honom tjenst eller »gjort kompakt med den onde». Våra domböcker bevara åtskilliga drag af detta ännu på 1600-talet gängse föreställningssätt. En stortjuf, vid namn Anders Svensson i Hiertanäs, bekände sjelf godvilligen inför Albo härads-ting, d. 27 och 28 Sept. 1634, att när han satt fängslad och lagder inom starkan mur, kom Satan till honom i liknelse som en pojk, frågandes om han ville tjena honom, då han (Satan) ville hjelpa honom utur fängslet. Anders, som satt med »massblacken» om benen och bojor om fötterna, svarade ja. Då kom Satan och bröt sönder massblacks-stången, som eljest två starka karlar icke förmå att böja, och slet bojorna af fötterna, och Anders hade så när kommit till skogen, hvar icke annan hjelp hade varit på färde. Sedan har Satan kommit till honom tre gånger i en hunds liknelse, och kysste honom, hvarigenom han (Satan) fick så stor makt med honom, att han begynte illa traktera honom, »vred munnen upp till öronen», och ryckte så hårdt på handklofvan och jernen, att en annan tjuf, som satt bunden med Anders i samma häkte, deraf led stor nöd; det de båda inför rätten godvilligen bekände. — Såsom vi se, har Satan äfven här af Oden och Odens hundar bibehållit ett karakteristiskt drag, nemligen den liknelse af en hund, hvari han uppträder; men är för öfrigt icke annat än en puke, ovätte eller ond ande, som »illa trakterar» sina vänner, alldeles såsom vi ofvan sett att han, lik en vampyr, nattetid diar blod af de olyckliga qvinnor, som öfvergifvit den store Guden för att med honom besvärja sig.

Dessa främmande drag, genom hvilka vi således steg för steg nedgått ifrån den höge hedniske Oden till medeltidens *Pocker* eller *Puke,* stå för öfrigt icke enstaka inom den yngre folktron. Det är nemligen i Wärend ännu en allmän föreställning, att ett ondt väsen, som får namn af Puken, nattetid under sömnen anfaller, qväljer och suger kraften af folk, serdeles af qvinnor. Han är härvid oftast osynlig; men har någon gång varit sedd lik ett nystan, kommande in genom den s. k. »grufvan». En egen, icke sällan förekommande sjukdom får i folkmålet namn af »Puken», likasom blå fläckar på kroppen få namn af Puka-nyp. När någon fått se en hemsk, nattlig ovätte, om hvars rätta art han är osäker, hörer man ännu ofta sådana uttryck, som: »jag tror jag såg sjelfva Puken; det var ingen vanlig gast». En nu igenrasad håla i berget vid Odensjö, der ännu för 250 år sedan fanns en röd (offer-) skål af sten, stående på ett stenbord, heter hos folket än i dag Pukakyrka eller Pockers-hide. Ordet Pocker, som för öfrigt med Puke icke blott är af samma rot, utan ock af samma betydelse, betecknar eljest nu mera i folkmålet djefvulen, tänkt såsom den främste af de onda andarne, med horn och klöfvar. Vi ha i det föregående visat den förbindelse i föreställningssättet, som eger rum emellan detta onda väsen och den äldre folktrons hedniske Oden.

§ 53. Likasom Oden, denne väldige hednagud, som en gång dyrkades icke blott af de gotiskt-skandinaviska, utan ock af de gotiskt-germaniska folken, ännu är känd i Wärends folktro och folksägen, om ock det gamla föreställningssättet visar sig stadt i en fortgående upplösning; så hafva spår efter detta föreställningssätt jemväl bibehållit sig i Wärends folkmål. Ännu för några mansåldrar sedan sammanfattade man således begreppet om alla slags ovättar och onda väsen, under den gemensamma benämningen af *Odens-tyg*, d. v. s. fans-tyg, Satans-tyg. »Alla de gastar »och spöken, som gå uppendagade här i landet och »bry folk, i hus, skog och mark», fingo på Rudbecks tid namn af »*Onroot*, eller Odens root eller quar-»låtenskap»; de heta nu i folkmålet »Lussefers (ɔ: Lucifers, djefvulens) anhang». Man brukade af ålder äfven svärja vid Oden, och nyttjade dervid på Rudbecks tid sådana uttryck, som: »*Oden ta mig*, är det icke sannt» o. s. v., en svordoms-formel, som förf. ännu för 25 år sedan fann lefvande i en undangömd vrå af Södermanland, in emellan Kolmordsbergen. Då emedlertid Oden var ett af dessa fruktade väsen, hvars namn ingen gerna måtte nämna, utbyttes den urgamla hedniska eden redan tidigt emot andra, lättare, inneslutande samma begrepp och föreställningssätt i en mildrad omskrifning. Nästan alla intill denna dag i Wärendsmålet brukliga svordoms-formler äro, på detta vis, blott mer eller mindre karakteristiska modifikationer af den gamla eden vid

Oden. En öfversigt af dessa i folkmålet lefvande eder och svordomar blir då på sitt sätt märklig, i det hon visar den successiva upplösningen af den ursprungliga Odens-idéen, och de skiftningar som småningom egt rum i föreställningssättet, innan det gamla, skarpt bestämda och utpreglade begreppet om en emot christendomen fiendtlig, hednisk Oden, efter hand öfvergått i den färglösa och vidriga bild af djefvulen, som i vår tid är den bäst bibehållna qvarlefvan af den en gång höga och alfvarliga, om ock råa och dystra fornnordiska Odens-läran.

Namn på det onda väsendet och *svordoms-formler* i Wärendsmålet.

Oden. (Odens-tyg; Onrot). »Oden ta' mig!»
Necken. »Ta' mig Necken!»
Ramund. »Gå du Ramund i våld!»
Hunnen. Hunningen. Hunsingen. Hundane. »Det var Hunnen!» »Alltid äst du ett ohunnen!» »Hunna vid den!» »Hunnen ha vid den!» »Ta' mig Hunnen», »Hunningen», »Hunsingen!» »Det ger jag Hunnen!» »Det var Hundana!» Det ger jag Hundane!» (Jfr. § 13).
Raggen. Raggingen. »Ta' mig Raggen!» »Det var Raggen!» »Ta' mig Raggingen!»
Den lede (uttalas: »den Loje»). *Ledingen* (uttalas: »Lojingen», »Leingen»). »Det var den Lede.» »Det var Ledingen». »Ta' mig Ledingen!» »Ledingen toke den!» »Ledingen ta vid den!» »Ledingen sitt' i den!»
Den Hårde. Hin Hårde. »Det var sjelfve den Hårde!»

Skam. »Skam få ingen god!» »Skamfingen god!» »Skam få den!» »Skam få bytingen!» »Skam få ledingen!» »Skam få mig!» »Skam far' i mig!»
Gäken. »Det var gäken.» »Ta mig gäken!»
Gammel-Hans.
Pocker. »Det var sjelfva Pocker». »Ta mig Pocker!»
Fanden, Fanen.
Djefvulen.

§ 54. Då tron på den hedniske **Thor**, likasom i allmänhet hedendomens religiösa föreställningar, ifrån början uppkommit genom personifikationen af en yttre natur-företeelse, och således ursprungligen är en ren natur-myth, kunna vi med skäl vänta att densamma bör ha lemnat tydliga spår i folkets ännu lefvande uppfattningssätt. Så är ock förhållandet, och vi återfinna uti Wärend, både i språk och i folktro, åtskilliga drag som hänvisa till våra hedna fäders föreställningar om åskans mäktige Gud.

Man tänker sig således ännu allmänneligen åskan såsom en personlighet, åt hvilken man i Wärend ömsevis gifver namn af *Thor* eller *Thore-Gud, Gofar* och *Gobonden.* Han är till sin yttre skepnad en gammal gubbe med rödt skägg. År 1629 blef i Uppvidinge härad en bonde tingförd för hädiskt tal om Vår Herre. Han hade nemligen yttrat om regnet, att »hade jag den gamle gubben här nere, »skulle jag hårdragas med honom för detta myckna »regnandet». Det är således Thor, som gifver sommarregnet, hvilket derföre i Wärend får namn af Gofar-regn, Gobonda-regn eller Åsa-regn. I södra delen af Wärend, ned emot skånska gränsen, der Thor får namn af Kornmoden, säger man ännu om gamla rödskäggiga tigge-gubbar som komma till gården: »se der, kommer Kornmoden!» Jag tänkte det var sjelfve Kornmoden som kom».

Åsk-dundret uppkommer, när Thor på sin kärra färdas fram i molnen. Det får derföre efter honom namn af Thor-dön. Eljest säger man äfven: »Gofar körer», »Gobonden körer», »Åskan körer». Thor färdas dock icke ensamt i luften, utan stundom i eller uppå jorden. Det heter då om honom, att »han jordkörer». En Wislanda-bonde mötte honom en gång körandes på detta sätt. Han satt då »på en liten kärra», förespänd med en häst. Ett dunkelt minne af hans bockar torde dock gömma sig under den s. k. julbocken, en förklädnad eller skråpuk, med ragg och horn, som ännu på lek förekommer i Wärend, så väl om julen som vid Lusse-festen; det sednare väl på grund af namnets likhet med Lucifer, Lussefer, — medeltidens med horn och klöfvar utrustade Satan.

När åsk-moln uppstiga på himlen, tror man sig i dem ännu se skepnader efter den gamle Thor. De få derföre hos folket namn af Thorn (Thoren), torn, Gobonna-torn, Åska-torn, Gubbar, Gofar-gubbar, Åska-gubbar, Hattar, Gofar-hattar, Åska-hattar, Moln-hattar, Åska-kåpor.

Thor håller i handen en vigge af sten, som får namn af Thor-vigge, och som stundom hittas i marken. En sådan Thorvigge eller Thorvigge-sten är god att hafva i huset, till skydd emot all slags trolldom. Med Thorviggen slår Thor efter trollen, hvilka i honom ha sin fruktade fiende. Så snart åskan börjar låta höra sig, få trollen ock brådt att gifva sig hem till sina gömslor. Härifrån de många väder-ilar, som visa sig i luften före ett åskväder; häraf äfven de gängse talesätten: »Gofar slår ned», »åskan slår ned». Der åskan slagit ned, hittas äfven någon gång på marken små hvita stenar, helt glatta och ej större än blomman i ett ägg. De få namn af Gobonda-stenar, Gofar-stenar, och äro nyttiga till mångahanda. Läggas de i silen, när man silar mjölk, så äro de ett säkert medel, att ej mjölken blir »ofärdig» eller på något sätt kan skadas af troll-backorna.

Vi hafva redan i det föregående omtalat, huru man i Wärend fordomdags åt Thor helgat vissa vatten (Thors-ån, Thorsjön), åsar (Ö. och V. Thorsås), orter (Thors socknar), näs (Thorsnäs), källor (Thorsa källa, Helge Thors källa) och lundar (Thorshult). Januari månad kallas efter honom af folket ännu *Thor*-månad, likasom Februari får namn af *Gya*, Gye-månad. Man har derom ett gammalt rim:

Thor med sitt långa skägg
lockar barnen utom vägg.
Men sen kommer *Gya*
med sin slya (spö),
kör barnen i grufva.

Ännu vid slutet af 1600-talet brukade man i Wärend svärja vid Thor, sålunda: »*ja, Thore Gud!*» »*nej, Thore Gud!*» likväl utan att dervid fästa någon bestämd föreställning. Samma talesätt förekommer nu mera förbytt till den i Wärend brukliga utrops- och bekräftelse-formeln: »ja, du min Store Gud!» »nå, du min Store Gud!» Det märkligaste spåret efter landets äldre Thorsdyrkan återfinnes dock i den ännu ihogkomna eller i hemlighet brukliga *Thorshelgen* eller *Helga Thor, Helga Thore-gud* och *Frigge.* Vi ha om detta urgamla hedna-bruk närmare yttrat oss redan i det föregående (§ 43) och få, rörande det dervid fästade föreställningssätt, dit hänvisa.

Likasom gudarne och de aflidne vid högtiderna troddes gästa hos sina dyrkare eller vänner, och på samma sätt som vi redan förtäljt om Odens besök på thorsdags-qvällen hos de wärendska Odens-dyrkarne, så har ett liknande föreställningssätt äfven varit gängse om Thor. Folksägnen bevarar ännu återljud af gamla berättelser om Thors kamp med jättar och troll och om hans vandringar. Han åtföljes på dessa färder af sin hustru, den hos Wärendsfolket ännu ihogkomna *Frigg* eller *Frigge.* Om seden att vid Thorshelgen eller på Thorsdagsqvällarne alltid ha stugan sopad och fejad, förtäljes således, att det var en gång en käring, som på den aftonen icke hade sopat sin stuga. Hände sig så, att Thore-gud och Frigge kommo gångandes om qvällen. Då måste Thore-gud sjelf sopa ren en fläck på golfvet, der hans qvinna måtte föda sitt foster. Det är fördenskull, som golfvet alltid bör hållas sopadt tillreds och hela stugan vara prydd och fejad.

Vi hafva redan i det föregående (§ 29) omtalat, huru man i den christna medeltiden gaf åt den gamla Thors-källan vid Thorsås namn af H e l g e - T h o r s k ä l l a. Enligt detta föreställningssätt blef guden sjelf således ett katholskt helgon, en *Helge-Thor.* Namnskiftet står eljest i naturligt sammanhang med hedningarnes gamla sed att h e l g a T h o r eller fira T h o r s h e l g e n. Vid sidan af det christna föreställningssättet, som väl blott är ett uttryck för den gamla Thorsidéens började upplösning, qvarstod dock länge den äldre folktron om Thor såsom åskans gud. Äfven denna sjönk likväl småningom, tills vi i wärendska folksägnen nu med svårighet igenkänna den kraftige Asa-guden, i en gubbe, som man någon gång på thorsdagsnatten sett med sin käring sitta vid husets spinnrock, eller i den bedröflige Kornmoden, som med sitt röda skägg och sin förfallna skepnad sorgligt vittnar om kraftens förgänglighet på jorden.

§ 55. Efter de öfriga hedna gudarne förekomma i Wärend blott få och otydliga spår. Rudbeck omtalar, att ännu på hans tid, när man ville prisa någons kroppsstyrka, brukade man derom talesättet: »han är stark som **Tyr**.» — Lokalnamnen *Frösö, Frödsen, Fröseke* och *Fröshult* visa tillfyllest, att **Frö** eller Frey, såsom fruktbarhetens gud, varit i landet dyrkad, och att öar, åsar och lundar varit honom helgade. Åtskilligt i de gamla wärendska julsederna, serdeles julagalten, julagrisen eller julahösen på julbordet, står ock i förbindelse med den svenska kulten af Frö, likasom det mythiska väsen, som i Wärend är kändt under namn af *Glo-son* (af glo ɔ: glänsa), och åt hvilket man somligstädes ännu gifver offer, väl knappast kan rimligare förklaras, än såsom en erindring af Frös galt med de gyllene borsten. Vi få om detta väsen tala i det närmast följande. — Efter **Balder**, sommarens och solens gud, åt hvilken man en gång tände eldar och firade fester vid midsommar (jfr. § 42), har lekvallen i gärdet vid V. Thorsås sitt ännu bibehållna namn af *Balda-näterna*.

En liten hvit blomma (Anthemis), som slår ut på högsommaren ibland vinterrågen, heter i Wärend Balsebro (ɔ: Baldersbrå), likasom en beslägtad art (Cotula foetida) i Skåne, jemväl efter Balder, får namn af Balsebro eller Ballingsbro *). Ett adjektivum *båld* i Wärendsmålet betyder ljus, skär, solröd, purpurfärgad. När man vill beteckna himlens klara högröda färg vid solens upp- eller nedgång, heter det att himlen är båldröd, och blodet i mennisko-kroppen, som vid blodflöde icke må nämnas, får metaforiskt namn af det bålda; såsom i talesättet »det bålda går af honom».

§ 56. Om **Locke,** eldens gud, erinrar en märklig wärendsk folksed. Barn, som fälla tänder, bruka nemligen kasta tanden i elden, sägande:

Locke, Locke, gif mig en bentand!
Här har du en guld-tand.

eller

Locke, Locke Ran,
gif mig en bentand för en guldtand!

Tydligen härrör detta bruk ifrån den forntida eldskulten. Vi veta ock, att de gamla elddyrkande folken fäste en religiös betydelse vid tandsprickningen. Plinius (VII: 16) omtalar, att Romarne icke brände å bål, utan jordade obrända, liken efter de barn som ännu icke fått tänder. Såsom Juvenalis sjunger:

quum terrà clauditur infans
et minor igne rogi.

---

*) *C. Linnæi* Skånska Resa, 1749, ss. 422, 177, 210.

Efter all anledning har seden varit densamma äfven hos våra egna förfäder, och vi finna då häri förklaringen till det urgamla nordiska bruket att vid tandsprickningen gifva barnet en gåfva, som fick namn af tandfä eller tand-gåfva.

En art spindlar får i Wärendsmålet namn af *Lockar* (sing. Locke); deras väfvar äro Locka-nät eller Locka-snar. Lockarne hållas i Wärend för heliga; de tros spinna lycka, och att döda dem har intet godt med sig. När Wärendsqvinnan vill förstöra Lockar och Locka-nät, sker det derföre alltid genom att kasta dem på elden, till förekommande af all deraf härflytande förgerning eller olycka.

§ 57. Om gudinnan **Frigg** eller **Frigge** ha vi redan i det föregående (§ 54) anfört, att hon enligt wärendsk folktro var Thors eller Thoreguds hustru, som följde honom på hans vandringar, hvadan ock Thorshelgen ännu får namn af att helga Thoregud och *Frigge*.

Frigg var i hednaverld gudinna för spånad och qvinnlig hemslöjd. Det var sålunda för henne, som spåntenen (ɔ: sländan) och spånvagnen (ɔ: spinnrocken) icke måtte röras under thorshelgen, likasom man icke heller på thorsdagsqvällen, eller någon stor högtidsqvåll, måtte göra annan kringgerning, såsom nysta, spulta (spola), varpa, vinda garn, lägga tömmar o. s. v., icke ens mala eller köra med vagn uppå gårdens egor. Det sistnämnda af dessa iakttaganden hänförer sig dock måhända snarare till Thor sjelf, som enligt folktron färdas åkande. Det heter eljest om dessa gamla wärendska folkbruk, att på de nämnda qvällarne spinna Thoregud och Frigge, och att man förr i verldena sett en gubbe och en käring sitta vid spinnrocken på Thorsdags-natten. Och ännu i vår tid tror folket sig förnimma, huru spinnrocken går denna natt. Man säger då efter gammalt tal, att det är Thoregud och Frigge som spinna.

Friggs spånten lyser ännu på himlen, såsom en stjernbild (ɔ: bältet i Orion), under det i Wärend allmänt kända namnet *Frigge-tenen* eller *Frigge-rocken.* Gudinnan sjelf har deremot, såsom vi nyss nämnt, åldrats till en gammal käring, som nu mera blott som en nattlig genfärd besöker de hus, i hvilka hon fordom varit dyrkad. Mångenstädes har hon till och med nedsjunkit till en hednisk ovätte eller *puke.* Det heter derföre stundom, att det är puken, som spinner om thorsdagsnätterna, och att om någon spinner den qvällen, så spinner det efter hela natten.

L. Rääf har i norra Småland antecknat en gammal läsning emot Floget hos hästar, i hvilken läsning gudinnan Frigg åberopas. Den lyder sålunda:

Frygge frågade frå:
»huru skall man bota den floget får?»
»Spotta i hand och slå honom på mund;
han skall få bot i samma stund.»

§ 58. Den fornnordiska gudinnan Freya synes i Wärend ha varit dyrkad under namn af **Fru,** åtminstone finna vi denna ordform i namnet på en hednisk offerlund vid Skatelöf, kallad *Frulund.* En ört (Hypochoeris), hvars blad i Wärend fordom samlades vid slåttertiden och åtos såsom kål, heter likaledes hos folket *Fruekål.* Redan tidigt öfverfördes dock gudinnans namn, tillika med det dervid fästade föreställningssättet, uppå christendomens heliga jungfru, som i medeltidens folkmål blef efter den hedniska Fru kallad *Vår Fru.* De blommor, som en gång smyckade gudinnan Frus klädefåll, tillegnades nu, med ett nästan oförändradt namn och efter ett i grunden rent hedniskt åskådningssätt, den christna Vår Fru eller den heliga jungfrun. Af dessa gamla VårFru-blommor hafva några, ända till denna dag, i Wärend bibehållit sina medeltids-namn och sitt anseende för helighet. Vi anföra exempelvis:

Jungfru Marie ögnalock (Drosera rotundifolia). De små fuktiga bladen äro *jungfruns ögonlock;* håren, som fransa dem, äro *jungfruns ögonhår,* och de klara droppar, som sitta på dessa ögonhår, äro den heliga *jungfruns tårar.*

Jungfru Marie hand är den hvita, ettåriga roten af Orchis bifolia. Den svarta tuåriga roten af samma ört heter hos Wärends-folket Skams hand, Pockers hand, den Ondes hand.

Jungfru Marie förkläde ɔ: blomman af Orchis maculata.

Jungfru Marie kåpa ɔ: Alchemilla vulgaris.

Jungfru Marie topp ɔ: blomman af Orchis bifolia.

Jungfru Marie hör (ɔ: lin) ɔ: Polygala vulgaris.

Jungfru Marie hamp.

Jungfru Marie sänghalm ɔ: Galium Verum.

Ibland flygfän får den lilla gullhönan, samt Coccinella bipunctata och septempunctata, namn af *Jungfru Marie Nyckelpiga,* och hålles likaledes af folket för helig.

Äfven en luft-företeelse, som nu mera bär namn efter jungfru Maria, synes tillhöra samma mythiska idé-krets och således en gång hafva varit hänförd till den hedniska Fru. När himmelen på sommarqvällarne är »småspjuttig», eller fläckvis öfverdragen med små purpurmoln, heter det hos Wärends-folket, att Jungfru Maria har sått ut sina bönor.

Af folkbruk ifrån medeltiden, hvilka med Fru stå i ett närmare eller fjermare sammanhang, bör nämnas den gamla fromma jul-seden, att på jul-afton måtte qvinnorna i gården sy något litet, hvarmed Jungfru Maria fick hjelp till barnakläder åt sitt nyfödda barn. Ibland bakverken på barnens jul-högar ser man äfven ofta en s. k. *Jungfru*, eller en stor kringla, bakad till afbild af Jungfru Maria. Ibland årets stora högtids-dagar räknas ännu alltid Fruedagen, gamle Fruedagen, Vår Fru-dagen (ɔ: Marie Bebådelse-dag, d. 25 Mars), såsom en af de förnämsta. Han är i Wärend tillika en reppa-dag, så att andre reppen, vår-reppen, med honom begynner.

Ibland fromma medeltids-minnen, hvilka ända till en senare tid lefvat i folkets hågkomst, äro åtskilliga böner till Jungfru Maria, hvilka således äfven sprida något ljus öfver det äldre föreställningssättet om den hedniska Fru. Vi meddela längre fram dessa böner, lika oskuldsfullt ljufva, som de åt jungfru Maria helgade ängsblommor, hvilka vi redan omtalat.

Sammanföra vi nu de spridda drag, som vi på detta sätt kunnat hopleta ur den lefvande folk-traditionen, så synes allt häntyda på, att Fru varit i Wärend dyrkad såsom en qvinnlig Frö, personifikationen af den befruktade naturverlden. Ängens fagraste blommor äro derföre hennes attributer, smycken på hennes drägt eller oskuldsfulla bilder af hennes eget väsen, som förklaras i återskenet af den skäraste moders-känsla. Hon har då otvifvelaktigt ifrån början varit betraktad såsom en *magna mater*, en *moder* för allt som lefver i naturen. All anledning är således att tro, att den gamla hedniska offerhög, som, under namn af *Moderhögen*, förekommer vid Skäggalösa icke långt ifrån Frulund, en gång varit henne helgad. Ännu på Rudbecks tid offrade Wärends-folket uppå denna hög mat och dryck, vid pingst och midsommar.

§ 59. Ett mythiskt väsen, som med den hedniska guda-verlden står i ett tydligt, om än icke fullt utredt sammanhang, ihogkommes ännu i Wärend under namn af **Glo-son**, ett ord, som väl får anses härledt af verbet glo, i Wärendsmålet ɔ: titta stort, lysa, glänsa.

Glo-son omtalas allmänneligen såsom ett stort, hvitt svin, med eld i ögonen och med eld gnistrande utur sjelfva borsten, så att hon skiner som ett bloss. För öfrigt beskrifves hon på olika sätt. Efter somligas mening är hon stor som en snö-plog, har ett vidunderligt snyte (ɔ: tryne), med ofantliga betar eller huggtänder, och löper fram med krökt rygg och hufvudet böjdt ned emot jorden. Hennes ögon brinna i hösen såsom en eld, och äro stora som koppar eller skålar, och när hon grymtar, rungar det ned i sjelfva jorden. Andra säga, att hon är såsom en såg på ryggen. Man vill äfven veta, att på henne rider en liten gubbe med röd pinnhätta, hvarvid elden stinker omkring åt alla sidor, och att

Glo-son bär i munnen en kafvel af trä, eller ock en stor guldkafvel, som årsgångare någon gång kunnat rycka till sig, — ett drag, analogt med hvad vi nyss (§ 51) förtäljt om Oden och hans runo-kafle. Ett allmänt föreställningssätt är dessutom, att den som går årsgång eller annars nattetid möter Glo-son, må hastigt vika till vägkanten, och antingen hålla benen i korss eller hugga för sig med en yxa, emedan hon eljest har makt att löpa emellan hans knän och fläka eller klyfva honom.

I den yngre sägnen har Glo-son tappat mycket af sitt vilda, hedniska lynne, och blifvit till en nattlig ovätte, som skrämmer eller ofredar vägfarande. Såsom sådan spökar hon, under namn af *Ulfvagårds-son*, vid en vik af sjön Örken. Nere vid södra gränsen lefde ännu för få år sedan en man, om hvilken det gick ett allmänt tal, att han nattetid mött Glo-son, en half mil bortom Markaryds kyrka. I fyllan och villan kom mannen icke nog hastigt ur vägen, utan Glo-son lopp emellan hans knän, tog honom på ryggen, och lät honom så rida baklänges en god halfmil, tills hon slutligen kastade af honom. Der träffades han andra dagen liggande halfdöd i landsvägs-diket.

Wärendsfolket bibehåller ännu flerestädes en urgammal hednisk sed, att offra till *Glo-son*, gifva *Glo-son*, ge *Glo-son* till jula-föda. Härvid tillgår så, att när man lyktar skära på åkern, lemnas några sädesstrån oskurna. Dessa vridas ihop och nedläggas på jorden, täckta med små klapper-stenar, under uttryckligt tillkännagifvande, att »detta skall Glo-son ha», »detta skall vara åt Glo-son». Sedan tager den offrande en eller tre småstenar, dem han kastar bakom sig öfver venstra axeln, med de orden: »när du ätit upp detta, så gack till N. gård.» Andra göra intet vidare, än att de på åkern qvarlemna tre ax, sägande: »detta skall Glo-son ha; ett till jul-afton, ett till nyårs-afton och ett till trettondedags-afton.» När bonden efter slutadt tröske mäter upp logen, plägar han likaledes af sädes-dråsen qvarlemna, eller ur sista säcken taga några korn, dem han slår ut i en vrå »åt Glo-son». Äfven när han höstar in frukt, plägar han lemna några äplen qvar på apeln, hvilka då på samma sätt anses för offer till Glo-son.

Meningen med dessa urgamla, hedniska folkbruk angifves olika. Somliga tro, att den, som icke offrar åt Glo-son, har att vänta henne till gäst om julen, så att hon på de tre stora högtidsqvällarne ligger under hans jula-bord. Andra påstå, att man offrar, för att det må bli god äring åt året. Men alla öfverensstämma deri, att för den som icke offrar åt Glo-son blir allting odrygt; ty »hvar Glo-son icke får på åkern, tager hon i stället uti ladan». Genom detta offer tror man sig derföre vinna, att afvet, afväte, afvort (ɔ: råttor och möss), icke må hugga af ladet eller skära säden efter inbergningen.

Såsom af allt detta blir tydligt, sättas offren till Glo-son i bestämd förbindelse med sädes-odlingen och skörden på åkern, alldeles som vi sett, att offren till Odens hästar sattes i förbindelse med skörden på ängs-vallen. Vi ledas häraf till den meningen, att Glo-son, såsom naturmyth, sammanhänger med den hedniska dyrkan af Frö eller Frey, den nordiske guden för åkerbruket, i hvars kult svinet uppträder såsom sinnebild af åkerns fruktbarhet. Glo-son, med sina eldgnistrande borst, blir då samma mythiska väsen som den gullborstade Freys-galten, och hela föreställningssättet träder i naturligt sammanhang med den förut (§ 40) omtalade wärendska folkseden, att till jul slagta en jula-galt, jula-kutte eller jula-gris, att på julabordet alltid hafva en kokad svinhös eller s. k. jula-hös, och att öfverst på julahögen lägga en aflång limpa eller vörtkaka, likaledes kallad jula-galten. För öfrigt torde böra anmärkas, att änskönt vi äfven i Wärend träffa spår efter den hedniske Frö, synes dock hans dyrkan vara en af de yngre bestånds-delarne i vår nordiska hedendom, och flera skiftningar i föreställnings-sättet ha förekommit hos olika stammar i vårt land. Inom flera svenska landskap är det således icke Frö, utan Thor, som är gud för säden, och han erhåller härpå syftande folknamn, såsom Kornbonden, Korngubben, Kornmoden o. s. v. Glo-son ställes då icke heller i förbindelse med Frö, utan med Thor. Inom Tveta härad af norra Småland är hon således känd af folket, icke såsom Glo-son, utan såsom *Torre-suggan* eller Thorssuggan.

§ 60. Nedom den egentliga guda-verlden, men med denna noga förbunden, står i wärendska folktron en verld af lägre naturväsen, naturvättar eller naturandar, som lifva och beherrska den yttre sinnliga naturen. Dessa naturvättar hafva i christna tiden blifvit räknade till *Onrot* (ɔ: Odens rot) eller *Odens-tyg* (jfr. § 53), namn, som i allmänhet beteckna deras sammanhang med den hedniska

Odens-läran. I den yngre medeltiden, då de fattades allt mera andeligt, och småningom förflyttades utom naturen till det i skriften omtalade mörksens rike, fingo de namn af *Pockers följe, Lucifers slägte* eller *Lucifers anhang.* Om detta Lucifers slägte uppkom nu den sägen, att då, efter Biblens lära, Lucifer och hans anhang nedstörtades ifrån himmelen, så föllo icke alla ned i helvetet, utan många föllo i hafvet och på jorden. De som då föllo i vattnen, blefvo till Haf-fruar, Sjö-rån, Neckar, Elfvar, Vatten-elfvor och Källebäcksjungfrur. Af dem som föllo ned på jorden, togo några sin boning i skogen, och blefvo till Skogsrån, Skogsnufvor, Skogstroll, andra i bergen, och blefvo Bergrån, Berga-troll, andra i rör och under träd, och blefvo Elfvor och Vättar, andra i husen, och blefvo Tomtar eller Tomtegubbar. Men hos dem alla, ehvad och ehvar de äro, lefver hoppet om en förlossning på domedagen, och de längta till denna dag, som en gång skall blifva deras befrielse. Enligt en annan uppteckning af samma folksägen, hände sig, att när Vår Herre gick omkring ner på jorden och skapade all verlden, passade Djefvulen sitt ram och steg upp i himmelen. Der satte han sig på stolen och skop mång sinom tusen andar. När så Vår Herre vände igen till himmelen, dref han dem alla ut. Då nedföllo de, som ett regn, i haf, på berg och backar, och hafva allt sedan varit till en förvillelse för menniskan.

På ett ännu sednare stadium af det gamla föreställnings-sättets upplösning, återfinna vi åtskilliga af dessa naturvättar, likasom hednagudarne sjelfva, förvandlade till *pukar* eller onda andar, hvilka nattetid komma in genom grufvan (ɔ: spiseln), för att qvälja folk i sömnen eller suga blodet och kraften utur dem. De qvälja då äfven djuren, och ett slags sår på hästar får vid södra gränsen namn af Puk-skinn. Dessa pukar deltaga i det gräsliga gästabud, som Satan under påsknätterna gör för trollbackorna i Blåkullan eller Heckenfjäll, och uppträda öfverallt och under olika skepnad såsom det ondas tjensteandar. Vi hafva om dem korteligen yttrat oss i det föregående (jfr. §§ 52, 57), och återfinna dem flerestädes i det följande, såsom en vanlig medeltids-form för en i upplösning stadd hednisk ovätte.

§ 61. Det naturväsen eller den natur-vätte, som uppenbarar sig i hafvet och råder för dess skiftningar, får hos Wärends-folket namn af **Haf-frun.** Hon är, såsom sjelfva namnet angifver, ett qvinnligt väsen och bor på hafs-bottnen, der hon eger stora, granna salar, den ena präktigare än den andra. Hennes drägt är en kjortel, så snöane hvit att han glindrar emot solen, och derofvan en ljusblå tröja. Så klädd visar hon sig stundom på sjön Möckeln, der hon i vågsvallet sitter uppå böljorna och kammar sitt ljusgula hår och lägger det upp på konst.

Somliga dagar, när det stundar till oväder, brukar Haf-frun tvätta sina kläder och breda dem till torknings uppå stenar och holmar i sjön. Dessa kläder äro hvitare än en snö, så att de glimma emot solen. Några mena väl att det icke är annat än skum eller fragga, som sjön vid vissa vindar uppkastar omkring skären; men efter gammalt tal är det »Haf-frun, som håller på med att tvätta byk»; »Haf-frun, som breder sina kläder till torkes». Äfven säga strandsittarena, att de stundom få se likasom ett skepp, som far fram och åter på vattnet. Då heter det efter gammal sägen, att »Haf-frun är ute och seglar; nu lagar det sig till ondt väder».

Haf-frun är mest ute och färdas på senhösten. Hon far då emellan öster- och vester-hafven, och hvar gång hon färdas fram blir det en blåst, så att det kan taga omkull husen. När höst- och vinterstormarne gå öfver land, heter det derföre, att »nu flyttar Haf-frun»; »Haf-frun är ute och förer ondt väder med sig;» »Haf-frun är ute och far ifrån den ene sjön till den andre.» Hon färdas således osynlig i höst-stormarne, alldeles som vi förtäljt om trollen, att de färdas i horfvindan om våren, eller såsom natur-vättarne i allmänhet ega makt att osynligen förflytta sig från ett ställe till ett annat.

Haf-frun har boskap, som får namn af *Haf-fä, Haf-oxar, Haf-kor.* De äro till seendes såsom annat fä, men större, och ha hvita kroppar med svarta hufvuden. Någon gång omtalas de äfven såsom sjö-gröna; i Skåne, vid Kullen, äro de deremot alldeles svarta, likasom de skånska jätte-korna. Man har ofta sett sådant Haf-fä stiga upp på stränderna af sjön Möckeln. Vackra solskensdagar får man ock se dem komma upp ur sjön och vandra fram och tillbaka ute på sjelfva vattnet; der vrida de sig och blänka så rart, och sedan gå de ned igen. Förklaringen öfver denna naturbild ligger enklast i böljegången och vågornas glittrande emot solen, långt ute på ett större vatten. Men han är blott en af fantasien fattad och vidare utvecklad form af ett äldre föreställningssätt, enligt hvilket Haf-frun jemväl eger ett annat slags Haf-fä, som omtalas egande blott två fötter och baktill en stjert, såsom en fisk-stjert. Man igenkänner häri tydligen de skilda arterna af vår svenska sjel (phoca), som således gifvit upphof åt natur-mythen om Haf-fä och sjelf varit en gång helgad åt den nordiska Haf-frun.

Om hösten, vid den tid då ollonen bli mogna, skickar Haf-frun ut sina foglar. Dessa foglar omtalas såsom gråagtiga till färgen, hvadan de ock hos folket få namn af Flyg-möss. Enligt sägen kommo de förr i verlden i skaror af tusendetal, så att »träden blefvo svarta och solen förmörkades». Vi öfverlemna åt våra naturkunnige att afgöra, hvilken fogel-art som närmast bör förstås med dessa *Haf-fruns foglar.* Möjligtvis kunde man dervid tänka på Sidensvansen. Så mycket är åtminstone visst, att Haf-fruns foglar äro någon sträckfogel-art, som uppträder i vårt land samtidigt med höst-stormarne och kommer till oss ifrån öster öfver hafvet.

Äfven en annan naturföreteelse ställes af folktron i förbindelse med Haf-frun; vi mena lemlarnes sträcktåg emot hafvet och råttornas inträngande i husen på senhösten. Det heter nemligen om lemlar och råttor, att de äro *Haf-fruns svin,* hvilka hon om hösten skickar uppåt land. Blåser det nordan på Mickelsmesso-dagen, så äro Haf-fruns svin med all säkerhet att vänta. De draga då in i hus och lador, göra fodret odrygt och förderfva allt hvad de kunna. Men till julen samlar Haf-frun åter ihop sina svin och slagtar dem, »så att när bonden slagtar sina svin, slagtar ock Haf-frun sina».

§ 62. Ibland naturvättar som befolka vattnen, omtalas en af Wärendsfolket under namn af **Sjörå**t. Han är det naturväsen som råder öfver sjelfva sjön med hvad deruti är, och uppträder, såsom andra naturväsen, under olika skepnad. Likasom vi nyss förtäljt om Haf-frun, så har man i sjön Tjurken ofta sett, huru »Sjöråt tvättar byk» eller »breder ut sina kläder» på stenskären och öarne, före annalkande storm. I andra sjöar visar sig före väderskiften en man eller qvinna, klädd i snöhvita kläder och med långt hängande hår; han står eller sitter i vattnet, och synes stundom böja sig ned och likasom ösa vatten öfver sig. När folket får se denna naturbild, heter det vanligtvis: »i dag är Sjöråt ute; nu få vi vänta ombyte på väder.» Annorstädes har man äfven sett Sjöråt såsom en liten pinnhätta-gubbe eller en gråklädd gubbe med röd topphätta, en skepnad, som dock ej synes ursprungligen tillhöra våra nordiska vatten-väsen, utan förmodligen blifvit lånad och på Sjöråt öfverförd ifrån de gamla wärendska trollen.

Sjöråt förvillar folk, när de, om sommaren i dimma och om vintern i mörker eller snöyra, färdas på sjön. Han kan då göra dem så villena, att de inte känna igen landet, utan ro eller köra ikring, ikring, och alltid komma de igen på samma ställe. Han råder öfver fisket i sjön, och har vissa stora fiskar som höra honom sjelf till. Dessa fiskar omtalas olika; *skällgäddan* är en gädda, som bär skälla i ett jernband om halsen; *krongäddan* bär deremot krona på hufvudet. Att fånga sådana, Sjöråt tillhöriga stora fiskar, anses af Wärendsfolket för olyckligt; man tror nemligen, att Sjöråt hämnas sin gäddas död, och är då vån, att fiskaren snart mister något af sina husdjur, såsom hästen, oxen eller skällekon.

§ 63. Ett manligt vattenväsen omtalas i Wärend under namn af **Elfven, Vatten-elfven.** Han synes ifrån början vara källans och det rinnande vattnets naturväsen, hvadan ock stora strömmar ännu i vårt språk få namn af *Elfvar;* men förblandas snart i folktron med Necken eller det stilla vattnets naturväsen. För öfrigt är Elfven ett mäktigt väsen, som ifrån början alltid har en rent kroppslig, ehuru ombytlig företeelse; men småningom och steg för steg öfvergår till en halft okroppslig naturvätte eller en rent mythisk natur-ande. Han är hufvudman för de manliga Elfvar (Alfer) och qvinnliga Elfvor, åt hvilka våra hednafäder, ifrån ur-äldsta tider, egnade blot och offerdyrkan i Elfvablot-källor och på Elfve-stenar (jfr. §§ 29, 33).

I enlighet med den rent sinnliga uppfattning, som tillhör det äldsta föreställningssättet om Elfven, trodde man att han, såsom öfriga lägre naturväsen, eftersträfvade beröring med menniskorna, samt att han kunde få makt med qvinnor och med dem afla barn. Detta drag, som icke sällan förekommer i sagor, sägner och visor ifrån medeltiden, har i wärendska folktron länge bibehållit sig lefvande, och vi finna spår deraf i en ransakning, som förehades inför laga tinget med Albo härad i Öhr d. 1 April 1623.

Det hände sig nemligen omkring år 1617, att en grebba (flicka) i Hiertanäs, vid namn Ragnild Pedersdotter, befanns vara hafvande och »såg mycket illa ut». När hon härom blef tillspord, uppgaf hon, att »Elfven af vattnet bolade med henne». Förd inför tinget vidhöll hon allt samma föregifvande, »hafvandes sådana underliga åtforor, att man »grufvade sig för hennes åtforor. Dermed tryggade »hon så väl öfverhets-personer vid tinget, som grannar »och grannqvinnor hemma, i den meningen, att Vat-»ten-Elfven bolade med henne.»

En gammal qvinna vid namn Beritta, moder till Per Pedersson i Hiertanäs, bekände ock inför rätten, att hon (Beritta) vid samma tid sett liknelse invid en sten i bolet, såsom om Ragnild der hade fått barn. Men när Beritta härom talade Ragnild till, svarade denna genast, att »Elfven tog bort barnet», med hvilken förklaring den gamla lät sig nöja.

Emedlertid inträffade något derefter, att Ragnild kom bort, så att ingen menniska visste antingen hon sjönk eller flöt eller hvart hon tog vägen. Vid pass ett år sednare rymde Per Pedersson, som var gift med Ragnilds moster, ifrån hustru och barn, och spordes aldrig vidare till. Nu kom saken grannar och grannqvinnor misstänkt före, och blef slutligen åter dragen inför tinget. Här ålades gamle Peder Jonsson i Hiertanäs, att skaffa besked om sin son och om Ragnild. Men det hade allaredan stått två ting sedan dess, och ännu var det ingen, som i saken hade någon viss kunskap.

I den nuvarande folktron lefver Elfven förnämligast genom det s. k. *Elfva-spelet*, en naturmyth, som, efter hvad sjelfva namnet innebär, tydligen härrör ifrån Elfven, ehuru den nu oftast öfverföres till

Necken, som med Elfven tros vara ett och samma väsen. Det heter således om Elfven eller Necken, att han är den ypperste fele-karl, eller lekare på fela (ɔ: fidla, fiol), som någon i verlden vet omtala. Vanligen sitter han och leker utanför vassen vid sjöa-landet, eller på en sten i forssen vid qvarnfallet. Den lek eller melodi, som han spelar, får i Wärend namn af *Elfva-leken*. Denna lek omtalas af dem som hört honom, såsom egande en underbar ljufhet. I början ljuder spelet eller höras slagen helt sakta, såsom när vattnet klingar emot stenarne, men stiger allt högre och högre, och fängslar lyssnarens håg och sinne med en så förtrollande makt, att han blir alldeles förvillad och slutligen vill gå i sjön. I säguerna förekommer derföre ofta, huru som, när Elfven begynt spela, mjölnaren skyndat sig att rycka ut nyckeln till qvarnhuset, för att icke dansa i sjön, och sedan dansat hela natten med skäppan i famnen. Äfven förtäljes om vissa berömda fele-karlar, som lärt spela af Necken, såsom Nils i Blädinge, Peter i Änganäs o. s. v., att de vid något gladt gille glömt sig derhän, att de begynt spela Elfva-leken. Denna lek har nemligen många olika skiftningar, af hvilka blott tio må spelas. Ty när spelemannen kommer till det elfte omslaget eller skiftet, så begynner han sjelf att dansa, och af dem, som lydas till, kan icke heller någon hålla sig ifrån att dansa, utan der dansa unga och der dansa gamla, och bord, och karale (ɔ: käril), och allt som icke är väggfast, tills hela gästabudslaget dansar ner i sjön; derest icke någon kommer, som skär af strängarne på fiolen.

Elfven, såsom de öfriga högre naturvättarne, troddes på menniskan öfva mångfaldig inflytelse. Denna inflytelse var hufvudsakligen välgörande, såsom vattnet är en af naturens bästa gåfvor och vilkoret för allt organiskt lif; dyrkan af vattnets naturväsen torde ock, näst soldyrkan, vara den äldsta af all natur-kult. Men denna inflytelse kunde ock vara ond och förderflig. Man trodde således, att Elfven vållade hos menniskan det slags förgerning eller sjukdom, som efter honom fick namn af Elfven eller Vatten-elfven. Denna förgerning yttrade sig, såsom vi nyss sett, med underliga åtforor, förmodligen nervösa ryckningar. Vid tinget med Konga härad d. 9 Febr. 1616 klagades inför rätta, att en man ifrån Wärend gått ned i Södra Möre, och, under föregifvande att han vore klok, af en enfaldig man tillnarrat sig 12 daler penningar, för att han skulle drifva *Elfven* ifrån honom; »hvilket», tillägger domboken, »han intet gjorde eller göra kunde».

Man har fordom trott, att Elfven egde en honom serskildt tillhörig eller helgad boskap. Den nu utdöda, storhornade ur-oxen (Bos Urus) har således i Wärend en gång varit känd under namn af *Elfva-oxen* (jfr. § 3), likasom gamla skånska folksägner, ännu vid början af 1600-talet, visste förtälja om forntida *Elle-kor* eller Elfva-kor.

Elfven omtalas i sägnerna någon gång under namn af *Vattumannen*, och en märklig sägen förtäljer om en Vattuman, som tog tjenst i en gård vid sjön Möckeln, utan annan lön än en gammal jernlie, med hvilken han trodde sig kunna öfvervinna alla fiender af sitt eget slägte. Den Elf, som lefver i brunnen vid gården, omtalas i Wärend under namn af *Brunnsgubben.*

§ 64. När Elfven eller Necken sitter i vattnet och spelar, så uppstiga enligt Wärends-sägnen små väsen, likasom hvitklädda barn, med långt, svart hår, utslaget nedåt ryggen; de hålla i ring och dansa på stranden, eller springa och vada i sjön jemns med sjöa-landet. Kommer någon menniska och närmar sig till deras lek, eller söker fånga dem, så flyga de bort. Dessa väsen äro **Elfvor, Vatten-Elfvor,** eller qvinnliga vattenväsen af samma slägte som den manlige Elfven.

Den dans, som Elfvorna utföra under sin nattliga lek, är, likasom sjelfva melodien som dertill spelas af Elfven, i Wärend allmänt omtalad under namn af *Elfvaleken.* Ännu för 60 år sedan dansades af bondfolket i Wislanda socken en danslek under samma namn, hvilken i rörelse och åtbörd gaf en bild af Elfvornas nattliga dans i våg-svallet.

Elfvaleken.

1. Allmän ringdans, och vid dess slut delning i två grupper, gossarna för sig och flickorna för sig. 2. Alla stå stilla på sin plats och nysta eller vefva händerna mot hvarandra. Vid sista tonen klappa alla i händerna. 3. De dansande sätta först venstra, sedan högra handen i sidan. 4. De dansande buga, och svänga först venstra, så högra handen emot hvar sin moitié i ringen. 5. Alla snurra ikring. hvar på sin plats.

Vi torde för öfrigt knappt behöfva påpeka, att, likasom hela föreställningen om Elfva-spelet är en naturbild, hemtad ifrån bölje-klangen, när vågorna slå emot skären eller brusa i forssen, så är Elfvornas lek en naturbild af våg-sqvalpet längs sjöstranden eller i strömhvirfveln. I andra svenska landskap, och serdeles på slättland, der man icke har strömmar eller sjöar, hänför sig samma naturbild närmast till dimman, och till dess fladdrande och luftiga rörelser på ängen i sommarnatten.

Utom dessa Elfvor, vatten-Elfvor, som uppträda i sjöarne, omtalas i Wärend samma väsen äfven under andra namn, men alltid mer och mindre tydligt såsom vatten-väsen. En wärendsk barnsaga talar således om *Åsne tre möjor*, tre Elfve-mör, som fordom i svanehamn visat sig på sjön Åsnen. När dimman stiger upp ur kärren, heter det ännu efter gammalt tal, att det är *Mossa-käringen,* som kölnar (ɔ: eldar). Utom de förr nämnda heliga källorna, i hvilka man fordom blotat eller ännu på vissa aftnar offrar till Elfvorna (§§ 29, 39), vet Wärendsfolket äfven säga om Fri-källor, i hvilka ingen må taga vatten, utan att förut ha offrat till källans Elfva, som då får namn af *Källebäcks-jungfrun*, *Käll-råt* eller *Käll-trollet.* Äfven den gamla seden, att, vid sjukdom på folk eller fä, offra mjölk i källan eller brunnen på thorsdags-qvällen, sammanhänger med föreställningen om Elfvorna, såsom källornas vattenväsen, och knyter sig till den fornnordiska Elfva-bloten i källor, hvarom vi i det föregående talat.

Men om än ursprungligen tänkta såsom rena vattenväsen, uppträda Elfvorna i folktron äfven uppå fasta landet. De bo då någon gång i träden, men oftast i högar och kullar. En nogare granskning torde dock visa, att så väl gamla Elfve-träd, som *Elfve-stenar* och *Elfgrytor* (§ 33), i hvilka man smörjer för sjuka, samt Elfve-kullar, i hvilka Elfvorna tros bo, alltid förekomma invid någon gammal källa. En gård i Urshult socken heter efter en forntida Elfvekulle än i dag *Elfvans kulle,* och för blott få år sedan hände sig, att en bonde, som nattetid gick till gården Froaryd, mötte på vägen två fagra jungfrur, som bjödo honom dricka ur en bägare. Folket hade härom att tro, att dessa jungfrur voro Elfve-jungfrur ifrån Elfvans kulle. Äfven den s. k. Stafrabacken vid Wexiö har fordom varit en Elfve-kulle, och Wieselgren berättar, att ännu år 1810 lyssnade barn på jul-afton efter jul-spelet i denna kulle. Der nedanför träffa vi än i dag flera Elfve-stenar (§ 33) och en helig källa, Sigfridskällan, som i forntiden otvifvelaktigt varit en offerkälla. Den wärendska folktron sluter sig på detta sätt till den skånska och danska, och begge finna sin enkla förklaring, i fall man får antaga, att Elfve-högarne eller Elfvekullarne ursprungligen varit höjder med framqvällande källsprång, i hvilka således vattnets hemlighetsfulla närvaro väckte föreställningen om välgörande Elfvor, medan dess underjordiska sakta sorl framkallade naturbilden af det melodiska Elfvespelet.

Vi hafva tillförene anmärkt, att Elfvorna under sin nattliga lek dansa i ring. Härmed förbinder sig folktron, att de ringformiga fördjupningar, dem vattnet utsvarfvat i stenar eller klippor, härröra af Elfvorna. Runda fördjupningar i bergen få derföre i medlersta Sverige namn af *Elfgrytor,* och man offrar i dem till Elfvorna eller smörjer för sjuka barn. Äfven de med konst utsvarfvade runda hålorna i *Elfvestenarne* synas hänvisa till samma urgamla föreställningssätt. Nämnde egenhet framträder ock hos ett slags cirkelrunda, af vattnet svarfvade naturbildningar af kalk eller annan lös sten-art, hvilka flerestädes förekomma i våra åar, såsom f. ex. i Westergötland vid Forsby, och hos allmogen få namn af *Elf-stenar* eller Neck-stenar. På gränsen emellan Östergötland och Nerike brukar folket ännu hänga på barnens bröst små stenar af slät trapp, likaledes utmärkta af insvarfvade fördjupningar eller håligheter. Dessa stenar få der namn af Ält-stenar, emedan de tros bota för ältan, en barnsjukdom som kommer af Elfvorna. Vi finna i detta forntidsbruk, likasom i det skånska folkbruket att på barnens hals, till skydd emot förgerning, hänga s. k. Gommona-stenar (af Gomoden eller Kornmoden, i Ö. Göinge ett namn på Thor), motsvarande de i Wärend omtalade Gobonda-stenarne eller Gofar-stenarne (§ 54), samt i andra analoga folkbruk, en enkel förklaring öfver den urgamla seden, att på bröst och hals bära stenar och amuleter. Dessa heliga amuleter utbyttes under medeltiden emot helgedoms-kar, hvilka, på sätt vi se af kon. Carl Knutssons testamente år 1470, buros dagligen på halsen äfven af män. Ur denna sed har småningom utbildat sig det af våra qvinnor ännu iakttagna bruket, att bära halsband med smycken af olika form.

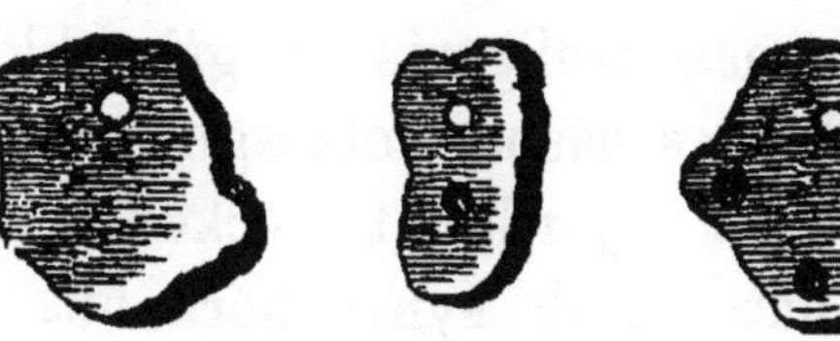

Ält-stenar från Tylö-skogen.

1 tum

Ifrån Elfvorna kommer mångfaldig förgerning och sjukdom på djur och menniskor, synnerligast på barn. Ett slags sådan sjukdom omtalas någon gång i Wärend under namn af *Elfve-blåst*, emedan, om någon oroar Elfvorna, så blåsa de på honom. All förgerning af Elfvor botas genom offer och smörjning (§§ 33, 36), eller genom att på halsen bära Elfstenar, såsom vi ofvan meddelat.

§ 65. Ett manligt vattenväsen, som i Wärend är allmänt kändt och omtalas oftare än alla andra, är **Necken.** Han är sjöarnes och de stilla vattnens naturvätte, på samma sätt som Elfven är källans, strömmens och det rinnande vattnets naturväsen.

Necken hålles i Wärend för den mäktigaste af alla vattenväsen, och vi hafva i det föregående (§ 28) påvisat spår af en gammal förbindelse i folktron emellan honom och Oden, ibland hvars mythiska tillnamn äfven är *Hnikar* eller *Necken.* Oden uppträder således i den äldre Wärends-sägnen äfven såsom vatten-gud, och när han uppå guldskepp förde dem som fallit på Bråvalla-hed till Walhall, så uppsteg han i sjelfva vattnet utur *Åsne-kofve* (ɔ: land-Åsens eller Odens kammare), eller oset der Helige-å mynnar ut i Oden-sjön. Sjöns namn af Odensjön hänvisar till samma ursprungliga föreställningssätt, och i den vik af sjön, som än i dag heter Blotviken eller Bloviken, har man troligtvis en gång blotat i vattnet åt Oden, alldeles såsom folksägnen ännu vet tala om offer i vattnet gjorda åt Necken. Äfven en i Wärend känd naturmyth synes höra hit. När skyarne antaga form af en lång strimma, heter det nemligen i Wärend *Noa-skeppet,* ett namn, som ursprungligen väl knappast är lånadt ifrån gamla testamentets Noah, utan hellre ifrån Noen eller Noe, en i norra Skåne och äfven i vissa delar af Wärend allmän namnförvridning af Oden. Noa-skeppet vore då detsamma som Odens-skeppet. Wärendsbon tager deraf förebåd om väderleken. När Noa-skeppet står rätt fram uppå himmelen, så tros det båda regn.

I sammanhang med Oden, såsom vattengud och identisk med Necken, stå äfven andra ännu lefvande mythiska drag. Likasom det ifrån hedenhögs hållits för olofligt, att göra någon kringgerning på vissa stora högtidsqvällar, hvilka enligt sägnens bestämda utsago »höra Oden till», så är det ock gammal wärendsk folksed, att ingen må mala på Thomasmessonatten (d. 29 Dec.) eller på nätterna näst före jul; ty på dessa nätter går Necken fram i alla strömmar. Finner han då en qvarn, som icke är stämd, så vredgas han och håller qvarnhjulet, bryter sönder hjulstocken, eller maler så argt, att sjelfva qvarnstenarne brista. Mjölnare, som försökt jaga bort honom ifrån qvarnhjulet, genom att på honom kasta en lågande eldbrand, ha i detsamma fått sig en örfil, så att de fallit till marken. När man än i dag svärjer »tag mig Necken!» likasom när man förr svor »tag mig Oden!» tänker man sig dervid alldeles samma onda väsen, nemligen Lucifer sjelf; och begge formlerna ha i Wärend varit brukade ömsom och utan åtskillnad. Till och med den liknelse af en häst, *Vattenhästen,* hvari Necken ofta uppträder, erinrar om Odens hästar, och om hästen såsom åt Oden serskildt helgad. Men framför allt finna vi ett hithörande drag i den uråldriga folktron, att, likasom Oden förde de slagne på guldskepp till Walhall, så tager Necken än i dag alla dem som omkomma i sjön. Äfven tror Wärendsbon, att om korpen, som är en Odens fogel, visar sig sittande på stenarne i ån, är det ett säkert förebåd, att någon der snart skall drunkna. Om dem som på detta sätt bli tagna af Necken, eller sjötagna, heter det, att de på sjöbottnen komma till präktiga rum och salar, den ena grannare än den andra. Det ligger då nära till hands, att förmoda en gammal förbindelse i folktron emellan Oden och Necken, och att, likasom Oden Valfader var herre öfver dem som föllo på den blodiga valplatsen, så var ock Oden Hnikar herre öfver dem som omkommo i sjön, — en folktro, som synes naturlig för ett krigiskt Vikinga-folk, vandt att våga lifvet, icke blott i strid emot fienden, utan ock i kampen emot storm och vågor.

Att Necken i den nuvarande folktron hålles för ett och samma väsen med Elfven, ha vi i det föregående omtalat. Wärendsbon gifver derföre ofta namn af Necken åt det vattenväsen, som tros spela i sjöar, åar och andra vatten. Sjelfva spelet heter icke blott Elfvespelet, utan ock *Necka-spelet*, och sjelfva melodien, som vi tillförene omtalat under namn af Elfvaleken, heter med ett nyare ord äfven *Necke-polskan*. När Necken på detta sätt sitter och spelar i vattnet, visar han sig oftast såsom en liten pinnhätta-gubbe eller en liten gubbe med röd topphätta, en skepnad, som likväl icke egentligen tillhör våra nordiska vatten-väsen, utan snarare blifvit lånad ifrån jordfolket eller dvergarne. Stundom höres Necken äfven sjunga till sitt spel. Sången uttrycker då alltid den längtan till förlossning på domedagen, som så rörande uttalar sig hos flere af våra mythiska naturväsen; men som i denna form otvifvelaktigt är yngre och uppkommen i den christna medeltiden.

Hela Wärend är uppfyldt af sägner om Necken, och det gifves knappast ett vatten, der man icke trott sig höra honom spela. Äfven omtalas åtskilliga felekarlar, eller spelemän, och andra personer, som med honom trädt i förbindelse. Om sättet, hvarpå härvid tillgått, vet man allenast, att det skett genom offer, som på thorsdagsqvällen blifvit nedlagdt i sjön eller på en sten i forssen. I Wärend omtalas sådana offer såsom ofta bestående af en hvit penning; men i Westergötland vet man ännu tala om offer till Necken af en svart bagge, och i Östergötland likaledes om offer af en svart katt eller af tre droppar blod ur ringfingret. När spelemän offra till Necken, för att af honom lära spela fiol, säges det, att Necken kommer upp ur sjön och stämmer felan, så att spelemannen derefter kan leka på fiolen hvad lek honom lyster. Om andra fiol-spelare heter det, att de bytt fela med Necken, hvarvid tillgått så, att de först offrat och sedan nedlagt sin fiol på någon sten, der Necken mest plägar hålla sig. Derefter ha de gått bort, och, när de sedan kommit igen, har på stenen legat icke en, utan två felor, den ena alldeles lik den andra; en af dessa var Neckens. Då gällde att taga den rätta; ty om spelemannen tog orätt fiol, troddes Necken komma och draga honom till sig ned i sjön, och der öda eller förderfva honom.

Necken uppträder i wärendska folktron under många olika skepnader, såsom han, likt de öfriga naturvättarne, menas, kunna förskapa sig till allt hvad han vill. Han har således visat sig i skepnad af alla de olika naturföremål, som förekomma på våra sjöar, och folket misstänker hans närvaro vid hvarje synvilla eller ovanligare företeelse i vattnet. Någon gång har man i forssen eller qvarnbäcken sett honom ligga och flyta såsom en stor silfverskål; men, när mjölnaren oförsigtigt räckt sin hand derefter, har det varit så när att han sjelf kommit i vattnet, och med detsamma har silfverskålen förvandlat sig till bara vattenskum och fradga. En grebba (ɔ: flicka), som en gång hittade i sjön en gyllene kedja, var så oklok, att hon stoppade kedjan i barmen; straxt kom Necken och drog henne sjelf ned i djupet. Ty Necken icke blott villar folk. utan drager dem äfven till sig i sjön, och om menniskor, som få kramp eller sendrag i vattnet, är det ännu en allmän folktro, att det är Necken som får tag i dem och drager dem åt sjöbottnen.

Mångfaldig förgerning och sjukdom på folk och fä tros komma af Necken. Efter gammal Wärendstro måste man derföre noga akta, att icke någon menniskas blod eller urin kommer i vattnet, emedan Necken då har makt att förgöra henne. Vill någon dricka utur sjön eller ån, må han spotta för sig, att han icke må bli förgjord af Necken. Likaledes om han färdas öfver ett vatten, må han äfven spotta för sig. Men framför allt är angeläget, att man icke må hemta in vatten utifrån, för att bruka till första lögen åt nyfödda barn, emedan Necken då kan följa in med vattnet. Om icke vatten finnes inne, tager man derföre hellre mjölk eller dricka till den första lögen, än att dertill hemta vatten ur sjön eller källan.

I afseende på den förgerning, som Necken vållar på kreatur, anmärkes, att om mjölk kommer att spillas i rinnande vatten, så tros kon blifva förgjord eller sjuk, med mindre att man söker bot genom att offra mjölk i samma vatten. Om någon låter sin häst dricka ur sjön, må han förut spotta i vattnet, att icke hästen må bli förgjord af Necken. Äfven tror man, att när hästen eller oxen plågas af ref eller annan invärtes krämpa, är det Necken som nattetid rider honom. Han botas då genom ett skott löst krut, som aflossas med de orden: »nu skall tusan djeflar taga dig!» hvarvid då Necken måste vika.

I likhet med de öfriga naturvättarne antager således Necken, i medeltidens folktro, alltmera karakteren af en ond ande, en grym och blodtörstig puke, som rider, qväljer och på annat sätt far illa med djur och menniskor; tills han slutligen identifieras med Lucifer, i svordomsformeln »tag mig Necken!» Detta gradvisa sjunkande i föreställningssättet är likväl ingenstädes så märkbart, som i den gängse folktron, att när Necken tagit folk, suger han bloden utur dem igenom näsan, på samma sätt som Oden, nedsjunken till Satan, suger blod af trollbackorna under deras sömn (§ 52). Liken efter drunknade äro derföre alltid bleka, blodlösa och vanställda.

På samma sätt, som, efter wärendsk medeltidstro, puken, då han nattetid kommer och qväljer folk, kan bindas genom att man sticker en knif eller annat stål i golfvet, så har man ock ända till vår egen tid brukat binda Necken, innan man går i sjön för att löga sig. Detta sker likaledes, genom att sticka en knif eller annat stål i sjöa-landet. För att göra denna handling så mycket kraftigare, plägar man låta den beledsagas af följande, icke serdeles gamla rim, hvilka af de badande ropas i chorus:

»Neck, Neck, nålasäck!
Var du i land,
mens vi ä' i vann!»

eller

»Neck, Neck, nålatjuf!
Far din var en stålatjuf,
mor din var en frilla,
gick i gårdarne och gjorde illa;»

hvarefter hela skaran, under ropet »Ho, Hagla!» eller »Necken är bunden!» på en gång störtar ut i vattnet. Spörja vi nu om meningen med dessa emot Necken riktade tillmälen, så äro de icke annat än vit-ord, med hvilka man trodde sig kunna vita bort det fruktade natur-väsenet, alldeles såsom vi (§ 48) anfört liknande rim, hvarmed man vitar bort gladan. Alla vit-ord borde nemligen till sitt innehåll vara skymfliga, hvadan ock ordet tillvitelse ännu i nyare svenskan brukas i betydelsen af beskyllning, anklagelse.

När Necken i folksägnen uppträder under skepnad af något djur, är det oftast såsom en häst eller fölsing (ɔ: fåle), som då i Wärend får namn af *Vattenhästen* eller *Bäckahästen*. Om denna häst gå i landet otaliga sägner. Han skall flerestädes ha blifvit fångad och satt för plogen, eller dödad med silfverkula. Om hvitbrokiga hästar nyttjar man allmänt talesättet, att de äro *Necka*brokota, likasom de, på grund af förmodad härkomst från Necken, hållas för att vara bättre än andra hästar. I afseende på hela detta föreställningssätt må anmärkas, att Vattenhästen, om än nu mera betraktad såsom Necken sjelf, likväl ifrån början knappast kunnat vara annat än en åt Necken helgad djur-art, på samma sätt som hästen var helgad åt Oden, Elfva-oxen åt Elfven o. s. v. Bäckahästen är då tilläfventyrs blott en yngre förvridning af Necka-hästen. Hvad slags djur, som gifvit anledning till hela detta föreställningssätt, är icke lätt att afgöra; men ännu för hundra år sedan förekommo vilda hästar, eller s. k. Skogs-ök, i mängd på norra Skånes bokskogar, och individer af detta djur ha otvifvelaktigt ofta visat sig på löfhulten inom Wärends-gränsen. I andra sägner är deremot Vattenhästen tydligen icke annat än en bäfver eller en utter. Han ligger då, lik en fölsing, på stenarne i ån, skjuter rygg, då han får se skytten, och fnyser som ett svin, när han simmar igenom vattnet.

Små ljus, som nattetid visa sig på sjön, tros härröra ifrån Necken, och förebåda att någon menniska snart skall sänka sig eller af Necken bli tagen. De äro således rättast att betrakta såsom feg-ljus, om hvilka vi få tala i det följande. Gungflyn och djupa hålor i kärr och mader, genom hvilka Necken tros uppstiga, heta i Wärend *Neckabrunnar* eller *Neckahål.* När bonden skall gå fram öfver sådana farliga ställen, ritar han ännu gerna före sig ett femuddakors ★. De bekanta hvita och gula vattenliljorna, som vexa i stillastående vikar och lugnvatten, anses i folktron tillhöra Necken, och få efter honom namn af *Necka-liljor*, *Necka-rosor*, *Necka-blommor*. Deras gröna, på vattnet simmande blad heta i Wärendsmålet *Necka-blad*.

§ 66. Det naturlif, som rörer sig i den oorganiska och lägre organiska naturen, fattas af Wärendsboarne personifieradt till ett slags naturväsen, som få namn af **Vättar, Go Vättar.** De bilda en egen klass af mythiska väsen, och omtalas under olika namn, såsom *Jordvättar* eller *Jordfolk*, *Bolvättar* och *Skogs-vättar*.

Jord-vättarne eller **Jordfolket** är ett slägte af naturväsen, som tros lefva i stenarne och i mullen. De äro små till vext och mörka till utseende, och bo under jorden, der de hafva sina boningar och allt annat inrättadt alldeles på samma sätt, som menniskorna ha i sina hus. Häraf bli de ock någon gång kallade *de Underjordiske*. Deras drägt är en grå tröja med röd pinnhatta. De äro färdiga i all handaslöjd, och folksägnen omtalar garn, som af vättequinnan blifvit spunnet finare än spindeltråd, och väfnader, så fina och täta, att när man bredde dem på jorden syntes gräset igenom, medan regnet, som föll, stod qvar uppå duken. Vättegubbarne äro dertill dråpliga smeder. När Wärendsfolket hör ett hamrande, pickande och bultande ljud emellan stenarne, i jorden, i väggarne eller i träden, säger man, att det är *Vätten* som smider, eller det är *Vättasmeden*. Glimmer och små glänsande flingor i stenarne få i Wärendsmålet namn af *Vätta-silfver*, och om mycket fint och konstigt smide hörer man någon gång yttras, att det är fint som ett Vätta-smide.

I likhet med andra mythiska naturväsen tros jordvättarne eller jordfolket eftersträfva förbindelse med menniskan, för att kunna bli saliga. De bortröfva eller bortbyta derföre qvinnor, som efter barnsbörd ännu icke blifvit kyrkotagna, samt nyfödda barn, medan dessa ännu äro hedna eller odöpta. Den första lögen, hvari ett nyfödt barn vattenöses eller tvättas, må derföre icke slås ut på jorden eller under bar himmel; icke heller något som ifrån barnsängs-qvinnan kommer, utan må alltid nedgräfvas ini huset. Sker annorlunda, så kunna vättar och elfvor förgöra qvinnan och barnet, så att hon blir ifrån sig och aldrig kommer frisk ur sängen, eller så, att barnet aldrig får någon trefnad. Landets sägner äro rika på hithörande drag, och ej sällan förekommer, huru någon danneqvinna blifvit bjuden att bära barn (till dopet) åt jordvättens hustru, som då alltid sjelf är af folk, af christet folk. Vid bortgåendet blir då gomodren gerna hedrad med skänker af den rike Vättegubben. Dessa skänker se ringa ut, så länge de äro under jorden; men när de komma upp i dagen, befinnas de vara perlor, guldhorn och andra kostbarheter.

Vättarne älska lugn och stillhet och äro ytterst renliga. De tåla hvarken att man oroar dem, eller att deras hemvist blir smutsadt af orenlighet som kommer uppifrån jorden. Wärendsbon slår derföre aldrig ut någonting på marken, icke ens lägger sig ned på jorden, utan att först spotta för sig. Detta sker till att förekomma förgerning af vätten. Men framför allt iakttages, att man icke slår ut varmt vatten på jorden och sålunda skållar vätten; ty om någon det gör, får han till straff en sjukdom med brännblåsor öfver hela kroppen. När Wärendsqvinnan har att slå ut kokhett vatten, spottar hon alltid före sig och säger till, eller varnar vätten med de orden: »Vätt, Vätt, är du rädd att skållas, så gack undan!» eller »Akta dig, vätt!» eller »Är här någon *god*, så akte han sig!» »Äro här några *goda*, så akten Er för varmt!» Har någon förgätit detta, eller oförvarandes spillt vatten och sålunda råkat skålla vätten, så måste han offra och bedas före. Offret består mest af söt mjölk eller öl, eller af en messings-bit, en koppar-slant eller en silfverpenning, som på thorsdagsqvällen slås ut eller nedlägges på det ställe, der skadan timade.

Både sägen och folksed bevara ännu talrika spår af den dyrkan, som i hednatid blifvit egnad åt govättarne, och af de bruk, som blifvit iakttagna när menniskor ville bygga hus eller uppföra sina helgedomar på deras område. Till dessa bruk hörde i första rummet offer, äfven af lefvande djur och menniskor. Om alla gamla kyrkor i Wärend vet man således berätta, att något djur blifvit lefvande begrafvet å den tomt, der kyrkan skulle byggas. Om åtskilliga kyrkor, f. ex. Asarum i Blekinge, heter det till och med, att en menniska der blifvit satt qvick i jord, och samma sägen går om den gamla hedniska stenhorgen eller blothögen i Kaje-lund vid Wierstad, der man tror att en qvinna, vid namn Karin eller Kaja, blifvit lefvande begrafven. Och att dessa i landet utbredda sägner verkligen grunda sig på en urgammal hednisk folksed, kan icke vara något tvifvel underkastadt, då vi f. ex. veta, att ännu i en senare tid folket i Wärend och norra Skåne trott sig kunna bota s. k. Svart-sjuka, eller boskapspest, som troddes härröra af jordvättarne eller kanske af dödingarne, genom att i jorden begrafva ett lefvande nöt-kreatur. Exempel af denna grymma vidskepelse har förekommit i Jönköpings län ännu så sent som år 1843.

Äfven andra hithörande hedniska plägseder äro ihågkomna i folksägnen. Om många gamla Wärendskyrkor, såsom Wexiö, Elmeboda, Sjösås, Tolg m. fl. går således ett gammalt tal, att de till en början voro ämnade att byggas på den eller den backen, men hvad som bygdes om dagen föll alltid ned igen om nätterna, tills man slutligen sökte hjelp hos den kloke, och efter dennes råd spände två otamda, tre-åriga tvillings-oxar för en drög, lade på drögen en viss rund sten, och lät oxarne gå hvart de ville. Kyrkan bygdes sedan på det ställe der stenen föll af. Eljest heter det ock, att man spände två hvita tvillings-oxar för en vagn, lät dem gå hvart de ville, och der de stadnade, der bygde man sedan kyrkan.

Ännu i dag iakttager Wärendsbonden vissa urgamla bruk, för att vinna jordvättarnes bifall, när han vill bygga hus på någon ny tomt. För att tomten må blifva lyckosam, måste han derföre i förväg bedja om lof, ljusa på, eller säga till, d. v. s. begära tillstånd och högt tillkännagifva sin afsigt att bygga. Äfven plägar han frambära sin tyg och nedlägga sin arbetsredskap å den nya tomten, redan dagen förut, innan bygget skall begynna. Äro jordvättarne på detta sätt förberedda, och vinner det nya företaget deras bifall, så förnimmes om nätterna, så länge bygget varar, ett ständigt huggande, bultande och slående, likasom om folk der vore stadda i fullt arbete. Detta hålles då för ett godt tecken, och kommer af Vättarne, som hjelpa till med arbetet, så att allt går väl och lyckosamt. Detsamma spörjes ock ofta vid qvarnar och på logar; ty när det vill sig väl, höres qvarnen gå och slagan tröska hela natten om. Men höres ingenting, så tros vättarne vara sticknade, så att de icke vilja hjelpa till, och då torde icke allt gå lyckligt, hvarken med bygget eller eljest vid gården.

Sägnen omtalar ock, huru, vid nya byggnadsföretag, vätta-gubben kommit fram till gården och bedt bonden bygga annorstädes, emedan vättarne eljest skulle bli tvungna att flytta. Har bonden gjort dem till viljes, så har det sedan gått honom väl. Har han deremot icke villfarit deras bön, så har man sedan fått höra gråt och jämmer i jorden af de bortflyttande vättarne. Men den ogine bonden har derefter aldrig haft någon trefnad, utan blifvit usel och utfattig.

Jordvättarne samla sig stundom nattetid ute på marken till dans och lekar. De hålla då alltid i handen ett ljus, likasom ett litet vaxljus, brinnande med en klar, blåagtig eller grönagtig låga. Dessa ljus nedsätta de sedan på jorden i en ring, fatta så hvarandra i händerna och dansa i ring omkring de små brinnande ljusen. Så kunna de dansa och leka flera timmar på natten. Ljusen, som vättarne bära, få i Wärend namn af *Vätta-ljus*, och hittas någon gång i jorden. De hafva då skapnad af ett litet gråagtigt vaxljus, men äro alltid af sten, hvarföre de ock få namn af *Vätta-stenar*. Ett sådant vättaljus eller vättasten är godt emot all förgerning och sjukdom, som kommer af vättarne. De lärde säga deremot, att det är en naturbildning, och gifva deråt namn af en Belemnites.

Vätta-ljus.

Vi finna spår af att jordvättarne eller jordfolket äfven varit i Wärend kände under namn af *Hvarfvar* eller Dvergar. Dessa dvergar omtalades förr såsom små gossar, alla med hattar på hufvudet. Hattarne, som de buro, voro s. k. dverg-hattar, med hvilka man enligt folktron kunde göra sig osynlig. Ännu på Rudbecks tid visste Wärendsfolket berätta, huruledes den, som nionde året gick årsgång, och kom serla om aftonen på kyrkogården, der träffade före sig många små dvergar, hvilka först med löje och apespel sökte få honom att le, och sedan med fasliga syner sökte jaga honom bort, tills de ändteligen, kufvade af makten i hans vilja, måste till honom afstå den hemlighetsfulla dverghatten.

§ 67. De vättar, som qvarstadna å en gårdstomt sedan han af menniskor blifvit bebygd, kallas i Wärend oftast rätt och slätt för *Vättar* eller *Vätter*, men omtalas ock någon gång under namn af **Bolvättar.**

Bolvättarne äro i grunden alldeles samma väsen som jordvättarne, men omtalas dock något olika. Det heter således om dessa vättar, att de äro helt små till vexten, icke större än en docka eller ett tre års gammalt barn. Efter sin vext äro de äfven mycket smååtna, så att »ingen af dem tyr äta mer än ett halft ägg». Till ansigtsfärg äro de ljuta och mörklagda. Deras drägt är en *kort hvit kjortel*, och somliga hafva kort hår, medan andra bära håret långt och utslaget omkring axlarne. För öfrigt te de sig i allt på samma sätt som menniskorna, så att de både gifta sig och döpa barn, och ha sina hemvist inrättade alldeles såsom menniskornas boningar.

Likasom jordvättarne lefva bolvättarne under jorden, dock inom husen eller gårds-tomten. På samma sätt som de gamla folkens penater, hålla de sig mest i *grannskapet af eldstaden*. Ibland om nätterna får man i stugan se dem *skymta i mörkret, nästan som ett månsken*. Stundom synes det lysa emellan springorna på golfva-tillet; folket säger då efter gammalt tal, att det är *vätten, som bränner ljus*. Ofta händer ock att elden i spiseln, sedan han redan blifvit fästad, å nyo glimmar upp i askan; de gamla tro då, att det är *vätten, som ligger och blåser på värmen* (elden). Den vanligaste formen för vättens uppenbarelse är dock, att man får se honom nattetid vanka fram och åter i stugan, alltid med sitt lilla blåagtiga vätta-ljus i handen. Äfven händer, att många vättar samla sig i ett hus för att om natten leka och dansa. Alla bära de då små brinnande ljus i händerna; dessa ljus ställa de i en ring på stugu-golfvet, och dansa sedan omkring dem i ring, i ring, alldeles som vi nyss förtäljde om jordvättarnes nattliga dans under bar himmel.

När bolvättarne visa sig om dagen, taga de skepnad af *Paddor*. Dessa djur, som så gerna hålla sig i gräs och gömslen på gårds-tomten, må derföre icke hatas. Ser man länge på en padda, så blir hon allt större och större. Att ofreda eller skada en padda tros i Wärend ha olycka med sig. När bonden gör sin slåtter, är han derföre ytterst aktsam att icke såra någon padda med lien, och då han höfligt ber henne gå undan, hedrar han henne med tilltalsordet jungfru, jungfru lilla. Sägnen förtäljer om en dräng, som var nära att skada paddan med sin lie, huru han sedan blef bjuden till gäst hos bolvätten, som höll barns-öl. Men han hade liten glädje af gillet; ty öfver sig i taket såg han en tung qvarnsten, hängande på ett hufvud-hår. »Så rädd som du nu är,» sade vätta-qvinnan, »så rädd var jag ock, när du höll lien öfver mig i gräset.»

Såsom hela sitt slägte äro bolvättarne ytterst renliga, och, om de oroas, hämna de sig med mångfaldig förgerning och sjukdom på folk och fä. Enligt folktron komma af Vättarne nio slags förgerning. Det är derföre icke godt, om barnets nanna eller dussa (ɔ: vagga) får sådan plats i stugan, att hon råkar stå öfver vättens boning. Ty om vättens underjordiska hemvist orenas genom smuts eller spillvatten, så oroar han barnet om nätterna och i sömnen. Man tror således, att vätten pattar (ɔ: diar) barnet, hvaraf uppkomma blåsor på dess lemmar; äfven suger han barnet på finger-ändarne, så att fingrarne bli tunna och genomskinliga. Finnes minsta öppning å barnets nafvel, så kan vätten derigenom suga blod, så att barnet mås (ɔ: tvinar) bort. Det är derföre angeläget, att med späda barn och allt hvad dem tillhör iakttaga den yttersta snygghet. Märker man, detta oaktadt, att vätten oroar barnet i sömnen, så är ingen annan bot, än att flytta nannan till annan plats i stugan, att lägga vättaljus eller vättasten (§ 66) i barna-svepen (lindan), samt nedlägga offer åt vätten i hus-tomten. Sker detta, så viker vätten och lemnar barnet i ro.

Äfven boskapen är ofta utsatt för förgerning af vättarne, hvaraf sker, att kalfvarne dö och kreaturen på mångfaldigt sätt vantrifvas och bli sjuka. Man tror således, att vättarne dia kreaturen, eller bita dem vid lättklöfvarne och suga bloden ur dem, eller äta hornen af dem o. s. v. Sår på fäkreatur ofvanför lättklöfvarne få i Wärend namn af *Vättabett.* Det är derföre angeläget att iakttaga den högsta snygghet i fähuset, så väl inom hus, som i dyngstaden. Händer ändock att kreaturen ej vilja trifvas, så är det förmodligen derföre, att de fått sin plats öfver vättens boning eller stå i vägen för vätten. Det första, som då må göras, är att flytta kalfva-kätten eller bindsla kon på annat ställe. Hjelper ej detta, så sökes bot genom att offra till vätten, på sätt vi i det föregående omtalat. Offret nedlägges i båset eller i kalfva-kätten. Äfven är godt att binda vätta-ljus på kreaturen, eller att skära en skinnlapp, stor som såret af vättabettet, strö skafven vättasten deri, och kasta på elden under signelse och läsning.

Gammalt folk omtalar, att man i Wärend fordom brukat på jul-afton och andra stora högtidsqvällar sätta ut mat åt Vätten, eller ge Vätten. Maten, som mest bestod af hvit gröt med mjölk, utsattes i en skål, under lofts-trappan eller i något annat afsides hörn inne i stugan eller å gårds-tomten. Seden var i grunden icke annat än ett hedniskt offer-bruk. I sammanhang dermed står en ännu iakttagen folksed, att man icke må på golfvet nedsätta något fat, innehållande mat eller dryck som är ämnad åt menniskor. Om så sker, tros vättarne bli förtörnade och göra skada. Äfven träffas ännu spår af ett uråldrigt hedniskt folkbruk, att *åt vättarne helga förstlingen af alla födo-ämnen, som förtäras i huset.* Wärendsbonden styckar derföre aldrig en brödkaka eller en ost, utan att först hafva med knifven afskurit en tunn skifva af kanten. Detta heter i Wärendsmålet att skåra brödet eller osten. I några svenska landskap har man fordom plägat kasta den så afskurna brödkanten på golfvet »till Go Nisses föda». I norra Småland iakttogs ännu för 150 år sedan, att vid slagt »den leden uti »ryggen, som sitter näst intill halsen eller hals-qvarnen, »alltid afhugges och bortkastas, hvilket stycke »kallas *helgona-stycket* eller *böls* (bödels) *kota.*» Gamla käringar brukade ock nedgräfva njurarne af det slagtade djuret under en stor sten. På skånska gränsen brukar man ännu, när kalfvar slagtas, afskära en köttbit, med de orden: »detta ger jag dig, det andra hör mig till.» Alla dessa bruk äro således i grunden icke annat än uråldriga hedniska offer till bolvättarne.

§ 68. I en yngre och förändrad gestalt, men ännu fullt igenkännlig, uppträder Bolvätten i Wärend såsom **Tomte** eller **Tomtagubbe.** Han är, såsom sådan, till skepnad som en något ålderstigen man, icke större än ett fyra eller fem års gammalt barn, och oföränderligen klädd i grå kläder med en röd topphätta. Hans uppehåll är mest i stallet, på logen och i ladan; der går han och pysslar både dag och natt samt vakar öfver ordningen inom huset och i gården.

Tomten omtalas såsom till lynnet egensinnig, snarsticken och fåfäng, men ytterst ordningsam och renlig; dertill är han ock öfvermåttan stark, så att icke ens den styfvaste dräng kan stå för hans örfilar. Ty Tomtagubben är en sträng husbonde och vakar noga öfver god ordning och snygghet. Har stalldrängen försofvit sig och ej gifvit hästarne ottefoder i behörig tid, eller icke ryktat och vattnat dem, så kan han vänta sig att bli tuktad af Tomtagubben, om icke af någon annan. När drängarne skola bittida ut på logen, så väcker tomten dem; likaså vid qvarnar och kolmilor, när det nattetid händer att qvarnen går torr eller milan vill fatta eld. Bygges det i gården, så plägar Tomten om nätterna hjelpa till med arbetet, och man kan då höra, natten igenom, huru han bygger och bultar på det nya huset. Likaledes vid qvarnar och vattenverk. I alla hus, der det går väl till, tror man att det är Tomten som drager till gården eller som drager till bys. Men der husets folk emot honom brista i aktning, eller fela i god ordning och snygghet, der drager han ifrån gården, så att allt blir odrygt i lada och kornbinge, kreaturen vantrifvas och bonden sjelf blir utfattig.

I många wärendska hus har man ända till senare tid haft för sed, att på Thorshelgen och alla stora högtidsqvällar ge Tomten, eller sätta ut mat åt Tomtagubben. Seden är, med förändradt namn, alldeles samma hedniska offerbruk, som den nyss omtalade folkseden att ge Vätten. Maten, som på jul-afton alltid skulle vara julagröt med mjölk, utsattes i en skål, vanligtvis på logen, men eljest åfven under lofts-trappan eller i någon annan afsides krok inom gårdstomten. Folksägnen omtalar äfven, att man på jul-afton gifvit Tomten nya kläder. Än i dag är det wärendskt folkbruk, att vid flytt-öl, eller när brudfolk flyttar in i sitt nya hem, dricka en skål för Tomtebo-lycka. Allt hänvisar således på en forntida dyrkan af vättarne, bolvättarne eller Tomtagubben, såsom husets och gårdens skydds-väsen, i likhet med den husliga kult, som af de gamla folken egnades åt Larer och Penater.

§ 69. Man talar i Wärend äfven om *Vättar i träden* eller **Skogsvättar**, såsom de nämnas i en gammal wärendsk signelse. Dessa vättar, likasom de elfvor, som bo i träden, och hvarom vi i det föregående (§ 64) talat, synes i grunden icke vara annat än en yngre och mera utvecklad form af den gamla folktron om trädens naturväsen. Vi få om dessa närmare yttra oss i det följande.

§ 70. Såsom naturväsen för skogen i dess större omfattning, uppträda skogsvättarne under nya namn och i ny skepnad. Det vanligaste och minst bestämda af dessa namn är **Skogsrå**. Tänkt såsom en manlig naturvätte, omtalas Skogsrå någon gång under namn af **Hulte**; såsom qvinnligt naturväsen, är det i Wärend ännu allmänt kändt under namn af **Skogsnufvan** eller **Skogsfrun**.

Hulte förekommer nu mera blott i sägnen. Han är då man åt Skogsnufvan, och ett ondt, fruktadt väsen, som far fram med storm och oväder, så att hvart träd i skogen kan blåsa ikull. Hans namn, som härledes af Wärends-ordet hult ɔ: löfskog, antyder för öfrigt, att han närmast tänktes såsom naturvätte för hultet eller den stora löfskogen. Han är således samma väsen, som i Skåne (Ljunits härad, Frosta härad o. fl. st.) omtalas under namn af *Skoumannen*, *Skoug-mannen*. Om denne senare heter det, att han ser ut som en karl, men glor (stirrar) man på honom, blir han stor som den högsta trädstam. Han förvillar folk som gå i skogen, och när de gråta af fruktan, skrattar han: ho, ho, ho! När berg-ufven höres i skogen, säger folket i Frosta härad, att »Skoumannen är ude å skriger». För öfrigt är han, såsom alla naturväsen, mycket sinnlig, och eftersträfvar gerna förbindelse med christna qvinnor.

Skogsnufvan, eller det qvinnliga skogsråt, sådant det i Wärend allmänt omtalas, tillhör deremot närmast den egentliga barrskogen. Der går hon och snufvar natt och dag, och antager skepnad af alla djur, träd och andra naturting, som förekomma i landets skogar. Tänkt i mennisko-hamn, uppträder hon i den äldre Wärends-sägnen såsom ett skogstroll, och har fordom blifvit sedd såsom en skinnklädd qvinna, farandes fram genom luften med utslaget hår och de långa brösten uppslängda på axlarne. Det är i denna skepnad, som hon jagas och skjutes af Oden (§ 49). I den yngre sägnen är hon deremot en fager jungfru, skön och förförisk, när man ser henne framifrån; men får någon se henne på ryggen, så är hon baktill ihålig som en rutten stubbe, som en tråsvälta (ɔ: ett kullfallet träd), eller som ett baketråg.

Skyttar och andra, som ha sina vägar i skogen, få ofta höra skogsnufvan tralla, skratta, prata, hviska och hvissla i buskarne och i de täta snåren; ty hon kan taga hvad slags läte hon vill. När hon talar, är det likväl alltid med hes röst. Stundom höres vid den ensliga skogsbäcken ett klappande eller smackande ljud; folket säger då, att det är Skogsnufvan, som klappar byk. Äfven har man om våren fått se snöhvita fläckar eller drifvor djupt ini den mörka skogen. Wärendsbon säger då efter gammalt tal, att det är Skogsnufvan, som breder sina kläder.

Skogsnufvan råder öfver villebrådet i skogen, och det är derföre godt för skyttar och jägare att hafva hennes vänskap. Man har ock mångfaldiga sägner om jägare, som ställt sig väl med henne, så att de kunnat skjuta så mycket vildt de velat. Äfven hafva gamla skyttar haft för sed, att nedlägga en slant på någon stubbe, till offer åt Skogs-råt, eller att i skogen utsätta mat på någon sten eller stubbe. Hon eger vissa skogsdjur, hjortar, rådjur, harar och fjärhanar (ɔ: tjädrar), hvilka höra henne ensam till. Dessa djur tros vara förtrollade, så att ingen är i stånd att skjuta dem; och skulle äfven så hända, har det intet godt med sig; ty då blir jägarens bössa förgjord, så att han med henne icke vidare kan skjuta rätt, utan han dertill brukar några serdeles konster.

Skogsnufvan söker på allt sätt få makt med menniskor, som gifva sig ut i skogen. Den som går i vildmarken må derföre se sig väl före. Hörer han någon ropa sig vid namn, må han icke svara »ja», utan »hoj!» ty Skogsnufvan vet alla menniskors namn och kanske är det hon som ropar. Svarar han då »ja», så får hon straxt makt med honom, och i detsamma slår hon till ett högt flatskratt, så att det rungar i hela skogen.

När Skogsnufvan får makt med folk, så förvillar hon dem på mångahanda sätt. Den som villas af Skogsnufvan, kan icke vidare hitta fram i skogen, utan går och går, och kommer allt igen på samma ställe. Till slut blir han så yr och vilsen, att han icke ens känner igen sin egen stuga. Den enda bot, som då finnes, är att vränga tröjan eller läsa Fader Vår afvigt. Om menniskor som äro mjeltsjuka, så att de söka skogen och ensamheten, tror Wärends-folket, att det är Skogsnufvan, som lockar dem, eller Skogsnufvan, som har fått makt med dem. Den enda bot, som då står till, är att söka den kloke, och efter hans råd draga honom, som är förgjord, tre gånger igenom klofvan på en lefvande ek, som blifvit spräckt med trä-kilar och trä-klubba, utan något jern. Ännu lefva personer, hvilka erindra sig en dräng i Ljuder socken, kallad Skogs-Nisse, som var förgjord och villad af Skogsnufvan och på detta sätt blef fri ifrån henne.

Skogsnufvan uppträder ofta hos skytten, fiskaren eller kolaren, der han om natten sitter ensam vid sin eld i skogen; visar honom då sin fagra sida och söker locka honom till kärlek. Om åtskilliga gamla fjärhana-skyttar (tjäder-skyttar) går ett tal, att de i skogen hållit till med Skogsnufvan. Man förtäljer ock om män förr i verlden, som haft barn med Skogsnufvan. Sådana barn blifva enligt sägnen alltid större, starkare och mer storätna än andra menniskor. Detta slags förbindelser med Skogsnufvan hafva dock aldrig något godt med sig, och alltid heter det om skytten, att han förr eller senare ledsnat vid hennes kärlek. Han har då sökt råd hos den kloke, för att bli henne fri. Detta har dock sällan lyckats, utom i fall att han kunnat få ett af skogstrollets hufvudhår. Genom att linda detta omkring sin bösskula, har han då blifvit i stånd att skjuta Skogsnufvan. När så skottet blifvit lossadt, har det blifvit ett hiskligt gny, dön och buller i hela skogen; men sedan dess har skytten aldrig mera hört af henne.

I den äldre svenska rätts-skipningen förekomma åtskilliga fall, som stå i förbindelse med denna urgamla folktro. Ett sådant fall inträffade år 1691, d. 22 och 23 Dec., då en tjugutvå år gammal dräng, ifrån Lioms gård i Storpa socken af Marks härad, blef af Wätte häradsrätt dömd till döden, för »oloflig beblandelse med en Skogs- eller Bergs-rå». Ett annat hithörande fall förekom vid tinget i Lyckeby, d. 5 Aug. 1701, då volontairen Måns Malm blef åtalad och tingförd, för att »han skall med en Skoug-rå haft beställa».

Ännu i våra dagar visar sig Skogsnufvan på de stora wärendska skogarne, såsom på Oby skog, Husaby skog, Ugnabygda skog o. s. v., och det gifves få äldre Wärends-boar, hvilka icke någon gång blifvit af henne villade. En backe vid gården Elinsås i vestra Thorsås heter efter Skogsnufvan *Skogsnufve-backen.*

§ 71. Det naturlif, som dunkelt och hemlighetsfullt rörer sig i bergens inre, personifieras af Wärendsfolket i ett väsen, som får namn af **Bergråt.** Detta naturväsen omtalas dock sällan, såsom Wärend snarare är ett skogsland än ett bergland. Bergråt blir derföre i sägnen sammanfördt med **Trollen,** *Bergatrollen, Skogstrollen.*

Vi hafva om dessa gåtlika väsen redan i det föregående (§§ 4, 5, 26, 27) flerfaldigt yttrat oss, och betrakta dem fortfarande såsom *halft mythiska* och *halft ethniska väsen*. Granska vi hela föreställningssättet, sådant det lefver i sägen och folktro, finna vi nemligen hos trollen, på ena sidan ett antal rent mythiska drag, hvilka hänvisa till att de af Wärends-folket blifvit fattade såsom rena naturväsen, natur-vättar eller natur-andar, medan å andra sidan vi hos dem upptäcka historiska drag, hvilka, enligt vår åsigt, gömma folkets hågkomst af de vilda urbyggare, som en gång uppträdde i våra skogar.

Bland de rent mythiska drag, som således ingått i föreställningssättet om Trollen, träffa vi många, dem vi hittills icke lärt känna utom hos rena naturväsen. Till dessa hörer, att Trollen, såsom Hulte och Haffrun, fara omkring i stormen och i väder-ilen; att de, såsom dvergarne, göra sig osynliga medelst en hätta; att de, såsom Necken och Vättarne, taga folk till sig under jorden, och att de, såsom naturvättarne i allmänhet, kunna skifta hamn och förskapa sig till hvad helst de vilja, likasom att de ega vissa dem serskildt tillhöriga skogsdjur (Trollharar, Trolltuppar). I likhet med andra naturvättar eftersträfva de ock förbindelse med menniskan, hvars barn de bortbyta, hvars qvinnor de bortröfva och hvars sinnen de förvilla, medan de, såsom orena och onda väsen, på henne och allt det naturlif, som rörer sig omkring henne, öfva mångfaldig ond inflytelse och förgerning. Vi skola i det följande se, huruvidt dessa föreställningar kunna förknippas med forntidens uppfattning af menniskan sjelf, såsom jemväl ett mythiskt väsen. Deremot kan intet tvifvel uppstå, det ju Trollen äro tänkta såsom rena natur-andar, när de icke kunna se solen utan att spricka; när bonden emot dem skyddar sitt odöpta barn genom att låta elden brinna på spiseln, eller genom att hafva eld med sig, då han nattetid öppnar dörren för att gå ut och in, och genom att lägga en sax (eller annat stål) och en bok i barnvaggan; eller när de troddes kunna lägga sig i bondens mat och dymedelst vålla honom kålle-sjukan (frossan) o. s. v. De betraktas ock såsom onda naturväsen, när sädesmatken och andra skadliga krypfän i Wärendsmålet få namn af *Troll*, likasom slem på gräs och örter får namn af *Troll-spott*.

Å andra sidan igenkänna vi i föreställningssättet om Trollen jemväl många drag af en öfvervägande eller bestämdt ethnisk karakter. Trollen äro således icke mythiska naturvättar, utan snarare menskliga väsen, lefvande under samma vilkor som de n. v. wärendska jordbyggarne (§ 5), när de i folksägnen uppträda såsom boende i jordkulor i den eller den skogsbacken, såsom der uppgörande eld och bakande stenkakor, hvaraf de gifva åt bonda-heren till lön för det han lagat deras ugnsraka. Icke heller äro de mythiska naturväsen, när de, på samma sätt som jordbyggarne än i dag, vid julen och i kalla vintern kommo fram till bondgårdarne, gingo in i stugan och togo plats i grufvan (ɔ: eldstaden), der de enligt sägen sutto och jemrade och uslade sig. Äfven trollgubben, som nattetid far på sjön med sitt bloss, för att ljustra fisk, likasom ock trollen, när de emot mat och öl hulpo folket att skära säd på åkern o. s. v., voro snarare halfvilda menniskor än mythiska naturvättar. Folktron att trollen, ehuru gamla de än må bli, likväl en gång måste dö, är icke heller något mythiskt drag. Härtill kommer, att trollens hela personlighet, deras korta vext, mörklagda utseende, gnällande stämma, och de grå kläderna med den röda pinnhättan, i sägnen har en pregel af åskådlighet och rent mensklig natur, som nästan aldrig förnekar sig. De ega ock personliga namn, såsom Bonda-pilt, Gloan, Åsa-Kittan, Bökoppa-Kittan o. s. v., hvaraf ses, att man en gång tänkt sig dem icke blott såsom väsen, utan såsom bestämda individer. Mycket leder oss då att antaga, att detta slägte en gång tillhört verklighetens verld, och att der bakom gömmer sig ett gammalt folkminne, genom mundtlig öfverlemning bevaradt ifrån landets första bebyggande.

Kommer så härtill, att man genom hela medeltiden, ända in i vår egen tid, kan följa det mythiska föreställningssättet om Trollen, ifrån diktens och sagans område in i den historiskt gifna och rent menskliga verkligheten. Medeltidens Troll, liksom den nyare tidens Trollbackor eller Påskakäringar, voro således otvifvelagtigt verkliga menniskor, änskönt de, såsom onda, halft mythiska väsen, troddes ha förmåga, att, likt de gamla Trollen, skifta hamn och osynligen fara eller rida genom luften med hängande hår och upplöst gördel. Alldeles samma föreställningssätt, i alla dess väsendtliga drag, blir ock än i dag af Wärendsfolket öfverfördt på de Finska och Lappska folken (Nordkäringarne, Finna-käringarne eller Lappkäringarne). Till hvad härom redan i det föregående blifvit anfördt (§ 27) må här läggas, att den förgerning eller sjukdom, som eljest är i Wärend känd under namn af *Trollskott*, i Wärendsmålet äfven får namn af *Lappskott.* I Gärs härad i Skåne heter samma sjukdom likaledes *Lappskud.* Äfven de Trollkäringar, som om våren fara omkring i väderhvirfveln för att stjäla bondens sädes-säd, och som i den äldre Wärendssägnen omtalas boende djupt ini skogen, äro i den yngre sägnen flyttade åt norden och förvandlade till Nordkäringar. I enlighet härmed, säger ock Skåningen i Gärs härad, då han om våren ser väderilarne på åkern, att »*Lappkäringarne* ä ude å ska samla opp».

Huru nu en sådan omedveten förvexling af dikt och sanning, af mythiska naturvättar och rent menskliga väsen, öfverhufvud varit möjlig, hörer till dessa dunkla gåtor, dem vår tid har svårt att lösa. Sjelfva faktum kan dock i allmänhet icke förnekas, då det har analogier inom alla folks mythologi, och är i och för sig icke mer obegripligt, än tillkomsten af hela den verld af mythiskt fattade naturväsen, som tillhörde vårt eget och andra folks äldsta forntid. Förklaringen torde då helt enkelt böra sökas *i ett mythiskt åskådningssätt, som var karakteristiskt för folkens barndom, och, såsom rent poëtiskt, stod i sträng motsats till den kritiska natur-åskådningen i en yngre tid.* Att påvisa detta åskådningssätt i dess nationelt svenska form, och såsom omfattande icke blott naturen, utan ock menniskans eget väsen, är en af de uppgifter vi här föresatt oss. Studiet af dess bildnings-lagar gifver då en enkel förklaring öfver Trollens dubbla tillvaro, såsom på en gång naturvättar och naturfolk, och sprider någon dager jemväl öfver andra frågor, hörande till vårt slägtes och vår folkstams äldsta utvecklings-historia.

§ 72. Efter den dyrkan af **Solen**, som en gång förekom i all natur-kult och som utbildat sig i vexlande myther, låta genom årtusenden vissa enkla grund-föreställningar ännu spåra sig i folktron. Solen är således i folkföreställningen, likasom i språket, ett qvinnligt väsen. När i folksagan jätten lagt sig ned för att dricka ut vattnet i sjön, och solen med detsamma går upp, ropar gossen till jätten: »se, hvilken fager jungfru der rinner upp!» För att uttrycka den högsta qvinnliga skönhet, nyttjar man ock talesättet att vara vacker som dagen. Himmelen sjelf är skålig som ett hvalf; under bar himmel heter derföre i Wärendsmålet: under hålan himmel. På himmelen går solen upp och ned. När hon går ned, eller enligt folkmålet går i skog, gläder hon sig; sol-nedgången heter derföre i Wärend sola-gladningen eller sola-glädningen (sola-glänningen), och man brukar derom talesättet, att solen gladas. När solen går ned i moln, heter det att solen bäddar under sig, och när hon går ned i tjocka skyar, säger man att solen kryper i säck. Man finner för öfrigt äfven spår af ett gammalt mythiskt föreställningssätt, enligt hvilket solen förföljes af en glupande ulf (sol-ulf, vädersol), som vill uppsluka henne. Om den som glupar eller grinar fruktansvärdt heter det ännu i Wärend, att han grinar som en *sol-varg.* Visar sig en sådan solvarg eller vädersol på himmelen, så anses det ännu, likasom fordom, båda någon allmän förgerning med dyr tid, hunger och stor död eller farsot.

§ 73. Enligt ett föreställningssätt, som tillhörde den mythiska verlds-åldern och som ännu lefver i den wärendska folktron, hade hvarje väsen i naturen sina **Tydor**, sin betydelse, eller en hemlighetsfull kraft, hvarmed det osynligen inverkar på andra väsen. Denna kraft tänktes ifrån början såsom omedveten, och klarnade först till medvetenhet såsom vilja, hos gudarne. Hos heliga väsen voro tydorna starkare än hos andra och välgörande i sina verkningar.

Solen är enligt folktron *skär* och *helig,* och har starkare tydor än alla andra heliga väsen. För henne vika derföre alla orena och oheliga naturväsen, naturvättar och onda andar. När jätten i folksagan får se den uppgående solen, så förvandlas han till sten eller spricker. Trollen kunna, enligt folktron, icke visa sig ute när solen skiner, och om de se på solen, så spricka de. Spöken och gengångare vika för den första solstrimman. Om gasten icke hunnit tillbaka till sitt rum eller till sin graf, utan öfverraskas af den första solstrålen, så blir han ståendes ofvan jord och förmår icke komma vidare, förr än det åter blir natt.

Såsom allt ljus och all kraft kommer ifrån solen, så förrättade våra förfäder sin bön, vända emot solen. Vid läsning och signelse uppå en jordfast sten iakttages än i dag, att den sjuke vänder ansigtet emot öster eller emot solen. När barn skall föras till kyrkan för att döpas, är Wärends-sed, att gomodren först gör sin morgonbön, vänd emot öster, innan hon tre gånger frågar föräldrarne om barnets namn. De döde begrafvas ännu alltid med fötterna i öster, således med ansigtet vändt emot solens uppgång. Frånsols eller i nordleden är deremot, enligt ett gammalt föreställningssätt, de onda andarnes hemvist. Det gammalnordiska helvetet låg i norr. När man läser bort förgerning uppå en jordfast sten, iakttages derföre noga, att stenen alltid må sökas norrut ifrån husen. Sammaledes ock det bärande trädet eller åker-renen, om man vid dem tänker bota på förgerning. Vill man vita bort sjukdom i rinnande vatten, må det alltid vara i ett vatten som rinner åt norr. Af samma orsak har ock Wärendsbon ända till vår tid icke velat begrafva sina döda frånsols om kyrkan. Norr ut på kyrkogården låg alltid den föraktade Främlings-högen, der man blott begrof missdådare, frändelösa uslingar och främlingar.

I sammanhang härmed står den af Wärendsfolket ännu ytterst noga iakttagna skilnaden emellan rättsyls och ansyls. *Rättsyls, solrätt, rätt* eller *med,* är hvad som går i samma led som solen, d. v. s. ifrån öster åt vester, ifrån venster åt höger eller inifrån och utåt, nedifrån och uppåt. Allt, som skall gå väl och vara lyckosamt, må gå rätt eller rättsyls. De gamla svenska konungarnes e-riksgata reds derföre alltid rättsyls öfver landet. Ett hus, som står solrätt, eller med gaflarne åt öster och vester, tros i Wärend vara lyckosammare att bebo än ett hus, som har gaflarne i norr och söder. När man spinner, spolar, varpar, vindar garn, lägger tömmar o. s. v. må det alltid ske rättsyls, eller ifrån venster åt höger. Dryckeskannan och fatet gå eller bäras alltid rättsyls ikring eller öfver laget. När vid köp skall handslås och de närvarande slå af, må alltid slås nedifrån och uppåt, eljest blir handeln icke lyckosam. Och ifrån denna rent yttre uppfattning af det rätta, såsom det som öfverensstämmer med solens gång, har begreppet efterhand utvecklat sig till en idéel betydelse, af hvad som är rätt i högre och rent sedlig mening.

Hvad som sker i motsatt led emot solen, ifrån vester emot öster, ifrån höger mot venster, utifrån och inåt, uppifrån och nedåt, säges deremot i Wärendsmålet göras *ansyls, afvigt, orätt* eller *mot.* Ingenting, som sker på detta sätt, får framgång eller blir lyckosamt, och ordet orätt har ifrån en rent yttre betydelse öfvergått till begreppet om hvad som är olofligt eller sedligt orätt. Om någon nystar tråd afvigt, tror man att han skall bli likasom bunden om händerna, när han skall slås emot sin fiende. I det vanliga lifvet må således ingenting göras ansyls, afvigt eller orätt. Deremot fäster folktron vid detta slags rörelse den föreställningen, att den eger makt emot, eller kan upplösa och upphäfva ond förgerning och trolldom. När man vill framkalla helig eld, gnid-eld (§ 44), må derföre borras ansyls med en torr eke-pinne emot annat träd. När man vill borra bort stolsteg eller stenvred, må allt vridas ansyls. Kikhostan botas med att dricka vatten, som droppat af ett qvarnhjul som går ansyls. När sjukdom läses bort på en jordfast sten, går den kloke eller signelskan alltid omkring stenen ansyls. Att vända sin tröja eller något annat klädesplagg afvigt, hjelper mot förvillelse af Skogsnufvan eller af andra onda naturväsen, och att läsa Fader Vår afvigt (baklänges) är kraftigt emot all slags ond inflytelse, förgerning, spökeri eller trolldom.

§ 74. Ifrån dessa uråldriga föreställningar om Solen såsom ett heligt väsen, hafva redan i ett aflägset skede af hedendomen utvecklat sig en skiftande mängd af myther, i hvilka solen på olika sätt personifieras. Dessa hedniska sol-myther hafva blott undantagsvis lemnat några märkbara spår i den lefvande folktron. Men sjelfva grund-åskådningen har länge bibehållit sig, och vi finna deri förklaringen, hvarföre hedendomens Allfader, likasom medeltidens Vår Herre, Gud Allsmäktig, den Store Guden, tänktes bo i *himmelen* eller *himmelriket.* På bottnen af hela detta föreställningssätt gömmer sig nemligen en naturbild, och det hänför sig genom många mellanliggande länkar ytterst till solen, der hon, mythiskt fattad såsom en helig personlighet, vandrar i höghet och ljus sin gång uppå himlahvalfvet.

§ 75. Solens heliga tydor äro starkare än eljest på de tider, då hon, efter ett slutadt årslopp eller annat årsskifte, å nyo uppträder öfver jorden. Dessa sol-tider blefvo derföre af våra fäder företrädesvis kallade *Tidér, Högtider* eller *Helgar,* och ansågos sjelfva för heliga.

Vi hafva redan i det föregående (§§ 40, 41, 42) påvisat, hurusom vid våra äldre hedniska högtider folket samlade sig om natten uppå höjder och kullar, för att med bön och offer helsa den återvändande eller nyfödda solen. Dessa nattliga högtider voro således i grunden icke annat än *fester åt solen;* ett ursprung, som tydligen gifver sig tillkänna äfven i den genom solens årliga skiften astronomiskt bestämda tiden för deras firande. Enligt en folksed, hvars grund vi icke närmare kunna uppgifva, måtte icke hafvande qvinnor vid dem vara tillstädes. Wärends-allmogen tror derföre ännu, att om hafvande qvinnor komma till kyrkan någon reppa-dag, d. v. s.

Juldagen, Vårfru-dagen, Midsommarsdagen eller Mickelsmessan, så få deras barn fallande-soten. Hvad vi här fasthålla är dock mindre de fornåldriga folkbruk, hvilka med dessa hedniska sol-fester träda i förbindelse, än hela det föreställningssätt, som i folktron ännu är vid de heliga tiderna fästadt. Detta föreställningssätt är i högsta grad karakteristiskt, och bevarar ännu spår af den djupt poëtiska verlds-åskådning, som tillhörde den mythiska tids-åldern i vårt slägtes barndom.

Enligt wärendska folktron äro således, på den heliga julnatten, Oden, Glo-son och andra hemlighetsfulla naturväsen ute och färdas, ännu, likasom förr i den gråa hedendomen. De döda söka då till sina fordna hem och hålla vid midnatten gudstjenst i kyrkorna. Änglarne komma då ifrån himmelen på besök i husen hos menniskorna. Djuren äro då i syne och kunna tala, likasom i tidens första morgon. Den som är feg eller öden att snart dö, sitter på julqvällen till bords med en skugga, som saknar hufvud. Allt, hvad under det kommande året skall hända, ter sig då i hemlighetsfulla syner för den som går årsgång till tre kyrkor, på sätt vi längre fram skola närmare förtälja.

Alla tecken, som visa sig på den heliga julnatten, ega då starkare tydor än på någon annan tid, och man kan af dem hemta *spådom* om kommande händelser. Går någon på julafton lönligen ur sin stuga, för att lyssna vid en annans fönster, och frågar sakta för sig sjelf: »sker det eller det i år?», så är det första ja eller nej, han sedan får höra, ett orakelsvar till hans spörsmål. Om någon, som är ogift, lägger på jul-afton sitt lintyg i ladan, så skall om morgonen derpå synas hvad under året kommer att hända egaren. Äro lintygets armar lagda på bröstet, betyder egarens död. En arm utlagd betyder giftermål, o. s. v. Slår någon på julqvällen en ägghvita i ett glas vatten, så kan han, juldags-morgon, af dess form skönja hvad under året skall tima. Likaledes om han på jul-afton sållar aska öfver glöderna af julabrasan, kan han på morgonen taga spådom af de tecken, som visa sig i jul-askan. Hittas på juladags-morgon korn af julhalmen under jul-bordet, så betyder det ett fruktbart år.

Äfven de gamla helgade bruken och folksederna hafva under julhelgen sina tydor, och man kan af dem hemta förebåd. På julafton må således boskapen tidigt vattnas och redan middagstiden tagas in i husen; den, som försummar detta, blir ock på hösten efter med bergningen. Alla i huset må på julqvällen sätta sina skor tillsammans på golfvet; göra de det, så bli de ock sjelfva enhälliga hela året. På juldagen må alla skynda ifrån kyrkan; den, som då kommer först hem, får ock först inbergadt om hösten. På juladag må ungdomen gifva sig ut och jägta skator, d. v. s. jaga dessa foglar ifrån en gård till en annan; den, som gör detta, blir lätt och rörlig hela året om. Äfven den gamla wärendska folkseden, att på annandag jul rida kapp ifrån kyrkan, eller, som det kallas, rida Staffans-skede, har otvifvelagtigt en gång haft sina tydor, ehuru dessa numera äro glömda af folket.

Samma mythiskt-religiösa föreställningar och samma tro på tydor har äfven varit fästad vid de öfriga hedniska högtiderna eller helgarne, ehuru deras spår nu icke äro så märkbara. På natten emellan dymmel-onsdag och skär-thorsdag tros derföre Oden ännu vara ute och färdas; den natten hörer ock, likasom julnatten, honom ensam till. Samma natt och påsknatten rida troll-backorna eller Påskakäringarne genom luften, på färd till Blåkulla. Skärthorsdags-morgon, innan sol går upp, skall man springa naken omkring dyngan, så får man korn. Likaledes skall man kärna uppå dyngan och ropa högt, så får man smör; men så långt ropet höres, få grannarne intet. Samma natt och påsk-afton kunna trollbackorna draga till sig andras smörlycka, genom att kärna i brunnar och källor. I skärdagarne är det ock, som Satan hjelper trollbackorna att göra Bjerga-harar, Mjölk-harar eller Troll-harar, som de utsända för att dia andras kor. Den som på skärthorsdags-morgon hemtar vatten att tvätta sig med, förr än foglarne qvittra, blir icke solbränd det året. På Valborgsmesso-dagen skall man kärna och ysta, så får man god lycka dertill under året. På helig Thorsdag (Christi himmelsfärds-dag) skall man meta ifrån morgon till qväll; den, som det gör, får sedan god met-lycka hela året.

På Midsommarsnatten, likasom på julnatten, blir den i syne, som går midsommars-gång, på sätt vi längre fram närmare få omtala. De blommor eller qvistar, som då plockas, ega mångfaldig kraft emot all slags förgerning, hvadan ock läkande örter då må samlas; ett drag, som erinrar om att solguden hos de gamla folken äfven var läkekonstens gud. Denna qväll må ock den hemlighetsfulla slagrutan skäras, medelst hvilken man har makt att taga upp draka-medel. Till och med midsommars-daggen, som faller denna natt, må samlas, för att sedan vid bakning blandas i degen, till skydd emot förgerning.

Blåser nordanvind på Mickelsmesso-natten, så kjusa Lappkäringarne till sig skogs-fogeln. På Lusse-natten är i midnatts-stunden allt vatten vändt i vin. Thomasmesso-natt går Necken i alla strömmar. Maler någon på denna natt, så löper qvarnhjulet afvigt emot strömmen.

Till de gamla hedniska högtiderna knyter sig på detta sätt i folktron ännu en krets af mythiska idéer, och föreställningen om de heliga tidernas tydor, eller hemliga inverkan på jordiska ting, är en af grund-idéerna i vår äldre svenska folktro. Äfven ifrån medeltiden har man några hithörande drag. Således må på den christna Långfredagen, innan solen uppgår, modren piska sina barn med ris (dvergbjörken heter i Wärendsmålet Långfredags-ris), så bli de lydiga hela året. Samma helgedag må ingen smaka mjölk eller mjölkmat, icke ens spenabarn få di, förr än sol gått ned; gör någon annat, så tros han bli skabbig. På Påskadags-morgon dansar solen, när hon uppgår på himmelen. — Men i allmänhet äro dessa tydor af hedniskt ursprung och fästade vid de gamla hedna-högtiderna. Vi hafva sett huru dessa högtider alltid inföllo vid solskiftena. Hela föreställningssättet förbinder sig på detta sätt mer och mindre tydligt med de mythiska föreställningar om solen, hvilka på ett visst kultur-stadium återfinnas hos alla folk.

§ 76. När elden först uppfanns var menniskans natur-åskådning ännu mythisk. Elden betraktades derföre länge såsom ett lefvande väsen. Spår af detta äldsta föreställningssätt träffas ännu hos Wärendsfolket (jfr. § 44), och ur detsamma ha utvecklat sig ett antal myther, olika för skilda tider och folkslag.

Eldens naturväsen troddes af våra förfäder vara beslägtadt eller likartadt med solen; elden hölls derföre *helig*, vare sig i och för sig, eller såsom sinnebild af solen och ljuset. I våra folkseder och vår folktro träffas ock talrika spår af en forntida eld-dyrkan. Wärends-bon tager ännu tydor och förebåd af elden. Sprakar och smäller elden rätt hårdt, betyder det att man snart skall få höra någon död. Sprakar eld af veden fram på golfvet, betyder främmande. Likasom i den vestaliska eld-kulten hos Romarena, håller Wärendsfolket för helig den eld, som blifvit framkallad ur träd genom gnidning. Att hafva sådan eld i huset är lyckosamt, och tjenar till skydd emot all slags förgerning och trolldom (jfr. § 44). Upptänd i grufvan eller eldstaden brinner elden efter gammal sed hela dagen om, och fästes hvarje qväll af husmodren, med yttersta omsorg och under signelser eller korstecken. Grufvan var på detta sätt, efter forntidsskick, ett slags husligt offer-altar för eldens gudom, och åtskilliga dithörande offerbruk hafva bibehållit sig i den gamla folk-vidskepelsen. Att låta elden slockna ansågs för olyckligt, och än i dag gör Wärendsqvinnan sig de bittraste förebråelser, i fall hennes nyfödda barn skulle dö hedet (odöpt) och hon under tiden låtit elden slockna i spiseln. Eld, som hålles brinnande dag och natt, tros nemligen skydda barnet emot förgerning, bortbytning och all slags ond inflytelse.

Men i synnerhet framträder elden såsom sjelf helig, och beslägtad med den ännu heligare solen, i den den uråldriga nordiska folkseden, att, vid de stora årliga solfesterna, upptända nattliga eldar eller offerbål under bar himmel. Vi hafva redan (§§ 37, 41) i allmänhet redogjort för detta nordiska folkbruk, vid hvilket man länge fästat föreställningen om ett landets skärande från de orena naturväsen, som mer än eljest troddes vanka på sådana nätter, som föregingo solens uppgång till ett nytt solskifte. Så långt eldarne synas på dymmel-onsdags qväll, tror man i Wärend, att ingen skall kunna förgöra eller taga nyttan af kreaturen, och när Påskakäringarne höra de på denna qväll aflossade skotten, falla de ned ur luften.

I och med de hedniska blotgillenas förflyttning inom hus, undergingo de af ålder helgade elds-bruken åtskillig förändring. Väl upptändes ännu alltid på julnatten den gamla jula-brasan i grufvan, likasom ock julbålet brann under bar himmel; men vid deras sida uppträder redan tidigt *tannen* eller tjärvedsfacklan, såsom en helig symbol af solen, ljuset eller elden. En sådan tanne, sådan han ännu förekommer i Wärend, sammansattes af torra tjärveds-stickor, omvirade med vidjor, till tjocklek såsom en grof stång, och till en längd af stundom 6 till 12 fot. Tänd på julnatten, och buren framför folket som genom skogen vandrar till jul-ottan, bibehåller han ännu sitt uråldriga namn af en *jula-tanne,* ett namn, som häntyder på ett uråldrigt bruk vid julen och förmodligen bör härledas af ordet tända. Troligtvis har jula-tannen, för att döma af dess form och storlek, en gång blifvit ställd äfven på sjelfva marken, eller på golfvet i gudahofvet, till att upplysa offerbruken vid det gammalnordiska jula-gillet; såsom det ännu är folksed i Wärend, att, efter mörkningen, nästan allt arbete förrättas vid skenet af brasan eller af tända stickebloss.

Med antagandet af mera förfinad sed utbyttes den rökiga jula-tannen emot *julaljuset*, som således hos folket bibehåller den symboliska jula-tannens anseende såsom heligt. I hela Wärend gifves ock ej en jordkoja eller en backastuga så arm, att der ju brinner ett julaljus uppå julabordet om julafton. Julaljuset tändes först vid sjelfva aftonmåltiden, som motsvarar det fornnordiska jul-offret, och brinner sedan, såsom de hedniska offerbålen, hela natten igenom. Allt, som deraf bestrålas, blir, genom ljusets under julhögtiden förökade heliga tydor, lyckosamt och skyddadt emot förgerning. Efter gammal Wärends-sed framsatte derföre bonden uppå julabordet sina hvita pengar och sitt silfver, att julaljuset måtte skina derpå, hvarigenom de troddes bli lyckosamma och förmeras. Likaledes upphängdes i stugan folkets alla helgdags-kläder, att de måtte bestrålas af julaljuset, hvarigenom de troddes under kommande året bli skyddade för mal. Det öfverblifna stycket af julaljuset förvaras hela året om, och brukas såsom en kostelig läkedom för sår på menniskor, för spruckna händer, fötter och läppar, samt för sår på kons spenar. Likasom man tror att solen sjelf dansar på himmelen påskadagsmorgon, så dansar ock julaljuset och delar sig i tvänne lågor, den stund på julnatten, då Vår Herre och frälsare föddes. Man tager äfven tecken eller tydor af julaljuset. Slocknar julaljuset, så betyder det att någon i huset skall dö under kommande året. Tänder någon ett annat ljus vid julaljuset, eller snoppar det så ovårdigt, att det slocknar, så väntar honom säkert någon stor olycka. Samma tro på ljusets helighet ligger ock till grund för folktron, att, om någon i gästabud tager ljuset ifrån bordet, f. ex. när man vill upptaga något som fallit ned, så skola gästerna bli osams. — Till och med de döda tros ha julaljus tända vid sin hemlighetsfulla gudstjenst på julnatten. Till den heliga jul-ottan medför hvarje bonde eller hustru ännu ett julaljus, som tändes i kyrkan, och samma sed, ehuru i något afvikande form, bibehåller sig äfven i de katholska länderna.

Äfven vid sommar-solfesten återfinna vi samma heliga sinnebilder af solen. Midsommars-leken gick således i Wärend af ålder omkring en Midsommars-eld, ursprungligen ett hedniskt offerbål, som brann under bar himmel på någon kulle, ofta i någon lund, som fordom varit en hednisk offerlund (jfr. § 42). I de aflägsna pyreneiska fjälldalarne finna vi samma folksed; men elden är der icke ett bål, utan en stor tjärveds-fackla eller tanne, uppställd under fri himmel och i öfrigt alldeles likartad med den wärendska jula-tannen. Vi ega då häri en förklaring öfver *Midsommars-stången,* såsom denna allmänt förekommer icke blott i Wärend, utan ock i andra delar af vårt land. Denna stång, upprest å fria fältet och kransad med midsommars-blommor, omkring hvilken midsommars-leken nu går, alldeles såsom förr omkring midsommars-elden, är nemligen blott en förändrad form af den gamla tannen eller tjärvedsfacklan. Man har således otvifvelagtigt hos oss en gång brukat tannar äfven vid midsommar, och den syd-europeiska midsommars-tannen är blott en äldre form af vår nu brukliga midsommars-stång.

Stången eller Spiran visar sig på detta sätt hafva varit i forntiden använd i sinnebildlig mening, såsom en helig symbol af elden, ljuset och solen. Då man vid dessa, redan i och för sig, fästade föreställningen om helighet, och om makt emot orena väsen och all ond förgerning, böra vi icke förundra oss att stången så ofta möter i våra äldre folkbruk. Wärendsbonden uppsätter derföre vid sina bröllopp s. k. Brudgranar, eller skalade granspiror med en liten grön ruska i toppen. På gafvel-röstena af sin stuga, eller på öfverskottet ofvan förstugudörren, sätter han en spetsig stång eller spira, stundom prydligt utskuren. På gamla torn och kyrkor finna vi samma sinnebild använd såsom tornspira, och sjelfva konungaspiran är till sin idé, såsom till sin grundform, förmodligen blott en helig symbol, lånad ifrån tannen eller tjärvedsfacklan i den gamla sol- och eld-kulten.

Möjligen står härmed i sammanhang den betydelse, som Wärendsfolket fäster vid de *udda talen.* Enligt gammal wärendsk folktro hållas nemligen udda tal för lyckligare än jemna. Vid spådom med s. k. Rucke-stenar, eller stora, lösa block, hvilka af naturen fått ett sådant läge, att de kunna sättas i rörelse eller ruckas med handen, må derföre stenens rullningar lyktas med udda-tal, om svaret skall anses gynnsamt. Geta- och Fåra-rassen må ock alltid vara udda-tal, om han skall trifvas och vara lyckosam. Men framför allt äro tre-talet och nio-talet lyckosamma och betydelsefulla. Om mäskningen misslyckas, må man derföre skaffa sig jäst af tre hustrur. När fåren klippas, må man icke binda mer än tre af deras fötter, eljest vantrifvas de. Förgerning på fiskedon botas, ifall de rökas med qvistar af nio bärande träd. För trollskott skjuter man med nio alepilar, o. s. v. Svinhopen må ock, om det skall bli lyckligt, vara tre, sex eller nio, eller något annat tal, som antingen är udda eller en jemn mångfald af det lyckosamma tretalet.

Med större säkerhet kunna vi då till den gamla sol- och eld-dyrkan hänföra det föreställningssätt, som i Wärend fästes vid den *högröda färgen.* Man håller nemligen denna färg för lyckosammare än andra färger; otvifvelagtigt på den grund, att solen och elden äro högröda, och att begge, såsom heliga, ansågos skydda emot all förgerning. Wärendsqvinnan lindar derföre efter gammalt sitt barn i en röd svepe, när det skall bäras till dopet. Högtidsfärgen på vissa delar af folkets drägt, såsom hosor (ↄ: strumpor), hoseband, qvinno-kjortlar, pinnhättor, lifstycken o. s. v. var fordom alltid högröd, hvadan ock Höga Söndag (Helga Trefaldighets-dag), då folket visar sig vid kyrkan i högtidsdrägt, ända till senare tid i Finveden fått namn af röda Söndag. Äfven håller man för lyckosamt att boskapen är röd till färgen. Medan således jättarne i Wärends-sägnen hade hvita och brokiga kor, likasom de skånska jättarne hade svart boskap, håller Wärendsfolket för olyckligt att hafva svarta kor i ladugården, och älskar högröd färg på sin boskap. Men framför allt må hanen eller tuppen icke vara hvit, utan högröd, som elden eller som solen, och man fäster vid denna fogels färg en betydelse, som uttalas i det gamla bond-rimmet, att

för tuppar röda
springa de döda.

§ 77. Likasom solen en gång fattades mythiskt såsom ett qvinnligt väsen, så har man ock föreställt sig **Månen** såsom ett manligt väsen, som går upp och ned på himmelen. Detta väsen omtalas ännu i vår tid under namn af *Mångubben.* När månen dröjer att gå upp intill sent på natten, brukar man i Wärend derom talesättet, att månen dricker på qvällen. Man har således tänkt sig, att månen eller mångubben älskar ett gladt aftongille, och att han der kan glömma sig qvar utöfver sina eljest regelbundna tider.

Enligt samma föreställningssätt, ehuru i en yngre form, lånad ifrån medeltiden, sitter i månen en *gubbe,* som stulit kål, och som bär kålen i en s. k. båga uppå ryggen; han får så sitta till en eftersyn för alla menniskor intill domedag. Månen blir derföre någon gång af Wärendsfolket kallad *Kålgubben.* En annan vändning af samma tanke är, att man i månen ser en *gubbe,* som stal rofvor, och som med sin rofve-påse flyttades af Gud upp i månen, der han nu får sitta och skämmas inför hela verlden.

Månens tydor äro starkast vid nytänningen, och framför allt vid *nyårs-nyet,* som derföre af ålder blifvit af folket betraktadt såsom heligt. Detta ny personifieras ännu i Skåne under namn af *Nykongen* (ɔ: konungen för nytänningarne), och när det först blir synligt, går folket efter gammal sed ut under bar himmel, för att helsa Nykongen eller helsa på Nyårs-nyet. Detta sker, genom att med glad uppsyn buga sig för månen, och med högtidlig ton upprepa följande gamla rim:

Jag helsar dig, Nykong!
Jag helsar dig, Herre!
Med korn och kärne,
med fläske-böste,
med öl om höste.

Nykongen troddes således råda för årets fruktbarhet. Samma mythiska uppfattning af Nyårsnyet, såsom Nykong, bibehåller sig äfven i en gammal wärendsk folktro. Man säger nemligen, att Aftonstjernan är Nyårsnyets tjenare. Går aftonstjernan upp före nyårsnyet, så betyder det ett godt år; ty då går Herren efter drängen och beder honom bli qvar i tjensten, hvilket drängen nekar för den goda tidens skull. Men går nyårsnyet upp före aftonstjernan, så betyder det dyr tid, emedan drängen då går efter Herren och tigger att få bli qvar i tjensten.

Man hemtar i Wärend ännu spådom och tecken af nyårsnyet. Så många dagar som nyårsnyet döljer sig i moln, lika många dagar skall ock säden ligga i åkern, innan hon kommer upp. Går man, när nyet visar sig, ut under bar himmel, med en penning i munnen och ett stycke bröd i handen, och, vänd emot nyet, slår upp psalmboken på tre ställen, så kan man af ordalydelsen i de versar, som falla upp, taga spådom för det kommande året. Såsom vi se, äro penningen och brödet i denna folksed ett slags offer, som häntyder till den gamla folktron, att Nykongen gifver rikedom och ett fruktbart år.

Äfven tror man, att hvad helst som menniskan har för händer när nyårsnyet först blir synligt, det får hon ock sedan mest göra hela året om. Detta föreställningssätt är senare öfverfördt jemväl till sjelfva nyårsdagen. Hvad som händer någon uppå nyårsdagen, skall således, enligt folktron, oftare än eljest hända honom i hela det kommande året. Får man den dagen gifva ut penningar, så bli utgifterna dryga under året. Får man förtret den dagen, så blir det aldrig annat. Det är derföre godt att på nyårs-afton eller nyårsdagen få emottaga skänker. Häraf den gamla Wärends-seden, att gifva Nyårsgåfvor, motsvarande de eljest i vårt land brukliga och från ett liknande föreställningssätt härrörande julklapparne.

En annan gammal Wärendssed är, att, när man första gången bakar på nyåret, sättas i den första kakan vippor eller uttröskade korn-ax, en vippa för hvar och en i hushållet. Den, hvars vippa falnar i ugnen, tros komma att dö under året.

Äfven de öfriga nytändningarne under året ha stora tydor, ehuru icke såsom Nyårsnyet. Hvad helst som sker i ny, eller vid vexande måne, tros således bli fruktsamt och lyckosamt. Läkedom må derföre bäst tagas på *prim,* eller första dagen i nyet. Lysning för brudfolk må, efter gammal Wärends-sed, alltid ske på ny, annars tror man att der födas små barn. Bröllopp hållas i ny, för att brudfolken må bli rika och välmående. Likaledes är godt att flytta i ny. Deremot må timmer alltid huggas i nedan, eljest vexa der vägglöss i husen, och ärter sås i nedan, att de icke må vexa blott uppe uti bladen och stjelkarne.

Månen öfvar således en stor inflytelse på alla andra väsen i naturen, och, såsom nyet eller den vexande månen hos dem verkar tillvext och förkofran, så tros ock den aftagande månen medföra en minskning i lycka och fruktbarhet.

§ 78. Äfven stjernorna uppfattades ifrån början såsom lefvande väsen. Dessa väsen voro mäktiga och heliga. Åtskilliga stjernbilder bära derföre ännu namn, lånade ifrån hedningarnes guda-verld. Ibland dessa äro *Frigge-tenen, Frigge-rocken* eller *Fröje-rocken* (ɔ: bältet i Orion), samt *Vagnen* eller *Karlavagnen,* ännu allmänt kända af Wärendsfolket.

Stjernorna, såsom heliga väsen, betraktades under medeltiden såsom *Änglar,* hvilka troddes tjena Gud Allsmäktig i Himmelen eller i Himmelriket, och på jorden uträtta hans befallningar. En qvarlefva af denna folktro har i Wärend bibehållit sig. Man tror således, att stjernorna äro fromma aflidnas själar, som Gud satt att lysa på himmelen. För hvarje *stjernskott,* eller hvarje gång stjernorna skjuta, tror man, att det är någon menniska som dör. De små stjernorna äro små oskyldiga barns själar och de stora stjernorna äro stora och berömda mäns själar. När således Konung Carl Johan var död, trodde Wärendsfolket sig upptäcka på himmelen en ny stjerna, som ingen hade sett förut. Hon var klar som en sol, lyste rätt i söder och gick upp före de andra stjernorna. Folket sade då, att »detta var den gamle Kongen, som blef död; det blef för honom en sådan stjerna uppå himmelen».

Stjernorna, såsom heliga väsen, hade stora tydor, eller mäktig inverkan på alla andra väsen i naturen och framför allt uppå menniskorna. Härmed var då grunden lagd till ett yngre föreställningssätt, enligt hvilket den kloke troddes i stjernorna kunna läsa menniskornas blifvande öden. Detta slags spådom har äfven i Wärend varit känd, och heter der att *läsa planeterna; läsa planett, plånätt, plånäte.* Nu mera brukas dock uttrycket mest om chiromantien, eller spådom, som tages af handens linier; en konst, som ännu allmänt öfvas af s. k. drifta-folk eller kringstrykande Nordlappingar och Tattare. Man får derom höra ett gammalt bonde-rim:

Han läste planett å sned
hvad som skulle timas med,
och, tvy den vare, det gick så med.

Utom Friggetenen och Karlavagnen känner Wärends-bonden äfven *de tre vise Män, Arons staf, Sjustjernan, Nordstjernan* samt *Afton-* och *Morgonstjernan.* Han vet af dessa stjernors ställning uträkna hvad tiden lider på natten, likasom han af solens höjd på himmelen beräknar hvad det lider på dagen. Vintergatan heter i Wärendsmålet *Vinter-bråten.* Äro i vinterbråten stora hvita fläckar, tros det betyda lika många kalla månader. Är vinterbråten jemnbrokig, bådar det för jemn vinter.

§ 79. Föreställningen om solen, månen och stjernorna, såsom himmelska väsen, utspann sig under tidernas längd i mångfaldiga myther, och ingick under olika form i de gamles hela gudalära, tidsindelning och religionsbruk. Icke blott de stora högtiderna, utan ock vecko-dagarnes hedniska namn, stå dermed i förbindelse. Dessa namn, sådana de kommit till oss, äro således grundade i ett åskådningssätt, som ställer veckans dagar under inflytelse af solen, månen och fyra planeter. Dessa planeter hafva likväl då icke nedsjunkit till blotta himlakroppar; de äro ännu himmelska väsen eller gudar, nemligen hos oss gudarne *Tyr*, *Oden*, *Thor* och *Frey* eller Freya.

En qvarlefva af hela detta föreställningssätt är de tydor, eller den hemlighetsfulla inverkan af lycka eller olycka, som i folktron förbindes med veckans olika dagar. Vi meddela här en samling af sådana tydor, såsom de omtalas af folket i Wärend och i det angränsande Finveden *).

Ingen resa eller flyttning må företagas på Måndag, ty då går det olyckligt.

På Måndag må icke heller fänad säljas.

Hålles flytte-gille på Måndag eller Thorsdag, så blir den nya tomten icke lycklig.

På Måndag och Thorsdag är olyckligt att tända på kolmilor.

På Thorsdag må man icke börja byggen och andra stora företag.

Barn, som födas på Thorsdagen (Thorsdagsbarn) och Söndagen (Söndagsbarn), kunna se gastar, och förgöra drakar som ligga på medel.

På Thorsdags- och Söndags-morgon skall man bota sjuka kreatur, om det skall hjelpa.

På Thorsdags- eller Söndags-morgon, förrän sol går upp, skall man binda skällan på kreaturen, så bli de ej rifna af odjur.

På Thorsdag, Söndag, och den veckodag som man är född, må man icke skära sina naglar. När man skurit naglarne, må med knifven eller saxen

---

*) Jfr. *G. Gaslanders* här ofta rådfrågade skrift om Folksederna i Westbo, tryckt i J. Westerdahls Beskrifning om Svenska Allmogen. Stockholm, 1774. 4:o.

göras kors på handen och foten, och med samma eggjern skäras i något, annars kan man bli förgjord. De afskurna naglarne må sorgfälligt upphemtas och uppbrännas; ty om boskapen går öfver en afskuren nagel, så får kon nageln i ögat.

På Fredagar och Söndagar är godt att ingå giftermål.

På Lördagen är godt att löga barn.

Håller någon flyttegille på Lördagen, så stadnar han ej länge på den nya tomten.

Barn må icke löskas eller kammas på Söndagen; ty då blir det lusigt.

Barn må icke lögas på Söndagen; ty då vantrifves det.

Barn må icke agas på Söndagen; ty då blir det olydigt.

Såsom vi finna, blanda sig i dessa tydor äldre hedniska och yngre christna föreställningssätt. Tydorna för Thorsdagen gå i vissa drag, f. ex. Thorsdagsbarnens klarsyn att se drakar och gastar, tillbaka i en mythisk tidsålder; för öfrigt äro de rent hedniska, och förknippa sig naturligen med firandet af *Thorshelgen* (jfr. § 43), som var hedningarnes veckohelg. De hafva sedan till en del blifvit öfverförda på den christna helgedagen eller Söndagen. Bruket att ingå giftermål på Fredagen synes sammanhänga med Freys eller Freyas dyrkan, och är således förmodligen hedniskt. Likaså folkseden att löga barn på den gamla Lögerdagen. Tydorna för Söndagen äro deremot knappast äldre än den christna medeltiden.

§ 80. De hågkomster, som folksägnen åt oss bevarat ifrån tidens början, äro alla mythiska. Då gingo heliga väsen eller gudar omkring på jorden och *skopo* all verlden. Ämnet, hvaraf de skopo, var *jord* eller *lera*. Dessa heliga väsen uppträda senare under nya namn, lånade ifrån medeltiden; de omtalas således nu mera, såsom *Vår Herre* åtföljd af *Sankte Pehr*.

Wärends-sägnen bevarar ännu minnen af huru det tillgick, när de första väsen skapades. Således när Vår Herre skapat Eken, sade hon: »jag vexer till himmelen!» »Nej,» sade Vår Herre, »det skall du låta bli.» Derföre är det, som eken alltid fyrnas öfverst i toppen. — En dag kommo Vår Herre och Sankte Pehr till en sjö. Då tog Vår Herre ett ämne af jord och skop vattenfoglar af alla slag, och hof dem ut i vattnet; men allt stod Sankte Pehr och såg på. Slutligen bad Sankte Pehr om lof, att han också måtte få skapa en fogel. Ja, Vår Herre gaf honom ett ämne och bad honom försöka. Sankte Pehr vände så till och klabbade ihop en fogel; men när allt kom ikring, hade han glömt gifva honom fötter. Som nu foglen gaf sig ut i sjön, tyckte Vår Herre det var synd om honom; Vår Herre tog så ett ämne och gjorde fötter, dem han kastade efter foglen, just vid att denne gaf sig åt sjön. Fötterna blefvo sittande der som de träffade bak i stjerten, och derföre är det som Lommen än i dag inte kan gå på sina ben, utan bara flyger i luften och simmar i vattnet.

§ 81. *Träden* voro ifrån början mythiska väsen och tänktes hos oss såsom qvinno-väsen, hvadan de ock i vårt språk äro hon-kön. De lefde i tidens morgon ett högre lif. Folket vet derföre ännu förtälja om den tid, då stenen och alla träd i skogen kunde tala.

Gick så, enligt Wärends-sägnen, bonden ut i skogen för att hugga. Då sade trädet:

hugg inte mig,
hugg min syster!

och så hviska träden än i dag, när vinden susar i löfven. — Så gick bonden till björken. Då sade björken:

Sned min topp,
låt sitta min kropp!
Hugg mig ned vid roten!

Derför hamlar Wärendsbonden toppen på björkarne i många år, förr än han fäller sjelfva trädet. Eljest sade björken också:

suger du min rot,
så suger jag din ko.

Och så sker det än i dag; ty om man tappar lake af björken, så blir hon fattig på löf till foder åt boskapen. — När bonden kom till alen, sade hon:

hugg inte mig;
för jag blöder!

Derföre när man hugger färskt ale, är safven än i dag röd som en blod.

Med hvarandra inbördes lefde träden ett oskuldsfullt naturlif. Den lummiga almen förhäfde sig om sommaren öfver granen; men när vintren kom, var det granens tid att yfvas. Träden kommo till och med öfverens att välja sig en konung. Då tänkte alla först på eken, eftersom hon är det största och starkaste af alla träd i skogen. Men eken är aldrig så stor, att hon ju måste falla för yxan. Så blefvo träden omsider ense om att de skulle taga törnbusken till konung. Och det var för att han har så hvassa taggar, med hvilka han bättre än alla andra träd kan försvara sig emot menniskan.

Vid den mythiska tids-ålderns långsamma upplösning, öfvergick man ifrån detta äldsta åskådningssätt till ett annat, hvari man skiljer emellan trädet, såsom naturting, och ett deri inneboende mythiskt väsen, som således var trädets lifs-princip eller natursjäl, naturvätte. Denna naturvätte fattades till en början såsom en hamadryad, hvars lif var vid trädet fästadt. Man talar i Wärend ännu om en sådan Hamadryad i vissa löfträd; hon får namn af **Löfviskan.** Äfven talas om vissa s. k. *friträd*, hvilka icke må huggas, för »hon som bor i trädet vill inte bli huggen». I Skåne träffa vi samma föreställningssätt. Inom Ljunits härad vet således folket ännu säga om ett qvinnligt väsen, som bor i ask-trädet och derföre får namn af *Aska-froan*. De gamle hade för sed att offra till Askafroan, på Ask-Onsdags-morgon förr än sol gick upp, genom att slå vatten öfver trädets rötter. De nyttjade dervid de orden, att »nu offrar jag, så gör du oss ingen skada». Bröt någon löf eller grenar af ask-trädet, så troddes han få värk eller sjukdom. Likaledes talar man i Skåne (Gärs härad o. fl. st.) om ett qvinnligt naturväsen i flädern eller hylle-trädet. Detta väsen heter *Hyllefroan*. Gör någon skada på flädern eller orenar invid detta träd, så får han en sjukdom, kallad *Hylleskåll*, som botas med att slå ut mjölk öfver trädets rötter.

På ett ännu senare utvecklings-stadium är det mythiska väsenet, eller naturvätten, till en viss grad frigjord, och lefver ett nära nog sjelfständigt lif. Han *bor* således blott i vissa träd, och blir genom deras fällande husvill; men verkar äfven utanför trädet. Ett träd, som på detta sätt bebos af mythiska naturväsen, får i Wärend namn af *Bos-träd* (jfr. § 32), och har fordom förekommit vid nästan alla gamla gårdar. En bonde högg en gång ett sådant bos-träd. Om qvällen hörde han huru det sjöng i trädstubben:

husvilla ä' vi!
husvilla ä' vi!
husvill skall du också bli.

Dagen efter brann hela gården. Bos-träden betraktas derföre ännu i Wärend med den största vördnad, och deras ofredande eller fällande är icke blott olofligt, utan ock farligt. Har någon råkat ut eller råkat för vid ett bos-träd, så botas det genom att offra eller slå ut mjölk på trädstubben någon thorsdagsqväll, för att dymedelst blidka trädets förtörnade naturväsen. Har en hafvande qvinna på samma sätt råkat ut vid ett träd, och barnet derigenom fått en sjukdom, kallad *trä-skerfvan*, så botas det, om man på thorsdags-morgonen, innan sol går upp, förer barnet naket genom klofvan af ett lefvande träd, i enlighet med det hedna-bruk vi tillförene omtalat, såsom bot mot förgerning af skogsnufvan (§ 70).

Trädens naturväsen, fattade såsom sjelfständiga vättar, förblandas i den lefvande folktron med vattnets naturväsen eller elfvorna (§ 64), och med mullens naturväsen eller vättarne (§ 66), hvilka beggedera omtalas såsom boende jemväl i träden. Äfven förvexlas de stundom med menniskans egen följesande, hvarom mera längre fram.

§ 82. Trädens väsen, såsom alla andra naturväsen, troddes hafva sina tydor, eller en hemlighetsfull kraft, hvarmed de inverka på andra väsen. Dessa tydor voro olika hos olika träd. Hos Friträden, Bos-träden och Vård-träden, hade väsenet eller den inneboende naturvätten så starka tydor, att ingen kunde ofreda trädet eller så mycket som deraf bryta en qvist, utan att han råkade ut eller blef förgjord. Vanligaste formen för sådan förgerning var då, att våldsverkaren blef nummen (ↄ: borttagen) i sina lemmar, eller att han icke fick någon ro i sin kropp natt eller dag. Ännu lefva personer, hvilka minnas en Wislanda-bo, som huggit ett friträd och derefter blef mållös, såsom han ock sedan förblef ända till sin död.

Voro trädets, d. v. s. väsenets tydor goda, välgörande och lyckosamma, eller förknippade sig dermed vissa mythiskt-religiösa idéer och folkbruk, så betraktades trädet sjelft såsom *heligt,* d. v. s. mäktigt emot andra väsens onda tydor och från dem kommande skadlig inflytelse. Åtskilliga träd och örter hafva i folktron länge bibehållit ett sådant anseende för helighet. Till dessa hörde i främsta rummet *de bärande träden.* Man har således brukat läsa bort värk och annan sjukdom vid ett bärande träd, eller sätta bort sådan värk i ett bärande träd; qvistar af bärande träd hafva på mångfaldigt sätt blifvit använda till magiskt bruk, såsom till pilar, vid bot för trollskott; till rökning, vid förgerning på fiskedon o. s. v. Löfqvistar af bärande träd, på midsommarsqvällen nedsatta i åkrarne, skydda grödan emot mask och annan förgerning. Att våldföra sig på ett bärande träd, har ock länge varit förbudet så väl af lag som af folksed.

Till träd, som i Wärend hållits för heliga, hörde vidare *enbusken;* kanske i dess egenskap af bärande träd. Man sätter ännu bort tandvärk och annan värk i den klufna stammen af en enbuske; med enris strös stugan på alla helgedagar om vintern; med enris göras rökningar i husen; på ställen, der någon vådligen omkommit, offras gerna eller göres bål med enebuskar (jfr. § 37), och af ene göras dryckes-stopen. Trollbackor tros icke kunna dricka ur ene-stop. — Ytterligare hörer hit den sällsynta *Safsabusken* (Osmunda regalis), hvaraf ett enda exemplar, på Linnés tid såsom än i dag, vexer vildt på en liten holme i Fanhults å vid Wierstad. »Den kloka qvin»nan Ingeborg i Mjärhult brukade, då hon bodde i »Mjärhult, gå till denna busken om morgnarne, ti»gandes och fastandes, att rådföra sig med »jag vet icke hvem, hvaraf Wirestad-boarne kal»lade busken Ingeborgs i Mjärhult prediko-stol» *). Ännu i vår egen tid har den s. k. Kloke Herren i Fanhult likaledes användt qvistar af Safsa-busken, såsom ett kraftigt medel emot förgerning och sjukdom. — Men framför alla hör hit *Flogrönnen* eller sådan rönn, som vexer parasitiskt uppå stammen af gamla ekar, björkar och andra träd. Förmodligen

---

*) *C. Linnæi* Skånska Resa, 1749, s. 40.

har man just häri sett bevis på de mäktiga tydorna hos detta lilla träds naturvätte. Också har flogrönnen i den gamla wärendska folktron samma anseende, som mispeln fordom åtnjöt i den galliska druidläran. En qvist af flogrönn, afskuren med venstra handen, sedan man förut gått ansyls omkring trädet, har en ofelbar kraft emot all slags förgerning, och Wärendsbon sätter derföre stycken af en sådan qvist i väggarne af stall och fähus, i hästens bogträd, i tjurens horn, i ox-oket, i smör-tjernan, söftekaret o. s. v. En liten flogrönn, som rotat sig på en gammal björk i Wislanda björkebacke, fanns ännu för få år sedan bortskuren, så ofta hon skjutit upp till höjden af en tvärhand.

Huru bos-träden, såsom hemvist för menniskornas egna följes-andar och för hela hushållets skyddsvättar, blefvo betraktade som heliga träd, få vi i det följande påvisa.

Till heliga örter och blomster räknar Wärendsfolket först och främst *hvitlöken.* Denna rot eger makt emot förgerning på all ting, så väl qvickt som dödt. Buren i snappsäcken (ɔ: fickan) skyddar han, likasom brödet, emot förgerning af gastar. När hedna barn föras till kyrkan för att döpas, lägges i barna-svepen hvitlök eller stål, att de icke må bortbytas af trollen.

Till heliga örter höra vidare alla de blomster, som bära namn af Jungfru Maria (§ 58), och hvilka i hedendomen varit helgade åt Fru eller Freja. Äfven *Baldersbrå* (§ 55) har otvifvelagtigt en gång varit hållen för helig. Alla dessa örter intaga ock ännu sitt rum ibland de s. k. *Midsommars-blomstren,* hvilka hos Wärendsfolket blifvit af ålder hållna för heliga, vare sig på grund af deras egna heliga tydor, eller tydorna af den heliga midsommars-qvällen, på hvilken de borde plockas. I hvilketdera fallet som helst, förknippar sig således dessa blommors helighet med den uråldriga soldyrkan, om hvilken vi i det föregående (§ 72) talat; likasom en ibland dem, nemligen den gullgula ranunkeln, ännu i Wärend bär namn af *Sol-ögon.*

Ibland alla midsommars-blomster är *Midsommarsgräset* eller *Johannesa-gräset* (Hypericum) det förnämsta. Det eger en sådan helig makt emot förgerning af onda väsen, att man dermed kan drifva sjelfve den lede fienden på flykten. Detta blomster får derföre i Wärend jemväl namn af *Fans flykt* eller *Satans flykt.* Tager man Fansflykt och Jungfru Marie topp (Orchis bifolia) med blad och rötter, och pluggar in dem i en borra (ɔ: borrhål) i fähus-tröskeln eller fähus-väggen, så har, enligt folktron, icke ens den starkaste trollbacka vidare makt att förgöra boskapen. Nio slags midsommars-blomster, plockade på midsommars-afton, sedan sol gått ned, och hopbundna till en s. k. Midsommars-qvast, skydda likaledes emot all slags förgerning. Sådana qvastar upphängas derföre ännu öfverallt i husen. Kransar och qvastar af midsommars-blomster bindas alltid på den åt solen helgade midsommars-stången (jfr. § 76). Lägger en flicka nio slags midsommars-blomster under sin hufvudgård på midsommars-natten, så får hon den natten i drömmen se sin blifvande fästman. Den som på midsommars-natten går midsommars-gång, för att i syne kunna se kommande tilldragelser, måste alltid bära en krans af nio slags midsommars-blomster. I sammanhang med dessa uråldriga föreställningar om vissa örters, och serskildt om midsommars-blomstrens helighet, står ock, efter all anledning, det gamla wärendska folkbruket, att sommartiden, på alla heligdagar löfva kyrkorna och strö stugan med ängs-blommor och löf, likasom man vid högtider om vintern strör stugan med grönskande ene-ris.

De heliga midsommars-blomstren motsvarades vid julen af *julhalmen*. Äfven denna har således i Wärend varit ansedd för helig, vare sig på grund af sädens egna heliga tydor, eller genom tydorna af den heliga jul-qvällen. Julhalmen måtte nemligen, efter gammal sed, icke bredas ut på stugugolfvet förr än på julaftons-qväll, sedan sol gått ned och helgen ingått. Kors af julhalmen, lagda under julbordet och vid hvarje dörr, troddes då skydda huset emot alla de onda väsen, som på julnatten äro ute och vanka. Sådana kors af julhalmen lades ock på åkrarne, till skydd emot all slags förgerning. Julhalmen, bunden omkring fruktträden, troddes göra dem fruktsamma under det kommande året. Korn af julhalmen, funna under julbordet på juladagsmorgon, bådade för ett blifvande godt år. Man bredde derföre, efter gammal Wärendssed, ut julhalmen till och med i kyrkorna, och den gamla trädkyrkan i Urshult brann en gång sjelfva jul-natten, af eld ifrån julbålen och julaljusen, som fattat i julhalmen. Icke destomindre vidhöllo Wärendsboarne sin från fädren ärfda, gamla goda sed, ända fram i Biskop Wallqvists dagar.

§ 83. Likasom i tingens morgon hela naturen lefde ett högre lif, samt stenen och alla träd i skogen kunde tala, så har ock folksägnen bibehållit hågkomsten af den tid, då djuren ännu kunde tala. Djuren voro då mythiska väsen, likställda med det äfven mythiskt fattade menniskoväsenet, och menniskan förstod ännu det språk, som de talade till henne och till hvarandra inbördes.

I den tiden, när djuren kunde tala, sade fåret till menniskan:

kallar du mig får,
vill jag från dig gå;
men kallar du mig söa,
vill jag kläda dig och föda.

Derföre tilltalar Wärendsbon aldrig sina får annat än söerna eller vissorna. — Råttan sade:

du fnasar det jag biter;
men du får äta det jag s—r.

Också är ingen i stånd till att freda sina kornbingar, att de ju bli smutsade af råttan.—På samma tid bad ock hästen, att han skulle få äta ren säd på julafton. När derföre Wärendsbon än i dag, efter gammal sed, gifver sina hästar säd till julen, säger han att det är, för att de ha så begärt, den tiden när de kunde tala.

Med hvarandra inbördes lefde djuren ett oskuldsfullt naturlif, som ännu ihågkommes i folksägnen och i den ur sägnen utvecklade yngre djurfabeln. Gräshoppan gick till myran om vintern och bad om mat. Myran frågade:

hvad gjorde du om sommarn, mens jag drog?
»Jo, jag spelte för bonden, när han slog»,
svarade gräshoppan. Och så är det ännu; ty om sommaren är myran flitig och drager ihop för vintren, men gräshoppan vill bara sitta i gräset och spela. — Baggen såg sig i vattnet, när han stod och drack. Då sade han för sig sjelf: »det är dock skam, att jag låter skrämma mig af räfven, jag, som har så stora horn.» Men i detsamma kom räfven, och då var det slut med hans hälane (ɔ: mod). — Räfven sade till haren:

vore jag som du hare är,
huru ofta skulle jag gå qvinna när!

Men det sade han bara på falskhet, ty när en hafvande qvinna får se haren, så blir barnet harmyndt. Räfven hade om vintren fångat sig en fisk. Så mötte han björnen. »Huru skall jag också få mig en fisk?» sade björnen. »Jo», sade räfven, »gack bara ner till sjön och stick svansen i vattnet, så kan du draga upp fisk.» Ja, björnen gjorde så; men drog med detsamma af svansen, som frusit fast i isen. Derföre är det, som björnen efter den dagen icke har någon svans. — Ugglan bad höken, att han inte ville taga hennes ungar. »Ja», sade höken, »om jag bara visste att de äro dina ungar.» »Jo, sade ugglan, »det kan du lätt veta; för de vackraste som du ser, så äro de mina.» När så ugglan klagade, att höken hade tagit hennes ungar, ursäktade han sig med att han tog de fulaste, som han såg. — Foglarne skulle välja sig en konung, och kommo öfverens att taga den till konung, som kunde flyga högst. Då flög örnen mycket högre än alla de andra. Men en liten fogel hade gömt sig ibland örnens fjädrar, och när örnen kommit så högt han ville, kröp den lille foglen fram och flög ännu litet högre. Han blef så konung öfver alla foglarne, och heter derföre *Kungsfogeln* än i dag.

Foglarnes sång bevarar ännu spår af den talegåfva, de hade i tidens morgon. Knulte-dufvan (skogs-dufvan) lät narra sig af skatan, att de skulle byta ägg. Men hon blef lidandes på bytet; ty hon hade förut sju ägg, men fick af skatan bara två ägg igen. Sedan dess far skatan emellan gårdarne, och skjattrar och skrattar och är alltid så glad. Men dufvan sitter djupt in i mörka skogen, och klagar sin sorg och säger:

Hu, Hu!
Jag bytte med dig.
För sju
fick tu.
Hu, Hu! —

Orren, Tuppen och Göken voro syskon, och fingo en ko i fäderne-arf. Då visste de inte huru de skulle skifta kon emellan sig. Ändteligen kommo de öfverens, att den skulle få kon utan lott och byte, som först vaknade på vår-morgonen. Så var tuppen den som vaknade först. Då lyfte han vingarne, vände ögonen upp emot himmelen och sjöng:

tackad vare Gud!
tackad vare Gud!

När Göken hörde det, så svarade han:

Go ko!
Go ko!

Men Orren ropade ur skogen:

Käre bröder och systrar,
byten kon hvad rätt är!
hvad rätt är!
hvad rätt är!

För, kan tro, han ville också ha sin del i kon. Men både tuppen, göken och orren ropa, alla tre, sina rop på samma vis än i denna dag.

Fattade såsom mythiska väsen, hade djuren ännu icke någon för alltid gifven yttre skepnad. Till detta skede höra således de sägner om djurens förvandlingar, hvilka ännu äro gängse i vårt land. Såsom prof anföra vi en hithörande sägen, upptecknad i norra Småland, på gränsen till Östergötland.

På den tiden, när Vår Herre och Sankte Pehr gingo omkring på jorden, hände sig en dag, att de foro på sjön till att fiska. De hade ingen mat med sig, utan bara en påse med mjöl. När de så hade fiskat hela dagen, blefvo de sultna (hungriga), och rodde i land på en holme uti hafsbandet; der gjorde de upp eld, och Sankte Pehr tog mjöl ur sin påse och kokade gröt. Ja, Vår Herre och Sankte Pehr åto af gröten; men Sankte Pehr hade tagit så väl till, så att när de hade ätit sig mätta, var der ännu gröt öfver i grytan. Då ropade Vår Herre till sig foglarne, som summo till och från i vattnet, och när de kommo, gaf han dem af gröten. Ja, foglarne läto sig väl smaka, och alla blefvo de mätta och nöjda, så när som bara Lommen. Men lommen var ofömöjd, och huru mycket han än fick, ville han ändock inte gifva sig tillfreds. När han så inte fann mer i grytan, körde han in hufvudet i Sankte

Pehrs mjölpåse. Då tog Vår Herre mjölpåsen och gaf honom dermed ett slag öfver ryggen, så att det dammade efter. Vid att lommen fick slaget, hof han till ett gällt klago-skri och for straxt af ut i sjön. Sedan dess har han fått det bedröfliga lätet, som han ännu har. Men på hufvud och rygg, der som han blef hvit af mjölpåsen, sitter det hvita mjölet qvar än i dag.

Men icke blott i folksägnen, utan ock i den lefvande folktron, bibehålla sig ännu qvarlefvor af det åskådningssätt, som betraktade djuren såsom mythiska väsen. Wärendsfolket tror således än i dag om Göken, att när han först en tid varit gök, förvandlar han sig sedan till en sparfhök. Om Korpen tror man, att han flyger bort och hemtar en sten, hvarmed han han göra sitt bo osynligt. Kan någon menniska skaffa sig en sådan Korpasten, så kan han dermed göra sig osynlig. Om Svalan är en allmän folktro, att hon om vintren ligger på sjöbottnen; men att hon icke kan sjunka, utan att hon först insupit mennisko-ande. Derföre skall man om våren, när svalan först visar sig, blåsa åt henne, så får man sedan lätt att reda upp härfvor. Derföre är det ock, som svalan om efterhösten flyger så nära intill skördefolket, medan de berga sin säd. Om Ormen tror man, att om han dödas, utan att man väl krossar både hans hufvud och hans stjert, så komma Ormslår och blåsa lif i honom, och sedan hämnas han på sin baneman. Krossar man blott hufvudet på en orm, så komma likaledes ormslår och sätta hufvud i stjerten. Under inverkan af heliga tider kunna djuren till och med ännu tala. Djuren tala således på den heliga julnatten. En bonde ville veta hvad de hade att säga hvarandra, och lade sig derföre på julnatten i fähuset. Då sade den ena kon: »i år svälta vi visst ihel, för vi få lefva hela vintren på bara halm.» »Nej,» svarade den andra, »vi berga oss nog; för de ha tröskat så illa, så der ligger sju spann korn qvar i halmen.» När bonden hörde detta, tröskade han om all sin halm, och fick ganska riktigt sina sju spann korn, som inte voro uttröskade. Men på våren dogo alla hans kreatur.

§ 84. Djurväsenet står under otaliga inflytelser af alla de högre och lägre väsen, som befolka de gamles naturverld, och vi ha redan i det föregående sett, huru förgerning på kreaturen kunde komma af Necken, Vättarne, Trollen, Pukarne, Bjergahararne, och andra mythiska väsen. Äfven menniskan öfvar på djurväsenet mångfaldig inverkan, hvarom vi få närmare tala i det följande. Deremot har ock djurväsenet sina *tydor*, hvarmed detsamma osynligen och hemlighetsfullt återverkar på djur, menniskor och andra väsen. Vi meddela här några af de spår, som den wärendska folktron bevarat af detta urgamla, hedniskt-mythiska föreställningssätt.

Om hundvalpar äro blödiga, och man vill ha dem till arga bandhundar, så gifves dem björnramar, vargakött, tuppablod, getingbo, eller annat som kommer af ett argt djur. Valpen får då lynne efter detta djur.

Upptages en nyburen kalf med ett häst-täcke, så blir han släthårig.

Ser en hafvande qvinna på, när ett kreatur slagtas eller dör, så får hennes barn fallande-sot, med samma åtforor, som djuret hade i dödskampen.

Om det första djur, som ett hedet (odöpt) barn får röra vid, är ett nöt-kreatur, så får barnet god hell med boskap.

Tager en gosse hjertat af den första gädda, som han fångat, och förtär det medan fisken ännu lefver, så får han god lycka till fiske, och äfven god håg dertill.

Höljer man icke upp sängen, när man stiger upp, och flyger så en fogel öfver sängen, så får man gul-soten.

Om ett höns får äta ur ett fat, må man deri hacka lika många gånger med en knifs-udd, som hönan hackat med näbben, eljest, om någon äter ur fatet, får han halsfall. Hackar en höna på ett bröd-stycke, må det gifvas åt hunden, så att icke menniskor äta det.

Vissa djurväsen hafva starkare tydor än andra, och i synnerhet gäller detta om alla de djur, vid hvilka man ifrån uråldrig tid fäster mythiska föreställningssätt eller religiös betydelse. Wärendsbon tager derföre än i dag förebåd af sådana djur, och framför allt af foglarne. Åtskilliga ibland de senare, hvilka tros hafva onda tydor, få hos folket namn af *olycks-foglar.*

Vi meddela här några drag af den hithörande folktro, som ännu lefver i Wärend.

Spillkråkan är en olycksfogel, och man fäster vid henne gamla mythiska sägner om förvandling. Höres spillkråkan, när man är ute på färdvägar, så betyder det intet godt. Skriar spillkråkan sitt »spill! spill!» när barn äro ute i skogen att plocka bär, så spilla de sina bär. De bruka derföre kasta i luften de bär, som först blifvit plockade, med de orden: »detta skall vara åt spillkråkan!» I norra Småland var förr folkbruk, att när spillkråkan hördes skria och ropa »Kri, Kri, Kri», skulle man svara och säga:

»Kri hos Gud i himmelen!»

Men ropade hon »Spill, Spill!», skulle man svara:

»Spill ditt hjerteblod i helvete!»

Härfogeln är en olycksfogel. När han låter höra sig i skogen, betyder det krig.

Fjärhanen eller tjädern, och annan skogsfogel, tros höra Skogsnufvan till. Visar han sig framme vid gården, så bådar det intet godt.

Spånakäringen, äfven kallad Natt-sjoan eller Nattblackan, har tydor med sig för linet. Surrar hon länge i sender, eller, som folket uttrycker sig, spinner hon långa nåckar*), så får bondhustrun lång hör (långt lin) på sitt hör-land.

Af *Sparfven* tager man tydor, endast när han hackar på takfönstret eller på dörr-klinkan. Han säges då hacka ut någon, hvilket bådar för lik i huset eller flyttning.

Ibland fyrfota-djuren tros *Ikanet* eller *Ickornen* vara en förvandling. Kommer han fram till husen, så betyder det lik eller flyttning. Går han på taket, så bådar det för våd-eld. Möter någon, vid anträdet af en resa, ett Ikane, så är det ondt möte och har intet godt att betyda.

---

*) *Nåcke*, i Wärendsmålet ɔ: krok på vingen af en spinnrock. Äfven så mycket garn, som spinnes på en gång, innan tråden flyttas på annan nåcke.

Likaledes hålles det för ondt möte, om man vid början af en resa möter eller får se en *Ifverkutte* (Igelkott).

Skjuter *Mullskuten* (mullvaden) upp högar ini husen, så säger man, att han skjuter ut någon, och det tyder för lik i huset eller flyttning. Skjuter han högar vid kyrkovägen, så kommer något lik snart att bäras den vägen; liket af en man, om högarne äro till höger, och af en qvinna, om de äro till venster.

En svart skalbagge, som oroligt löper af och an på marken, heter i Wärend *Tidande-Skrubba.* Möter man på vägen en tidande-skrubba, så bådar det för nyheter. Wärendsbon säger då: »Gud gifve mig god tidande!»

§ 85. Åtskilliga djur ha så starka tydor, att man af dem icke blott kan taga förebåd och tecken, utan ock att dessa djur icke må dödas, med mindre än att deraf följer någon olycka. De äro således af folket än i dag betraktade såsom heliga. Detta föreställningssätt grundar sig då ifrån början antingen på djurets egen oskuld, och det gagn det gör i naturen genom att förstöra skadliga och oskära naturting, eller ock har det sin grund i uråldriga mythiska föreställningar, och i den betydelse, som djuret genom dessa erhöll i den gamla hedniska offer-kulten.

Ibland djur, hvilka ännu af Wärendsfolket anses för heliga, på grund af det gagn de göra i naturen, böra här anmärkas följande:

Jungfru Marie Nyckelpiga (Coccinella), som i medeltiden blifvit helgad åt Vår Fru, är ett heligt djur och må icke ofredas eller dödas. Man tager af henne spådom om väderleken, sålunda, att hon sättes varligt uppå handen, medan man upprepar:

Marie Nyckelpiga, flyg, flyg, flyg!
I morgon blir det vackert väder.

Flyger hon, så blir vackert väder andra dagen.

Om vid timrande någon ofredar *Timmermannen* (Cerambyx), så tros att derpå följer någon olycka.

Spindeln sättes i många lands-orter i förbindelse med de mythiska dvergarne. Att döda en spindel, hålles i Wärend för olyckligt. Visar sig en spindel oförmodadt, hängande på sin tråd framför någon menniska, så är han en lycko-spindel, som spinner lycka. Vänder han om, förrän han sänkt sig till marken, må man taga sig i akt, att man icke mister en lycka, som man eljest kunnat ernå.

Näbbmusen heter i Wärend *Ångermus;* ty om någon råkar döda ett så oskyldigt litet djur, sker honom snart någon olycka, eller ock gör han något, som han länge får ångra.

Gertrud-fogeln eller *Parr-fogeln* (en art hackspett) må ingen döda; ty det förer olycka med sig. Denna fogel ger ock förebåd om väderleken: när han höres parra, blir det tork-väder.

Om *Svalan* gå mythiska sägner, att hon är en förvandling. I fall någon ofredar svalan eller nedrifver hennes näste, så förer det olycka med sig, icke blott för nidingsverkaren, utan ock för hela hushållet.

Göken är en helig fogel, om hvilken gå gamla mythiska förvandlings-sägner. Sitta två gökar och gala i ett och samma träd, och någon kan smyga sig fram och omfamna trädet innan gökarne upphört att gala, så vinner han den kraften, att om han famntager en qvinna i barnsnöd, får hon straxt förlossning. Hörer någon göken första gången på året, och är fastandes, så d å r a s h a n a f g ö k e n, hvaraf följer olycka. Den led eller det himmels-streck, hvari man första gången på året hörer göken gala, har starka tydor med sig, och man tager deraf spådom, enligt det wärendska folkrimmet:

Vester-gök, gläda-gök.
Öster-gök, döda-gök.
Norr-gök, nöda-gök.
Söder-gök, säda-gök.

eller:

Norr, nöd.
Öster, död.
Sör, säda.
Vester, gläda.

eller:

Norr-gök, sorg-gök.
Söder-gök, döda-gök.
Öster-gök, tröste-gök.
Vester-gök, bästa gök.

Gal göken på bar qvist (d. v. s. före löfsprickningen), så betyder det oäkta barn. Gal göken in på slåttern, bådar det för dyr tid.

Men framför alla helig, enligt ett föreställningssätt som går tillbaka i de äldsta tider, är *Hanen* eller *Tuppen*. Han var i den yngre hedendomen ännu ett offerdjur, och synes ifrån början ha varit h e l g a d å t s o l e n, hvars första strålar han helsar med sitt gälla skri. Såsom solen sjelf är han derföre mäktig emot alla slags nattliga ovättar. Gastar, gengångare och spöken fly, enligt folktron, vid det första hanegället. Den som på julnatten vill gå årsgång, till att se syner och förnimma förebåd af hvad under året hända skall, må på jul-afton icke hafva hört tuppen gala. Men för att hanen skall ega full makt emot gastar och spöken, må han icke till färgen vara hvit, utan röd, såsom solen och elden; ty

för tuppar röda
springa de döda.

Wärendsfolket tager ännu mångfaldiga tydor och förebåd af tuppen. Dör käringens tupp, så bådar det hennes egen död eller någon annan stor olycka. Gal tuppen om qvällen, så betyder det intet godt. Är tuppen kall om fötterna, så skall någon dö i huset. Är tuppen het om fötterna, så bådar det för eldsvåda; är han efter vanligheten, så äro spöken å färde. Vänder tuppen sig utåt, när han om qvällen flyger upp på sin vagel i förstugan, så betyder det främmande. Vänder han sig inåt, så tyder det för lik i huset.

Bilden af den röde hanen, solens fogel, sättes ock ännu alltid öfverst i toppen af den med blommor kransade midsommars-stången. Då denna stång, på sätt vi i det föregående (§ 76) visat, sjelf blott är en förändrad form af den gamla midsommars-tannen, blir häraf tydligt, att den röda tuppen här är en symbol af elden. Det är då i samma symboliska mening, samt till skydd emot förgerning af onda väsen, som vi alltid finna en hane utskuren å vindlekan eller väderlekan, som efter gammal Wärendssed snurrar öfverst på stugu-gaflen. Den yngre vindflöjelns ännu ihågkomna svenska namn af *Väder-*

hane, hänvisar till samma gamla folkbruk. Likaledes återfinna vi hanen, såsom röd eller förgylld *Kyrkotupp,* å den betydelsefulla tornspiran på våra svenska medeltids-kyrkor. Alla spår hänvisa således till ett forntida föreställningssätt, enligt hvilket hanens eller tuppens anseende för helighet förbinder sig med våra fäders uråldriga dyrkan af solen, ljuset och elden.

Tilläfventyrs har äfven koltrasten, som i Wärend heter *Solsvärta,* en gång varit åt solen helgad, likasom göken och andra sommar-foglar; men vi hafva derom icke funnit någon häntydning i den lefvande folktron.

Ibland djur, som ännu anses för heliga, på grund af ett vid dem fästadt mythiskt föreställningssätt af den högsta ålder, är äfven *Ormen.* Folktron har således ännu åtskilligt att förtälja om den mythiska *Hjul-ormen,* som biter sig i stjerten och sedan rullar fram såsom ett hjul. Likaledes omtalas den mythiska *Lind-ormen,* som var så stark, att han kunde bryta ned de största träd, och så stor, att då han fordom gick fram nära den gamla Hönsehylte-skans, bildade han ån, som nu slingrar sig emellan sjöarne. Men framför allt synes folktron om ormens helighet grundad i ett urgammalt föreställningssätt, enligt hvilket menniskoväsenet efter döden blir till en stor orm eller *drake,* som lägger sig att rufva på det gods, som menniskan under lifvet nedgräft i jorden. Vi få längre fram redogöra för detta mythiska väsen, som ännu är allmänt kändt i Wärend, och vilja här blott hafva anmärkt, att när Wärendsbon får se en orm, tror han sig ännu kunna döfva honom genom att lägga sin hatt på marken, med de orden: »der ligger en *döder man*. Fan ligge stilla!»

Enligt ännu lefvande föreställningssätt gifver *den hvita Ormen* visdom och siare-förmåga. Är någon i stånd att fånga en hvit orm lefvande, så behöfver han, för att bli klok, allenast koka honom och smaka af sådet. Wieselgren omtalar en Wärendsbo, som omkring år 1798 kom bärande till Wexiö med en hvit orm i en spann, och utbjöd ormen till dem som ville bli kloka.

Ormen tros ock ega makt emot förgerning. Om ett hål borras i fähus-tröskeln, och en lefvande orm deri pluggas in, så kan ingen förgerning sedan skada boskapen. Är kärningen förgjord, så att det icke vill blifva smör, så hjelpes det, om ett ormskinn lägges under bottnen af kärnan. Mask på säden flyr bort, om man på midsommars-afton i åkern nedsätter en stör, hvarmed en orm blifvit slagen. Skäres ett ormahufvud in i bösse-kolfven, så har ingen makt att förgöra bössan. Är bössan förgjord, så att hon icke skjuter rätt eller dödar, så botas det, om skytten retar en orm tills han slår sig i ring, sedan skjuter honom, och smörjer bössan med fettet. Äfven hjelper det, i fall skytten tvingar en lefvande orm in i bössan och sedan aflossar skottet.

Man tager äfven tydor eller förebåd af ormen. Möter någon, vid anträdet af en resa, en orm, så hålles det för ett godt tecken och resan tros bli lycklig. Hålla sig bosar eller svarta ormar nära förstugu-bron, så betyder det, att i huset snart någon skall dö, som det blir sorg med.

Ormar må derföre icke hatas eller dödas; ty deraf följer olycka. Slår någon en *Gulkind* eller *Ringhals* (i Wärendsmålet ɔ: en snok eller Tomtorm), så får han ohell på sina kreatur. Stryker ladugårds-pigan en Ormslå utåt ryggen, med bara handen, tre gånger, så mår boskapen väl deraf. Om någon, som färdas till häst, blir varse en orm, så må ryttaren icke stiga af för att slå ormen; ty då sker någon olycka, antingen på karl eller på häst, förr än de komma hem. Lemnas ormar i fred, så tros de icke heller göra skada;

»Fås inte vid mig och mina,
så skall jag inte fås vid dig och dina!»

hette det förr i Wärend, när man fick se en orm. Slår någon efter en orm, men utan att döda honom, så vaktar ormen, enligt folktron, i sju år på menniskan för att hämnas. Dödar någon en orm, men utan att väl krossa både hans hufvud och stjert, så komma ormslår och blåsa lif i ormen, och sedan hämnas denne på sin baneman. Krossas blott ormens hufvud, så komma ormslår och sätta hufvud i stjerten. Blir en orm dödad, så må han väl nedgräfvas, och helst i en myrstack; ty om en fluga, som suttit på en död orm, sedan sätter sig på en menniska, får denna deraf likmatken eller kräftan. Äfven kan af den döde ormen bilda sig en dagg-orm, som är så ohellig, att om någon trampar uppå honom, så tros att foten ruttnar bort. Tager någon i en stake, hvarmed en orm blifvit slagen, så tros att han får skabb. Sådana stakar nedsättas derföre midt i stenrören, så att de af alla må igenkännas. Stiger någon barfota på en sten, hvarpå en orm blifvit ihelslagen, så får han stenvred eller bulnad i foten.

Om en orm dödas, blir han således efter döden ännu mera ohellig än andra djur. Äfven andra gamla föreställningar äro ännu fästade vid detta djurväsen. Har någon varit biten af en hund, så tror man att han sedan icke kan bli ormbiten; och tvärtom. Skiljer någon en orm och en groda åt; men så att begge bli lefvande, vinner han den kraften, att om han famntager en qvinna som är i barnsnöd, så får hon förlossning. Ormen tros ock kunna söfva folk och krypa in i dem. Blir någon sömnig ute på marken, så är det en orm, som söfver honom. Enligt yngre medeltids-tro räknas ormarne till Pockers följe, och ställas vid sidan af de onda naturvättarne och pukarne (jfr. § 60). Alla spår hänvisa således till ett föreställningssätt, i hvilket ormen länge betraktades såsom ett mythiskt väsen, och qvarlefvor af denna mythiska åskådning bibehålla sig, icke blott i den äldre folktron om menniskoväsenets förvandling efter döden till en mythisk drake, utan ock i den yngre folktron. Hit hörer äfven det länge bibehållna folkbruket, att vita bort eller läsa bort ormar, medelst helig läsning, och att, likaledes genom läsning, mana ormar eller med dem stämma möte vid en knif eller annat stål, som stickes ned i jorden.

Ibland kräldjuren äro äfven *Paddan* och *Grodan* heliga, och ingen må göra dem ondt med vilja. Den förra är en vanlig uppenbarelse-form af de mythiska vättarne (jfr. § 67), hvadan hon ock blir räknad till Pockers följe; den senare är en förhamning, och tros fordom ha varit en konungadotter, som blifvit förhexad af en trollbacka. Grodan tilltalas ock derföre med hedersnamnet Jungfru.

I grunden samma åskådningssätt, enligt hvilket Nyckelpigan, Gertrud-fogeln och andra insekt-ätande djur hållas för heliga, uppenbarar sig jemväl i folktron om As-foglarne. *Korpen*, *Skatan* och *Kajan* hållas således än i dag för heliga. De äro i den yngre hedendomen *Odens foglar*, hvilka icke må ofredas eller dödas. Under medeltiden räknades de till Pockers följe eller Lucifers anhang. Till hvad om dessa djur och deras tydor redan i det föregående (§ 48) blifvit anfördt, må här läggas, att om korpar visa sig på stenarne i ån, så betyder det att någon der snart skall drunkna. Får någon vid början af en resa se korpen, så är det ett godt förebåd och resan tros bli lyckosam.

En annan idé-krets, lånad ifrån de yngre odlingsskeden, då våra förfäder uppträdde såsom jägarefolk, följda af hunden, eller, såsom herdefolk, på österns slätter redan tillegnat sig hästen, uppenbarar sig i de föreställningssätt, som ännu äro fästade vid dessa begge djur. Både *hunden* och *hästen* äro således i folktron helgade åt Oden (Odens hundar § 49, Odens hästar § 48), åt hvilken de äfven i hedendomen gåfvos såsom offerdjur (jfr. § 36). Att döda dessa djur med knif eller flå deras skinn, hålles derföre oärligt och tillhör rackaren. Beggedera tros äfven kunna se i syne, bli i syne, hvilket kan ifrån dem öfverflyttas på menniskan. De tros derföre ännu hafva stora tydor med sig, och Wärendsbon tager af dem förebåd och tecken. Om det första djur, som ett hedet barn får vidröra med handen, är en hund, så får barnet godt läke-kött. Höras hundar tjuta, så spörjes någon vara död. Gräfva hundar utanför husen, så grafva de ut någon, hvilket betyder att någon i huset skall dö. Men framför allt är hästen betydelsefull och har i folktron makt emot förgerning, d. v. s. betraktas såsom helig. Får ett hedet barn först vidröra en häst, så får det framdeles god lycka med hästar. Sättas spåda barn att rida på hästar, så kunna de, såsom äldre, genom blott vidrörande bota sjukdom på dessa djur. Är mäskningen förgjord, så att det icke vill lyckas dermed, så botas det, i fall man låter hästen nosa i bränvins-pannan. Har någon fått kikhostan, så botas det, om han dricker mjölk ur en hästhof. Dör bondens häst, så tyder det för att far sjelf skall dö, eller att annan stor olycka är på färde. Frustar hästen när man far bort, så blir man välkommen dit man kommer. Gnägga hästarne i brudstassen, så betyder det att bruden inte är mö. Hänger hästen hufvudet, när presten kommer i sockne-bud, så tyder det för att den sjuke skall dö; håller hästen deremot hufvudet upprätt, så kommer den sjuke sig ifrån sin sjukdom.

§ 86. I motsats till de djurväsen, hvilka hållas för heliga, på grund af deras goda och välgörande tydor samt gamla vid dem fästade mythiskt-religiösa föreställningar, gifves det andra djur, hvilka i folktron hållas för *ohelliga*, d. v. s. oskära och olyckliga. Dessa oskära djur hafva då alltid onda tydor, och äro antingen sjelfve onda väsen, eller alster af en från onda mythiska naturväsen kommande förgerning.

Till ohelliga djur räknar man i Wärend alla de olika slag af skridfän och kräldjur, som eljest sammanfattas under benämningen *ohyra*. Hit höra således löss, bladlöss, vägg-skäktor (vägglöss), loppor, sädesmask, likmask, flugor o. s. v. Några ibland dessa betraktas sjelfva såsom onda väsen. Sädesmasken får således i Wärendsmålet namn af Troll, likasom slem på gräset, vålladt af insekter, heter Trollspott, och vägg-skäktorna i tilltal heta jungfrur. Andra deremot betraktas snarare, såsom uppkomna genom den förgerning, som af onda väsen vållas vid solskiftena. På Vårfrudagen må derföre intet upphemtas af jorden; ty då får boskapen löss. I dymmelveckan må man icke låta löska sig, icke heller nämna något slags ohyra; ty då blir man deraf plågad hela året. Om husen väl sopas i dymmelveckan, och soporna bäras på grannens egor, så får denne alla de loppor, som man eljest sjelf skulle få. Likmasken svärmar, enligt folktron, på midsommarsdagen; man må derföre på denna dag icke upphemta något grönt af jorden; ty då kan man få likmatken eller kräftan. Enligt samma, till den gamla soldyrkan hörande föreställningssätt, kan man ock skydda sin säd emot sädes-masken, genom att på midsommarqvällen löfva åkrarne med qvistar af bärande träd.

En krälande samling af insekter, som tros uppkomma af en orm, som blifvit dödad utan att nedgräfvas, heter i Wärend en *dagg-orm*. Sådana daggormar anses så ohelliga, att om någon trampar på dem, ruttnar foten bort. Efter urgammal sed förstöras de derföre alltid med eld, likasom man ock med eld förstör Lockar (§ 56) och orma-hiden.

Ett slags larv eller skråpuke heter i Wärendsmålet *Amma* eller *Åmma.* Han håller sig på bladen af Ollonmärke (Epilobium), och beskrifves såsom fingers-tjock och luden, mörkröd till färgen, och med ögonformiga, hvita fläckar utåt hela ryggen. Åmman är mycket fruktad af folket. Kommer någon emellan henne och solen, så tros Åmman se tvärs igenom honom, hvaraf han får sår invertes och hål emellan refbenen. Om folk, som ha ond blick, får man stundom höra uttrycket, att »han glor som en åmma». — En annan likaledes mycket fruktad mask heter *Grymmen* eller *Grimmen.* Han är hård och svartglänsande, som jern, och håller sig under barken af ruttna stubbar. Af hans bett tros komma en sjukdom med häftig värk, kallad Grimsbett eller Onda bettet.

Äfven inom de högre djurklasserna träffas ohelliga djur. *Råttor* och *Möss* räknas i Wärend till ohyra, och tros vara utskickade af den mythiska Haf-frun (§ 61). Om möss (eller foglar) göra sig bo af mennisko-hår, som lossnat när någon kammar sig, så kommer deraf förgerning och sjukdom. Man må derföre alltid andas på sådana hår-tofsar, innan de kastas bort. Såsom andra onda väsen, manas råttor och möss med läsning och besvärjning. — *Haren* anses, enligt ett gammalt föreställningssätt, ohellig, så att Wärends-allmogen än i dag icke vill äta hans kött. Han har så onda tydor, att om en hafvande qvinna får se haren, så blir hennes barn harmyndt. Wärendska skyttar afskära derföre alltid hufvudet på detta djur, med qvarlemnande blott af begge öronen. Visar sig haren framme vid husen, så tros det betyda olycka. — Grunden till hela denna folktro är att söka i de gamla föreställningarne om den mythiske Trollharen, Bjergaharen eller Mjölkharen, som utskickas af trollbackorna, för att dia mjölken af böndernas kor (§§ 26, 52), och om hvilken alla gamla skyttar ännu ega mycket att förtälja. Man tror således om dessa trollharar, att de, såsom andra harar, låta jaga sig af hundarne; men kunna icke skjutas, utan med en silfverknapp eller en ale-pinne i stället för kula. När trollharen på detta sätt ändteligen blir träffad, så finner skytten, der haren tycktes falla, blott tre brända stickestubbar, eller ock en hare, hvars inelfvor kräla som ormar, så att hundarne icke vilja äta dem. Skjuter någon med vanlig laddning på en trollhare, så blir hans bössa förgjord, så att hon icke mera skjuter rätt eller dödar.

Äfven andra skogsdjur äro, såsom vi ofvan anmärkt, misstänkta att vara trolltyg, och förknippas i folktron med den mythiska Skogsnufvan och andra onda väsen. De hafva derföre i allmänhet onda tydor; när de visa sig vid gårdarne, bådar det för olycka, och Wärendsfolket vill än i dag icke gerna förtära deras kött. Men framför allt äro *klodjuren*, eller de egentliga rofdjuren och roffoglarne ansedda för ohelliga, hvadan de ock innefattas i det allmänna begreppet af ohyra. Man finner till och med ännu spår af det uråldriga föreställningssätt, enligt hvilket dessa djur blifvit betraktade såsom mythiska väsen. De må derföre icke nämnas vid sitt rätta namn, utan betecknas i Wärend genom en omskrifning, på samma sätt som man om andra mythiskt fattade, farliga naturting, likaledes ännu alltid begagnar en omskrifning i stället för det egentliga namnet. Vi hafva i det föregående anfört exempel på detta ur en mythisk tids-ålder härrörande folkbruk, som qvarlemnat talrika spår i vår äldre nordiska skalde-konst. Likasom elden, genom omskrifning, än i dag heter Värme (§ 44), så blir derföre äfven vatten, vid brygd, kalladt lag; tjära, vid tjär-bränning, det svarta; bloden, vid slagt, svetten, vid blodgång, kraften, makten, det bålda; sår, märke; gastar, otyg, lort; trolldom, lapperi, o. s. v.

Ibland klo-djuren blir *visslan* genom omskrifning kallad den lilla. Hon må icke nämnas vid sitt rätta namn; ty då tros hon göra skada. Icke heller må hon hatas; ty vore hon ock aldrig så långt borta i skogen, så hämnar hon sig snart, genom att taga lifvet af bondens bästa ko eller oxe. — *Katten* hålles för troll eller för trolltyg, d. v. s. ett misstänkt väsen, som med berga-trollen står i förbindelse. Det är af sådan anledning, som kattorna så ofta göra besök uti bergen; när de bli gamla gå de ock bort, utan att någon vet hvart de taga vägen. Äfven heter det om katten, att han hör till Pockers följe. Han må icke dödas, ty då har det olycka med sig; icke heller hatas, ty då går det illa i ladugården. Att döda en katt med knif eller snara och att flå hans skinn, anses för oärligt och tillhör rackaren. Såsom katten hålles för ett troll, och trollen ha makt med väderleken, så heter det om pigan, när hon är god emot katten, att hon kan vänta sig vackert väder på sin bröllops-dag. Möter någon en katt, vid anträdet af en resa, så hålles det för ondt möte och bådar intet godt. Sätter katten sig i högsätet och tvättar sig bakom öronen med tassen, så betyder det främmande. — *Räfven* blir i Wärend genom omskrifning kallad båldfot (ɔ: rödfot), eller han som i skogen går, och, i norra Småland, skogs-hunden. Han hålles för ondt möte, när man möter honom vid början af en resa. — *Örnen* heter genom omskrifning spännaren. — *Höken* och *Gladan* äro likaledes onda väsen, och vi ha i det föregående (§ 48) omtalat, hurusom gladan ännu vitas bort med vit-ord. — *Ufven* och *Ugglan* betraktas dels såsom onda, mythiska väsen, gastar, eller aflidnes andar, dels ock såsom olycksfoglar. Höres ufven yla i skogen, betyder krig. Skriar ufven eller ugglan vid gårdarne, så tyder det för lik, flyttning eller eldsvåda.

Men det ohelligaste af alla klo-djur är *Ulfven* eller *Vargen*, som i Wärend, genom omskrifning, blir kallad tassen, grå-tassen, de grå, de farlige grå, gråbenet, gullbenet, gullfoten, odjuren eller ohyran. I norra Småland blef han förr kallad för Tussen. Han har så onda tydor med sig, att om han får se en menniska, utan att hon ser honom tillbaka, så blir hon häftigt hes. Icke heller må man nämna vargen eller något annat klodjur, då man är ute på skytteri eller fiske; ty då misslyckas det. Likaledes måtte vargen förr aldrig nämnas vid namn under jul-fastan. Med detta djur förbindas äfven uråldriga mythiska föreställningar; solvargen (§ 72) är den nordiske Fenris-ulfven, som jagar efter solen, för att uppsluka henne, och Varulfven är en man, som af trollbackorna blifvit förskapad till en ulf. Vargen är ock afskydd framför alla andra djur.

Ännu vid början af 1600-talet hette det i Wärend, att ljusa *Ulfsgäld* öfver någon, då han på tinget blef förklarad för fogelfri, så att han saklöst måtte dödas, såsom man dödar ulfven i skogen. Vargen, liksom alla andra slags klodjur, synes ock i hedendomen ha varit offerdjur (jfr. § 36). Ännu upphänger man i Wärend hans kropp i gamla ekar; medan hökar, ugglor och andra rof-foglar uppspikas öfver stall-dörren.

Rörande *Svinet* finner man i wärendska folktron spår af ett föreställningssätt, enligt hvilket detta djur en gång varit betraktadt såsom ohelligt eller oskärt. Svinet har således onda tydor med sig. Komma svinen i hör-landet, så mister bonden sin lin-lycka. Komma svinen, när man mäskar till brygd, så misslyckas det. Låter någon sitt vatten, der svin legat, så får han svin-koppor. Rörer en hafvande qvinna vid svin, så får barnet svin-koppor, eller kommer det att tala i näsan, så framt icke svinhår läggas i den första lögen. — I ett förmodligen yngre skifte af hedendomen uppträder deremot svinet, såsom ett åt Frö helgadt offerdjur. Julagalten blef då högtidligen slagtad på jul-afton, och den mythiska Glo-son var i Freys-kulten en sinnebild af åkerns fruktbarhet (jfr. §§ 40, 55, 59). I sammanhang med dessa hedniska offerbruk står då en i Wärend ännu lefvande folktro, enligt hvilken man, af den slagtade julagaltens lefver och mjälte, tager förebåd om den blifvande vintrens längd och öfriga beskaffenhet.

§ 87. Djurväsenet, ifrån början fattadt såsom mythiskt väsen, hade såsom sådant en tillvaro jemväl efter döden. Folksägnen omtalar således, på många ställen i vårt land, mythiska djurväsen, eller djur, som enligt folktron gå igen, gå och spöka nattetid. Vi hafva i det föregående (§ 59) omtalat ett sådant spökande djur, nemligen ett hvitt svin, i Wärend kändt under namn af Glo-son eller Ulfvagårds-son, i Tveta härad kalladt Torre-Suggan. I Östergötland, vid sjön Sommen, omtalas ett annat mythiskt djurväsen, en ko, i landets sägner kallad Ur-Kon. I Oxie härad, i Skåne, är vid byn Ingelstad en kulle, benämnd Gedeberg eller Getaberg, på hvilken förr plägade nattetid visa sig en spökande Vädur, af folket omtalad under namn af Gedebergs Våren. Han var mycket fruktad; ty han stångade folk som han mötte, och man hade om honom ett bonde-rim:

Den Gedebergs-våren är grå,
han börjar att bånga;
ty så många han såg
ville han stånga.

Till samma klass, af efter döden spökande djurväsen, hör ett i Wärend välbekant mythiskt väsen, kalladt **Kyrkogrimmen.** Han är, enligt folktron, ett djurväsen eller vålnaden af ett djur, som nattetid vaktar och beskyddar kyrkorna. En gammal och ännu allmänt utbredd sägen vet nemligen förtälja, att när man i forntiden skulle bygga kyrkor, iakttogs alltid att helga platsen, genom att offra det första lefvande djur, som möttes på vägen. Detta djur sattes då qvickt i jord, eller begrofs lefvande på den nya kyrko-tomten (jfr. § 66), och blef sedan kyrkans skyddsväsen. Kyrkogrimmen hämnas allt ohägn, som föröfvas på sjelfva kyrkan, kyrkogården, eller på de dödas grafvar. Intränger någon på kyrkogården nattetid, så tros kyrkogrimmen vara tillhands att jaga honom derifrån, och kan då väl hända, att våldsverkaren blir kastad hufvudstupa öfver kyrkogårds-muren. Två bonda-grebbor dyflade en gång om hvilkendera som var raskast, och den ena utlofvade, att hon skulle gå om natten till kyrkan och titta in genom nyckelborran (ɔ: nyckelhålet). Ja, hon gjorde som hon hade sagt; men när hon vände om och kom i kyrko-luckan, upphanns hon af kyrkogrimmen, som slog låret af henne. När i fordna tider någon mandråpare icke kunde få ro, för den som han dräpit, utan qvaldes af honom både natt och dag, så gafs det ingen annan bot, än att nattetid gå till den dödes graf och bedja om tillgift. Men då var alltid kyrkogrimmen tillreds, och sökte mota dråparen eller få honom att se sig tillbaka. Såg dråparen sig om, så hade kyrkogrimmen makt att förderfva eller öda honom.

Kyrkogrimmen visar sig för presten. När presten jordfäster lik, kastar han derföre alltid sina ögon uppåt kyrkan; der sitter eller ligger då kyrkogrimmen, osynlig för alla andra, uppå skunken eller kyrkovinden, och presten kan af hans åtfärd se om den döde är salig eller icke. Men på julnatten visar kyrkogrimmen sig äfven för dem som gå årsgång, såsom alla hemlighetsfulla väsen på denna heliga natt äro synliga. Folksägnen minnes ock noga hans skepnad på olika ställen. Vid Lekaryd kyrka är han således en tupp; vid Aringsås ett svin; vid Härlöf en tjur; vid gamla Wislanda en hvit kalf, men vid nya kyrkan en trehornad bock; vid Urshult en svart bagge; vid Jät en get; vid Kalfsvik en kalf; vid Skatelöfs gamla kyrka en skata; vid Härlunda en grå bagge med stora horn; vid Vestra Thorsås en svartbrokig tjur, o. s. v.

Än i dag är det en gängse folktro, att om, vid kyrko-bygge, man underlåter den gamla seden att å tomten nedgräfva ett lefvande djur, så måste den första menniska, som der jordas, sedan göra tjenst såsom kyrkogrim. Äfven tror man, att det första barn, som döpes i den nya kyrkan, i sådant fall blir vanskapligt. Detta är då orsaken, hvarföre en ännu lefvande man, som var den förste som döptes i Wierstad nya kyrka, blifvit vanför och knuten i vexten.

§ 88. Samma mythiska åskådningssätt, hvarmed menniskan först uppfattade den yttre lefvande naturen, gjorde sig äfven gällande i uppfattningen af hennes eget väsen. Äfven menniskoväsenet var således ifrån början ett mythiskt naturväsen. Detta väsen lefde i tidens morgon ett högre lif och skådade med siare-blick omkring sig i naturen och i lifvet. En gammal Wärendssägen vet således förtälja, att menniskan då ännu visste huru länge hennes lifstid skulle räcka. Gick så en man och gärde; men nyttjade till gärdesgården bara ale-stafver och björke-hank. Han sade dervid för sig sjelf:

»Ale-stafver och björke-hank
vara året långt.»

Så kom *Gud* gåendes och såg på hans arbete. »Du har dåligt virke» sade Gud. Mannen svarade: »jag skall icke lefva mer än ett år; jag behöfver ej bättre.» Då sade Gud: »ja, så skall menniskan icke veta sin tid heller.» Sedan dess förlorade menniskan sin förmåga att se in i framtiden, och makten att se i syne är allt sedan inskränkt till vissa begåfvade individer eller bestämd genom tydorna af de heliga sol-tiderna (jfr. § 75).

§ 89. Fattad såsom ett mythiskt väsen, var hos menniskan, såsom hos andra mythiska naturväsen, kroppen blott en tillfällig yttre uppenbarelse-form. Hennes *hamn* eller yttre skepnad var således föränderlig, och underkastad inverkan af andra med menniskan likartade, men henne i kraft öfverlägsna väsen. Dessa väsen kunde vara goda eller onda. Voro de goda väsen eller *Gudar*, så var den förändring, som de vållade i menniskans hamn eller yttre skepnad, oftast ett straff för någon hennes förseelse eller onda sinnes-art. En sådan förändring fick då namn af *Förvandling*.

Den wärendska folksägnen bevarar ännu åtskilliga hågkomster af sådana i tidens början skedda förvandlingar. Grund-åskådningen i hela denna folktro är rent mythisk och går tillbaka i den äldsta tid. Men sägnens yttre form har i tidernas längd förändrat sig, och hedna-gudarne uppträda i en ny gestalt, lånad från medeltiden, såsom *Vår Herre* och *Sankte Pehr*, eller *Jungfru Maria*. Vi meddela några hithörande förvandlings-sägner ifrån Wärend, till jemförelse med de gamla folkens metamorphoser.

Jungfru Maria hade en tjufagtig kammartärna. Så stal tärnan ett rödt silke-nystan och en sax ur jungfru Marie sykorg; men nystanet gömde hon i barmen, och när jungfrun frågade henne till, så nekade hon. Då slog jungfru Maria till henne, och med detsamma förvandlades tärnan till en *Svala*.

Men svalan bär ännu det stulna silkenystanet framman på bröstet, och saxen bär hon i stjerten, och hon är förbannad, så att hon aldrig kommer på grön qvist. Och när hon så flyger emellan himmel och jord, sjunger hon:

Jungfru Maria skyllde mig, att jag
stal en sax och ett silke-nysta.
Jag svor om Gud, jag tog'et inte;
jag tog'et väl ilell (ɔ: likväl),
jag tog'et väl ile—ll.

Efter en annan uppteckning sjunger svalan:

Jag var jungfru Marie nyckelpiga.
Jag stal ett nystan och en sax.
Gud lönte mig det visserliga. —

När Vår Herre och Sankte Pehr vandrade här i verlden, kommo de en gång till en gård. Bonden var hemma; men ingen qvinna fanns i huset. Så frågade Vår Herre, hvar han hade sin hustru. Bonden svarade tvärt, att »hon gick ut»; men det var allt osanning, för han hade sjelf tagit lifvet af sin hustru och gömt henne under en höstack. När så Vår Herre såg hans onda sinne, förvandlade han bonden till en *Gök*. Och göken behåller ännu sitt mordiska väsen; ty när han varit gök, förvandlar han sig till en sparfhök, och den första fogel, som han då tager, är den lilla ärlan, som var hans fostermor och födde upp honom. Äfven säges det, att om någon härmar göken, blir han så vred, att han spyr ut sjelfva hjerteblodet, och deraf blir det röda fläckar på blad och blommor. Men hvar göken far omkring, ropar han ideligen sitt »gick ut, gick ut!» och det räcker ända till slåttern. Men när han får se den första hösåten, tystnar han; för, kan tro, han är rädd det skall röjas, att han tog lifvet af sin egen hustru. —

När Vår Herre var ett litet barn och gick på jorden, kom han en gång till en käring, som skulle till att baka. Så bad hon honom gå ut och klyfva litet bakeved, så ville hon ge honom en bake-kaka. Och det gjorde han.

När han så kom in med veden, tände käringen upp eld i ugnen och bakade; men till bake-kakan, som hon lofvat bort, tog hon så för litet ämne. Men när brödet var bakadt, hade den lilla kakan blifvit lika stor som de andra. Då tog käringen ett nytt ämne, som var ännu mindre; men allt gick det på samma sätt. Till sist blef hon arg och utbrast: »du har inte gjort skäl för så stor en kaka; du skall få din kaka en annan gång.»

Som nu Vår Herre såg hennes onda sinne, vredgades han och sade till käringen: »jag har klufvit din ved, såsom du bad mig, och du gaf mig inte så mycket som den lilla bake-kakan, du lofvade mig. Nu skall du sjelf få fara och klyfva ved, och det så länge som verlden står.» Dermed förvandlade han henne till en *Vipa.* Men vipan far emellan himmel och jord så länge verlden står, och hvar hon far, ropar, hon aldrig annat än »klyf ved! klyf ved!»—

Samma sägen går äfven om *Spillkråkan.* Hon var en käring och Vår Herre slog henne i hufvudet med grisslan. Grisslan blef så till en fogelnäbb. Men när käringen for ut genom skorstens-pipan, blef hon sotig; derföre är spillkråkan svart till färgen.

§ 90. Skedde förändringen i mennisko-väsenets hamn eller yttre skepnad, genom inverkan af onda, men i kraft menniskan öfverlägsna väsen, så fick han namn af *Förhamming* eller *Förskapning*. Denna skiljer sig således ifrån den förvandling vi nyss omtalat, allenast deri, att han alltid vållas af onda väsen och i fiendtlig afsigt, medan förvandlingen deremot är ett straff af rättvisa gudar.

Förhamming eller förskapning omtalas ofta i folksagorna, och vi kunna redan af detta rent mythiska drag döma om dessa dikters utomordentligt höga ålder. En hel klass ännu lefvande folksagor har således till hufvud-motiv menniskoväsens förhamming till djurväsen eller till träd, och sättet hvarpå denna onda inverkan genom högre sedlig eller helig inverkan blir upphäfd. Vi erinra härvid serskildt om en folksaga ifrån Wärend *), hvars hufvudperson är en konunga-dotter, som blifvit förhammad till en groda, i enlighet med den folktro, som vi nyss (§ 85) omtalat, att grodorna äro förhammade konunga-döttrar. Hon frias ändtligen ifrån sin förtrollning, genom att bestiga bålet och således skäras i elden. Detta bål tillredes med vissa religiösa bruk. Den trogne tjenaren, som är sagans manlige hjelte, skulle nemligen under ett helt år, för hvarje dag skära en qvist af en helig buske; sedan skulle han på lika sätt binda en efsing eller afskuren tråd om hvarje qvist, och slutligen samla qvistarne, en för hvarje dag, till ett bål, som tändes på sista dagen af tredje

*) Se Författarens i förening med *G. Stephens* utgifna Svenska Folksagor I, N:o 15. — Jfr. *Jac. Grimm*, über das Verbrennen der Leichen, ss. 55, 56.

året. Jac. Grimm igenkänner i dessa iakttaganden heliga offerbruk från den forntida eld-kulten, likasom vi i den förhamming, som är sagans hufvud-motiv, se ett drag ur den mythiska tids-åldern i vårt slägtes barndom.

Tron på förhamming lefver dock icke blott i den gamla mythiska sagan, utan har förmått bibehålla sig äfven i den lefvande folktron. Wärendsfolket bevarar nemligen ännu ett mythiskt föreställningssätt, enligt hvilket menniskо-väsenet, genom förgerning, förtrollning, förhexning, eller inverkan af onda väsen och trollbackor, kan underkastas en tidtals återkommande förhamming. Hela denna folktro går således tillbaka i en rent mythisk tidsålder, och är en märklig qvarlefva af det åskådningssätt, som i menniskan såg ett mythiskt naturväsen, ännu iklädt en föränderlig hamn eller ombytlig yttre skepnad.

Enligt i Wärend allmänt gängse folktro kunna således manfolk förhammas till vargar. En sådan till varg förhammad menniska heter i landets mål en **Varulf.** Han är vildare och mer glupande än andra vargar. Om dagen är han en man, såsom andra; men om nätterna måste han gå ulf, löpa ulf, löpa varulf i skogen, tills han antingen blir dödad, eller förhammingen upphäfves genom att han blir röjd och nämnd vid sitt rätta namn. Mångfaldiga sägner gå ännu i landet om sådana Varulfvar. I den äldre folktron heter det om dem, att de blifvit utsända af någon trollkona eller trollbacka; men i den yngre folktron äro de utskickade af Nordkäringarne eller Nordlappskorna, såsom hela det äldre föreställningssättet om trollen senare blifvit på Lapparne öfverfördt (jfr. § 27). Varulfvar tros således för det mesta komma ifrån Lappmarken, och när, under sista finska ofriden, vargar visade sig i större mängd än vanligt, trodde folket att det var krigsmän, som af Finnarne blifvit förhammade till Varulfvar.

En annan förhamming af mennisko-väsenet är i landet känd under namn af **Mara.** Hon är alltid tänkt såsom ett qvinnligt väsen, änskönt man äfven har sägner om män, som nattetid, såsom Maror, ridit sina egna hästar. Maran är således i wärendska folktron en qvinna, som blifvit förhammad och förgjord, så att hon nattetid icke får ro och sömn såsom andra menniskor, utan är dömd, att utan hvila fara osynlig omkring och qvälja folk och fä, ja, till och med sjelfva träden. När hon gifver sig ut på sådan färd, qvarlemnar hon alltid i sängen sin serk, som då blir till en hamn, så att ingen kan skönja annat än att qvinnan sjelf är tillstädes. Kommen dit hon ärnar sig, lägger hon sig på folk, och qväljer, trycker och oroar dem under deras sömn, liksom vore det en tung säck eller annan börda, som lagt sig öfver dem. Äfven diar hon upp ogifta qvinnfolk, så att de få mjölk i brösten. Om menniskor, som qväljas i sömnen af Maran, säger man, att Maran rider dem. Till att förekomma detta, må man alltid ställa sina skor vid sängen med tårna utåt. Äfven hjelper emot Maran, om den sofvande ropas vid namn, eller stål lägges uppå honom. Af sådan nattlig mare-ridt härröra *Marekyssar,* eller blädror på läpparne, *Martofvar* i håret på kreatur eller i mahnen på hästar, samt *Mar-kåstar, Mar-qvastar* uppå tråden. Man upphänger sådana mar-kåstar i stallet, emedan Maran då tros rida dem och lemna hästarne i fred. Äfven en död skata (jfr. § 48) eller ett brändt bagga-horn, upphängdt öfver spiltan, tros tjena till skydd för hästar, som ridas af Maran. I Gärs härad i Skåne upphänger man, af samma anledning, öfver hästarne en sten, som får namn af *Mare-sten*.

När Maran nattetid färdas omkring, far hon alltid osynlig, och kan intränga i huset till den sofvande, äfven genom den minsta öppning, såsom genom en qvista-borra (ett knagg-hål) eller en nafvare-borra (ett borrhål), o. s. v. Skulle då så hända, att, medan hon är inne, någon pluggar igen hålet, hvarigenom hon kom in, eller att den, som af henne rides, kan sansa sig och får henne fast, så skiftar hon hamn och tager skepnad af olika slags djur, det ena icke likt det andra. Hjelper inte det, utan hanen gal eller sol går upp innan Maran sluppit lös, så blir hon åter till menniska igen, och behöfver sedan icke mer fara omkring såsom Mara. Men blir hon icke röjd eller nämnd vid namn, utan kommer sin väg, så måste hon sedan rida Mara alldeles som förut, och är då om morgnarne alltid trött, matt och olustig, utan att sjelf veta huru hon färdats om natten.

En gammal sägen förtäljer om en man, som ofta reds af Maran, att han ändtligen upptäckte ett litet hål på väggen, hvarigenom hon kom in. Han talade så vid någon, som skulle plugga igen hålet, nästa gång hon kom i huset. Maran blef på detta sätt fångad, och som hon var en ung och vacker qvinna, fattade mannen kärlek till henne och de gifte sig med hvarandra.

De lefde sedan lyckliga och nöjda i många år, och hade flera barn tillsammans. Men en dag föll talet på, huru mannen hade fått sin qvinna, och han visade henne det lilla plugg-hålet på väggen, der hon kommit in om natten. Hustrun låtsade härvid icke om någonting; men när mannen slutligen drog ut pluggen, skiftade hon plötsligt sin hamn och blef åter till Mara, samt flög ut genom väggen. Sedan kom hon aldrig mer igen, och mannen sörjde i alla sina dagar.

Förhamning till Mara sker alltid genom inverkan af onda väsen. Om katten, som är ett ondt djur-väsen (§ 86), löper först under en lik-kista och sedan under ett hedet (odöpt) barn, så uppkommer deraf en så stark förgerning, att barnet blir Mara. Detsamma inträffar ock, i fall bruden, för att få lätt barnsbörd, iakttager det gamla wärendska folkbruket, att, när hon kommit hem ifrån kyrkan, träda hufvudet eller hela kroppen igenom en torkad och uppspetad föla-hamn eller märr-lätta (secundinæ equæ). Maran tros för öfrigt vara en *femina semper impubis*, som sjelf icke kan föda några barn.

§ 91. Fattad såsom ett mythiskt naturväsen, med föränderlig yttre skepnad, kunde menniskan äfven *skifta hamn* genom makten af sin egen vilja. Denna förmåga ansågs likväl för en ond egenskap. Makten att skifta sin hamn tillades derföre blott onda mennisko-väsen, och framför alla det onda, halft mythiska trollfolket. Ifrån detta folk öfverfördes samma förmåga, i en yngre tids föreställningssätt, på de onda qvinnor, som ännu länge öfvade hedendomens magiska bruk, och hvilka, efter trollen, än i denna dag få namn af Trollbackor eller Trollkonor.

Vi hafva således redan i det föregående (§ 4) anfört, hurusom trollen, enligt den äldre folktron, fara osynliga genom luften, och huru trollqvinnan färdas ute i horfvindan eller väderhvirfveln, för att i förklädet uppfånga det korn, som bonden sår ut på sin åker. Äfven kunna trollen skifta sin hamn och antaga hvad skepnad de vilja. Medeltids-hexorna fara på samma sätt genom luften, ridande på grindar och ugns-redskap, i trolls hamn, med hängande hår och upplöst gördel (§ 26). Men föreställningen om onda qvinnors förmåga att skifta sin hamn lefver, såsom allmän folktro, äfven i en senare tid. Domstols-handlingar från 1600-talet ådagalägga till fyllest, hurusom de yngre trollbackorna trodde sig sjelfva ega makt att skifta hamn och fara osynliga i vinden. Vid tinget med Konga härad d. 3 Aug. 1618 bekände den förr omtalade wärendska trollbackan Ingeborg Boges dotter i Högnalöf, »att »hon en gång hafver varit i Blåkullan, och att Elin »Esbjörns i Uråsa fick henne ett betsel och bad henne »taga en kalf och lägga betslet i hans mun, och kalf- »ven skulle straxt fara öfver skog och mark, »berg och vatten, *hvilket ock så skedde.* Och när »hon kom i Blåkullan, bekänner hon, att der hölls »gästabud.» Före sin bortfärd hade hon jemväl blåst sin serk full af väder, och gjorde deraf en hamn, som hon lade hos mannen. I andra troll-ransakningar återfinna vi samma drag, ehuru under mer och mindre olika bi-omständigheter. Allt leder oss då till den bestämda slutföljd, att en äldre mythisk verlds-åskådning, som i menniskan såg ett hemlighetsfullt naturväsen, utan att hos henne kunna serskilja sinnenas intryck ifrån inbillningens spel, ännu för blott få århundraden tillbaka var så djupt rotad hos vår allmoge, att den icke blott antogs för giltig af folktron, utan hos vidskepliga individer äfven iklädde sig formen af fullständig sjelfförvillelse.

Ännu i en vida senare tid bibehåller sig samma mythiska föreställningssätt både i folkmål och folktro. Din förhammade trollbacka är än i dag ett i Wärend brukligt oqvädins-ord. För blott få mansåldrar sedan plägade Wärendsfolket, dymmel-Onsdags afton efter solens nedgång, eller skärthors-morgon före solens uppgång, klämta i kyrko-klockan, för att med de heliga klockljuden klämta ned påskakäringar. Enligt sägen hände sig då vid gamla Wislanda, att prosten S. Wiesels drängar rörde kyrkoklockan, just som tre påska-käringar flögo öfver spiran. Käringarne föllo straxt ned, men skiftade hamn och förhammade sig till getter. Getterna lupo upp i en gammal björk i Wislanda björkebacke; men en man, som stod invid björken, högg den ena geten i foten. Sedan dess haltade en gammal qvinna i Håramoen, och ingen tviflade att hon ju varit med på Blåkulla-färden. I andra sägner förhammar sig den nedfallande trollbackan till en hvit so, och tre påska-käringar, som i prosten B. Gumælii tid nedringades vid Moheda, der de skulle piska kyrkan, funnos nakna, då de föllo till jorden. I sammanhang med hela denna folktro är det ock en lek, ännu öfvad af djeknarne i Wexiö, att i påsk-veckan hänga en liten raka, en liten ugnsqvast och ett smörjehorn i bond-qvinnorhas tröjor, såsom resedon till Blåkulla, och att på dymmel-Onsdags qväll skjuta med kanoner och nyckel-bössor, för att skjuta ned påska-käringarne ur luften.

§ 92. I mån som vårt slägte långsamt frigjorde sig från det äldsta mythiska åskådningssättet, upplöste sig den mythiska komplex, som utgjorde mennisko-väsenet, i sina begge motsatta elementer, *kropp* och *själ*. Beggedera fattades dock ifrån början ytterst obestämdt och dunkelt, och företeelser inom sinnenas och andens område blanda sig länge förvirradt i de gamles folktro och gudalära.

Själen, då hon först träder fram ur väsenet, var således ifrån början blott en fysisk lifs-princip, en natur-själ eller en naturvätte, som i kroppen hade sin sinnliga uppenbarelse-form. I och för sig var hon visserligen ett okroppsligt väsen, men lät dock sinnligt förnimma sig såsom menniskans *Ande*, *Hamn* eller *Skugge*. Ordet **Ande** har derföre i vårt språk en dubbel betydelse, af själ, eller andelig lifs-princip, och fysisk andedrägt. I svenska kyrkomålningar och sniderier, ännu vid slutet af medeltiden, afbildas själen såsom ett litet barn, som menniskan andas fram ur munnen *). Äfven har man gamla nordiska sägner om själen såsom ande, att han i söm-

*) *N. Mandelgren*, Monuments Scandinaves du moyen âge. Kyrkomålningarne i Risinge kyrka i Östergötland. — Samma tanke återfinnes ock på skulpterade altartaflor i Eds kyrka af Kalmar län, i Österåkers kyrka i Södermanland o. fl. st.

nen far ut ur kroppen och gör irrfärder, hvilka sedan qvarstå för menniskans hågkomst såsom drömmar.

Likaledes opersonlig, och fattad såsom en blott natur-princip, uppenbarar sig själen såsom menniskans **Hamn** eller **Skugge.** Hamnen eller skuggen följer menniskan hvart hon går. Linné berättar om kloka qvinnan i Mjärhult, att »hon trodde att hvar »menniska hade sin hamn, som henne följde, »såsom skuggan följer kroppen, och att denna »hamn gick perpendiculairt neder åt jorden, såsom »menniskan går perpendiculairt ofvan jorden, vän»dandes stadigt sina fötter emot sin menniskas föt»ter» *). Linné uttalar en förmodan, att den wärendska sierskan till detta föreställningssätt tagit sig »anledning af djur, skogar och berg, som vid en stillastående och klar sjö eller elf spegla sig i vattnet, då man ser träden och andra ting likasom vexa i vattnet nedåt, såsom de på landet stå uppåt». Men hon följde härvid blott ett uråldrigt föreställningssätt, hvaraf vårt språk ännu bevarar spår i talesätten att följa någon i hamn och häl, att följa någon som skuggan. Wärendsbon håller ock ännu skuggen (d. v. s. skuggan, tänkt såsom ett manligt väsen) för mycket betydelsefull. Den, som inom året skall dö, sitter på den heliga julafton vid julbordet med en skugge utan hufvud. Derföre, om någon på julqvällen går hemligen ur sin stuga, och tittar in genom fönstret hos grannen, och der ser någon, hvars skugga visar sig antingen dubbel eller utan hufvud, är detta ett ofelbart tec-

*) *C. Linnæi* Öländska o. Gothländska Resa, 1741, ss. 312, 313.

ken, att han, som eger skuggan, skall dö inom året. Ett liknande föreställningssätt lefver, som bekant, hos folket i skottska högländerna. Wärendsfolket tror ock, att en menniska kan bli så syndig, att hon mister sin skugge. Om mycket syndiga menniskor heter det derföre, att de icke ha någon skugge, »emedan de ha så många synder, att de icke äro värda att hafva någon ande». Sådana, enligt folktron skugglösa, menniskor omtalas alltid med uttryck af den yttersta fasa.

Utvecklad till full personlighet, uppträder menniskosjälen i wärendska folktron såsom menniskans **Vård**. Vården är ett personligt väsen, en ande, som följer menniskan hvart hon går, och stundom uppenbarar sig, antingen som ett *lyse* (ɔ: litet ljus) eller såsom menniskans hamn eller skenbild. Vårdens närvaro kan till och med förnimmas, icke blott af andra, utan ock af menniskan sjelf, då hon vandrar ensam ute nattetid. Man nyttjar härom talesättet: »det följer honom», »han har lyse med sig», »han har vård med sig».

Huru innerlig förbindelsen än är emellan menniskan och hennes vård, kan denne likväl, ännu medan menniskan lefver, aflägsna sig ifrån henne, ehuru blott för vissa tillfällen. Vården följer härvid antingen sin egen drift, eller lyder han makten af en bjudande mensklig vilja, vare sig menniskans egen eller någon annans. Wärendska folktron antager således, att menniskan kan binda sin vård och sålunda skilja sig vid honom. Detta sker på samma sätt, som när man binder Necken (§ 65), puken, eller någon annan naturvätte. Således, om någon märker att »han har lyse med sig», eller »att det följer honom», behöfver han blott lemna ute sin vandrings-staf, så stadnar vården vid stafven och håller der trogen vakt. Äfven det namn af *Vård-träd*, som i Wärend gifves åt det heliga trädet invid gården, häntyder till att man en gång tänkt sig detta träd, såsom hemvist för husfolkets vårdar eller personliga skydds-väsen. Den husliga kult med bön och offer, som öfvades vid dessa träd, har då närmast gällt menniskornas egna skydds-andar, hvilka i den mångskiftande hedniska folktron förblandas med trädens (§ 81), vattnets (§ 64) och mullens (§ 66) naturväsen, som alla finnas boende jemväl i träden. En ytterst märklig fornsed finner ock på detta sätt sin naturliga förklaring. Det har nemligen varit folksed i Wärend, att barnsängs-qvinnor i sin nöd omfamnat Vård-trädet, för att få lindrig barnsbörd. Denna omfamning har då icke varit annat, än en hednisk bön till det andeväsen eller den Vård, som bodde i trädet, och som troddes osynligen följa menniskan ifrån födelsen till dödsstunden.

När Vården aflägsnar sig ifrån menniskan, gör han sig ofta förnimbar för andra. Detta kan ske genom någon *fysisk företeelse i mennisko-kroppen*, hvadan ock Wärendsbon ännu tager tecken och tydor af sådana företeelser. Kliar högra handen, betyder handtag af främmande. Kliar venstra handen, betyder skänker. Kliar hakan, betyder en gammal mans död. Kliar venstra näsborren, betyder främmande. Sticker det i näsan, betyder näsvist folk. Hickar någon, talar man om honom på ett främmande ställe.

— På en högre utvecklingsgrad tager förnimmelsen af en annans Vård formen af en dunkel känsla. Denna känsla är *aningen*. Våra förfäder, som hellre fattade tingen omedelbart med känslan och inbillnings-kraften, än medelbart med förståndet, hade ock hos sig utvecklat de nämnda själsförmögenheterna till en underbar finhet och lifllighet. Man trodde derföre allmänt på aningen, såsom en dunkel samkänsla, hvarigenom man kunde förnimma frånvarande personers öde. Talar man om någon och han oförmodadt infinner sig, så är han icke feg, eller kommer ej att dö snart. Stundom gaf sig aningen uttryck i en yttre ofrivillig handling, af hvilken man då kunde hemta tydor och förebåd. Således om någon begär bröd vid bordet, och icke blir varse att han har en brödbit, som ej är uppäten, så har han någonstädes en hungrig vän. Om barn leka begrafning, betyder det jordefärd i gården. Grafva barn utanför husen, så grafva de ut någon, hvilket betyder dödsfall. Om en dödsfånge vänder sig om, när han föres till stupstocken, så betyder det att någon annan snart skall föras samma väg. Begynner någon oförtänkt att nunna eller sjunga på en likpsalm, betyder att dödsfall snart skall spörjas, o. s. v. Äfven i *drömmen* kunde en frånvarande menniskas Vård göra sig förnimbar, och otaliga sådana uppenbarelser omtalas ännu af folket. Enligt en Wärenssägen hade således två vänner lofvat hvarandra, att hvilkendera först dog, skulle han låta den andre veta det. Hände sig så, att den ene vännen såg sin vän i drömmen tre nätter efter hvarandra. Tredje natten frågade han: »Är du död?» »Ja», svarade den andre. »Dog du salig?» frågade vännen. »Ja», svarade synen, »jag blef salig emellan stigbygeln och jordena.» Dermed försvann han. Men någon tid efter spordes, att mannen blifvit skjuten af sina fiender, så att han fallit död ned ifrån hästen.

Andra uppenbarelser af menniskans Vård få i Wärendsmålet namn af *Förebåd*, *Genfärd*, *Vålne*; men alla innefattas under det allmänna begreppet *Vård* eller *Varsel*. Förebådet är således en förnimmelse, hvarigenom en menniskas Vård gifver sig på förhand tillkänna, redan före personens egen ankomst. Vanliga formen för sådant förebåd, såsom det ännu allmänt omtalas i Wärend, är att modren, hustrun eller fästemön, plötsligen hörer hofslagen af en häst eller rullandet af ett åkdon, urskiljer huru ryttaren stiger af, hästen frustar och ryster sig, stalldörren öppnas, o. s. v. Slutligen hörer hon annalkande steg och ilar den väntade till mötes; men när hon öppnar dörren, finner hon ingen; det var allt blott ett förebåd. Någon stund efteråt kommer likväl den väntade, och då alltid med samma åtfärd, hvarmed hans Vård nyss gifvit sig tillkänna.

Visar sig en frånvarande menniskas Vård, såsom en hamn, synlig för ögat, så får Vårdens uppenbarelse namn af en Genfärd. Sådant inträffar oftast, när ögat utsättes för en stark yttre retning af ljuset, således om vinterqvällarne, då man stirrar på brasan eller ljuslågan, och om dagen, i fall man obetänkt tittar in i ett solljust rum igenom dörr-springan eller nyckelborran. Vill någon veta hvilken tjuf, som stal hans gods, så kan han tvinga dennes genfärd att visa sig i en spann vatten, i fall han manar honom med besvärjelse, på en thorsdags-morgon förr än sol går upp, och sjelf ser på vattnet genom en qvista-borra (ɔ: ett knagghål). Men detta slags varsel kan äfven visa sig under i öfrigt vanliga omständigheter. När gårdsfogden på Jätsberg hade försummat att i rättan tid så på åkerträdan, sågo både han och allt folket, hvar husbonden gick på åkern och stack med sin käpp i jorden. När så fogden sprang fram till gården, satt husbonden der i sin sal, omgifven af gäster. Synen var således blott en uppenbarelse af dennes Vård, eller en Genfärd. Sådan genfärd visar sig eljest mest efter män med kraftiga och oroliga lynnen, och det är en allmän folktro om sådana menniskor, att de hafva starkare Vård med sig än andra.

Vården eller genfärden efter aflidna heter i Wärends-målet *Vålne*. Han visar sig nattetid såsom en hamn eller blek skugga, omgifven af ett svagt skimmer. Vi få om honom vidare tala i det följande.

Varsel, såsom en uppenbarelse af menniskans Vård, visar sig vid många tillfällen. Enligt ett föreställningssätt, som vi icke kunna närmare förklara, är det godt att då hafva någonting i händerna; »Guda-lof, jag var inte tomhändt!» heter det gerna, när gamla Wärendsqvinnor förtälja om sådana tilldragelser. Men mest visar sig varsel före stora händelser, såsom då menniskan är feg, d. v. s. råkar i någon stor fara eller är öden att dö. Varslet är då antingen en uppenbarelse af Vården, som öfvergifver menniskan, hvarigenom hon tros blifva modlös och kraftlös, eller ock af Vården, som varit borta och vänder till menniskan tillbaka igen.

I förra fallet visar sig den bortgående Vården gerna såsom ett lyse, eller ett litet klart ljus, som brinner med rödagtig låga. Ett sådant varsel heter då ett *feg-ljus*. Men Vården yppar sig i dylika varsel äfven på många andra sätt, såsom genom bultningar i väggen, genom en liten fogel, som hackar på fönstret, o. s. v. Otaliga sägner gå härom i svang inom de gamla Wärends-slägterna. Således när prostinnan Heurlin höll på att dö, slog det tre gånger hårdt i väggen utanföre. När prosten Hyltenius en gång låg illa sjuk, hördes det likasom en krafsning under rygg-åsen. »Guda-lof, nu kommer prosten sig!» utropade pigan. När någon i slägten skulle dö, hörde prostinnan Duse om natten, likasom någon hade kastat tre näfvar mull på fönstret. Kort innan författarens syster afled, hade folket sett ett litet klart brinnande ljus vid trädgårdsmuren; andra exempel att här förtiga.

§ 93. Ifrån denna enkla uppfattning af menniско-själen såsom en rent fysisk lifs-princip, hvilken såsom Vård antager personlighet, öfvergick man småningom till ett nytt föreställningssätt, i hvilket själen, ännu fattad såsom en utom menniskan stående Vård, jemväl emottager högre och rent sedliga bestämningar. Ur den genom christendomen allt mera klarnande motsättningen emellan ett sedligt godt och ett sedligt ondt, utvecklade sig då med inre nödvändighet läran om *två* andar af motsatt natur, hvilka, på samma sätt som Vården, troddes följa menniskan. Den yngre wärendska folktron talar således om »*en ond* och *en god*, som hvarje menniska har i följe». Om mycket syndiga och lidelsefulla menniskor heter det ock ofta, att »han har ingen *god* med sig»; han har ingen *god* i följe».

Af de två följes-andar, i hvilka Vården på detta sätt sönderföll, erhöll hvardera en uppgift och ett skaplynne, svarande emot hans eget innersta väsen. Den gode råder således för menniskans lycka och leder henne till allt hvad som är godt; den onde råder deremot för menniskans olycka och leder henne till hvad som är ondt. Motsättningen dem emellan framträder såsom en strid, i hvilken de ömsevis blifva segrande. Så länge som menniskan lyssnar till ingifvelsen af sin högre natur, följes hon derföre af den gode; men när hon lyssnar till sina onda lidelser, så träder den onde i hans ställe.

I sin yttre företeelse antaga menniskans följes-andar häremot svarande uppenbarelse-former. Den gode visar sig således, i likhet med Vården, hvaraf han blott är en ny form, såsom ett *lyse* eller ett litet klart skinande *ljus*. Enligt medeltids-tro antager han äfven skepnad af en hvit *dufva*, den christna fromhetens sinnebild, eller af en *ängel* med hvita vingar. Såsom en sådan ängel följer han, i folktron, den fromma menniskan ehvart hon går, och visar sig stundom skenbarligen, för att rädda henne i stor nöd eller lifsfara. När hon slutligen dör, kommer han likaledes, som en ängel, för att taga emot själen och föra henne till Gud. Under samma skepnad uppträder han ock öfverallt på vägg-målningarne i våra svenska medeltids-kyrkor.

Den onde följes-anden uppenbarar sig deremot i skepnader, som äro karakteristiska för det äldre hedniska föreställningssättet. Han visar sig således, enligt folktron, såsom en svart *korp* (Odens fogel), eller som en *svart höna* (jfr. Skåkhönan i det följande), eller i liknelse af en *svart hund* (jfr. § 52), eller af *två svarta hundar* med brinnande ögon (Odens hundar), eller af en *trollhare*, af ett rytande *svin*, eller af något annat hemlighetsfullt djur. I den yngre medeltidens folktro, såsom i dess kyrkomålningar, blir han slutligen till en *ond ängel*, d. v. s. en *puke*, en *svart pyssling*, en *svart smådjefvul*, tills han omsider identifieras med den lede fienden, *Fanen* eller *djefvulen* sjelf, som, enligt allmänt gängse folkuttryck, rider, anfäktar, regerar, annammar och besitter den af sina onda lidelser beherskade menniskan.

Af de olika föreställningssätt, som vi här omtalat, återfinnas ännu spår i den lefvande folktron och folksägnen. Således förtäljer en gammal Wärends-sägen, att det förr i verlden var en fru, som var så syndig, att hon brukade spinna på lördagsqvällen (jfr. § 43 o. fl. st.). När hon så skulle till att dö, syntes der om natten först såsom en svart höna, som satte sig till spinnrocken, och sedan kom der ett litet klart ljus, som dref bort den svarta hönan. Ljuset var den gode ängelen, som dref bort den onde. — Presten i Wierstad, Herr Nils, brukade, när han begrof lik, alltid se uppåt kyrkospiran. Der satt då själen efter den döde, och när mullskoflarne fallit, flög antingen en hvit dufva emot himmelen, eller flög en svart korp mot den mörka skogen. — När gamle Nils på Hallen, alltid vild och drucken, var i antåg, visade sig gerna före honom två svarta hundar med brinnande ögon, och när bönderna i Hönetorp sutto om högtidsnätterna på krogen, under eder och dryckenskap, syntes likaledes två svarta hundar ligga under bordet. — På Kinnevalds häradsting, d. 18 Nov. 1617, förekom, huruledes två pojkar ifrån Bräkne i Tingsås socken gingo vägen framåt Möre. Då fingo de se en hare, svart och högbent; den ene pojken sköt åt honom, och han försvann, ingen visste hvart. Straxt efter kom der fram en annan hare, och, som dem syntes, var han liten och röder. Pojken sköt äfven åt honom, och han försvann på samma sätt som den förste. Då sade pojken: »viljom gå härifrån! Det är intet godt, som här vankar.» När de så kommit ett stycke, skällde hunden på en ickorn. Då vände de tillbaka, och så blef der olycka af; ty den ene pojken sköt af våda ihel den andre. — En bror till Herr Nils i Wierstad lånade en gång dennes handske. Då blef han sjelf i syne och såg huru folket kom in i kyrkan, hvar och en åtföljd af små svarta pysslingar. Herren på Wierstad-Näs, som var en girig man, leddes in i kyrkan af en mager smådjefvul, medelst en hö-krok, som var stucken i näsan. De små svarta pysslingarne lade sig framför sina husbönder, likasom hyenden, och deras herrar inslumrade makligt under Guds-tjensten. Men när Herr Nils tog till att predika, så väcktes de, och måste till sist ut ur kyrkan, hvarvid de ängsligt sågo sig tillbaka medan de trängdes i kyrko-dörren.

§ 94. Menniskoväsenet, hvari ett högre andeligt element på detta sätt allt bestämdare framträder, var under hela denna långa utvecklings-följd ännu *ofritt.* Denna ofrihet omfattade på en gång menniskans fysiska och moraliska lif, således hennes kropp, helsa, lycka, mod, håg och sinne. Alla dessa attributer till det första menskliga naturväsenet *stodo således under synlig och osynlig inverkan af de väsen, som utgjorde den menniskan omgifvande naturverlden,* — en verld, hvari högre andeliga elementer likaledes allt mera utveckla sig, enligt samma lag, som vi funnit gällande för menniskans föreställningar om sitt eget väsen.

Gudarne, ifrån början fattade rent sinnligt, öfva således på mennisko-väsenet mångfaldig inverkan, och denna inverkan är städse välgörande, såsom gudarne sjelfva till sitt innersta väsen äro goda, d. v. s. ha goda tydor. När de uppträda fiendtligt emot menniskan, sker det derföre alltid såsom ett straff, enär föreställningen om godhet hos gudarne sammanföll med begreppet om rättvisa. Spår af detta uppfattningssätt kunna ännu uppletas i folktron. Ifrån gudarne kommer menniskans helsa. Första gången om våren, som man hörer Gofar köra (§ 54), skall man vältra sig på jorden, så får man under året icke någon ryggvärk, och slå sig i hufvudet med en sten, så får man icke hufvudvärk. Thor eller Gofar skyddar således emot dessa olägenheter, som förmodligen troddes härröra ifrån förgerning, vållad af hans fiender, de onda trollen. På de vanliga helsnings-orden: »huru står det till?» svarar Wärendsbon ännu såsom fordom: »*Guda-lof* för helsan!» »*Guda-lof* för allt godt!» utan att veta, att ordet guda- i denna sammansättning är en flertals-form, som således ifrån början hänförer sig till flera hedniska gudar, och ej blott till den ende sanne Guden. Men gudarne straffa jemväl allt, som är orätt, och vi ha i Wärend funnit en urgammal folktro, som för detta föreställningssätt är betecknande. Det heter således, att om någon lagt någonting orätt, och ej straxt lägger det till rätta, så, om Odens jagt kommer i detsamma, får han en häftig sjukdom med håll och stygn. Denna sjukdom, som eljest i Wärend heter Trollskott, Wildlappa-skott eller Lappskott, är då här ett straff, som förbinder sig med de tydor, hvilka tillhöra gudarne såsom goda och rättvisa väsen.

Äfven vissa ofrivilliga företeelser inom mennisko-kroppen troddes komma ifrån gudarne, såsom varning eller tillsägelse. Hit hörde framför allt nysning, hvartill man hos oss ännu svarar med önskningen »*Gud hjelp!*» på samma sätt, som de gamla Grekerna dervid sade »Zeus hjelpe!». Man tager derföre i Wärend ännu tydor och förebåd af nysning, ibland hvilka den första, som här anföres, en gång varit i samma mening känd äfven hos de gamla Grekerna.

Nyser någon, när någonting säges, så slår det in, ehuru orimligt det kan synas.

Nyser någon fastandes, får han den dagen rus eller förargelse, eller ock spörjer han något serdeles nytt.

Nyser någon om qvällen, sedan han lagt sig, så skall, nästa natt, antingen en vara borta ur huset eller en vara tillkommen. —

Såsom hörande till samma idé-krets, få vi här anföra äfven några andra förebåd af samma slag, utan att våga en slutsatts om de väsen, från hvilka de ursprungligen ansetts härröra:

Kliar högra ögat, så betyder det glädje; kliar venstra ögat, betyder sorg.

Blöder näsan, men blott några få droppar, så spörjes nytt, ehuru sällan godt.

Komma små hvita fläckar på naglarne, så betyder det beröm, om de äro på högra handen; men förtret, om de äro på den venstra. —

Om de tydor, genom hvilka alla slags *naturväsen och naturvättar* öfva inflytelse på menniskan sjelf, och på det lif som rörer sig omkring henne, ha vi redan i det föregående flerestädes yttrat oss. Denna inverkan omtalas oftast såsom fiendtlig, och vållar då mångfaldig *förgerning* eller *förgörelse.* Vänder sig denna förgerning emot menniskans kropp och helsa, så följer deraf sjukdom; vänder han sig emot hennes lycka, mod, håg och sinne, så följer deraf olycka, modstulenhet, hågvänning och flerfaldig förvillelse. Hvad helst för ondt, som träffar menniskan, kommer således utifrån, genom osynlig och hemlighetsfull inverkan eller onda tydor, och sjelfva hennes instinkter och hemligaste drifter personifieras till följes-andar, hvilka först under en senare epok uppgå i menniskans eget väsen.

Det sätt, hvarpå naturväsen och naturvättar inverka på menniskan, fattades på skilda tider olika, allt eftersom sjelfva dessa väsen på en olika utvecklings-grad olika uppfattades. På det skede, när de mythiska naturväsenen redan upplöst sig till halft okroppsliga naturvättar, medan menniskosjälen fattades såsom en okroppslig hamn eller Vård, antog man följdriktigt, att naturvättarne eller natur-andarne blott kunde verka på menniskan medelbarligen, genom att först verka på hennes hamn och sedan genom denna på hennes kropp. Wärendsqvinnan Ingeborg i Mjärhult trodde således, ännu på 1730-talet, »att menniskan och hennes Hamn voro så förenade, »att när den öfverjordiska menniskan led, så led ock »den underjordiska, och tvärtom, när den underjor»diska menniskan blef skadad, så tog den öfverjordi»ska lika del deraf (nam quod est superius est sicut »inferius). Hon trodde, att när menniskorna gingo, »om deras Antipodes råkade att passera nå»gon Vätts, Elfs, Rås eller något dylikt spö»kes hemvist i jorden, skulle den underjor»diska menniskan blifva skadad, och följakt»ligen den öfverjordiska menniskan lida. — — »Hennes pathologie eller omdöme var merändels, att »patienten låtit sitt vatten på något rum, eller att »han sofvit på något ställe, eller att han tagit af »något träd, som varit helgadt af någon ande, eller »ock att patienten fått sjukdomen af luften, af vatt»net, af elden eller jorden.» *)

Hela detta föreställningssätt bibehåller sig hufvudsakligen oförändradt än i denna dag, och vi hafva redan i det föregående anfört mångfaldig förgerning och sjukdom, enligt folktron vållad af olika naturväsen. Hit hörer således: Elfven (§ 63), Elfveblåst (§ 64), Necken (§ 65), skålla Vätten (§ 66), dias af Vätten (§ 67), Jord-skerfvan (§ 67), lockas af Skogsnufvan (§ 70), Kållan (§ 71),

*) *C. Linnæi* Skånska Resa, 1749, s. 312—314.

Ogjordt väder, Ondt i vädret, Trollskott, Vildlappaskott eller Lappskott (§ 26), ridas af Maran (§ 90), kyssas af Maran (ib.), Nedsättning (§ 26), Hågvändning (§ 26), och mångfaldiga förvillelser, af Sjörät (§ 62), af Necken (§ 65), af Skogsnufvan (§ 70), af Trollen (§ 71), o. s. v. En sjukdom, som tros vållad af någon puke eller ond ande, får i Wärendsmålet namn af *Puken*. Åtskilligt hithörande, såsom *Lik-skerfvan, Gastakramm, Dödsmansmot* o. s. v. kommer att omtalas i det följande. All slags sjukdom på menniskor, likasom på djur och vexter, var således icke annat än *förgerning*, vållad af olika naturväsen, och denna förgerning sträckte sig icke blott till menniskans fysiska helsa, utan ock till hennes själs-lif samt yttre lycka och framgång. Att mista sin maka, räknas af Wärendsbon än i dag såsom en af de nio slags förgerning, som tros komma af Vättarne. Att falla i sjukdom heter, i Wärendsmålet, att *råka ut, råka vid, råka för;* men detta uttryck brukas icke blott om den förgerning, som träffar menniskans kropp, utan jemväl om hvarje annan olycka, som drabbar henne i lifvet.

Menniskan, som på detta sätt var ifrån början alldeles ofri, stod länge under inflytelse jemväl af *lägre naturväsen*, såsom det mythiska åskådningssättet ursprungligen omfattade allt, som lefver i naturen. Icke blott djur (§ 84) och vexter (§ 82) hade således sina tydor, hvarmed de osynligen inverka på menniskan, utan ock de lägre naturtingen i allmänhet, och framför allt vissa ting, såsom tråd, efsingar, väfnad o. s. v., vid hvilka man fordom synes ha fästat nu glömda mythiskt-religiösa föreställningar. Serdeles gjorde sig detta inflytande märkbart på menniskan, så länge hon blott var foster eller spädt barn, då hon således ännu icke hos sig utvecklat den kraft, hvarmed andra väsens inflytelse kunde motstås eller öfvervinnas. Mångfaldiga spår af detta föreställningssätt hafva bibehållit sig i folktron, och vi anföra upplysningsvis några hithörande drag, som ännu ihågkommas i Wärend.

Om en hafvande qvinna kommer in medan väftrådarne uppbindas, eller, då väfven är nedklippt, går ut innan de blifvit nedlösta; eller om hon sjelf uppbundit trådarne och barnsbörden påkommer innan väfven blifvit nedväfven, så måste hon sjelf, innan hon föder, lösa ned trådarne, annars får barnet fallande-sot. För att vara riktigt säker, måste modren ändock, innan barnet christnas, föra det tre gånger igenom väfstolen.

Om en qvinna, som stickar strumpor, dervid håller nystanet i barmen, så blir barnet stortjuf.

Får en hafvande qvinna se en stock, som är ämnad att klyfvas och hvari man lemnat viggen qvar i klofvan, så blir barnet harmyndt.

Ser hon eldsvåda, så får barnet elds-märke på den kroppsdel, som hon först vidrörer med handen.

Ser hon en sadelbruten häst, så får barnet öppet sår på det ställe, der hon först vidrörer sig med handen.

Rörer hon vid ludna skinn, så får barnet massel.

Ser hon genom en springa eller nafvareborra, så blir barnet vindögdt.

Äter hon orrhöne-ägg, så blir barnet fräknigt.

Äter hon höns-kött, så blir barnet noppigt i skinnet.

Rörer hon vid egg-jern, så länge barnet är odöpt, så blir barnet olyckligt med eggjern, så att det ofta skär sig med knif eller yxa.

När barnet först upptages efter födelsen, skall detta ske i en skjorta, om barnet är en flicka, och i en serk, om barnet är en gosse, så blir det lyckligt i kärlek och frieri.

Upptages barn i nytt linne, så sliter det sedan icke fort sina kläder.

Medan barn är hedet (odöpt), må modren icke äta eller dricka med barnet i skötet; ty då blir det aldrig mätt eller otörstigt.

Medan barn är hedet, må det icke läggas i vagga; ty då blir det olåtigt. —

Men åtskilliga lägre naturting ha så starka tydor, att de inverka äfven på vuxna menniskor. Vi anföra exempelvis:

Ser någon en upp- och nedvänd stol och ej spottar derpå, så får han stolsteg eller blomma på ögonlocket.

Stiger någon barfota på ett ställe, der en stol blifvit vriden omkring på golfvet, så får han stenvred eller bulnad i foten.

Om en vattengryta sjuder, utan att någonting lägges deruti, tros, att om någon då kommer in, får han ondt i hufvudet. I grytan må derföre läggas, om icke annat, åtminstone en sticka, tills det kommer, som är ämnadt att kokas.

Ingen må äta bröd, som är stött af grisslan; ty då blir han stött af sin fiende.

Ingen flicka må äta af en kaka, som blifvit glömd vid insättningen i ugnen; ty då blir hon sjelf på samma sätt glömd af gossarne.

I hvardera skon skall bruden lägga en hvit penning, så får hon godt om penningar i all sin tid.

Sprakar ljuset sedan man snoppat det, så är antingen den som snoppat ljuset ondsint, eller får han en ondsint maka.

Om tvättvatten sjuder i grytan, så sjuda alla flickans friare bort.

Håller någon karl garnhärfvan, när en qvinna nystar upp tråden, så blir han likasom bunden af henne.

En man må icke hafva någon ting på sig, som är sydt med efsingar, d. v. s. med de afklippta ändtrådarne i varpen af väfven.

Inga remmar må sättas i brudskorna, utan skosnibbarne vara lösa, så får hustrun lätta barnsängar.

Lägger någon sig att sofva, med halsduken bunden om halsen, så får han drömma om gastar.

Har en döende sina hose-band (strumpeband) knutna, så kan han icke dö, förrän hosebanden äro lösta.

§ 95. Såsom menniskan är ofri, genom sitt beroende af andra väsen och dessas goda eller onda tydor, så höjer hon sig långsamt till frihet genom sina egna *tydor*. Dessa tydor äro då den osynliga och hemlighetsfulla kraft, hvarmed menniskan återverkar på alla svagare väsen, som med henne komma i beröring. På denna utvecklingsgrad äro tydorna således blott en medfödd egenskap hos väsenet; derföre omedvetna och utan någon som helst sedlig bestämning.

Genom sina tydor inverkar hvarje menniska på *de lägre naturtingen*, antingen till godo eller till ondo. När Wärendsqvinnan sitter och spinner, varpar, eller väfver, och tråden ideligen vill brista, får man än i dag höra sådana uttryck, som: »kors, hvad det är tetigt (förargligt) med detta garnet! Jag menar det är *förgjordt*. Här kommer väl någon leding, som h a r t o c k n a (sådana) t y d o r m e d s i g.» Enligt ännu gängse folktro må ingen komma in på uppeldad bak-ugn, sedan han är synad, men förr än brödet blifvit insatt; kommer någon då in, så tros brödet bli dödbakadt (ↄ: degigt). Icke heller må bak-ugnen vara tom, utan ett träd eller en sticka alltid ligga deruti, eljest kan han förgöras af någon som kommer in. När bakugnen klenas inuti med lera, må han, som klenar, icke tala ett ord så länge han är i ugnen; ty då spricker ugnen sönder. När korfvar läggas i kitteln för att kokas, må den, som ilägger, icke tala ett ord, utan tigandes stöta hvarje korf emot muren och sedan lägga honom i kitteln; annars spricker korfven sönder. Likaledes har det onda tydor med sig, om någon sitter vid väfven och äter; om så sker, så ätes väfven upp, d. v. s. inslaget tryter.

Genom sina tydor inverkar menniskan på *djuren*, såsom i allmänhet svagare väsen än menniskan. Wärendsbon tror derföre, att kreatur, oberoende af den skötsel de erhålla, trifvas bättre hos den ena menniskan än hos den andra. Om kreatur vantrifvas, må man derföre sälja dem, så att de må trifvas bättre hos någon annan. En häst, som burit brud till kyrkan, skall efteråt vantrifvas. Går någon fastandes i fähuset, så blir boskapen modstulen. En ko, som ej vill bli fruktsam, eller en häst, som har Floget, får bot, om en gosse lyftas tre gånger ansyls omkring djuret o. s. v.

Men den ena menniskan verkar, genom sina tydor, äfven på *andra mennisko-väsen* och på dessas tydor eller kraft, håg och lycka. Stiger någon öfver ett barn, som kryper på golfvet, eller går omkring barnet, när det sitter i vaggan, så kan det, enligt folktron, icke vexa mer, utan blir inte större än det är. Stiger någon öfver en annans mete-raft (ɔ: metspö), så skämmer han med detsamma metarens fiskelycka. Vill skytten ha lycka med sin jagt, må han icke låta någon menniska veta hvarken tiden, då han skall gå, eller hvartut han ärnar sig. Om bruden så lagar, att hon får se brudgummen vid hans ankomst till bröllopsgården, innan brudgummen får se henne, så blir det hon, som får råda i huset. Den af brudfolket, som vid vigseln står något framom den andre, får sedan råda i huset; men stå de alldeles till jämtes, så få de råda hälften hvar. Christnas barn bröllopsdagen, så blir brudfolket barnlagdt. För gossebarn må alltid bjudas flera mans-faddrar än qvinno-faddrar, och för flickebarn tvärtom, så får barnet icke korgen vid giftermål. Om barn tidigt få tänder, eller begynna tidigt gå och tala, betyder det, att syskon snart komma efter, som drifva barnet ifrån modrens bröst och vaggan, o. s. v. V i d h v a r j e m ö t e e l l e r f r ä m m a n d e b e r ö r i n g m e n n i s k o r e m e l l a n u p p s t å r således en osynlig kamp, i hvilken det starkare väsenet, eller det som får öfvertaget, genom sina tydor verkar på det svagare väsenets helsa, mod eller lycka. Det hörde då till forntida belefvenhet, att ytterst noga undvika allt, som kunde taga form af en sammanstötning emellan menniskors tydor, eller annars gifva orsak till något slags osynlig inverkan af ett menniskoväsen på det andra. Sjelfva den gamla helsningsformeln »väl mött!» uttrycker just denna tanke.

Ibland wärendska folkseder och höflighetsbruk, som utgått ifrån detta föreställningssätt, torde här böra anmärkas följande:

En hafvande qvinna må icke bära barn till dopet; ty då vantrifves endera barnet, hennes eget eller det främmande.

Man och hustru eller fästeman och fästemö må icke stå fadder tillika; ty då blir deras äktenskap olyckligt.

Skola flera barn döpas på en gång, så må klockaren alltid ömsa dopvatten för hvarje barn. Döpes flicka i samma vatten med en gosse, så blir hon framdeles karlavulen och skäggig om hakan.

Uppkallas ett barn efter någon som ännu lefver, så skall endera, som bär samma namn, vantrifvas och dö.

Mötas två personer i en dörr, så att den ene vill in, när den andre vill ut, må dörren först stängas emellan dem; annars skola de på samma sätt mötas i himmelriket, så att när den ene går in, går den andre ut.

Skola flera personer dricka ur samma kanna, må alltid kanne-locket läggas igen efter hvar och en som dricker.

Vigas flera par på en gång, så går det olyckligt för någotdera.

När nygift folk första gången gå till kyrkes, må de gå tätt intill hvarandra på kyrkovägen, och likaså in i kyrkan. Kommer någon emellan dem, så blir deras äktenskap oenigt.

De som flytta från ett ställe, och de som flytta till samma ställe, må icke mötas. Mötas de på vägen, eller flyttar den ene in på den andre, så betyder det olycka för någondera.

§ 96. Så länge menniskans tydor ännu uppenbara sig som en omedveten fysisk naturkraft, verka de välgörande eller fiendtligt på andra väsen, i mån af menniskans egen renhet eller orenhet.

Vi finna således i Wärend ännu spår af ett urgammalt föreställningssätt, enligt hvilket vissa menniskor äro till sitt innersta väsen oskära eller orena. Man talar i sådan mening om *menniskor, som ha onda ögon*. Väsenets inre oskärhet uttrycker sig hos sådana menniskor i sjelfva blicken, som derföre har onda tydor med sig. Folktron antager, att om någon, som har onda ögon, ser på när en annan arbetar, så misslyckas arbetet. Får någon, som har onda ögon, se ett öppet sår, så läkes det aldrig. — Äfven talar man om *olyckliga menniskor*, skämtvis kallade *olycks-foglar*, efter de olycksbådande foglar, dem vi i det föregående (§ 84) omtalat. Sådana olyckliga menniskor ha alltid olyckan i följe, och föra henne, genom deras onda tydor, äfven till andra. Ser en olycklig menniska på, när man mäskar till brygd, så tror man att det skall misslyckas. — Till samma idé-krets hörer ock den i Wärend ännu allmänna fruktan för *ondt möte*. Vanföra och lytta menniskor, eller sådana som på något sätt blifvit märkta af naturen, tros nemligen ha onda tydor, och betraktas derföre af folket med en viss skygghet. Äfven gäller detta om gamla qvinnor eller käringar, hvilka, ända ifrån de hedniska trollbackornas tid, varit af folket sedda med misstroende. Käring-möte, likasom att möta en vanför menniska eller en prest, hålles derföre i Wärend ännu för ondt möte, vare sig, att man begynner en resa eller går på jagt. Om den som får sådant möte heter det, att han är illa utkommen, och han väntar sig då någon ohell på resan eller ringa lycka på sin jagt för den gången.

Till oskära menniskor räknas, enligt ett uråldrigt hedniskt föreställningssätt, s. k. *Tvädäggingar*, eller menniskor, hvilka såsom barn fått åter fatta modrens bröst, sedan de en gång blifvit afvänjda. Sådana tvädäggingar ha onda tydor, med hvilka de inverka menligt på andra väsen. De omtalas derföre af folket med den högsta afsky.

Lönda-horor, eller qvinnor som fallit, utan att sådant blifvit yppadt, hållas för mycket oskära. Är bruden icke mö, när hon viges, så visar sig kronan och hela skruden glåmig och dunkel; deremot om hon är ren mö, visar sig kronan och brudskruden klar och glänsande. Af löndahoror och af andra horor kommer ock mångfaldig förgerning. Vet bruden sig ej vara mö, får icke hjessan vara bar i brudkronan; ty då får barnet skerfvan. Följa brudpigor en brud, som icke är ren mö, tros att deras hår faller af, med mindre deri lägges en kopparslant (såsom ett slags offer). Får en löndahora se en hafvande qvinna, eller ett nyfödt barn, på bara bröstet, så får barnet hore-skerfvan. Detta är orsaken hvarföre, enligt gammal sed, hustrur alltid bära halskedjor, likasom man på späda barn alltid knyter en ullgarns-tråd om halsen (jfr. § 64). — Blir någon slagen af en hora, kan han sedan aldrig mer försvara sig emot sin fiende.

Äfven *tjufvar*, *mördare* och *andra missgerningsmän*, som lönligen gjort ondt, utan att det blifvit yppadt, äro oskära och ha onda tydor. Stjäler någon en annans fiske-redskap, så skämmer han tillika dennes fiske-lycka. Likaledes om någon stjäler fisk ur en annans fiske-don, så skämmes redskapen, så att den icke vidare gifver någon fisk, tills den blifvit renad genom att rökas med qvistar af nio slags bärande träd. Om en missgerningsman ser ett spädt barn på bart bröst, så får barnet skerfvan. Man tror ock om hemliga missgerningsmän, att de icke kunna dö, förr än eld eller yxa blifvit lagda under sängen.

Men framför alla andra äro sådana *qvinnor* oskära, *som befatta sig med trolldom och kusleri*. Man må derföre icke ens nämna trollbackan, utan att tillika nämna eld (och vatten och kyrkans namn). För att trollbackan icke må kunna göra skada, måste man taga blod af henne, genom att slå henne på munnen, eller ock spotta henne i ansigtet, såsom spott är ett skyddsmedel emot förgerning. Kommer trollbackan i gården, så kastas alltid vid utgåendet efter henne ett brinnande eldkol. Af samma skäl har det ock varit gammalt svenskt rätts-bruk, att trollbackor skulle brinna å bål, likasom sjelfspillingar, missfoster och andra orena väsen, af hvilka förgerning kunde komma öfver landet.

§ 97. På det utvecklings-stadium, der menniskan ledes af en utom hennes väsen ställd personlig följes-ande eller Vård, blifva hennes tydor, eller den kraft hvarmed hon verkar på andra väsen, af denna Vård beroende. Att med Vårdens biträde egna sig åt något, heter derföre att *vårda, vårda sig om;* att låta sig af Vården ledas till något, heter att *vårda sig till,* och om allt, som icke tager Vårdens biträde i anspråk, nyttjar Wärendsbon uttrycket »*det vårdas inte*», d. v. s. det har inga tydor med sig. Om allt som sker *ovårdigt, vårdslöst,* eller utan biträde af menniskans Vård, tror man sig på förhand veta, att det icke har några goda tydor, d. v. s. ingen lycka eller framgång i följe.

I mån som menniskan på detta sätt långsamt höjer sig till en uppfattning, der hon slutligen framträder såsom ett sig sjelf bestämmande personligt väsen, blifva hennes tydor allt mera beroende af hennes egen själs-stämning. Denna själs-stämning antager då form af en dunkel känsla, som småningom utvecklar sig till *positiv vilja* och eger såsom sådan sin högsta kraft. Folktron antager således, att menniskans sinnes-art, själs-stämning och vilja har starka tydor, eller stor makt öfver andra väsen, och vi finna ännu lemningar af denna tro i de föreställningssätt från vidt skilda tider, som ännu lefva hos Wärendsfolket.

I afseende på menniskans förhållande till djuren är det således en allmän folktro, att rofdjur och alla slags skadedjur icke må hatas, emedan de redan deraf eggas till vrede och hämnd emot menniskan. Hatas katten, så går det illa i ladugården. Paddor må icke hatas, ty då dia de bondens kor. Ormar må icke hatas, utan lemnas i fred, så göra de icke heller någon skada. Skator må icke hatas; ty då följer deraf olycka. Visslan må icke hatas; ty då biter hon ihel kon eller oxen. Hvad beträffar husdjuren, så beror deras trefnad förnämligast af den välvilja menniskan för dem hyser. Wärendsbon visar derföre sina husdjur den största vänlighet och låter dem, efter gammal sed, få sin del i husets högtider. På jul-afton skulle förr alltid bandhunden lösas, ren hafre gifvas åt hästarne, och den andra boskapen få bättre foder än vanligt. Efter gammal sed måtte då äfven en kärfve otröskad halm utsättas åt sparfvarne vid gården. När bruden tager brudskorna på sig, må hon straxt gå i fähuset och mjölka en ko, så får hon alltid godt om mjölk. När brudfärden kommer hem ifrån kyrkan, må brud och brudgumme straxt gå i fähus och stall, så komma boskap och hästar att väl trifvas för dem. Äfven tror man, att om någon ser med ömkan på ett djur, som slagtas, så får det svårt vid att dö. Är någon afundsjuk på en annan för hans kreatur, så vantrifvas de. Brukar någon en annans tjur eller fargalt, utan husbondens goda minne, så skall tjuren sedan icke duga mer. Likaledes vantrifves hästen, om någon främmande falkar på honom eller öfvermåttan berömmer honom. Det heter i sådana fall: »ja, se den, han har tockna tydor, så att om han bjuder på ett kreatur och inte får'et, så misstrifves det.»

Menniskans vilja har äfven starka tydor i afseende på andra menniskors helsa, lycka och hela väsen. När någon sollnar (ɔ: får i vrångstrupen) då han äter eller dricker, tror Wärendsbon än i dag, att det kommer af någon, som missunnar honom maten. I synnerhet äro späda barn för sin trefnad beroende af andras goda vilja och vänliga sinne, likasom ock äldre personer, vid bröllop, kyrkotagning och andra heliga högtider. Man har häraf åtskillig folktro och många gamla folkbruk, hvaraf vi här må anmärka följande drag ifrån Wärend.

Medan barnet är hedet (odöpt) må det, efter gammal sed, ligga på bordet (som fordom var hedersplats), svept i en röd klädes-kjortel, samt ha jemte sig en psalmbok, och, i lin'dan, hvita pengar.

När barnet skall föras till kyrkan, för att döpas, och gomodren om morgonen kommer för att hemta det, må hon lägga en hvit penning på barnets bröst.

Vid utgåendet må modren sjelf, om hon är så stark, eller någon annan, som unnar barnet godt, möta i förstugan, så får barnet god lycka med sig.

Barn brås på eller arta sig efter den, hvars namn de bära. Ha de således blifvit uppkallade efter någon som tidigt dött, så tros de icke heller få lefva länge.

Äfven brås de mycket på den go-mor, som burit dem till dopet. Derföre, om gomodren glömmer eller tappar något då barnet skall döpas, så tros barnet bli glömskt. Läser hon sakta efter bönerna vid christningen, så får det godt nimme eller god fattningsgåfva. Låter hon någon gå eller rida om sig, då hon med barnet far till kyrkan, så låter barnet undertrycka sig i framtiden. Springer eller går hon lätt, så blir barnet qvickt och vigt. Bär hon barnet högt, och visar det för alla vid utgåendet ur kyrkan, så blir det djerft och icke blygt. Dansar hon med barnet på barns-ölet, så blir det hurtigt. Innan hon efter christningen lemnar barnet ifrån sig, må hon äta, så får barnet godt om mat.

När barnet efter dopet hemkommer från kyrkan, må det först gifvas åt fadren, som, efter gammal sed, deråt utfäster en gåfva.

Vid barns-ölet skall det taga plats i högsätet, buret af sin gomoder och iklädt sina christningakläder.

Efter måltidens slut får barnet, efter gammal Wärends-sed, faddergåfvor af sina faddrar.

Vid kyrkogångs-öl må hustrun mötas i vapenhuset af andra danneqvinnor, som äro henne skylda och unna henne godt, så att de vilja hedra henne.

Vid flyttning må de flyttande ej komma in på tomt bord, utan någon måste vara der förut, som dukat bordet och möter de kommande utanför dörren med undfägnad (mat och dryck), tager emot dem, såsom främmande, och bjuder dem vara välkomna.

§ 98. Tydorna af menniskans vilja bli ännu starkare, så snart denna vilja yttrar sig genom det talade *Ordet*. Med ordets makt kan menniskan således öka kraften hos naturtingen, och bereda framgång åt företag som af dem bero. Derföre, när löpe göres, skall den som tillagar löpet fråga tre gånger:

»hvad är snarare än elden?»

Hvartill en annan lika många gånger skall svara: »löpet», så blir löpet färdigt till att ysta mjölk. — När jästen lägges i ölkaret, skall gumman ropa:

»hej lustig!»

så gör ölet lustiga gäster. — Rörer hon väl omkring vörten, så att han fradgar, och mystrar hon när jästen lägges i, så blir ölet icke dufvet. — När det varpas till väf, skall hon som varpar springa ut, och, då hon vändt sig om i förstugan, straxt gå in igen; derefter skall hon upplyfta först den ena och så den andra foten, och åter den foten hon begynte med, sägandes tre gånger:

»så högt skäl!»

Eljest tros väfven icke komma att gå väl. Detsamma må ock hvar och en säga, som kommer in medan varpan går. —

Med ordets makt kan menniskan minska kraften hos all slags förgerning af onda naturväsen. Derföre, om man hörer träd knarra i skogen, skall man säga:

»Jag hörer dig.
Jag hörer dig.
Jag har inte ondt af dig.»

Eljest får man knarren. — När någon klagar öfver tandvärk, öronsprång, bläddror på tungan, halsbränna, halsfall o. s. v., skall en annan vara tillreds att säga:

»det var lögn!»

så tros det onda gå bort. — Pinas någon af liktornar, så skall han passa på, när han hör omtalas att den eller den är död, och tillägga:

»så äro ock mina liktornar döda»;

så blir han dem qvitt. — Har någon fått Stolsteg eller vagel på ögonlocket, så skall en annan borra ansyls emot det sjuka ögat, med en stols-fot eller med foten af en fotring, sägande:

»borra, borra stolsteg!»

Den sjuke frågar:

»hvarföre borrar du?»

Den förre svarar:

»jo, jag borrar stolsteg.»

Sedan spottas på stols-foten, och så går det onda bort. — Har någon fått ryggvärk, så skall han lägga sig med ansigtet emot jorden, och låta tråda sig på ryggen af en qvinna, som födt tvillingar. Så frågar den sjuke tre gånger:

»hvarföre trår du mig?»

Qvinnan svarar, likaledes tre gånger:

»efter jag är bättre än du.»

Den sjuke frågar:

»hvarföre är du bättre än jag?»

hvartill svaras:

»efter jag burit under mitt hjerta två hjertan,
två lungor,
två lefrar,
två tungor,
fyra ögon,
fyra öron,
fyra händer
o. s. v.
det har inte du gjort.» —

Allt slags ondt betraktas således i folktron såsom ett lefvande väsen, som går bort och viker undan, när det talade ordet ökar makten af menniskans vilja.

Samma föreställningssätt gäller äfven om ordets makt öfver djuren. Vargar och oskära djur, råttor och möss och alla slags onda skridfän, hvilka i Wärend sammanfattas under begreppet ohyra (§ 86), kunna alla vitas bort eller vitas på en annan genom det talade ordet. Detta ord antager då form af vit-ord, och vi hafva i det föregående (§ 48) anfört de rim, med hvilka man sålunda vitar bort gladan. Hvad åter beträffar husdjuren, så eger ordet en mäktig inflytelse på deras trefnad hos menniskan. Wärendsbon gifver derföre åt hvarje slags djur ett serskildt tilltals-ord, och åt de större husdjuren till och med egna namn. Fåren heta således, i tilltal, alltid *Söerna* eller *Vissorna,* emedan de begärt att bli så kallade, på den tiden när de kunde tala (jfr. § 83). Tilltalas de annorlunda, så tros att de skola löpa bort i skogen eller vantrifvas. På samma sätt, och förmodligen af samma skäl, tilltalar Wärendsbon gerna sitt sto med ordet *Minka;* sin ko med ordet *Kossa, Kosyta* eller *Kolilla;* baggen får i tilltal heta *Kruse;* bocken *Putte* eller *Sigge;* grisen *Tyke, Tyka-so* eller *Naske*; hönan, *Pytt, Pytta* eller *Tippa, Tippevära* o. s. v. När bonden lägger på en kalf, och kalfven dricker första gången, må det vara mjölk af den ko, som burit honom, emedan han eljest kommer att alltid dröna och sucka, öfver att han icke fått smaka sin moders mjölk. När han så druckit, skall man slå honom i hufvudet med mjölkkärlet och säga:

»drick bättre en annan gång!»

så blir det en god lifkalf. — Likaledes när Wärendsbon köper något kreatur, så leder han det först in i stugan, låter det se elden brinna på spiseln eller i ugnen, och gifver det hö eller hafra ur hustruns sköte. Sedan tager han några hår af djuret och gömmer i fähuset, samt låter djuret stå i tre dygn utan vatten. Hviskar han sedan i dess öra:

»du skall inte trå!
Här får du bättre än hemma»,

så skall djuret sedan icke trå eller vantrifvas. — När man klippte fåren, iakttogs förr i norra Småland, att alltid klippa ett kors i pannan, och att sedan släppa fåret med dessa ord:

»kom igen åt åre,
med filt och fåre
och dotter vid låre!» —

När käringen lägger hönan på ägg, iakttager hon, att lägga ett hästsko-söm ibland äggen och säga:

»Jag lägger min höna på elfva ägg;
jag sätter min fot emot femte vägg.
Tio hönor och en tupp!»

Hon tror sig på detta sätt få många hönor i kullen.

Ordet har likaledes starka tydor, när det vändes emot menniskor. Vit-ord eller skymfliga tillmälen, kastade på en fiende, tros ännu ega den kraften, att de stjäla hans mod, göra honom modstulen, eller göra honom feg, d. v. s. mod- och kraftlös, så vida de icke omedelbart kastas tillbaka på den vitande. För att upphäfva makten af vit-ord, borde man ock, enligt ett gammalt föreställningssätt, taga sin fiendes blod, på samma sätt som man tog blod af en trollbacka (§ 96), för att upphäfva makten af hennes förgerning. Häraf det i våra äldre folkseder öfverallt återkommande bruket, att blodigt hämnas hvarje liden förolämpning.

Genom ordets makt kan menniskan till och med kufva naturvättarne och onda andar, och vi ha i det föregående (§ 65) anfört de vit-ord, med hvilka man i Wärend ännu tror sig kunna vita bort Necken, vid lögning i öppna sjön.

Men tydorna af det högt utsagda ordet kunna icke blott vara goda, utan äfven onda. Föreställningen om ordets tydor ingår således väsendtligen i den gamla folktron om förgerning och trolldom. Onda menniskor tros ännu, genom ord, kunna vita bölder uppå andra. Trollbackor kunna likaledes, genom ord, vita på någon annan, vare sig man eller qvinna, sina barnsängsvärkar. När trollbackan Ingeborg Bogesdotter, år 1618, inför Konga härads ting bekände, huru hon lade en hamn i sängen vid mannens sida, anmärkes uttryckligen i protokollet, att »hvad *ord* eller annat hon dertill brukade, kunde »man uti all allmännelighet icke mycket efterfråga». För att taga nyttan af sina grannqvinnors kor, lagade hon så, att hon i dymmelveckan fick mjölk, som hon då gaf åt sina egna kor; »men hvad *ord* »hon dertill brukade, ville hon icke bekänna». Äfven bekände hon sig hafva gjort Bjergaharar eller Mjölkharar af sticke-stubbar, som voro brända i båda ändar, hvarvid protokollet uttryckligen anmärker: »måste frågas hvad *ord* hon dertill brukar.» Enligt ännu gängse folktro, göra trollbackorna i dymmelveckan sina mjölkharar, af sticke-stubbar, som äro brända i båda ändar, och hvilka de kasta på golfvet med de orden:

»på jorden skall du för mig springa;
i helvete skall jag för dig brinna.»

Äfven är det wärendsk folktro, att när påska-käringarne vilja rida till Blåkulla, smörja de, ur sitt smörjehorn, kalfven, grisslan eller ugns-rakan, med de orden:

«rätt upp och ned,
och ända till Blåkulla!»

Slutligen är ock ordet, när det uttalas såsom *bön,* mäktigt att blidka förtörnade naturvättar, och att från himlen nedkalla helsa, lycka och håg, till menniskans skydd emot alla onda väsen.

§ 99. Ur hela den natur-åskådning, som vi här utvecklat, uppstod redan tidigt föreställningen om vissa menniskо-väsen, såsom renare och med bättre tydor än andra. Dessa menniskor betraktades då sjelfva af folket, såsom ett slags högre, nära nog mythiska väsen. Genom renheten af sin natur troddes de besitta en klarsyn, hvarigenom hela den mythiska naturverlden och all naturvättarnes dolda verksamhet låg för dem öppen. Genom den välgörande makten af sina tydor kunde de bota på all förgerning af onda väsen. De troddes således hos sig förena det högsta mått af visdom och af andelig kraft, och voro på en gång folkets siare eller *Spåmän,* och *Läkare.* Såsom sådana omtalas de af ålder i Wärend, under namn af **Kloka,** och deras högre vetande får i Wärendsmålet namn af *Klokskap.*

Tron på kloka är i Wärend urgammal, och medan *den kloke,* enligt en mening, som vi redan (§ 36) uttalat, närmast synes motsvara hedna-presten med sin hatt och sin run-kafle, så är *Kloka Qvinnan*, sådan hon än i dag uppträder, fullt igenkännlig såsom hedendomens Vala eller Spåkona. De gamla domböckerna tala ock ofta om sådana kloka. Vid tinget med Konga härad, d. 9 Febr. 1616, klagades, såsom vi redan i det föregående (§ 63) anmärkt, att en Wärendsbo gått ned i Södra Möre, der uppgifvit sig vara klok, och af en enfaldig man tillnarrat sig 12 daler penningar, för att han skulle drifva Elfven ifrån honom. — År 1625, d. 27 Oktober, ransakades på Konunga härads ting om en gånge-qvinna, Bengta Jönsdotter ifrån Däningelanda i Kinnevalds härad, »som plägade gå af och an i bygden, gaf sig »ut för Klok qvinna och åtog sig att kurera många »sjukdomar; men for allt fram med lögn och bedrä»geri, ljugandes sig mycket gods och penningar till». Hon hade nu senast »sjudit en dryck med öl, blan»dadt med ett slags remedium, som var i ett horn »och såg ut som olja eller grönt smör»; dermed förgjorde hon en ung bonde, som var brottfälling (epilepticus). Tillförene hade hon ock af en blind qvinna tagit 18 mark penningar, för att gifva henne synen igen. — Vid Albo häradsting, d. 2 Mars 1633, ransakades om »en dansk qvinna, Lusse benämnd, »som drog af och an i bygden, gaf sig ut för en »klok qvinna, kunde bota om någon hade en elak »man, signa sjukdomar» o. s. v. Till följe af alla dessa missbruk begynte dock hela saken, redan vid denna tid, förlora mycket af sitt gamla anseende hos folket. Domböckerna tala ock flerestädes om »trollkonan *eller* kloka qvinnan», hvarigenom man således förblandar de ifrån början motsatta begreppen om klokskap och trolldom.

Den ryktbaraste af alla kloka, som under senare århundraden uppträdt ibland Wärendsfolket, har förmodligen varit den tillförene af oss omtalade *Kloka Qvinnan,* Ingeborg i Mjärhult af Wierstads socken, död omkring år 1740. Hon »blef sökt öfver hela »landet såsom ett orakel, och hade större namn om »sig uti medicinen än mången Doctor, som läst och »practicerat i all sin dag». Efter den märkliga berättelse Linné om henne lemnat, synes hon ha varit en rikt begåfvad, poëtisk natur, som ännu fasthöll vid en äldre tids mythiska verlds-åskådning; men, såsom medeltidens qvinnor, med all sin öfvertro förenade en varm hjertats fromhet. »Hon hade ofta haft ledsamhet för sin trägna praktik, och blifvit hårdt tilltalad, så af prester, som kronobetjenter och domare, de der trodt, att hon hade i sin praktik något, som stötte på trollkonst, det hon dock ingalunda ville vidgå, utan svarade, med samma ord som Christus de Phariseer, när de tillade honom, att han utdrifver djeflar med Belzebub: »ty», sade hon, »visa mig någon, att jag har en menniska tillfogat ondt, så vill jag allt vidgå; men jag har gjort många menniskor godt. Huru skulle jag kunna göra godt igenom den ondes finger? Ty då söndrade hans rike sig sjelf.» Eljest lefde hon gudfruktigt, bevistade flitigt kyrkan, var vänlig och höfvisk emot hvar man. Hon hade dageligt tillopp af allmogen ifrån hela landet, som henne tillitade såsom ett orakel.» *)

---

*) *C. Linnæi,* Öländska och Gothländska Resa, 1741, ss. 312—314.

Slägtet af s. k. Kloka är i Wärend ännu icke helt och hållet utdödt, ehuru mycket sjunket. De mest beryktade voro, för trettio år sedan, Sven på Karholmen, Sven i Nottre och den s. k. Kloke Herren i Fanhult.

§ 100. Klokskap, eller den inre klarsyn, hvarmed den kloke mythiskt uppfattar naturens lefvande verksamhet, kan vara så väl medfödd som förvärfvad. Det senare skedde på flera sätt, såsom genom att fånga en *hvit orm* (§ 85), koka honom lefvande och dricka af sådet. Men hit hörde, framför allt, iakttagandet af det gamla hedniska folkbruk, som i Wärend af ålder varit kändt, under namn af att *gå årsgång* och *gå midsommars-gång*. Detta bruk, eller hedniska mysterium, hade närmast sin grund i folktron om de mäktiga tydor, som tillhörde de heliga högtidsnätterna eller de nätter, som föregingo början af ett nytt solskifte (jfr. § 75). Detsamma torde ock i allmänhet kunna betraktas, såsom en bland de märkligaste qvarlefvor ur en hednisk tids-ålder och af ett mythiskt åskådningssätt, som hittills förmått bibehålla sig hos något af de nyare europeiska folken.

Vi ega, om det wärendska bruket att gå årsgång och de dervid iakttagna hedniska sedvänjor, en beskrifning, affattad redan vid slutet af 1600-talet. Den förekommer i 56:te kapitlet af Rudbecks ofta åberopade Småländska Antiquiteter, hvilket kapitel vi här aftrycka.

»Om *gå årsgång* efter gammal sed.»

»En gammal plägsed har varit i Småland, att utleta alla årets egenskaper och lära sig förutse allt hvad om året passera skulle, hurudan äring skall blifva, hvem i gården skall dö eller inte, om någon stor död skall komma, om någon utrikes farande skall hemväntas, om krig och örlig är att frukta, om eld och vattunöd skall något hus eller stad öfvergå, om något argt trolleri skall det året föröfvas eller yppas, om goda fiskelekar skola blifva, om skytterier (ↄ: jagt) väntas, med mycket mera jag hvarken vet eller kan nämna. Och har denna sedvana, att gå årsgång, allt ifrån hedendomen intill denna stund varit, och brukas här i dessa gränsehärader i Småland ganska mycket, och tyckes dem detta vara en serdeles vetenskap och hemlighet, att bli vis och förståndig i många saker. Och går det till på följande sätt:»

»Fem nätter om året äro före andra enkannerligen utsedde att gå årsgång på, som äro: 1. Thomasmesso-natt, 2. Jula-natt, 3. Staffansmesso-natt, 4. Nyårs-natt, 5. Trettondedags-natt. Lusse-natt hålles för den förnämsta. Och de som denna årsgång gå, fasta merändels den dagen, serdeles den dagen efter middagen, och uppenbara det för ingen menniska; ingen säga de till när de gå ut, och ingen eld måtte de se förut, och om så vore, att de någon eld inne hade sett om dagen, så slå de eld af stål och flinta före sig ute, hvilken eld de mena hafva dämpat det hinder de af den andra elden kunnat hafva; ingen helsa de på ute, som dem möter, och om någon helsar, svara de intet; inte få flera följas åt än två, och intet ord få de tala sedan de gått ur stugan, eller se sig tillbaka. Inte få de le, om aldrig så mycket roligt och sällsamt kommer dem före, ej heller förskräckas, utan gå så alfvarsamt, stilla, och tiga.»

»Först gå de till kyrkogården, om de kunna hinna dit och hem igen om natten, och der se de mycket sällsamma saker, serdeles om stor död skall det tillstundande året komma, så gräfvas der upp grafvar hela natten och fast mycket folk som synes. Om god äring skall blifva, så se de på åkrarne små karlar bära stora sädes-kärfvar, och tyckes dem, att skäror och liar knapra i stenarne. Och när de komma till någon gård, och de sakta klappa på väggen och säga: »skall någon dö härinne?» så svarar den som skall dö, «ja», eller, om ingen dör af dem som inne äro, så svaras »nej», och sker detta svaret hastigt, antingen de äro sofvande eller vakande. Och när god årgång blifver, så synes som små möss drogo stora sädeslass och stora öltunnor köras. Om krig blifver, så hugges det grufveligen i skogen, likasom han all skulle till stormstegar, fasciner och krigsverke nedfällas, och många utrustade karlar rida af och an på vägarne, och fältpipor höras. Blifver oäring om året, så, synes få folk på åkrarne och små kärfvar sammanbäras, och att folket sitter på stenrören, suckar och sörjer. Eld och vattuflod synes öfver de gårdar, der det skall tima om året, och alla troll och spökerier äro då ute och många sällsamma syner ses, dem allt för långt vore att upprepetera. Och som mycket äfventyrligt och ganska roligt säges förehafvas de nätterna, så är det dem som gå årsgång strängeligen förbjudet att le deråt; ty det berättas, att så mycket de då vrida munnen till löje och det utbrister i skratt som höres, så mycket blir munnen sned alla dagar derefter.»

»När de hafva gått således i sju år och hållit sig tillbörligen, kommer, sjunde året, på sista dagen de det året gå, en man ridandes, ur hvilkens hals går bara elds-låga, och har denne mannen en *runkafle* i munnen. Om nu den som går årsgången är så snäll och dristig, att han kan springa till och taga kaflen ur munnen på den andre, så blifver han, förmedelst denna kaflens bärande hos sig, som berättas, ganska *klok*, så att han kan veta allt hvad man frågar honom efter, ja, han skall kunna se nio alnar neder i jorden; med mera som härom berättas.»

»Att få *hvarf-hatt* (ɔ: dverghatt) måste de gå än tvänne år, så att summan blifver nio, och komma om aftonen på kyrkogården. Så finna de före sig många små gossar, som kallas *hverfvar* (ɔ: dvergar), alla med hattar på hufvudet, som med hvarandra leka och oräkneliga roliga ape-spel för sig hafva, förmenandes dermed, att komma desse gångare till att le, hvilket, om han gör, så är all hans gång om intet för de nio åren och måste han gå nio år på nytt igen, om han vill ha hatten. Uträtta de intet genom löje och spel, så söka de med förskräckliga och fasliga syner att jaga honom bort. Men der allt slikt dem misslyckas, förmå de intet gå ifrån honom, med mindre en af dem måste släppa sin hatt i sticket, fast de under tiden brottas med honom, sägandes: »du får inte hatten, med mindre du kan taga'n af med gevalt eller gesvindighet;» dock vid ottemål släpper endera den godvilligt.»

»Denna karl, således med kaflen och hvarfhatten (ɔ: dverghatten) försedd, hålles sedan för en stor prophet och vet svara till alla fördolda ting och spådomar, utan att mera gå årsgång. När han vill spå, tager han hatten på hufvudet och kaflen i handen.» —

Äfven Gaslander, i sin märkvärdiga skrift om folkbruken i Westbo, talar om samma folksed. Hans ord äro följande:

»Jula-natten skall synas hvad hela året skall hända. Om någon, jula-afton före dagningen, går till skogs, icke talar något ord, icke ser sig tillbaka, icke ser någon eld, icke äter eller dricker, eller hörer tuppen gala; när han då, sedan solen är i skog, går på kyrkovägar, synas så många lik-processer som skola komma det året; då synes på åkrar och ängar hurudan årsväxten skall blifva, om eldsvådor och hvad annat tima skall, Detta kallas *årsgång*. Är länge sedan kommet ur bruk.» *)

Den ännu lefvande folksägnen instämmer på det nogaste med dessa begge berättelser, och afviker blott i tillfälliga enskildheter. Enligt en uppgift har man således brukat förbereda sig till årsgången, genom att bädda sig ned i höa-ladet, eller sätta sig i källaren eller på något annat ensligt ställe, der det varit alldeles tyst och der man icke kunnat se solen. Berättelsen om de syner, som te sig för årsgångaren, äro ock stundom något afvikande. Nere vid gamla gränsen talar man således allmänt om, att

*) *Gaslander*, anf. arb. ss. 21, 22.

Glo-son är ute på jula-natt, och att den som går årsgång må för henne vika till vägkanten, och antingen hålla benen i kors eller hugga för sig med yxan, emedan hon eljest kan löpa emellan hans knän och fläka honom. Äfven heter det, att Gloson har i munnen en kafvel af trä eller en stor guld-kafvel, som årsgångaren må vara qvick och rycka ifrån henne (jfr. § 59). — Tuppar, som draga stora timmerlass, höra ock till de vanliga företeelserna vid årsgång. Skällor, som blifvit tappade i skogen, låta då höra sig. En Wärendsbo, som på en sådan färd mötte två möss, dragande ett halmlass, företog sig att hoppa upp på lasset och åka några ögonblick. När han steg af, fann han sig vid Asarum, ner i Blekinge, tio mil ifrån hemmet. Skrattar någon, som går årsgång, vid de syner han då får se, så får han till straff att bli vindmynt.

Midsommars-gången, som blott är en annan form af årsgången, omtalas deremot mindre ofta. Den som går Midsommarsgång, skall dervid bära en krans, bunden af nio slags midsommars-blomster, plockade efter sola-qvällningen. Är det flera som gå tillsammans, så bäres kransen af den som går emellan (jfr. §§ 75, 82). Bruket att på midsommarsnatten lägga under sin hufvudgärd en krans af nio slags midsommars-blomster, för att sedan i drömmen få se sin blifvande käresta, är blott en förändring af det äldre folkbruket.

Fornseden att gå årsgång har i Wärend länge bibehållit sig. Wieselgren berättar om gamle klockaren i Wislanda, Pehr Gunnarsson (klockare redan år 1717), att han plägade hvar jul-natt gå årsgång, och förde dervid sin son med sig. Utom andra personer, dem författaren kännt, förtäljde en hederlig Wislanda-bonde, Sven i Brånan, ännu år 1838, om de hemlighetsfulla synerna från en sådan årsgång, som han gått i sin ungdom. Och, efter all anledning, är den gamla seden icke ens ännu alldeles bortlagd, i de aflägsna socknarne längs efter gamla gränsen.

§ 101. Den wärendske kloke var således en *Siare*, en visionär, som kunde se syner eller se i syne. Han försatte sig ifrån början i detta visionära tillstånd, med tillhjelp af vissa yttre, mystiskt-religiösa bruk, hvartill hörde mörker, tystnad, vaka, fasta och ensamhet. Den hemlighetsfulla årsgången, i den heliga julnatten, verkade efter sådan förberedelse ytterst retande på hans inbillningskraft, och frammanade till åskådlighet de bilder, som förut lågo slumrande i hans själ. Genom mångårig öfning blef detta visionära tillstånd småningom hos honom en vana. Det blef således allt mera beroende af hans egen fria vilja, och kunde slutligen med lätthet framkallas genom hvilken som helst yttre anledning.

Den kloke visste derföre, enligt folktron, »att »svara till alla fördolda ting och spådomar»; han kunde »veta allt hvad man frågar honom efter, ja, »han skall kunna se nio alnar neder i jorden». Hela naturen låg öppen för hans blick, och han fattade, genom sin inre klarsyn, omedelbart tydorna af alla de hemlighetsfulla väsen, som utgöra den sinnliga eller osinnliga skapelsen. Af allt kunde han taga tecken och spådom, såsom ingenting i naturen är utan sina tydor, men allt ordnar sig med nödvändighet, på grund af en synlig eller osynlig yttre inverkan. Han spådde således, eller tog tecken och tydor, af himlakropparne, af heliga tider och vissa dagar, af udda och jemna tal, af elden, af helgade naturting, såsom julaljuset, julhalmen, julavippor satta i bröd, o. s. v., af heliga och af orena djur, af foglarnes flygt och af djurens inelfvor, af drömmar, nysning, stickning i menniskans lemmar o. s. v. Till och med de regellösa formerna af ett stycke bly, på julafton stöpt i en vattenskål, eller af en ägghvita, på samma qväll slagen i ett glas vatten, eller af den hopfallna askan efter julbrasan, ordnade sig för hans inre syn till bilder, i hvilka han läste det förflutnas hemligheter och spådde kommande tilldragelser.

Den kloke, såsom Siare, var således tillika *Spåman* och *Tecknatydare,* och vi hafva i det föregående flerestädes påvisat spår af uråldrig, hithörande wärendsk folktro. I enlighet härmed har ock den kloke, ända in i vår egen tid, blott behöft se något klädesplagg, som en sjuk menniska burit, för att deraf taga tecken om hennes förgerning eller sjukdom. Såsom Linné äfven uttryckligen anmärker, om Kloka Qvinnan i Mjärhult, att »hvad hennes Semiotica, eller »kunskap att känna sjukdomar och deras orsaker, vid»kommer, så gick den vida öfver både min och alla »Medicorum förfarenhet; ty när någon var sjuk, be»höfdes icke patienten att ses af henne, ej eller be»höfde hon att fråga efter dess constitution, tempera»ment, puls, symptomer eller förda diet, utan var »henne nog, att hon fick se en strumpa, ett »strumpeband, ett lintyg eller något kläde,

»som den sjuka menniskan burit, hvaraf hon »kunde sluta om passionens orsak och dess cur.»

§ 102. Sedan den kloke på detta hemlighetsfulla sätt trädt i gemenskap med den sjuke, och, genom sin inre klarsyn, fattat af hvad slags naturväsen förgerningen kom, så var botemedlet i och med detsamma redan på förhand gifvet. Vid all förgerning följde man nemligen, så vidt ske kunde, den enkla grundsatsen, att man *alltid må taga boten, der man tagit soten.*

Härrörde således förgerningen ifrån någon mäktig naturvätte, som menniskan råkat för, eller eljest oroat och förtörnat, så fick den sjuke, hågvände, nedsatte, eller på annat sätt förgjorde, säkrast bot genom att på tre thorsdagsqvällar *offra* och *bedja för sig.* Linné anmärker ock om kloka qvinnan i Mjärhult, att »curen var helt serskild ifrån medicinska faculte»ten: ty, såsom orsaken var ej materiel, så borde ej »heller medicamenterna vara materiela, ex. gr. pa»tienten skulle gå ut tre morgnar tigande och »fastande, eller tre thorsdags-qvällar, mest »norr ut, eller till någon ström som går åt »norr, eller till något träd eller rör, bedja »om ursäkt eller offra någon mjölk eller »dylikt.»

Vi hafva om dessa uråldriga offerbruk yttrat oss flerestädes i det föregående (§§ 36, 39, 64, 66, 67, 68, 70, 81). Men, utom genom bön och offer, kunde man äfven på flera andra sätt taga bot af de naturväsen, som vållat någon sot eller annan förgerning. Enligt wärendsk folktro botas således förgerning af vattnet (d. v. s. af Vatten-elfvorna), genom att gå ansyls tre slag omkring brunnen och spotta i vattnet tre gånger. I Albo härads dombok för år 1622 förekommer likaledes, huru en Wärendsqvinna hade en ko, som mistat mjölken. Då blef henne rådt af en annan qvinna, att hon skulle leda kon till brunnen och mjölka tre droppar i vattnet. — Elfveblåst botas, med att den sjuke lägger sig i smeds-härden, öser öfver sig med kolstybb och låter blåsa på sig med smeds-bälgen. Eller, att en, som blifvit ormhuggen, tager en torr nässle-stjelk och derigenom blåser på den sjuke. Eller, genom att röka den sjuke med en laf, kallad *Elfve-näfver*. — Träd-skerfvan hos barn botas, genom att föräldrarne gå ut på en thorsdags-morgon, klyfva en lefvande ek eller asp, med trä-kilar och trä-klubba, och föra barnet, naket, tre gånger igenom klofvan. Sedan borttagas kilarne och vidjor bindas rundt omkring trädet, att såret må gro igen. Sker detta, så blir barnet friskt; men fyrnas trädet, så dör barnet. — Förgerning af Skogsnufvan (§ 70) botas på samma sätt. — All slags förgerning af jordvättar och af dödingar botas med jord eller jordtorfvor. Man lägger derföre jord i sånings-skäppan, när man sår, för att säden icke må bli förgjord. Har kon blifvit förgjord, så botas hon, om man leder henne ut på marken och hugger ut fyra gräs-torfvor, en torfva under hvar af hennes fötter. Dessa torfvor upphängas sedan, afviga, på spetsarne af fyra gärdsgårdsstörar. Jordskerfvan hos barn botas på det sätt, att föräldrarne, en thorsdags-morgon innan sol går upp, tigande och fastande gå bort till en hög åkerren, som må sökas norrut ifrån stugan, gräfva hål under jordtorfvan, och sedan tre gånger föra barnet igenom öppningen. Vid hemgåendet må de icke se sig tillbaka. I Sunnerbo härads dombok för år 1610 förekommer ett hithörande drag. En man, vid namn Simon Thuresson i Tutaryd, vittnade nemligen inför rätta, att, den tid han var trolofvad med en syster till Elin i Horsnäs, kom der spjell (ɔ: misshellighet) emellan honom och hans fästemö så att de icke ville gifva sig i äktenskap. Då sade Elin till Simon, att han var hugvänd; men hon ville lära honom, huru hans kärlek skulle komma igen. Han skulle nemligen taga en eke-påle och slå igenom en åker-ren, en söndags-morgon, förr än sol gick upp. Genom öppningen skulle han sedan föra tre bitar rågbröd, tre bitar fisk och tre köttbitar. Dem skulle han och hans fästemö tillsammans uppäta; så »skulle ingen, hvarken under eller ofvan jorden, deras kärlek åtskilja».

Härrörde förgerningen ifrån orena djur, orena menniskor, gastar eller andra väsen med onda tydor, så blef samma grundsats likaledes på flerehanda sätt tillämpad. Således om någon fått gulsoten, genom att en gulspink flugit öfver hans säng innan hon blifvit höljd med täcket, så botas det, om han äter en stekt gulspink. — Svinkoppor, på folk och hästar, botas genom rökning med svinhår. — Värk i händer och fötter eller frätsår på boskap, som tros vållade af Tåsse-bett, botas genom att öppna en tåssa (groda) och lägga henne på såret. — Är oxen biten af Visslan, så botas det, om han straxt rökas med vissle-skinn, eller får vissle-kött att äta. — Vattensot botas, med att gifva den sjuke en tillredd vattensork eller en vattenstare. — Hörer eller ser någon hafvande qvinna en brottfälling (epilepticus), så må hon straxt taga på honom, eljest blir barnet förgjordt och får fallande-sot. — Blir ett spädt barn sedt på bart bröst af någon mördare eller annan hemlig missgerningsman, så får barnet skerfvan, om det icke straxt får röra vid honom. — Har ett barn fått hore-skerfvan, genom att bli sedt på bart bröst af en lönda-hora, så botas det, genom att få dricka ur en lönda-horas sko. — Trollskott, Wildlappa-skott eller Lappskott botas, genom att på en thorsdags-morgon, förr än sol går upp, med arborst skjuta nio pilar mot det sjuka stället. Pilarne äro antingen ale-pinnar, eller qvistar af nio slags bärande träd. — Trollkarlar och trollbackor mista sin kraft att förgöra folk, om man slår bloden ut på dem. — Får en hafvande qvinna se lik, må hon straxt taga derpå med handen, annars får hennes barn lik-skerfvan. Har barnet fått lik-skerfvan, så botas det, genom att af två bröder eller två systrar lyftas tre gånger omkring en likbår (alldeles såsom i södra Frankrike ännu sker vid helgonens grafvar). Barnet må härvid alltid vara af motsatt kön till den döde, och till syskonen, som lyfta det. — Är någon krammad af Gasten, så botas han, genom att krypa tvärtom kyrkovägen fram och tillbaka, eller ock någon annan väg, der det är buret lik.

Kunde man icke taga bot der man tagit sot, så sökte man fördrifva det onda väsen, som var sjelfva sjukdomen, eller bota på den förgerning, som af detta väsen blifvit vållad, genom något *heligt medel.* Detta medel fattades då, antingen sjelf såsom ett heligt väsen, eller såsom helgadt genom något slags heliga tydor. Sådana heliga medel voro mångahanda. Folktron känner således:

B o t m e d *vatten* o c h m e d *helig tvagning.* — När barnet är nyfödt, må det omedelbart tvås i vatten. Detta kallas i Wärend för *den första lögen,* och motsvarar den gamla hedniska vatten-ösningen, som fick en ny form i det christna dopet. Den första lögen har mäktiga tydor emot all slags förgerning, och medan barnet lögas, må ingen komma in; ty då kommer vantrefnad på barnet. Vatten till denna lög må vid barnets födelse alltid finnas i huset, och må icke hemtas ur sjön eller källan, emedan Necken då kan följa in med vattnet. Har modren sett vådeld, så lägges i lögvattnet vådelds-kol, att barnet icke må få eld-märke. Har hon rört vid svin, så lägges i lögen svinhår, att barnet icke må få svinkoppor eller komma att tala igenom näsan. Har hon sett någon brottfälling, så lägges något af hans kläder i lögen, att barnet icke må få fallande-sot. Hvad helst modren kan ha sett eller vidrört, som kunde vålla barnet lyte, så lägges deraf i lögvattnet. Likaledes lägges deri andra ting, som ha tydor för barnets lycka. Vigselringen må derföre ligga i den första lögen. Lägges i denna lög hvita pengar eller ärfdasilfver, så tros barnet bli rikt. Lägges deri ett färskt ägg, så får barnet hvit hy; en röd klut, så blir det rödblommigt; spånor af en hugge-kubb, så kommer barnet icke på stup-stocken, o. s. v.

Äldre personer söka bot med tvagning i h e l i g a k ä l l o r. Den som har s k a b b, tros således blifva ren, om han, på midsommars-afton, först dricker och sedan tvättar sig i en offerkälla, hvari då tillika offras en penning eller en knappnål. — Gasta-krystning botas, genom att se sig i vatten, som är slaget i ett tregjorda-karale, d. v. s. i ett käril, med tre band eller gjordar. Vid första ögonkastet synes då äfven en skymt af den döde, som vållat förgerningen. — Bölder botas, genom att skjuta ut boldamodren (ↄ: trycka ut varet) i ett vatten, som rinner emot norr. — Heshet botas, om man dricker vatten ur en ström, som rinner emot norr, o. s. v.

Bot med *Eld*. — Vi hafva redan i det föregående (§§ 44, 76, 96 o. fl. st.) yttrat oss om elden, såsom sjelf ifrån början ett heligt väsen, och om dess tydor emot all slags förgerning af orena naturväsen. Till de hithörande spår af en forntida eld-kult, dem vi tillförene anmärkt, må här läggas följande:

Brand-ax i kornet botas, med att man slår eld öfver säden i sånings-kärlet. — Brygd och mäsk fredas ifrån förgerning, genom att deri lossa ett bösskott. — »När boskapen är förgjord, så tag en linde-svamp, hacka honom och koka med vatten. Tvätta sedan boskapen dermed och gif dem deraf att dricka. Bär sedan lefvande eld, afvigt omkring kreaturet, tre gånger. Det är ofta försökt.» Eller, slå i dymmelveckan färsk ko-gödsel öfver fähusdörren, låt den torka, och röka kreaturen dermed. — Mare-kyss eller Gasta-kyss botas, med att tre gånger kyssa eldstaden. — Gasta-kramning botas, med att den sjuke låter tre eldglöder, hvar efter annan, falla genom halsa-smukten, emellan lintyget och kroppen, och sedan spottar efter dem. Eller, att man stöper öfver den sjuke med tre eldglöder, hvilka, genom hålet på en afvig vänd kaka, fällas i en vattenskål; en eldglöd öfver den sjukes hufvud, en öfver hans midja och den tredje öfver hans fötter. Der som glöden hväser hårdast, har man då fått bästa taget på gasten. Eller, genom att stöpa öfver den sjuke med smält bly i en vattenskål. Är den sjuke gastakryst, blir då blyet såsom en hufvudskalle. Eller, skall den sjuke sätta sig i spiseln, och spotta tre gånger uppåt pipan. Eller slutligen, må han röka sig med svafvel och krut, o. s. v.

Bot med *heliga örter* och med *heliga träd.* — För att bota Skerfvan, låter man med stång uppbryta en pion-buske. Fatta sedan, oseendes och med handskad hand, en liten äggformig rot, som hänger lös under busken. Lägg roten i en pung, som bindes på barnets hals, och bränn upp pungen med roten, efter nio dygn. — Tandvärk sättes bort, om man klyfver en ehn eller ett bärande träd, tager ut en sticka af kärnen, och rifver dermed tandköttet tills blod kommer ut. Sätt så in stickan, såsom hon var, knyt om trädet med en tråd, och gack utan att se dig om, o. s. v.

Många andra heliga medel äro kända i folktron och användas på olika sätt till bot. De förnämsta äro från en äldre tid: *Gobonda-stenar* (§ 54), *hästens hof,* och *qvickhorn,* eller horn som blifvit stångadt af, utan att ha fått vidröra marken. Äfven *bröd, julaljuset, jul-öl* eller *Ängel-öl, hvättje-sten, stål, svafvel, messe-vin, kyrko-nyckeln, krut,* o. s. v. äro i högt anseende och nyttjas ofta till bot. Det förnämsta af dem alla är dock *menniskans spott,* som hålles för mycket helig, hvadan man ock vid all bot må spotta tre gånger. De äldre botemedel, hvilkas tydor berodde af heliga naturväsen, måste således allt mera vika för de tydor, som tillhörde mennisko-väsenet. Dessa tydor bestämdes då, allt mer och mer, af den till klarhet sig utvecklande mennisko-viljan, som hos den kloke fattades såsom god och välgörande, i mån af den helighet, som, enligt urgammal hednisk folktro, tillades hela hans väsen.

§ 103. I enlighet med det föreställningssätt, som vi här utvecklat, begynte den Kloke, och Spåkonan eller Kloka qvinnan, redan under hedna-tid, att vid bot föröka tydorna af sina medel, genom en högt uttalad eller framsjungen besvärjelse. En sådan besvärjelse, som gerna klädde sig i rhytmisk form, hette fordom en *runa*, hvadan ock den kloke i medeltiden får namn af *runo-karl*. I en yngre och christnad form heter besvärjelsen **läsning** eller **Signelse**.

Signelskor, eller kloka qvinnor, som bota med signelse och läsning, äro af ålder kända i Wärend. Landets domböcker vid början af 1600-talet omtala flerestädes *Läsning* och *Signelse*, såsom otillbörlig medel, och sammanföra dem med vindskepelighet, lefjeri och trulldom. Vid Albo häradsting, d. 11 Oktober 1625, ransakades om en beryktad signelska, Ramfrö, Nils Gydings i Rösmålen, som redan år 1615 varit i Stenslanda och signat en bonde för ikta-värk (ɔ: gikt). Hon hade sedan ofta varit beslagen med »signelser och lefjeri», likasom att »hon mångenstädes i bygden, för sin egen nytta, för»villade folk och tog stora legor». Nu senast hade hon varit efterskickad till gården Horjanäs, för att signa mjölk och boskap, hvarvid hon då tillika öfvade lefjeri, som vållade förgerning och död på Peder i Holevik och Karin i Horjanäs. — Gaslander, i sitt ofta anförda arbete om folksederna i Westbo (tryckt år 1774), omtalar äfven Signelskor. Hans ord äro dessa:

»*Signeri* har brukats vid alla tillfällen, der någon sjukdom sig infunnit, och har allmogens bästa läkarekonst mest varit med vidskepelse uppblandad, så väl för menniskor som kreaturen, hvilket dock till större delen är aflagdt; men spörjes dock ganska hemligen och i löndom af gamla gummor brukas, som hålla denna sin förmenta konst så hemlig, att ingen får den lära, förr än de bli så orkelösa, att de ej förmå den utöfva, då de, likasom i testamente öfverlemna den på den dottern, som de mest tycka om, och tro vara tystmån, eller ock på en annan god vän. De tro, att om de lära någon, skall denna deras konst förlora all sin kraft hos dem sjelfva, och om de lära mer än en, skall ej mer än den som först lärer, hafva nyttan af konsten, hvaraf kommer, att många slika olyckliga konster dö ut och blifva allt mer och mer sällsynta. På sådant sätt skola dessa kunna, icke allenast när-, utan ock frånvarande, stämma blod, stilla tand- och annan häftig värk af benbrott och sendrag, bota bölder, halsfall och annan hals-sjuka, onda bettet (Poronychia), ögonsjuka, och jag vet ej hvad för krämpor på menniskor och kreatur: tillaga smörja för skabb, frost i händer och fötter, fördrifva kålmaskar, rotmaskar på säd och gräs, o. s. v. Desse föregifva, att om ej någon silfverpenning gifves signerskan, skall det ej hjelpa, så att egennyttan är ock här med.» *)

Till och med i vår egen tid, lefva både saken och föreställningssättet ännu qvar hos Wärendsfolket, ehuru allt mera vikande undan för en nyare tids förändrade verldsåskådning.

Efter gammal wärendsk folktro, eger således den kloke, kloka qvinnan eller signelskan i sin makt, att, genom läsning, upphäfva tydorna, kraften eller den osynliga inflytelsen af alla väsen i naturen, af hvad slag de ock må vara. Detta heter i Wärendsmålet att *döfva.* Den kloke förmår, att, med sin besvärjning, döfva eld, döfva svärd, döfva krut, döfva domaren, döfva ovänner, o. s. v. Döfvar han en menniska, så verkas hos denna menniska en förändring i sinnes-art, som äfven får namn af *hågvändning.* Men oftast användes besvärjningen, för att *mana* eller *vita bort* orena djur, såsom mask, loppor och löss, ormar, råttor, vargar och annan ohyra, eller att *döfva värk* och *läsa bort sjukdom,* denna senare då alltid fattad, antingen såsom sjelf ett ondt naturväsen, eller såsom en af orena och onda naturväsen vållad förgerning. Det är mest för detta ändamål, som läsningen varit allmänt brukad af wärendska kloka ända in i senare tider.

Vid bot med läsning och signelse, går man till väga på olika sätt. Det i Wärend mest bekanta är, att döfva värk eller läsa bort förgerning uppå en

---

*) *Gaslander,* anf. arb. s. 57.

jordfast sten. Denna sten må då alltid sökas norrut ifrån stugan. Till denna sten begifver sig den sjuke eller förgjorde, åtföljd af signelskan, begge tigande och fastande, någon thorsdags- (eller söndags-) morgon förr än sol går upp. Den sjuke sätter sig på stenen, med ansigtet vändt emot öster, och så att han vidrörer stenen med någon obetäckt del af sin kropp. Är den sjuke ett spädt barn, så hålles detta naket uppå sin moders bara knä. Signelskan upprepar nu halfhögt läsningen, antingen en eller tre gånger, medan hon lika många gånger går omkring stenen ansyls, d. v. s. mot solen, ifrån höger till venster. Efter läsningens slut spottar hon på marken tre gånger, och vid hemgåendet må ingendera se sig tillbaka.

Skall den kloke stämma blod, läsa bort värk eller bota på någon, som icke är personligen tillstädes, så stiger han sjelf upp på den jordfasta stenen, vänder sig emot solen och upprepar sin läsning tre gånger, hvarefter han likaledes tre gånger spottar på marken.

Sker läsningen inom hus, vare sig att förgerningen är på folk eller på fä, så utföres den gemenligen under strykningar, antingen med blotta handen eller med en hvättje-sten, en hår-borste och en ull-sax. Strykningen göres alltid ansyls, omkring det sjuka stället, och för hvarje strykning läses och spottas på marken. Äfven botas somlig förgerning sålunda, att den kloke tager den sjuke med fem fingrar om hakan och läser:

Jag skall dig bota
med tolf goda Guds änglar

och mina fem fingrar.
In nomine &c.

I vissa sjukdomar, såsom gulsot, sker läsningen under knytning. Signelskan tager då en tråd, såsom en märkes-tråd, och slår dermed vissa slag och knutar omkring den sjukes kropp, medan hon läser. Efteråt spottas tre gånger och tråden nedgräfves eller uppbrännes. Detta heter att knyta bort gulsoten. Äfven vårtor kunna knytas bort, genom att slå knutar omkring dem med en tråd, och sedan gräfva ned tråden. När tråden ruttnat, äro vårtorna borta. En annan form af knytning brukas vid tandvärk, då signelskan under läsningen korsar med den sjukes venstra strumpeband, som hon håller i båda ändar, viker ihop, och lägger först vågrätt och sedan lodrätt öfver den sjuka kinden.

Äfven kan förgerning läsas bort vid ett bärande träd, af den sjuke sjelf. Således om någon är nedsatt (jfr. § 26), må han gå ensam, fastandes och tigandes till en apel eller annat bärande träd, någon thorsdags- (eller söndags-) morgon, förr än sol går upp. Här uppskär han en grästorfva omkring venstra foten, lägger henne på sitt hufvud, och går ansyls tre gånger omkring trädet, medan han läser. Efter läsningen spottas tre gånger.

En gudsdom ifrån medeltiden, kallad *Skärsel* (i domböckerna skertzel), hörer äfven hit, änskönt nu i Wärend öfvad utan någon dertill fogad läsning. Skärsel brukas, för att få reda på tjufven, när något gods blifvit stulet. Dermed tillgår så, att tvänne qvinnor taga ett grynsåll, hålla det lodrätt emellan sig, och lägga inuti, på ringen nedtill, en härdsten (bryne), en hårborste, en vigselring och en psalmbok, medan en ullsax med uddarne instickes i ringen ofvantill. Sållet fattas nu af den ena qvinnan, som sticker fingret i ullsaxens bygel, och på detta sätt håller sållet hängande. Medelst ett serskildt handgrepp föres det sedan ansyls omkring, medan den andra qvinnan vid dopnamnet uppräknar hvar och en, som är misstänkt för stölden, det ena namnet efter det andra. När tjufven blir nämnd, tros sållet stadna af sig sjelf eller vända sig rättsyls.

Vi meddela här nedan några *läsningar* och *signelser*, antecknade i Wärend, dels efter mundtlig öfverlemning, dels ock efter Wärends-allmogens små, prentade eller handskrifna samlingar. Dessa handskrifter, som nu blifvit ytterst sällsynta, bevaras dock ännu här och der, såsom en hemlighetsfull och dyrbar skatt. De i dem förekommande läsningar bibehålla både i form och anda många drag af medeltiden. Vi hänvisa f. ex. till den läsning, för att stämma blod, hvaraf framgår, att man icke må spinna på lördagen — likasom man i hednatid icke måtte göra någon kringgerning på thorsdagen —, och att den, som på fredagen borstar sitt hår, dermed rifver upp Christi sår. Genom att ha blifvit samlade först i en senare tid, och af okunniga bönder, hafva dessa läsningar flerestädes äfven blifvit till formen sönderbrutna och förvanskade. Men de äro icke desto mindre ytterst märkliga, såsom uttryck af det sätt, hvarpå den fromma medeltiden ännu bibehöll ett vida äldre skiftes mythiska natur-åskådning.

§ 104. *När någon är kusad.*

Gack ut, en thorsdags- eller söndags-morgon, bittida, förrän solen uppgår, till en Apel. Skär upp en torf omkring den ena foten, lägg torfven på hufvudet, och gack omkring apeln tre gånger (ansyls). Läs dessa orden:

Är jag nu så illa kusen
och väntar mig ingen bot, förrän jag kommer i jord;
så har jag nu jord både öfver mig
och under mig,
och på mig,
och väntar mig bot, i namn &c.

Gack så derifrån och se dig intet tillbaka.

När en häst är dragen.

Tag tre hår af hans lugg, tre hår af mahnen och tre af svansen, lägg i en brödbit och gif honom äta. Sedan stryk hästen öfver ryggen och säg:

Du skall gå
som sol och måne
i Jesu namn.

För Flen (spenböld) *på menniskor och kreatur.*

Stryk det sjuka stället afvigt (ansyls) med en hvättje-sten, en borste och en ullsax. För hvarje strykning spotta på jorden, och läs:

God morgon (god afton) Flen!
Om du vore så stor som ett klocketorn,
skall du bli så liten som ett senaps-korn.
Du skall vissna och bli ingenting.
I namn &c.

Att binda barnamodren.

Jag skall din barnamorska binda.
Hon skall icke i din rygg och dina länder gånga;
hon skall stadna under ditt nafvelaband,
i try heliga namn.

Att döfva domaren.

Se på honom emellan dina fingrar, och läs dessa ord:

Jag ser igenom fingren min
och förvänder hågen din
ifrån alla menniskor och till mig.
Och min talan skall vara din talan
och mina tänder skola binda dina tänder.
I namn &c.

För Trollskott.

Jag skjuter bort Trollskott,
Villappa-skott,
Måna-skott,
Skäppe-skott,
Såll-skott,
Grissle-skott,
Ugnqvasta-skott,
Jord-skott,
Sol-skott,
af hvad slag det vara må.
I namn &c.

För Ref-ormlar.

Ref-ormen hafver döttrarne nio.
De nio blefvo åtta;
de åtta blefvo sju;
de sju blefvo sex;

de sex blefvo fem;
de fem blefvo fyra;
de fyra blefvo tre;
de tre blefvo två;
de två blefvo en;
den ena blef ingen.

Att stämma blod.

Jag skall detta blod binda
med mina tio fingrar.
I namn &c.

Detsamma.

Du skall stå,
som den man som stod
inom helvetes port.
Genom tre heliga namn &c.

Detsamma.

Stig på en jordfast sten, och läs detta tre gånger emot solen:

Statt stilla, du blod!
som Jordans flod,
när Vår Frälsare sig döpa lät.
I namn &c.

Detsamma.

Jag stämmer detta blod,
som Jesus stämde Farons (!) flod.
Ehvad namn och färg det vara må,
så skall detta blodet stadna och stilla stå
i Östanväder och Nordanvind.
I de tre namn &c.

Detsamma.

Blod, Blod, var du så led (att) rinna,
som Jesus är led en qvinna,
som om Lördagen brukar spinna!

Blod, Blod, var du så led (att) rinna,
som Jesus är led en qvinna,
som om Fredagen borstar sitt hår
och rifver upp Christi sår!

Blod, Blod, var du så led (att) rinna,
som Jesus är led en gråhårig man,
som går till tings och vet rätt, men vittnar orätt!

Blod, Blod, var du så led (att) rinna,
som Jesus är led en gråhårig man,
som står på helvetes brädd med en staf i hand!

För Håll och Stygn.

Håll med våld,
som Christus lät sig föda.
Intet håll hålle dig!
Intet styng stinge dig!
I helga Trefaldighets namn. Amen.

För Ormbett.

Gub, Gub, Gub under grane-rot
stack Vår Herre Jesus i hans fot.
Sprack den som stack,
men inte Han, som skadder vardt.
Genom de tre heliga namn &c.

För sjuka kreatur.

Boka gick på lida.
»Hvarföre bökar du?

Hvarföre bökar du?» —
»Jag är solstucken,
jag är bensprucken,
jag är kött-modig.»
Så kommer Vår Herre Christus och säger:
»jag skall bota dig
med malt
och salt
och tre sillstjertar och kalfva-löpe.»
I namn &c.

Medan läkemedlet gifves, läs bönen tre gånger.

När kreatur fått trollskott.

Tag skottkolfven till ett lås och slå dermed kreaturets kropp, korsvis och på olika ställen, medan du läser:

Trollkarlen gick åt skogen att skjuta.
Mötte honom Vår Herre Christus och sade:
»hvart skall du gå?»
Svarade han:
»jag skall gå åt skogen och skjuta;
jag skall skjuta folk och jag skall skjuta fä,
ehvad som före är.»
Sade Han: »det skall jag dig förmena.
Du skall skjuta stockar och jordfasta stenar.»
In nomine &c.

För Tand-värk.

Job stod på stenen:
han måtte så jämmerligen vena (ɔ: gråta).
Der kom Jesus gångandes fram:
»Hvi jämrar du dig så, Job?» —
»Jag må väl jämra mig och jag må väl vena,

att jag har mask i mina tänder
och under mina länder.»
»Se på solen», sade Vår Herre,
»och spotta på den heliga grund,
så får du bot i samma stund!»
I nomine &c.

Läs detta på en jordfast sten, med ansigtet vändt emot solen. Efter läsningen spotta på marken.

För Vredet på hästar.

Vår Herre Christus red sig genom ett led,
så blef hans fåle vred och i led.
Genom de tre heliga namn &c.

För Sår.

Vår Herre Christus stod på den gröna jord
och förband alla sina sår.
Så gör jag dig, N. N.
Detta såret skall hela
och inte bulna;
och stå stilla
och inte värka.
I namn &c.

Att fria sig för Ovänner.

Vår Herre Christus gick sig i Örtagård;
Han såg sina fiender för sig stå.
Han bar upp sin välsignade hand,
band dem alla i Jesu heliga namn.

Att döfva svärd.

Vår Herre Jesus red i Herrefärd,
då döfvade Han alla svärd,
och alla vapen som Han såg,

dem tog han egg och udd ifrå.
Så tager jag i dag från alla mans hand.
Nu skall yxa och bössa blifva
och skola hvarken bita på kött eller ben,
förr än Jungfru Maria föder en som är
båldare än Christus,
som är födder ej fler än en.
I namn &c.

Att stilla Eld.

Vår Herre Jesus gick ner vid sjö och strand,
der stillade han både eld och vann (ɔ: vatten);
detsamma gör jag med Hans kraftiga hand.

Eld, stadna nu så fast och stilla,
som Christus stadnade vid korset och lät sig
fastnagla!
Så stadna nu, vid Fadrens kraft,
och Sonens makt,
och den Helige Andes visdom!
I namn &c.

För sjukdom på kor (Grymme-bett).

Vår Herre och Sankte Pehr,
de gingo sig den vägen fram,
så mötte de den svarte Grymmen.
Sade de till honom: »hvart skall du gå?»
»Jo, jag skall gå till N. N:s ko i N. N.
och hennes ben bryta,
och hennes kött slita,
och hennes mod borttaga.»
Svarade Vår Herre och Sankte Pehr
till den svarte Grymmen:

»Aldrig skall du gå till N. N:s ko i N. N.
och hennes ben bryta,
och hennes kött slita,
och hennes mod borttaga.»
I namn &c.

För Gasta-krystning.

Vår Herre Christ och Sankte Pehr,
de gingo sig den vägen fram,
så möter dem en döder man.
Då sa' Vår Herre och Sankte Pehr
till den döde mannen:
»hvart skall du gå?»
Den döde mannen sa':
»jag skall gå till N. N.»
»Hvad skall du der?»
sa' Vår Herre och Sankte Pehr.
»Jag skall krysta honom, så hjertablodet skall rotas.»—
»Nej, det skall jag förvägra dig.
Jag skall lägga dig under stock och sten,
så att du skall göra ingen man mehn.» *)

För Ormar (fragment).

Skärthorsdagen, om en morgonstund,
Jungfru Maria gick sig åt rosende-lund.
Der hörde hon den hale, den fule Spiliom Spilus,
den röde Dorman hväsa i daggen o. s. v.

§ 105. Äfven *besvärjningar på latin* förekomma icke sällan i Wärends-allmogens hemliga anteckningar. Ursprungligen författade på ett främmande språk, och afskrifna först af munkar och djeknar,

*) Denna signelse är af *C. Linnæus* antecknad i Wärend, år 1741, och meddelad i hans Öländska och Gothländska resa, s. 28, 29.

slutligen af bönder, hafva de under tidernas lopp blifvit ända till oigenkänlighet förvanskade. Man kan dock ännu urskilja enstaka latinska ord och kabbalistiska formler, medan det stora antalet korsningar (i skrift utmärkta genom +) tydligen hänvisar på, att de varit flitigt brukade af de katholska kloster-bröderna.

Vi meddela såsom prof några hithörande latinska besvärjelse-formler, alla ifrån Wärend, och de flesta afskrifna hos en klok gubbe nere vid gamla gränsen, år 1841.

Att döfva Krut.

Tenita apepa sutuna Rutas.
Varde så döft i fanens namn!

(*Anm.* Man igenkänner här den bekanta kabbalistiska formeln: Sator Arepo tenet opera rotas.)

För skjutande och sårande.

Skrif dessa orden på din värj-klinga:

N. + mana + voahls + natus + flitie +

Att vinna i Rättegång.

Tag hjertat af en Här-fogel och bär hos dig, samt skrif dessa orden:

+ me + prome + causom + tibi + non + vini
+ opro + me +

Att döfva menniskor.

Upplyft tre gånger ditt högra pekfinger emot dem som du träter med, och säg dessa ord:

vara vira vaum diabolis.

För tand-värk.

Skrif dessa ord och häng om den sjukes hals:

+ dra + som + trado + um + do + kirn
+ per + pictum +

Om någon har stulit, att få det uppenbaradt.

Skrif dessa orden på en ost-skifva:

+ pax + max + nis + skaris.

Gif osten åt tjufven att äta och säg:

»har du stulit, så ät i alla djeflars namn.»

Detsamma.

Skrif i en ost dessa orden:

man + en hem + betila + + + truma +
pate + deus + vinai +

När något är stulet, att få se tjufven.

Gack en thorsdags- (eller söndags-) morgon, förr än solen uppgår, och tag en spann vatten. Lägg i vattnet dessa sju orden, skrifna på ett rent papper:

Z. C. E. Skocksalm. x. f. bär.

Ställ dig sedan och titta på vattnet genom en qvistaborra (ↄ: qvist-hål i träd, knagg-hål), och säg:

»Jag begär att få se den tjuf, som stulit hos N. N., och det skall skall ske i fans namn, och i de fyra öfver-djeflarnes namn, förr än solen går upp!»

Läs derefter Marie bön:

Välsignad är min lifs-frukt,
välsignadt är mitt blod.
Likasom Noëman blef välsignad och helbregda gjord
vid profetens röst;
likaså skall jag ock varda genom Herrans ord.
I namn &c.

Du får då se tjufven i vattnet. Då skall du läsa efterföljande ord:

»Virgo est Egria pronobis sapp peurnem i fund preles udi dogmeus ud nobis ferent tropre um quiu nostros fiarestus est i magnet mor fader si approberia. Ora domeus prodbis.»

Sedan säges:

Vik till ditt rum igen,
och inte skada mig mera än en mus
en jordfaster sten.
I namn &c.

När fiske är skämdt.

Gack en söndags-afton till en flog-rönn; men du må inte leta efter henne, utan skall förut veta hvar hon står. Gack sedan afvigt (ɔ: ansyls) omkring flogrönnen och aftag en gren med din venstra hand. Fatta så grenen i din högra hand, ställ dig på en jordfast sten, och säg med hög röst:

»Sup dome apatoni pit hium captu gratia.»

Om du hör någon tala, behöfver du icke se dig om; ty dig vederfares intet ondt. Gack så tigande derifrån och kasta flog-rönnet. Det hjelper och är försökt.

§ 106. Utom dessa och liknande läsningar och signelser, förekommer i Wärends-allmogens hemliga anteckningsböcker äfven en vidlyftigare maning eller besvärjelse, med titel: *Cypriani förmaning,* som ock Christi helgedom. Det är närmast och egentligen denna skrift, som hos folket är känd under namn af boken, den lilla boken, till skillnad ifrån den stora boken eller Svartkonst-boken, hvarom vi få tala i det följande.

Såsom redan sjelfva namnet antyder, är Cypriani förmaning af främmande härkomst, och har, under tidernas lopp och vandringen ifrån land till land, fått många tillsatser, ändringar och förvanskningar. I den form, hvarunder denna skrift förekommer i Wärend, uppräknar hon således ett antal natur-väsen, hvilka blott tillhöra den rent nordiska folktron, medan språket i öfrigt hänvisar på, att skriften till oss inkommit öfver Danmark. Således kallas frälsaren »Löwen» af Juda stam; der talas om de »ris och sveber (svøber) han blef slagen med», om Sancte Bengts »ådruhet» (ɔ: nykterhet) o. s. v. Form och innehåll erbjuda eljest föga af interesse, diktionen är släpig, uttryckssättet uttänjdt och prosaiskt, och det är blott här och der i de kraftigaste besvärjningsformlerna, som språk och tankegång vinna någon högre lyftning.

Cypriani förmaning består af flere stycken, af hvilka det första och vidlyftigaste är en signelse eller *besvärjelse*, till skydd för Christi tjenare N. N. *emot djefvulen och onda andar.* Vi meddela deraf några utdrag.

Kyrieleeson! Herre, Gud Fader i himmelen, förbarma dig öfver denne Jesu Christi tjenare N. N.! —

Så, du djefvul, skall se Guds +, Jesu Christi +, och den Helige Andes +. Det skall hjelpa för hvad slags ond rot du äst, som hafver gjort denna person skada inom eller utom hus. Äst du af de tio regementer i helvetet, eller du äst samma regemente undergifven, eller du äst af den yppersta proxen, eller furste i helvetet, Lucifers tjenare,

eller du äst nordflygande,
eller du äst vestflygande,
eller du äst österflygande,
eller du äst söderflygande.

eller du äst i rundkrets eller orät, (!)
eller du äst öfver jordene,
eller du äst under jordene,
eller du äst i hus,
eller under hus,
eller du äst ringdjefvulen, som kallas trollfolk,

och hafver du djefvulen på din sida, så hafver han Gud på sin sida, som stöter djefvulen, Lucifer och Beelzebub, med allt sitt onda, förargliga sällskap, neder af den himmel, som Gud Fader hafver sin boning i. —

Äst du onda menniskor,
äst du Elfvor,
äst du Vattenhästar,
äst du Skogsnufvor,
äst du Bergtroll,
äst du husemoder, (!)
äst du Hyllemoder under bordet,
äst du Gast eller Återgångare,
äst du Geoxen, (!)
äst du Spagafig, (!)
äst du Vätter,
äst du Bolvätter,
äst du Jordvätter,
äst du annat opjyske,

och hvad slags ondt, det vara kan, skall vika för Guds Faders +, Guds Sons + och den Helige Andes + — — — — — — — — — — — — — — — — —

Jag förmanar och förbjuder eder, vid det heliga som Gud hafver skapat. Jag förmanar och förbjuder eder,

vid himmel och jord,
vid sol och måne,
vid alla ljusa stjernor,
vid de fyra elementerna,
vid alla Guds heliga änglar,
vid det stormande thordön,
vid ljungelden,

vid de tolf Evangelister,
vid de tolf utvalda Apostlar,
vid alla heliga patriarker och lärofäder,
och alla menniskors tro och tålmodighet,
och alla heliga Söndagsläsningar och böner,
och vid Sancte Bengts ådruhet,
och vid Jungfru Marie kyskhet.

— — — — — — — — — —

Dem binder jag med de streck och starka band, som Jesus band sina fiender och ovänner med. Jag binder
deras händer och tunga,
lefver och lunga,
mun och mule,
ben och bruske,
lif och styrka,
makt och vilja,
och allt hvad på och i dem är. — — — Jag binder med de band, som Jesus band Judarne i Örtagården. Jag binder i Guds kraftiga namn &c. —

En annan uppteckning af samma besvärjelse, likaledes ifrån Wärend, börjar sålunda:

Kyrieleeson! Herre förbarma dig. — — Jag *Cyprianus*, den evige Guds dyrkare, — — — besvär dig djefvul — — och förbjuder dig,
djefvul och alla onda andar,
och alla Trollfolk och onda menniskor,
och alla Elfvor och Vattuhästar,
och alla Gårdpukar och Skogsnufvor,
och all Bergtroll, Hyllemoder under bord,
Eldgastar, Återgångare, Glogsoar,
all spökelse och all slags Vätter,
Skogsvättar och all annan okyskhet (ↄ: opjyske),
dem förmanar och förbjuder jag &c. &c.

Andra stycket af Cypriani förmaning är en signelse eller *besvärjelse*, till skydd för Christi tjenare N. N:s kalfvar, kor och fänad, emot *trollfolk*, *onda menniskor, så ock gård-pukar, skogsnufvor* o. s. v. Äfven denna signelse är mycket vidlyftig, och affattad i nästan alldeles samma ordalag som den föregående. Vid slutet tillägges: »läs Patter Nostre (ɔ: Pater Noster) och välsignelsen!» — Enligt en annan uppteckning bör härutöfver äfven skrifvas:

solens och månens tecken ☉ ☾,
Jesu Christi och de två röfvarenas kors † † †,
Jungfru Marie vapen ✡
Sant Pehrs vapen ✢
Sante Bengts vapen ✡
Sante Hans vapen ⌘
och Christi kors spikar ✢
Bot i Jesu namn!

— Huru denna mystiska skrift skall användas, uppgifves likväl ej närmare.

Ett tredje stycke, som vi funnit tillsammans med Cypriani förmaning, likväl utan visshet att det ifrån början tillhört denna skrift, är en *signelse* eller *besvärjning emot råttor och möss i åkrar och ängar.* Inblandade stycken af rådbråkad latin förråda tillräckligt, att denna besvärjning varit brukad af medeltidens munkar. Vi anföra några utdrag:

För möss och råttor i åkrar och ängar.

Gack ut en thorsdagsmorgon och säg:

»Råttor och möss, som ären i denna vång, åker eller äng, lador och golf! — — Jag besvärjer Eder, att J blifven denna vång, åker eller golf så led, som Christus var led den man, som gjorde orätt emot sin nästa. Möss, både stora och små! Jag besvärjer Eder — —

vid Guds nåde,
vid sol och måne
och alla lysande stjernor;
vid vägar och ovägar,

vid himmel och jord,
vid berg och dalar,
vid skog och mark,
vid sten och träd,
vid alla djur, som Herren skapat hafver.

Jag besvärjer Eder, stora och små, hurudana J ären och månde vara, hvar J ären, antingen i klippor, i stenrefvor eller i jorden; så mån J på timman draga till annor ställe — — icke heller bita något strå af denna säden — — och alla måsten J bortvissna, utan J genast dragen bort på annor ställen och på annans grund — — — — In nommine pat. felle et spire. samet (ɔ: in nomine patris, filii et spiritus sancti).

Jag besvär Eder vid den Gudens namn:
Marilla Mubelum Dralam,
att J straxt hädan viken ifrån detta hus.
Corodis Mabell Branat Modilose Corejelium Pacrenellus.
In nomine &c.

I en annan, afvikande uppteckning, likaledes ifrån Wärend, manas råttorna och mössen jemväl

»vid den heliga graf, som Vår Herre låg uti — — —
vid himmel och jord,
vid sol och måne,
vid stenar och plantor,
vid vatten och land,
vid aska och sand,
vid löf och gräs,» o. s. v.

§ 107. Ur den hedniska folktron, om den klokes och kloka qvinnans heliga tydor och siare-förmåga, utvecklade sig, under medeltiden, den katholska folktron om **Heliga Män** och **Qvinnor.** Medeltidens *Helgon* är nemligen i grunden samma väsen som den hedniske kloke, ehuru i en christnad uppenbarelseform, och hela föreställningssättet kan i folktron följas, ifrån hedendomen och genom medeltiden, ända fram i vår egen tid.

Heliga män och qvinnor, såsom de uppträda i folksägnen och folktron, karakteriseras således på alldeles samma sätt som den kloke, nemligen genom sin siare-förmåga och sina heliga tydor. Af den förra hafva många drag bibehållit sig i folkets hågkomst. Ännu om en luthersk prest i Wierstad, Nicolaus Magni Wiræus, af folket kallad Gamle Herr Nils eller Mäster Nils, förtäljas många *syner*. År 1628, samma söndag, då Ingemar i Årnanäs kämpade för sitt lif med några danskar (skåningar) vid Christianstad, eller, enligt folksägnen, då han kämpade med en drake på Sannaböke lycka, skall Mäster Nils ha blifvit i syne. midt under sin predikan, så att han ropade: »här är nu en man, som i denna stund strider med djefvulen. Beder för honom en god bön!» — Vid samma tid hände ock, att en qvinna i Röckla dog i barnsbörd, på sjelfva jul-afton, medan allt folket var i badstugan. Men fast alla tänkte att hon var död, såg Herr Nils i syne, att hon var bergatagen af trollen. När han begrof kistan, sade han derföre: »nu begrafver jag en alebild.» Först sju år efteråt dog qvinnan i berget hos trollen. Då sade Herr Nils till mannen: »nu är din hustru död och hennes lilla barn i Abrahams sköt.» Såsom, enligt wärendsk folksed, en barnsängsqvinna aldrig må lemnas ensam, af fruktan för trollen, gjorde händelsen ett djupt intryck, och ännu i senare tid har en visa derom blifvit diktad. — Äfven berättas om Herr Nils, att när han jordfäste lik, såg han alltid uppåt kyrko-spiran. Der satt då själen efter den döde, och när Herr Nils kastat mullskoflarne, flög antingen en hvit dufva emot himmelen eller en svart korp bort emot skogen. Samma folktro har ännu i senare tid varit gängse, så väl om vissa andans män ibland presterna, som om prester i allmänhet. Om flera af våra samtida har det således varit en sägen, att de kunnat se folk längre än till tänderna, eller, att de kunnat se mer än andra. Alla trollbackor, som i dymmelveckan gjort färden till Blåkullan, tros vara »tvungna» att på påskdagen komma till kyrkan, der de då af presten igenkännas. När presten jordfäster lik, tro många än i dag, att han kan se om den aflidne dött salig eller icke. Det är af denna orsak, som presten, vid jordfästning, alltid kastar sin blick uppåt skunken (kyrko-taket) eller torn-spiran.

Heliga män och qvinnor, såsom de uppträda i folksägnen, hade ock heliga tydor eller en helig, deras väsen inneboende kraft, hvarmed de beherrskade alla naturväsen och kunde fördrifva onda andar, ja, till och med djefvulen sjelf. Dessa tydor eller denna kraft utströmmade ur hela deras personlighet, och verkade på alla väsen och menniskor, som med dem kommo i beröring. Han meddelade sig till och med åt deras kläder, enligt samma föreställningssätt, som vi finna ännu gängse i de katholska länderna.

Om en *helig fru*, som enligt wärendsk sägen bodde i Hofgård, i Östraby by af Ryssby socken, förtäljes, att hon hvarje dag gick att bedja vid en helig källa, som ligger emellan Ryssby prestagårds veke och Östraby veke*), och efter henne än

*) *Veke, å-veke*, i Wärendsmålet ɔ: strandremsa eller mad, som höst och vår öfversvämmas af ån.

i dag heter *Sankta Birte källa*. Frun blef härigenom så helig, att hvar helst hon ville upphänga sin kappa, så hang kappan utan spik eller knagge. Men en soldag, när hon kom hem, kunde hon icke få kappan att hänga, ehvar hon också bjöd till. Då föll hon på sina bara knän och bad Gud; men det var allt fåfängt, kappan föll ändock ned. Så vände hon om till källan och bad der å nyo, och gick sedan varligen och såg sig om, der hon hade vandrat stigen fram emellan åkrarne. Då såg hon, att hon råkat trampa ned tre rågstrån, och var detta en stor synd, som hon hade begått den dagen. Hon reste så upp råg-stråna och stöttade dem väl, och sedan hang hennes kappa utan knagge, hvarhelst hon ville.

Om Herr Nils i Wierstad berättas, att han hade en bror, åt hvilken han en gång lånade sin handske. Handsken var så helig, att brodren, som bar honom, deraf sjelf blef i syne och kunde se huru folket kom in i kyrkan, hvar och en följd af en liten svart pyssling (jfr. § 93). — Kunde någon, vid jordfästning, oförmärkt ställa sig på Herr Nils' kappa, så fick han se hvar själen efter den döde flög bort, såsom en svart korp eller en hvit dufva. Fick någon ställa sig på Herr Nils' fötter, så hörde han himmelrikets klockor. Herr Nils sjelf hade sådana heliga tydor, att han kunde mana fram dödingen eller genfärden af den qvinna, som blifvit satt qvick i jord i Kajelund (jfr. § 66), och med henne samtala, alldeles såsom profeten Samuel kallade fram spå-qvinnan. Äfven berättas, att det var ett ställe, der en ond ande dref sitt spel. Många prester kommo dit; men de fingo af anden höra alla sina hemliga synder, och måste vända om med oförrättadt ärende. Slutligen efterskickades äfven Herr Nils, och anden ljög på honom många synder. Men Herr Nils bevisade honom att han ljög, och fick makt öfver honom, så att anden sökte fly och förhammade sig i mångahanda och förfärliga skepnader. Ändteligen stack Herr Nils ett hål i fönsterblyet, och genom detta hål måste anden söka sig ut *).

Samma sägner gå äfven om andra gamla Wärends-prester, hvilka, enligt folktron, voro »Mäster-prester, som kunde drifva Satan». Om en sådan helig andans man förtäljes, att, när axeln om natten brustit på hans åkdon, kallade han fram djefvulen och tvang honom att tjena såsom fjerde hjul under vagnen. Likaledes berättas om en nyligen afliden berömd folktalare, att han såg djefvulen personligen tillstädes i en lekstuga, och att drängen, som icke kunde se den onde anden, straxt blef i syne, så snart han fått sticka sin fot i sin husbondes skodon. Enligt samma föreställningssätt är det ock ännu folksed, att qvinnorna, efter Gudstjenstens slut, tränga omkring presten, och, under någon förevändning, taga honom i hand eller röra vid hans klädefåll, för att sålunda bli delagtiga af den andeliga kraft, som utströmmar af hans väsen.

§ 108. Det var förnämligast genom *brinnande bön*, som den helige mannen under medeltiden förökade sin andeliga kraft och vann sina heliga tydor. Bönens makt är således makten af menniskans vilja

*) *P. Wieselgren*, Ny Smålands Beskrifning. II. ss. 765—6.

(§ 97) och af det talade ordet (§ 98), i deras högsta uppenbarelse och i deras riktning emot det eviga. Denna makt blef större, i mån af den hängifvenhet, hvarmed menniskan i bönen öppnar sitt sinne för det gudomliga och låter sitt väsen deraf genomträngas. Bönen antog derföre ifrån äldsta tider gerna en rythmisk form, och höjde sig i den christna kyrkan tidigt till psalm och kyrkosång.

Bönen har i alla tider förmått mycket eller haft stora tydor. I dess äldsta och enklaste form kunde man med bön och offer försona vredgade gudar och naturväsen. I medeltiden kunde den fromme, genom bön och goda gerningar, höja sig till helgon, såsom sådant befalla öfver naturen, göra tecken och bota sjukdom, samt, med kraften af sin vilja, nedkalla himmelens änglar till skydd öfver menniskan och dess företag. Och, i vår egen renade troslära, behåller bönen samma i menniskans väsen grundade betydelse, om vi än nu mera förnämligast afse dess eviga makt, att höja den religiösa känslan, rena sinnet, och stärka viljekraften till det goda i tanke och handling.

Hos Wärends-folket bibehålla sig ännu några *katholska böner ifrån medeltiden.* De uttrycka alla det åskådningssätt, som vi nyss påpekat. Genom böner, mest till Jungfru Maria, kan menniskan således afbedja regn, fördrifva allt ondt ifrån huset och nedkalla änglarne till skydd af nattens hvila. Äfven sjelfva den yttre formen är af en rörande enfald och barnafrom oskuld. De medeltids-böner, som vi här anföra, äro dels i förra hälften af 1700-talet antecknade af Lektorn i Linköping Johan J. Törner*), dels ock, ännu på 1840-talet, samlade af författaren.

En bön att afbedja regn.

Jungfru Maria hon satt på stätta,
hon borsta' och hon fläta'.
Hon bad till Gud allena,
att regnet måtte lena
och solen måtte skina,
först på folk och sen på fä,
och så på Jungfru Marie lilla hvita knä.
Amen.

Aftonbön.

Här går ett litet barn omkring detta huset; det sjunger så lusteliga:

Jungfru Maria står upp och tänder ljus,
Gud vare med oss i detta hus!
Hon lycker våra ögon. Hon täcker vår mund,
Hon friar vår själ ifrån helvetes grund.
Guds ord. Amen.

Aftonbön.

Här binds ett band ikring detta hus med de fyra Evangelister.

Ho sjunger Psalmen?
Det gör Jungfru Maria, hon har bok i barmen,
och Christus på armen.
Christus föll på knä för henne.
Christus signe både mer och mindre!
Intet ondt i huset må gå!

*) *Törner*, Samling af Vidskeppelser (Hdskr. i Linköpings Gymnasii Bibliothek); kapitlet *de reliquiis paganismi et papismi in Smalandia.*

Intet ondt i dörren må stå!
för Christi skuld. Amen.

Aftonbön.

Tolf goda Guds änglar
följa mig till sänga.
Två vid mitt hufvud.
Två vid min högra sida.
Två vid min venstra sida.
Två vid mina fötter.
Två söfva mig.
Två följa min fattiga själ till himmelriket.
Amen.

Aftonbön (upptecknad år 1849 i Hjortsberga socken).

Jungfru Maria med sin hand
tog boken i barmen
och Jesum hade hon på armen.
Detta skole vi sjunga
tre gånger innan vi gå till sänga,
så väcka oss alla Guds änglar. Amen.

Aftonbön (upptecknad år 1849 i Wislanda socken).

Jungfru Maria satt och sang,
hon hade en bok uti sin hand.
Hon hade Jesum på sin knä.
Gud bevare folk och fä!
Gud bevare stad och land!
Gud bevare qvinna och man!
Gud bevare större och mindre!
Jesus vare nu härinne!
Amen.

Bön när man uppgör eld.

I Jesu namn vill jag min eld upptända,
Gud låte honom ej vidare komma,
än att två händer kunna honom vrida och vända.
Amen.

Bön.

Jag gick mig om tre glödheta stenar.
Jag tyckte det var mig stor skam bekänna
mina synd.
Så sade den ovälduge Gud:
»Du var mig så tro (ɔ: trogen);
du gaf almosa god.
Du gaf almosa god;
du skall mig uppstå.
Så länge du lefva må!
Evinnerliga.»
Amen.

Bön.

Den välsignade påsk-fredag,
Vår Herre skulle till sin bön att gå,
såg han pinan för sig stå;
så blinkade Jesus.
Sade Fadren till Sonen:
»min son, statt ständeliga,
strid manneliga!
Verlden är förgänglig;
himlen varar evinnerlig.»
Så kom Jesu Moder gångandes:
Jesus stod på korset ståndandes.
Jesus upp sin ögon leder,
på välsignade Moder sina såg:

det heliga blod på korset utrann.
»Nu har jag förlöst både qvinna och man.»

Ho denna bönen läsa vill och läsa kan
tre gånger om aftonen,
tre gånger om morgonen, innan han äter Guds bröd,
skall aldrig hans själ komma i helvetet.
Guds ord. Amen.

Bön (läsen af en gammal qvinna i Härlunda socken år 1841).

Jesus han låg på sina bara knä,
han svettades både vatten och blod.
Tolf voro hans änglar.
Tolf voro hans apostlar.
Tolf qvinnor kommo till grafven.
Stån nu och lydens, men's jag läser denna lilla bönen rätt och väl!
Om mina synder vore aldrig så stora, så bli de förlåtne i Herrans Jesu namn.
Amen.

§ 109. Vi hafva redan i det föregående (§ 96) omtalat den hemlighetsfulla onda inverkan eller *förgerning*, som vållades af orena menniskor, medelst deras onda tydor, uppå andra svagare väsen, vare sig på vexter, djur eller menniskor. I mån som dessa onda tydor hos menniskoväsenet fattades såsom allt mer medvetna och beroende af menniskans egen onda vilja, utvecklade sig ur denna äldre, rent mythiska natur-åskådning, folktron om **Trolldom** eller **Lapperi**, *Lefjeri*, *Kuseri*, *Vinskepelighet*.

Trolldom eller *Lapperi*, i hvilka ord man ännu igenkänner folknamnet af de halft mythiska Trollen eller Syd-Lapparne (jfr. § 26), innebär då i allmänhet föreställningen om hvarje handling, hvarigenom menniskan vållar förgerning uppå andra väsen, genom tydorna af sin egen orena vilja, eller af orena och onda naturväsen eller naturting. I sin enklaste form kunde trolldom således öfvas redan genom trollets, trollkarlens, eller trollbackans eget orena väsen och onda vilja. Denna vilja erhöll dock ännu starkare tydor, när hon uttryckte sig i det högt uttalade ordet eller i någon yttre, symbolisk handling, beggedera oftast af den allra enklaste beskaffenhet.

Enligt ännu gällande folktro kunna således trollbackorna *vita* på andra sjukdom, ohyra och annan förgerning. Detta sker då genom *ord, vit-ord* eller *utvisning,* d. v. s. genom en olika uttryckt, enkel tillsägelse, befallning eller hänvisning. Bölder kunna således vitas på en annan, ifall man »skjuter ut boldamodren» emot någon viss gård och säger: »nu skall den eller den ha det.» Äfven om man stryker af varet på en penning, som nedlägges på en korsväg; den som då tager upp penningen, han får bölderna. Ref-ormar vitas bort, om man med spetsen af en knappnål ritar ansyls en ring omkring ref-ormen, sedan ritar ett kors midtöfver, och gifver en fjerding af ref-ormen åt hvardera af en annan mans fyra döttrar. När någon får häftig kolik, tror man ännu att det är födslo-kjyngar, som någon trollbacka vitat ifrån sig sjelf och på den sjuke. Värken upphör derföre icke, förr än trollqvinnan får sin förlossning, med mindre att den sjuke knäpper sin byx-gjord eller kjortel omkring hugge-kubben, och i kubben hugger en yxa, då kjyngarne öfvergå till kubben, som af dem rystes och skakas. Ifrån hedna-verld talas om **galder**, **runor**, **trollsånger** och onda **besvärjningar**. Äfven i Wärends-allmogens små handskrifna samlingar förekomma ofta besvärjelser, hvilka icke kunna hänföras till signeri, utan snarare tillhöra den yngre form af trolldom medelst besvärjning, som i medeltiden fick namn af *Svartkonst*. Wärends-folket talar ock ännu ofta om den s. k. **Svartkonst-boken** eller **stora boken**, som lärer, huru man skall besvärja alla slags onda andar. Förmodligen menas härmed den bekanta *Vinculum Inferorum*, eller, på tyska: Höllen-Zwang. Såsom ett hithörande medeltids-drag må anföras, att ännu så sent som år 1823, träffades i nyckelhålet till Långelöts kyrka på Öland instucken en skrift med blod, undertecknad af en bonde, som »förskref sig till helvete» för att erhålla Svartkonst-boken.

Tager trollkarlens onda vilja uttryck i en yttre, symbolisk handling, så är denna gemenligen af enklaste beskaffenhet. Trollen, Lapparne och Finnarne tros således vålla **Trollskott** eller **Lappskott** på folk och fä, derigenom att trollkarlen går ut i skogen och på måfå aflossar ett skott. Hvem som deraf träffas, blir förgjord, så att han får den nämnda, fruktade sjukdomen. — »Om någon **skämmer** dig, så gack ut i marken och hugg i ett träd ut dens bild, som du tror om det. Stick så en knif i den lem (på bilden), som du vill att han skall plågas i.» — »Att **sätta ovänskap emellan vänner**: Gå ut i marken. Sök upp tvänne träd, som skafva emot hvarandra. Klif upp och skaf fnaset i sjelfva skafvet. Häll det i en flaska, blanda i bränvin och låt dem oförtäckt förtära deraf, så upphör snart vänskapen.» — Bössor kunna förgöras, så att de icke träffa rätt, om någon, som hörer skottet, kastar sig ned på marken och skriar (såsom hade skottet träffat honom). Förgerningen blir dock lika enkelt botad, ifall skytten, då han hör skriandet, straxt tager af sig sin rock, hänger honom på ett träd och med en käpp duktigt genombasar honom. Hvarje slag träffar då trollkarlen, så att denne blir både gul och blå; men bössan blir god igen.

Tydorna af den onda viljan och af den yttre symboliska handlingen bli ännu mäktigare, om med dem förenas tydorna af den för all slags trolldom enkom lämpliga vårdagjemningen (dymmelveckan) eller höstdagjemningen. Vi hafva redan i det föregående (§§ 41, 75) redogjort för det föreställningssätt, som af ålder är fästadt vid solskiftena, och serskildt vid vår-reppens ingång eller den christna påsken, nemligen, att alla troll och onda väsen då hafva värre tydor än eljest under hela året. I dymmelveckan eger derföre all slags trolldom sin högsta kraft. På skärthorsdags-morgon skall man springa naken omkring dyngan, så får man korn. Samma morgon skall man ställa sig naken ofvanpå dyngan och ropa högt, så får man smör; men så långt ropet höres, få grannarne intet. I skärdagarne (ↄ: dymmelveckan) kärna trollbackorna i brunnar och källor, för att draga till sig andras smör-lycka. År 1619 fann sig en Wärends-qvinna föranledd till rättegång derom, att en grannhustru sagt, att »hon skulle ha stått på ladu-taket och kärnat». År 1630 hände sig likaledes, att en hederlig bonde, Anders i Sporreqvarn, på skärthorsdags-morgonen steg tidigt upp och tog upp sina åla-lanor, klädd i bara skjortan. Derefter sköljde han lanorna i ån. Under denna förrättning blef han sedd af en dansk qvinna, en »gropare-hustru». Straxt lät denna ett ondt tal och rykte utgå i bygden, att hon, på skärthorsdagsmorgonen, sett Anders och hans hustru stå midt i ån; att de hållit i händerna en kärne-törel och stått nakna och kärnat. Anders och hans hustru funno sin ära så kränkt häraf, att de, vid tinget med Albo härad, d. 6 Dec. s. å., uppträdde inför rätta och värjde sitt goda namn med en lagligen gången tolfmanna-ed. — I dymmelveckan kunde trollbackorna taga nyttan af andras kreatur, genom att gifva åt sina kor af deras mjölk. I skärdagarne göra de ock sina Trollharar, Bjergaharar eller Diharar, af sticke-stubbar, som på någon thorsdagsqväll blifvit brända i båda ändar, samt af ett gammalt såll (jfr. §§ 26, 52, 75, 86, 98). Dessa diharar äro pukar eller orena väsen, som dia mjölken af grannarnes kor, så att sjelfva bloden kommer ut, när egaren sjelf vill mjölka. Medan dihararne löpa omkring, spilla de stundom af smöret som de samlat; detta smör hittas då på marken, såsom ett gult slem eller en gul svamp, och får i Wärend namn af *Trollsmör.* Skärer man i sådant troll-smör med vådastål (ɔ: stål af något egg-jern, som af våda blifvit sönderbrutet), så kommer blod ut. Stryker man deraf på bakstammen af sitt skepp eller båt, så får man hvad vind man helst vill. Piskar man det med hagtorn och kastar det i ugnen eller på elden, så kommer trollkäringen törstig och vill dricka. Då skall man slå henne, tills blod kommer ut, och inte låta henne få dricka; ty eljest får hon samma makt att trolla som tillförene. Äfven heter det, att man skall basa troll-smöret med ett ris, som är gjordt af nio slags fruktbärande träd, och sédan kasta det på elden. Då kommer trollbackan innan qväller och begärer få låna tre ting. — Dihararne låta drifva sig af jagt-hundar; men kunna icke skjutas, utan med en silfverkula eller en trädpinne; det som då faller, är blott tre brända sticke-stubbar. När i en gammal wärendsk dombok omtalas förgerning på kreaturen, vållad genom stickor, som på skärthorsdagen blifvit inkastade i bondens fähus, äro dessa stickor således icke annat än den synliga delen af trollqvinnans bjergahare. Äfven annan trolldom öfvas af ålder med hjelp af de tydor, som tillhöra dymmelveckan. Således, om i skärdagarne husen väl sopas och soporna bäras på en annans egor, så får grannen alla de loppor, som man eljest skulle få, o. s. v. På Mickelsmesso-natten åter är det, som Lappar och Nordlänningar kjusa skogsfoglen till sig. Derföre drager foglen vissa år till Lappland. Men Lapparne kunna icke öfva denna trolldom, utan det blåser Nordan-vind; derföre, om det blåser Sunnanvind på Mickelsmesso-natten, så stadnar skogsfoglen qvar i landet.

En annan form af trolldom är den, som öfvades genom de onda tydorna af något orent naturting. Till sådan trolldom hörde, att vålla förgerning på andras boskap genom illdödingar eller sjelfdöda kreatur. Aset efter ett sjelfdödt djur var nemligen i yttersta grad oskärt, och verkade mångfaldig förgerning uppå andra djurväsen. Således finnes i början af 1600-talet en Wärendsqvinna tingförd, derföre att hon i sina grannars gödselhög nedgräft illdöda kalfvar, med alla fyra benen vända i vädret. År 1626 förekom i Konga härad, att en qvinna lofvat ondt åt sina grannar. Till den ändan lät hon bära en illdöd kalf i deras fädrift och *satte upp hufvudet på en stake*, hvarigenom de fingo olycka på deras boskap. Händelsen erinrar om den nidstång, med ett gapande hästhufvud, som restes af Egil Skallagrimson, till att förvilla landvättarne och reta dem emot Konung Erik. Ännu år 1741 omtalar Linné, att Wärendsfolket hade »efter »hedenhögs qvar den vidskepelsen, att när kreaturen »dö bort för den ene, då grafva de ned ett as »i sin grannes åker eller dynghög, att olyckan »må transporteras ifrån hans hjord till hans grannes.»

Domböckerna tala äfven om förgerning eller trolldom med förgernings-knuta eller troll-knuta. En sådan förgernings-knuta hopbands af oskära naturting, hvilka sedan infördes i en annans gård eller fähus, och lades på något ställe, der de med sina onda tydor kunde verka på menniskoväsen och djurväsen. Redan Wärends-lagen talar om trolldom med horn och hår, som inbars i en annans gård. Vid tinget med Konga härad, d. 3 Aug. 1618, bekände trollqvinnan Ingeborg Boges dotter i Högnalöf godvilligt inför rätta, »att hon hade lagt förgerning i fähusdörren, för sin gårdqvinna Segret »Månsdotter, hvilken straxt blef nummen och borttagen, och hafver legat vid sängen på sjette året.

»Item hafver hon ock bekännt, att hon sjelf sam- »mankopplade den trolldomen, som Segret blef »sjuk af, och att uti samma förgernings-knuta »hafver varit solfva-tråd och hare-ben af Bjer- »ga-harar, och bekänner, att den fule Satan och »hon gjorde harar, i dymmelveckan, af sticke-stubbar, »som äro brända uti båda ändar och kastas vid golf- »vet; — af samma hare tog hon hareben och lade »uti förgernings-knutan.» Ännu i senaste tid har man exempel af, att sådana trollknutor blifvit af illasinnade och vidskepliga menniskor inkastade i deras grannars hus eller fägårdar.

Till naturting med onda tydor, hvarmed således förgerning kunde vållas, hörde äfven uddar och spetsiga egg-jern. De gamla wärendska domböckerna anföra några fall, som upplysa det hithörande föreställningssättet.

Vid en ransakning, på Albo häradsting den 11 Oktober 1625, förekom, hurusom bonden i gården Horjanäs och hans granne i Hulevik legat i delo med hvarandra om några ängar, utan att denne senare ville ingå på den förlikning, som honom erbjöds. Då lät bonden i Horjanäs skicka efter en beryktad signelska, vid namn Ramfrö, Nils Gydings i Rösmålen. När hon fått höra sakens omständigheter, sade hon: »här är väl bot till, att de skola »så gerna förlikas som J. J skolen alla vara sam- »hälliga, och tvätta er i ett vatten, tre söndags- »morgnar, innan sol går upp, läggandes tre eller »fem uddar i vattnet. Derefter skolen J slå vatt- »net der, som alla som träta få stiga deröfver, så

»skola de bli så samhälliga att förlikas, som J voren »samhälliga att tvätta Er i vattnet.» Bonden i Horjanäs gjorde som hon hade sagt, och detta skedde vid Mariemesso tid. Mattesmessan derefter kom häradsnämnden och förlikte bönderna om ängarne. Men på hösten sjuknade Peder i Holevik, och på vintren sjuknade Karin i Horjanäs, och lågo i flera år, och dogo båda.

Ungefärligen vid samma tid hände sig i Kinnevalds härad, att en bonde, Isak i Hagsjömåla, som länge legat sjuk af värk i axlar och armar, en dag fann under sin säng en röd stop, hvaruti var vatten samt en sax och en knif, och alla uddarne visade upp i vädret. Äfven denna sak blef dragen inför tinget. Vid ransakningen blef då upplyst, att stopen var satt under sängen af hustru Märit Pedersdotter, som stått i rykte för en dräng, för hvilket rykte hennes fader fästat lag. Märit hade då lärt af en qvinna, att »hon skulle taga rinnande »vatten i en stop, sätta deri en sax och en knif, och »vända uddarne upp, och sedan tvätta sig i vattnet »tre söndags-morgnar, och bedja Gud hjelpa sig från »sina vederdelomän, så skulle saken få en ända.» Märit gjorde så, och stopen var således icke ditsatt för bondens skull. Icke desto mindre bekände denne inför tinget, att »han icke haft en helso-dag, så länge stopen stod under sängen».

En qvarlefva af detta urgamla föreställningssätt är den ännu gängse folktron, att trolofvade och vänner icke må gifva hvarandra nålar, saxar, knifvar eller andra uddiga egg-jern, emedan dessa tros sticka ut eller skära af vänskapen.

Förgerning kunde äfven vållas genom vidrörande eller strykning. År 1624 hände sig, att en af Wärends myndigaste adelsmän, ädel och välbördig Bengt Jönsson till Lästad, blef bekajad med en underlig sjukdom, så att han hade ingen ro eller lisa, och kunde hvarken ligga eller sitta. Då uppträdde han inför rätta vid tinget, sägandes, att han hölle sin landbo Peder Jönssons hustru i Oby misstänkt för samma sin sjukdom. Skälen voro, att han blef sjuk, när han gick der igenom gården; att när han låg sjuk, kom hustru Ingrid och strök honom på bröstet, hvaraf han sedan fick mycket värre ondt, samt att Ingrid burit till honom en liten kaka, den hon bad honom allena uppäta. Kakan framhades inför rätta, och Ingrid sjelf, med hennes man, och flera andra åto deraf utan skada. Icke förty fann häradsrätten saken »helt misstänkt», och välbördig Bengt Jönsson ville icke gifva sig tillfreds, med mindre än att hustru Ingrid skulle värja sig med lagen, sålunda, att »hon icke lade något ondt i kakan, eller bakade kakan välbördig Bengt Jönsson till förargelse, eller genom vidskepelse tillskyndat honom något ondt». På anförda skäl måste således Peder Jönsson, till skydd för sin hustru, utfästa en sex dannemäns och sex danneqvinnors ed till nästa ting.

Trolldom kunde äfven öfvas på mångfaldiga andra sätt. År 1619, då tvänne bröder i Konga härad blifvit tingförda om några oxar, för hvilka den ene af dem gick lag (ɔ: gjorde värjemåls-ed), trodde sig deras moder kunna skydda sina söner derigenom, att hon »den dagen de voro vid tinget, satte en

»gryta under bordet och hans (sonens) skjorta under »grytan. Item strödde salt inom och utom tröske»len, deröfver de skulle stiga om morgonen när de »gingo till tinget.» Vid samma tid sökte Karin i Högeboda likaledes skydda sina söner ifrån rätten och straffet, derigenom att hon, när de gingo till tinget, hvälfde en gryta under bordet och derpå lade ett hyende; desslikes ock kastade salt ibland nämnden. — År 1621 hade en trollbacka inom Albo härad, vid namn Botil i Lindås, kommit i sådant rop och rykte för trolldoms-last, att hon derföre blef bannsatt, eller utelyckt ifrån församlingen. Man beskyllde henne förnämligast, att ha kusat och »förtagit grannarne en del af boskapens mjölk». Till bevis härpå hade hos henne blifvit funnen en sten, som hon lade i sitelen (ↄ: silen), när hon morgon och afton silade mjölken, och nämnden vittnade, att denna sten var en gråhall (ↄ: gråsten). Men hon var derjemte misstänkt för en annor sten, som dock ännu icke var framkommen. — Förmodligen hafva dessa stenar varit Thorviggar, Gobondastenar eller Gofar-stenar (jfr. § 54), hvilka, enligt hedniskt föreställningssätt, troddes skydda mjölken emot förgerning; men hvilkas bruk i en yngre christen tid räknades för kuseri, trolldoms-last och hednisk vindskepelighet.

§ 110. Tron på förgerning och trolldom, djupt grundad i den gamla mythiska natur-åskådningen, har, vid sidan af andra hedniska öfverlefvor, länge bibehållit sig i Wärend. Trolldom räknas således ibland biskops-saker i Wärends-lagen, och ännu i början af 1600-talet upptaga domböckerna oräkneliga anklagelser för »trolldom och förgörelse», »trolldom eller vindskepelighet», »trolldom, lefjeri eller signelser», »kuseri» o. s. v. Och hela detta forntida åskådningssätt bibehöll sig, icke allenast i samhällets understa lager, utan jemväl hos de högre samhälls-klasserna. Vi hafva sålunda nyss anfört, hurusom välbördig Bengt Jönsson till Lästad, år 1624, trodde sig ha blifvit förgjord af sin landbo Peder Jönssons hustru i Oby. Äfven förekommer i Konga härads dombok, för år 1628, hurusom en enka i Thorsås blef dömd att slita ris vid domkyrkan, för det »hon brukat vindskepelighet på den vördige herrens, Bispens i Wexiö dotter, Gertrud Persdotter».

Många af dessa beskyllningar för trolldom, ofta uppkomna af de ringaste orsaker, afstadnade dermed, att den oskyldigt misstänkte sjelf upptog saken, kallade sin vederdeloman inför tinget, att der fästa fot eller styrka sin anklagelse, och så värjde sig med att gå lag, eller med laggårds-män, d. v. s. genom en värjemåls-ed, gången af dannemän och danneqvinnor. I de fall, när saken upptogs till ransakning och dom, inträffade ännu på denna tid icke sällan, att man efter medeltids-sed vädjade till Guds dom, medelst *Vattenprofvet.* Sålunda blef, år 1610, i Sunnerbo härad Elin i Horsnäs pröfvad på vattnet och flöt. Hon sade då, att »hon ej trodde hennes Gud skulle så hafva svikit henne», och, »hade jag lydt Thures Berta, och haft min egen särk på och bundit brösten åt mig med en lista, så hade jag sjunkit». År 1618 blef i Konga härad Ingeborg Boges dotter likaledes pröfvad på vattnet. »Sedan hon kom på vattnet, flöt hon lättare än nå-

»gon gås, så att Mästermannen henne två gånger »nedstoppade och hon genast med hast uppflöt, och »låg på vattnet som ett torrt trä, det härads-nämn- »den och öfver hundrade menniskor åsågo, och hon »fick intet vatten i munn, näsa och öron, såsom an- »dra menniskor, och kunde näppeligen blifva våt, »utan när hon kom upp, stod (hon) lika frisk och »var genast torr.» År 1621 begärde Botil i Lindås att, »till sanningens vidare utrönande komma på vattnet och bepröfvas». Det var ock på denna tid ett allmänt ord till någon ond qvinna, att »Igla- sjö, der trollbackor pläga pröfvas, vore henne god nog».

De olyckliga menniskor, hvilka på detta sätt invigt sig åt det ondas tjenst, ehuru i en fornhed- nisk form, som för vår tids åskådning är främmande, omtalas i domböckerna under namn af *Lappare*, *Lap- perskor*, *Trollbackor*, *Trollkonor*, *Trollkäringar*. De mest beryktade trollbackor voro i Wärend, vid början af 1600-talet: Ramfrö, Nils Gydings i Rösmålen; Bengta i Slätt; Botil i Lindås, och, framför alla andra, Ingeborg Boges dotter i Högnalöf. Vi in- taga här, utur Konga härads dombok för d. 3 Aug. 1618, ransakningen om denna sistnämnda, såsom ett bidrag till rätts-skipningens och sedernas historia; men framför allt, såsom upplysande för hela det hedniskt- mythiska åskådningssätt, hvaraf en qvarlefva ännu så sent förmådde bibehålla sig i folktron om Blåkulla- färderna.

»Denn Andre dagenn (d. 3 Aug. 1618) continuerades medh Lagtingett.

»Sammedag kom för retta Ingeborg Boges dötter i Högnelöff i Konunge häradt vthj Vrhåsa sochnn, huilken tilförenne hafur fest lag för truldom, och effter mång lagting inthz kunne blifua lagfhör. Derföre blef på näst tilförenne håldna lagting dömdt till profuet, att hon skulle profuas på vatnet, effter hon godueleligen icke något wille bekienna. Och föränn Mestermannen, M(ester) Håkon i Jönekiöping fick see samma trolquinna, sade han huadh tekn hon skulle hafua, så frampt hon war skyldig, nemligen, att hon skulle hafua et merke ofuan för hiertat, antingen på bröstett vnder armerna, eller på härerna, som Satan skulle suga och dija bloden vthaf henne. Derföre blef hon her för retten afklädh, och merket fans emellan hennes skuldror, nemligen enn rödh patte, så stor som en so-patte. Sedann hon kom på vatnet, flott hon lättare än någon gåss, så at Mestermannen henne tuä gånger nidstoppade, och hon genast mz hast vpflött, och låg på watnet som et tort trä, det häradz Nemdhn och öffur hundrade menniskior åsågo, och hon fik inthz vatn i munnen, näsa eller öronn, som andra menniskior, och kunne neppeligen bliffua wååt, vthan när hon kom vp stodh lijka frisk och war genast thör.»

»När förnemde trolquinna kom vp af vatnet på lagtinget, bekiende hon godueleligen, att hon hade lagt förgerningen i fåhuss dören för sin gårdquinna, Segredt Månsses dötter, huilken strax blef nummen och borttagen och hafur legat widh sängen på siette år. — Ithem hafur hon och bekiendt, att hon sielf sammankåplade then troldommen som Segret blef siuck aff, och vthj samma förgerningz knuta hafuer warit solfuatrå och harebhen af Biergahara, och bekienner, att then fhule Sathan och hon giorde harer i dömmelueken af stikke stubber, som ähre brende vthj både endar och kastas widh golfuet, then hon sedann wiser till sina förläningz bönder, att dijer deres koer, och hade sat hema enn kiätell, som haren skulle spy miölken vthj, och sedann tog hon och kiernade och sedann saltade smöret, brukandes thz som annat smör; af samma hara tog hon bhen och lade vthj förgerningz knutan.»

»Bekienner och, att hon engång hafuer warit i Blåkullan, och säger, att Elin Essbiörns i Vhråsa fick henne bedzell och badh henne taga enn kalff, och legga bedzlet i munnen, och kalffuen skulle strax fhara öffur skog och mark, berg och vatn, huilkit och så skedde. Och när hon kom i Blåkulla bekienner hon och ther hölss gestebudh, och våro stora sölfkanner, träkanner och annor bohagztygh, och säger, att ther war hennes mester ganska stor och suart, hafuandes horn i hufvudet och longa huassa klogar på händerna, och sat i högsätet, och then förnembsta trolquinna hoss honom, och sedan enn puke och en trolquinna, emädan thz rack, famptogos, kystes och huar tog sin sär, och bedrifuo deres handeell mz. Sedan wåro tilsammans mz trä och högges, och när thet war öffurståndet, fick huar trolquinna sin förläning och sedan gafz orloff. Och seger, att hennes puke heter Lazarum, och bekienner att hon fick tre gårder i förläning i Högnalöffz by, och skulle hafua ett lä smör och (? af) huar bonde, förutan andra nytta, och hennes harer flydde henne smöret.»

»Ithem bekienner och, att när Elin Essbiörns i Vhråsa lärde henne trolkonstenn, då skulle hon aldra först försueria Gudh och sin Skapare och hans son

Jesum Christum och hans oskyldiga dödh och pina och gifua sig vthj Satans wåld, huilkit hon och giorde. När der effter widh pass tre dagar, kom Satan till henne vthj hennes egen gårdh, och talade henne till, ådtspöriandes om hon wille tiena honom, ther till hon suarade Jaa, och han satte möthe mz henne vthj skogen widh en backa, dijtt gick hon och när hon kom dijtt, måtte hon mz knäfallande besueria sig mz Satann och rechte honom handh, och vhtloffuade att hon skulle öffurgifua dhen stora Guden och honom aldrig mher tiena. Sedan bekiende hon, att Satan ladhe henne nidh och belägrade henne, och säger att han war lodhen och kåldh, och när deet war öffurståndet satte hann det merket på hennes skuldror, och säger, att han dijer henne i sömpnen och elliest quelg henne möckit i sömpnen, och bekienner, att han omgickz medh henne fem gånger för än hon drog till Blåkulla.»

»Ithem bekienner och förnemde Ingeborg, at Elin Essbiörns som först lärde henne att trolla, satt möcket öfur henne vthj Blåkulla. Menn lekeuäll nekar Elin Essbiörns till altsammans, och säger sig inthz kunna trolla, och säger att Ingeborg liuger på henne. Men lekeuäll är dett beuissliget, att förnemde Elin hafur länge stådt vthj vppenbara röchte för troldom, och hafur hafdt ett ondt nampn, och är beslagen medh signelsser och lefierij. Och ehuru hon nekar och försuerg sig, så kan man dock ingen loffuen stella till hennes eder; dy sådant folk hafua försuorett Gudh sin skapare, och effter hon icke får enn af sina granner och granquinnor som willia giöra henne frij, derföre blef så afdömdt, att förnemde Elin skulle försendas till Calmar och pröfuas på watnet. Och der måga båda trolquinnorna stå huar andra till suars.»

»När förnemde Ingeborg blef frågat, huru hon kunne taga nöttan ifrån sina grannars kiör förutan haran, då suarade hon, att hon vthj dömmeluekan lagade så, att hon fick miölk af hustrurna, och gaf sina kiör miölken, sedan hade hon macht öffur deras koor; men huadh ordh hon der till medh brukade, wille hon icke bekienna; icke kunne man heller för möckenheten skull der effter så aluarligen fråga, som elliest hade bort skee, ther man henne in om löchta dörer, iblandh godt ehrligit förståndigt folk hafdt hadhe. Derföre när samma trolkåna kommer till Calmar, begäres att hon ther effter blifur frågat, såsom och efter några punchter som effterföllia.»

»Sedann blef och förnemde Ingeborg frågat, om hon kunne giöra Miölkeharar eller Bierghårer på huadh tidh om åhret honn wille. Då suarade hon Neij, och säger att the icke kunne göras vthan i dömmeluekan; moste frågas huadh ordh hon deer till brukar.»

»Bleff och förnemde Ingeborg tilfrågat, om hennes man wiste att hon kunne trolla eller när hon drog till Blåkulla. Då suarade hon Neij och giorde honom frij att han inthet ther af wiste. Blef och yterligare tilfrågat, att ther så kunde henda, mädhan hon war bhorte och på rhesan ådt Blåkulla, att hennes man hade vpuacknat och trefuet efther henne, williandes famptaga, huru hon kunne stella honom tilfridz, att han henne inthz sacknade. Då svarade hon, att hon hade deer till gode konster, nemligen sålunda, att hon tog enn sin särk och blästen fullan af wäder och ladhen hoss mannen, och giorde ther aff enn sådann fulkommelig form och hampn, att om hennes man hadhe welat kiendt henne, skulle han inthet annat kunnet skiön opå än at thz hade warit hon sielff. Menn huadh ordh eller annat hon deer till brukade kunne man vthj all almennelighet icke möckit effterfråga, för enn hoop löst partij, som ther om kring stodho; men innan lochta dörer moste der effter frågas.»

»Om bedzlet bekienner hon sålunda, att thz war giort aff jern, som et annat vatnmill, och läder vthj, och bekienner, att första hon war hemkommen ifrån Blåkulla bhar hon bedzlet till sin mesterinna Elin Essbiörns i Vhråsa och fick henne thet till att gömma. Vnderstundom säger honn, att hon bortkastade bedzlet och wett aldrig huar thz är, huilkit icke är tiltroandes, moste fördenskull granneligen frågas huar bedzlet är, att thet måtte komma tilstädes androm till teckn.»

»Om Måndagen när förnemde Ingeborg kom för retta; wille hon alz inthet bekienna att hon kunne trolla, vthan begärade sielf att hon måtte komma på watnet och sade: »om iag flyter och icke siuncker, så måga the sedan kalla mig trolbacka, och iag will inthet neka.» Derföre tog mestermannen henne och hadhe henne på vatnet, och hon flött effter som förbemelt är. När hon kom igen på tinget bekiende hon strax att hon war skyldig, och hade warit i blåkulla, men hon wille icke bekienna et ordh på sätt eller igenom huadh medell hon war ther till kommen.»

»Om tissdagz morgonen hades hon åter för rätta, tå wille hon offenteligen icke något framtala, vthan stodh och hofz suåra ting vthj bröstet, och suaplade mz tungan, så att ingen kunne retta sig effter huadh hon sade, vthan huadh andre sade för henne thz sade honn effter, och sade: »jaa, så är thz», »jaa, J seyenn så», »höm», »hay», »jaa», »joo», »åhåå» &c. Derföre blef aff retten förbudet, att jngen skulle tala henne till vthan then som för retten satt och borde henne att examinera, huilken henne elliest tiltalade skulle bötha — 3 P:r. Sedann blef hon till deet första ådtspordh om hon kunne läsa Fader wår. Då sade hon: »jaa», och lass fader wår vht, dock kunne thz inthz skaffa, vthan hon war alt lijkadan, förty hon sade sig inthz gagn hafua af thz hon lass. Då blef af rettenn befallat, att alle som tingsöcht hadhe och tilstädess wåro, de skulle falla på deras knä och hierteligen bedia Gudh alzmechtig i himmelen för henne, att hon måtte blifua löss ifrån Satans wåldh, så länge hon kunne komma till at bekienna sanningen. Och när bönen war giord och folkit stodh vp igenn, werkade Gudh then alzmechtige så myckit, att hon vthann någon pino eller tuingande bekiende alt huadh som förschrifuit står, och thet sielff rundeligenn vhtsade.»

»När hon alt hade bekiendt, blef hon ådtfrågat huarföre hon strax icke wille bekienna, effter hon befans skyldig. Då suarade hon sålunda, ath hennes mestare och Lazarum hade warit hoss henne om nattenn och så hårdeligenn förbudet att hon inthet skulle bekienna sig skyldig wara, eij heller beropa några andra, huar hon thet giorde, sade han sig willia handla mz henne i enn ynkelig motto jnnan en kort tidh.»

Anm. Af ett ställe i Konga härads dombok för år 1619 finnes, att Ingeborg Boges dotter, i Febr. månad s. å., såsom en »dömdh trolbacka» blifvit »afbrendt».

§ 111. Enligt den mythiska natur-åskådningen hade mennisko-väsenet i kroppen en blott tillfällig uppenbarelseform. I döden afkläddes menniskan detta tillfälliga hölje. *Döden* sjelf fattades såsom ett hemlighetsfullt mythiskt väsen, som, i likhet med andra onda väsen, icke ens måtte nämnas vid sitt rätta namn. Wärendsbon säger derföre ogerna att någon är död, utan nyttjar af gammalt en omskrifning, såsom: »han är all», »det är beställdt med honom» o. s. v. Om dödens mythiska personlighet erinra ännu åtskilliga gamla ordspråk, såsom: döden blås inte i horn; döden ser inte efter åren; döden låter inte skrämma sig o. s. v. När någon ryser häftigt till, tror Wärendsbon än i dag, att det är *döden,* som går öfver hans graf. Innan döden, genom sina starka tydor, kan tvinga mennisko-väsenet att lemna sitt kroppsliga hölje, uppstår dem emellan en osynlig kamp, ur hvilken döden bortgår såsom segervinnare. Denna kamp är *döds-kampen,* och om en menniska, som håller på att dö, nyttjar man ännu det mythiska uttrycket, att hon kämpar med döden.

På ett vida senare skede, då menniskoväsenet redan utvecklat sig till en personlighet, som i lifvet ledsagas af sin följes-ande eller Vård (§ 92), föreställde man sig, att Vården öfvergifver menniskan eller går bort ifrån henne, i det ögonblick hon blir feg eller döden nalkas. Man nyttjar derföre ännu i vårt språk ordet *gå bort* om dem som aflida. Enligt wärendsk folktro är Vårdens bortgång ibland till och med förnimbar, och man hör icke sällan af gamla qvinnor, som vaka hos döende, hurusom, kort före dödskampen, ett litet klart ljus eller lyse kommit fram vid den sjukes hufvudgård och vandrat omkring hans fötter, samt derefter försvunnit. Det är då ytterst angeläget, att Vården, som vill gå bort, icke skrämmes eller qvarhålles genom gråt, oljud eller annat buller. Wärendsbon håller derföre vid sådana tillfällen tyst i stugan; går någon i dörren, det ögonblick då någon dör, så tros han få fallande-sot. Om någon gör oljud hos en döende, säges han *brå* den sjuke i döden, och den sjuke, som på detta sätt blir brådder i döden, tros då icke kunna dö, såsom ämnadt var, utan får en långvarig och svår dödskamp. För att bota härpå, må, efter gammal sed, en af de närmaste fränderna gå upp på stugu-taket och ropa den döendes namn tillika med faders-namnet. Detta heter i Wärendsmålet att ropa ut någon, och har till mening att kalla bort Vården, så att den sjuke må bli feg och kunna dö i frid. Seden har således sin grund i alldeles samma föreställningssätt, som medeltids-tron, att man under striden icke måtte nämna kämpens namn, emedan han då blefve feg och finge banesår. Äfven ett annat medeltids-bruk, som i rent katholsk form ännu bibehåller sig i Wärend, synes förknippa sig med den gamla folktron om menniskans Vård, såsom ett litet ljus eller lyse. Man iakttager nemligen flerestädes än i dag, att, när någon ligger i sjelfva andlåten, sätter den närmaste fränden ett brinnande ljus i hans hand, med den fromma önskan: »ja, så Herre Gud gifve, att det eviga ljuset må tändas för dig!» eller: »Herre Gud, tänd för honom det eviga ljuset!»

Af den ställning, hvari kroppen finnes när Vården lemnat honom, tager man i Wärend ännuförebåd och tydor. Således, om den döde lutar hufvudet till höger, betyder det, att någon mans-person i slägten skall närmast följa honom efter; lutar den döde till venster, så blir det en qvinns-person. Styfnar eller stelnar den döde, så väntar man att någon annan i samma slägt skall snart dö, likasom ock om mullen vid jordfästningen af sig sjelf faller ned i grafven.

Enligt ett yngre christet föreställningssätt stadnar själen qvar hos den döde, tills man för honom ringt *själa-ringningen.* Så snart någon aflidit och hans ögon blifvit tillslutna, läggas derföre ännu uppå liket Guds ord, eller bok (psalmbok), och stål (oftast en sax), till skydd emot orena andar och annan förgerning. Dessa heliga ting borttagas, så snart man får höra klockorna vid själa-ringningen, som alltid må ringas så snart som möjligt efter dödsfallet. Äfven är det folktro, att hjertat icke kallnar på den döde, förr än man har ringt själa-ringning. Gå klockorna lätt vid själa-ringningen, så tros den döde hafva dött väl. Man finner till och med spår af ett föreställningssätt, enligt hvilket själen icke alldeles lemnar kroppen förr än vid sjelfva jordfästningen. Således, om det är oväder när någon jordas, eller om korpar då låta höra sig, tros den döde icke ha blifvit salig. Äfven är det vid sjelfva jordfästningen, som Wärendspresterna, i äldre och nyare tid, sett själen af den döde antingen draga bort såsom Odens svarta korp, eller, såsom christendomens hvita dufva, ifrån tornspiran lyfta sig emot himmelen.

§ 112. Mennisko-väsenets jordiska hölje, *liket*, så snart detta af anden, Vården eller själen blifvit öfvergifvet, har ifrån äldsta tid varit hållet för oskärt. Af lik kommer således, efter wärendsk folktro, mångahanda förgerning, alldeles såsom vi nyss (§ 109) förtäljt om illdödingen eller aset efter sjelfdöda djur. Ser en hafvande qvinna lik, utan att taga derpå, så får barnet lik-skerfvan. Sammaledes ock, om hon ser en lik-kista under bottnen eller en tom graf. Går hon öfver en graf, och lik-kistan är förmultnad, så att grafven faller ihop, så får barnet fallande-sot. Löper en katt under en lik-kista, och sedan under ett hedet barn, så blir barnet Mara. Skola brudfolk vigas samma dag som lik jordas, så må de icke gå in i kyrkan förr än efter jordfästningen; gå de in på tom graf, så bli de fattiga. Får något lik stå i sädesboden, så blir säden icke frö till såning. Bäres lik öfver åkrar, så bli dessa ofruktbara. Föres lik öfver sjöar, så skämmes fisket. Af samma skäl må ej heller en likfärd stadna eller bärare omskiftas, så långt gårdens egor räcka. Hästar, som draga lik, tros bli blinda, och om smeder bära lik, tros de icke mer kunna göra godt eggjern.

Från detta uråldriga föreställningssätt om liks oskärhet och onda tydor, utvecklade sig, redan i den äldsta tid, folktron om as-foglarne såsom heliga foglar (jfr. § 85). Med en stigande odling uppkommo ock, redan hos de äldsta folken, vissa heliga bruk, till att förekomma den mångfaldiga förgerning, som eljest kunde vållas af den döde. Till dessa bruk, hvilka i tidernas lopp undergått mångfaldig förändring, hörde länge, efter eldens upptäckt, att *å bål bränna liken efter de döda.* Detta bruk var i den äldre hedendomen allmänt i vårt land, och elden sjelf uppträder deri, likasom öfverallt i den gamla eldkulten, såsom ett skärt väsen och tillika ett heligt reningsmedel (jfr. § 44). Spår af dessa uråldriga hedna-skick hafva, såsom vi i det föregående (§ 37) anmärkt, bibehållit sig i åtskilliga ännu lefvande wärendska folkbruk, såsom i seden att offra och bränna bål å ställen der någon vådligen omkommit, att uppbränna sänghalmen efter döda, och att, vid likets utbärande ur gården, kasta brinnande eld efter likfärden.

Då, i ett yngre skede af hedendomen och under christna medeltiden, seden att högsätta och jorda de döda trädde i stället för det äldre bruket att bränna liken å bål, så qvarstod likväl detta äldre bruk länge i rättsskipningen för trollbackor (jfr. § 96) och sjelfspillingar, hvilkas lik höllos för mer oskära än alla andra. Sådana lik måtte derföre icke af någon ärlig man vidröras, utan brändes efter hedniskt vis å bål, till förekommande af den mångfaldiga förgerning, som eljest af dem kunde komma öfver landet. Spår af detta urgamla rättsbruk träffas i Wärend ända in på 1600-talet. Den 14 Nov. 1616 dömde således Kinnevalds häradsrätt, att liket efter Håkan Nilsson i Rimsehult, som drap sig sjelf af öfverdådighet, skulle »till skogs föras och i båle brinna». Domboken anmärker härvid uttryckligen, att »det »hafver varit gammal landssed här i lands-ändan, att, »der som sådana grufveliga och alldeles obetänkta »ofall hända, antingen det sker med hängande, skju»tande eller stingande, eller i vatten löpande, eller

»igenom annor tillfälle, och, der liken finnas igen; då »pläga inte ärligt folk sådana ynkeliga fallna »lik röra eller vidkomma, utan mästermannen »plägar gemenligen dit kallas, till sådana rum, och »handla med sådana lik efter föregången dom och »sentens, likasom med annan lefvandes missgernings»kropp, som honom blifver öfverantvardad.» Föreställningen om sjelfspillingars lik, såsom ytterligt oskära, bibehåller sig för öfrigt än i dag, och att vidröra en sjelfspilling, eller f. ex. skära ned en sjelfmördare som hängt sig, räknas af Wärendsfolket för ett rackare-göra, som ingen ärlig man kan åtaga sig.

§ 113. Menniskan fattade ifrån början allt naturlif såsom odödligt. Detta lif, personifieradt i otaliga väsen, hade i den synliga naturen blott sin tillfälliga uppenbarelseform. Alla väsen, träd, djur, menniskor, naturvättar och gudar kunde derföre *skifta hamn* och *förvandlas*, vare sig genom egen kraft eller genom andra, starkare väsens tydor. *Döden* var likaledes blott en *förvandling*, i hvilken väsenet afklädde sig sin tillfälliga kropp eller hamn, för att straxt å nyo uppträda under en ny skepnad.

Vi hafva i det föregående funnit åtskilliga spår af detta äldsta, rent mythiska åskådningssätt. Men framför allt hafva spår deraf bibehållit sig i folktron om menniskoväsenets tillvaro efter döden. Många märkliga drag hänvisa således till ett uråldrigt föreställningssätt, enligt hvilket menniskoväsenet efter döden förvandlade sig till ett *djurväsen;* eller samma folktro, som vi i österlandet återfinna i den bekanta läran om *själavandringen.*

Åtskilliga drag af denna forntida själavandringslära meddelas i det följande (§§ 114—117), såsom de ännu lefva i Wärend och äfven i andra delar af vårt land. Mycket kunde ytterligare tilläggas ifrån olika svenska lands-orter. Om *storken*, som i Skåne hålles för en helig fogel, så att armen tros vissna bort på den som dödar honom, är det en folktro i Onsjö härad, att han är en hafgalen (ɔ: snål) prest, som efter döden blifvit förvandlad till fogel, till straff för sin snålhet. Ett slags mygg får i Södermanland, i trakten af Eskilstuna, namn af *Käring-själar,* o. s. v.

§ 114. Menniskor, som i forntiden nedgräft gods lönligen i jorden, blefvo enligt wärendska folktron straffade på olika sätt. Var skattgömmaren en man, så förvandlade han sig efter döden till en *stor Orm* (jfr. § 85) eller **Drake.** Han ligger då och rufvar på sina medel, der han fordom nedgräft dem, för det mesta i gamla rör och ättehögar, och på ställen i jorden, der det rungar när man går öfver. Ett sådant rör eller annat ställe, hvarest draken *bor* eller annars plägar hålla sig, kallas i Wärend ett *Draka-bo* eller *Draka-rör,* och godset, som der gömmes, säges vara *Draka-medel.* Man håller dock före, att sådana nedgräfda medel, tillika med draken som rufvar öfver dem, sjunka för hvarje år allt djupare och djupare ned i jorden.

Draken visar sig både om dagen och om natten. Om dagen är han såsom en stor orm, tjock som ett mans-lår, med klufven stjert och en mahn, som löper utåt ryggen, såsom en häst-mahn. Han ligger då i draka-röret eller på marken, och vältrar sig i solen öfver sitt myckna guld och silfver. Man nyttjar härom talesättet, att draken solar sin medel. Enligt gammal folktro har draken på helig thorsdag (ɔ: Christi himmelsfärds-dag) sina medel uppe att vädras. Nattetid åter visar han sig mest på lugna höst-qvällar. Han flyger då emellan de gamla rören och grafhögarne, i skepnad af en stor eldqvast, släppande gnistor efter sig i luften, hvar han far fram. Han flyger icke rätt högt, utan vanligtvis i jemnhöjd med skogs-topparne. När Wärendsbon ser denna luft-företeelse, som ännu icke sällan omtalas, säger han, att »det är draken»; »draken är ute och far» eller »draken är ute och flyger»; »draken flyttar emellan drakarören».

När draken är uppe, blir han icke alltid synlig; men thorsdags- (och söndags-) barn kunna se honom, der han ligger på skatten, och äfven förgöra honom. Menlösa barn tros ock kunna taga drakamedel, hvilka då alltid visa sig såsom spånor, hyfvelkasor och annan bråte; men när de komma under tak, bli de till silfver och gull. Stundom händer ock, att någon oskyldig flicka, som går i skogen, plötsligt får se ett ställe på marken eller en en-buske, som är alldeles fullsatt med bälten, länkar, kedjor, ringar och annan grannlåt, af klaraste silfver. Detta allt är drakamedel, som draken har ute för att solas, och ser hon väl efter, kan väl hända att draken sjelf ligger inte långt derifrån och vältrar sig i solskenet. Han är då mycket farlig, om hon kommer honom nära; ty han sprutar etter ifrån sig. Men är hon behändig och genast kastar stål öfver skatten, så har draken inte makt att göra henne något ondt, utan hon kan taga alltihop. Stålet, som hon kastar, måste dock vara ånger-stål, d. v. s. ett stycke af något egg-jern, som man råkat bryta sönder och hvaröfver man varit ångersam. Icke heller må hon besinna sig länge; ty då bär draken bort skatten, och när hon så kommer dit, har guldet och silfret förvandlat sig till spindelväfvar, dvergsnät, näfver och löf, som glittra i morgondaggen emot solen.

Vill man nattetid gräfva efter medel i draka-rör, så må icke ett ord talas, ty då förer draken bort pengarne. Icke heller må skattgräfvaren låta skrämma sig, ehvad för underliga syner han får se; ty draken plägar vid sådana tillfällen skifta sin hamn och visa sig i mångahanda fasliga skepnader, för att jaga främlingen bort ifrån draka-boet.

§ 115. Var det en qvinna, som i forntiden nedgräft gods i jorden, så antog hon efter döden skepnad af en *stor, svart* **Höna.** Hon ligger då, likasom draken, och rufvar sin medel i jorden eller röret, der hon fordom gömt dem. Äfven har hönan blifvit sedd, när man skolat taga upp kyrkoklockor, som fallit ned i sjön, samt annorstädes der mycket dyrbart gods finnes undangömdt.

Hönan har emellan sina svarta fjädrar någon gång en hvit fjäder; men blott en enda. Har hon en sådan hvit fjäder, så kan man vältra henne bort ifrån skatten och taga hennes gods; men är hon alldeles svart, så låter det sig icke göra, utan det är någon som vet sådan konst, att han kan söfva henne. Eljest skåkar hon, eller flaxar med vingarne, och då försvinner hela skatten i jorden. Af detta skåkande blir hon stundom kallad *Skåkhönan*. Äfven heter det, att hon skiftar hamn och på mångfaldiga andra vis skrämmer dem som vilja taga hennes gods; ja, hon säges till och med kunna öda och förderfva dem. Och så ligger hon och »ottar (ɔ: vaktar) sin medel, tills domen kommer».

§ 116. Menniskor, hvilka i lifvet varit kärt fästade vid detta jordiska, som begått stora synder, eller efter döden blifvit förda till skogs, så att de icke fått komma i vigd jord, äro dömda att utan ro vandra omkring i mångfaldigt olika skepnad. De bilda således en egen klass af mythiska väsen, som i wärendska folktron äro kända under namn af *Gastar*.

Det mest omtalade af dessa väsen, eller **Gasten**, är, på samma sätt som draken och hönan, tillika ett mythiskt djurväsen, nemligen en Uf eller en Uggla. Han visar sig således blott nattetid, och alltid utom hus, på vägar och stigar emellan gårdarne och i skogen. När han går på jorden, är han såsom en mennisko-hamn utan hufvud, eller såsom benranglet af en menniska, med eldglöder i; men allt emellan far han af i luften, såsom när foglen flyger. Någon gång har man ock sett honom stående i ett ihåligt träd eller i någon annan skrymsla; han ser då ut som ett benrangel, är grå och möglig och stygg att skåda. Då han nattetid far omkring, upphäfver han hemska rop, än hesa och hväsande såsom en gåses (ɔ: gås-karls) läte, än höga och gälla såsom ett anskri. Dessa rop få hos Wärendsfolket namn af *Gasta-skrik*, och när någon skriker och låter illa om sig, heter det, att han *gastar* eller skriker som en gast. När gasten låter höra sig framme vid husen, har det inga goda tydor med sig, utan bådar antingen för lik eller flyttning. Med detsamma gasten skriker, ger han ett starkt sken ifrån sig, så att det lyser till i mörkret; somliga säga, att det då blir så ljust omkring honom, att man kan se sjelfva sanden på vägen.

Gasten skrämmer och oroar folk, som nattetid äro ute på färdvägar. Stundom kommer han hoppandés jemnfota framåt vägen; han är då gasten af någon menniska, sóm, efter gammal wärendsk folksed, blifvit lagd i kistan med hopbundna fötter. Stundom kommer han farandes i luften, och hänger sig osynlig bakom ryttaren, på hästens länd eller hasar. Han är då så tung, att hästen begynner skälfva och skumma, och knappt orkar bära sin ryttare uppför backen. Hänger gasten sig på lasset hos någon färda-karl, så tröttnar hästen likaledes. Ryttaren eller kör-karlen har då ingen annan råd, än att stiga af, taga af betteln eller munnlaget, och spotta derpå tre gånger; såsom spotta är godt emot all slags förgerning. Tittar han på samma gång igenom betslet, så får han syn på gasten; men allt detta måste ske qvickt, ty eljest får han sig med detsamma en örfil, så det svartnar för ögonen. När gasten på detta sätt rider eller åker hos folk, har han inte makt att följa med, längre än till nästa rinnande vatten eller kors-väg; der blir man alltid af med honom.

Thorsdags- (eller Söndags-) barn ha framför andra förmågan att kunna se gastar. Får någon se gastar, må han straxt spotta åt dem, eljest ha de makt att skada. Äfven hjelper emot gastar, om man har bröd, svafvel eller hvitlök i snappsäcken (fickan). Hvisslar någon i mörkret, eller ser sig om då han är ute nattetid, så får gasten makt att pläga honom. Icke heller må någon omtala att han sett gasten, förr än andra morgonen sedan sol gått upp. Ty gasten är ett orent väsen, som vållar flerfaldig förgerning på menniskorna. Kysser han en menniska, så får hon bläddror på läpparne; sådana bläddror heta derföre i Wärendsmålet en *Gasta-kyss.* Råkar någon eljest för eller vid gasten, så tros denne kramma eller krysta honom. Den som på detta sätt blir *gastakrammad* eller *gastakryst,* får häftig sjukdom, med rysning och qväljningar och stundom med blå fläckar på kroppen.

Alla gastar äro icke lika onda att råka ut för. De värsta ibland dem äro *dag-gastar,* eller sådana gastar, som blifvit öfverraskade af solen eller af hanegället, innan de hunnit till sitt rum igen. Gasten blir då ståendes der han är, hela dagen om, och de värsta ibland dem sägas till och med gå äfven om dagen. Råkar någon menniska ut för en sådan dag-gast, eller möter honom, så blir hon våldsamt sjuk, med blodhostning och stora blå fläckar öfver hela kroppen. Det heter då, att hon råkat för dag-gasten, fått *dag-gastakramm* eller *dödsmans-mot.* Man botar sådan häftig sjuka på mångfaldiga vis, såsom genom läsning (§ 104); eller genom att se sig sjelf i ett med vatten fyldt tregjorda-karale, d. v. s. i en vattenspann, som är bandad med tre gjordar (§ 102); genom att springa tre gånger ansyls omkring kyrkan, o. s. v. Af gammalt botas likväl dag-gastakramm helst med eld, såsom gasten är ett oskärt väsen, och hela föreställningssättet om honom otvifvelagtigt går tillbaka i tiden för den forntida eld-dyrkan. Vi hafva om dessa olika sätt att bota gastakrystning, med användning af eld, redan yttrat oss i det föregående (§ 102).

Enligt en yngre folktro är gasten *den onde*, d. v. s. menniskans onde följes-ande, eller slutligen fanden sjelf, som tager menniskans hamn och dermed far omkring och spökar. För att kunna göra detta, måste han dock alltid derjemte taga någon ledamot af den dödes kropp. Således hände sig en gång, att en man sköt på gasten, och hade sådana konster, att han kunde träffa honom. När han så kom dit, låg der bara skulderbladet efter en död menniska. Men har inte skytten någon hemlig konst, så är det farligt att skjuta på gasten; ty det har händt, att han farit efter skytten och nära på förderfvat honom.

Menniskor, som haft för sed att gå årsgång och brukat annan syndig hednisk vidskepelse, tros efter döden få gå omkring såsom dag-gastar.

§ 117. En annan gast, som likaledes uppenbarar sig i skepnad af ett fogelväsen, får i Wärend namn af **Nattramnen.** Hvilken svensk fogel-art, som närmast menas med detta mythiska väsen, kunna vi dock ej bestämdt angifva. Förmodligen någon art snäppa eller Beckasin.

Nattramnen är, enligt folktron, gasten af någon *utbörding*, d. v. s. af något barn, som, efter gammal folksed, blifvit utburet i skogen, så att det icke fått komma i vigd jord. Han visar sig blott nattetid, helst emot stora högtider, och far då i luften, såsom en fogel. När han far, låter han höra ett knarrande, knirkande och gnällande ljud, såsom gnisslet af ett osmordt vagnshjul eller af en gammaldags wärendsk pinnharf, hvadan han ock någon gång omtalas under namn af *Ledaharfven*. Han kan icke flyga närmare till jorden än som oxen bär oket, och hans färd går alltid ifrån vester och emot öster. Detta sker derföre, att han, enligt medeltids-tro, är jemnt stadd på färd till Christi graf, och ej kan få ro eller förlossning förr än han hunnit dit. Men vägen är lång, och, såsom andra gastar, kan nattramnen icke fara längre än tills hanen gal eller solen går upp. Då svinner han ned i jorden, och afbidar nästa natt för att fortsätta sin resa.

Det är farligt att tala illa till nattramnen, med onda ord och svordomar; ty den som det gör, han blir förgjord, så att han tvinar bort och aldrig mer kommer till helsan igen. Äfven kan det vara farligt att möta honom, ty det har händt, att han far på folk och anfaller dem, så att de med stor nöd kunnat komma helbregda till bys igen. En man, som mötte nattramnen, kastade sig för honom ned på marken. När så dagranden syntes, försvann gasten, och der låg på marken blott såsom ett slem tillika med några gamla trasor.

§ 118. Somliga gastar äro *eld-gastar*, så att, när de nattetid visa sig, sker det med eld eller lyse. Flera sådana gastar omtalas i Wärend; de förnämsta äro:

Penga-gasten. Han är gasten efter någon menniska, som i lifstiden nedgräft penningar i jorden. Penga-gasten visar sig om nätterna, och mest före stora högtider. Han går då och lyser på sin medel, i gamla rör och annorstädes, der han i lifstiden nedgräft eller gömt dem.

Märkes-gasten eller **Ångamålaren** är gasten efter den menniska, som i forntiden syndat genom att flytta råmärken. Hans straff efter döden är då, att nattetid gå upp sina rågångar. Dervid bär han i ena handen en stång, och i den andra ett brinnande bloss, som stundtals lyser till och stundtals försvinner. Medan märkesgasten på detta sätt springer längs märket, mark-skälet eller rågången, ropar han med hes röst: »rätt!» »orätt!» eller »der var rätt!» »der var orätt!» Somliga säga ock, efter yngre medeltids-tro, att för hvarje gång som blosset gnistrar till, är det *Skam*, som piskar Ångamålaren med en jernpiska.

Märkesgasten visar sig än i dag vid många gamla gårdar. Således brukade han förr alltid hålla sig vid Hönetorpa å-bro. Vid ett led (ɔ: en grind) nära Ugglekull, visade sig förr om nätterna två ångamålare på en gång. När den ene ropade: »rätt!» skrek den andre: »orätt!» och sedan slogo de tillsammans med blossen, så att gnistorna flögo rundt omkring.

I likhet med andra gastar, låter Ångamålaren mest höra af sig före stora högtider, såsom vid jul och påsk. Han kan icke röra sig sedan sol gått upp, och om någon då får vid honom, eller råkar väta der han står, utan att ha spottat före sig, så kommer deraf förgerning och sjukdom. Och såsom ängamålaren gjorde illa när han lefde, så får han på det viset springa om nätterna och lysa och skrika, så länge verlden står.

Lyktegubben är en eldgast, som ofta sammanföres eller förblandas med ängamålaren. Han går nattetid omkring med en lykta i handen och förvillar folk, som äro ute på vägar och stigar. Vanligen visar han sig först på ett ställe, skriker så ett skrik och tager ett långt skutt (ɔ: hopp), och visar sig straxt på ett annat ställe, långt derifrån. Och så får han gå och lysa och skrika, till straff för sina synder, ända tills domen kommer.

§ 119. Med det mythiska åskådnings-sättets långsamma förändring, och med införandet af seden att jorda de döda, öfvergick man småningom till ett föreställningssätt, enligt hvilket menniskan efter döden väl ännu kan uppträda på jorden, synlig eller osynlig; men i förra fallet icke uppträder såsom ett mythiskt djurväsen, eller som en gast, utan såsom ett mythiskt menniskoväsen, iklädt samma kropp eller hamn, som tillhört henne i lifstiden. Man säger om sådana aflidna, att *de gå igen efter döden*, hvaraf namnet **Gengångare, Återgångare.**

Att få gå igen efter döden ansågs af våra förfäder såsom den största af alla olyckor. Oftast var det tillika ett straff, såväl för den döde sjelf, i fall han bedrifvit onda gerningar här i verlden, som för de lefvande, i fall dessa emot honom brustit i uppfyllandet af någon from kärleks-pligt. De förhållanden, under hvilka en afliden måste gå igen, kunde således vara väsendtligen olika, och vi anföra här några af de mest betecknande, såsom de omtalas i den wärendska folksägnen.

I fall någon här på jorden begått stora syndagerningar, så kan han efter döden icke få någon ro i sin graf, utan får gå med samma syndagerningar jemväl efter döden, i all verldenes tid. Otaliga sägner äro grundade i denna urgamla folktro. Sålunda hände sig för länge sedan, att gårdarne Jutanäs och Ebbemåla lågo i delo med hvarandra om rågången. Saken hänsköts till riddare-syn; men riddaren tog en stor gul häst i mutor af Ebbemåla, och dömde derföre orätt. Han blef likväl straffad för sin stora synd; ty när han red bort, stupade hans häst vid en bro på andra sidan om Asarum, och han sjelf satte lifvet till. Allt sedan dess får han rida hvarje högtidsnatt, på sin gula häst, emellan Jutanäs och Ebbemåla, längs efter märket, och emellanåt vattnar han sin häst i gylet (ɔ: gölen). Ögonen glöda i hufvudet på hästen, såsom brinnande elds-lågor. Och så får riddaren fara hvarje högtidsnatt så länge verlden står.

I enlighet med detta uråldriga föreställningssätt troddes stora missdådare och ogerningsmän alltid bli gengångare. I Willands härad, i byn Ripa, omtalades förr af folket en sådan gengångare, under namn af Stor-Trued. Hvarje qväll, när kreaturen kommo till bys, måste tjuren gå bort till en viss plan; der bölade han förfärligt och stångades, som man trodde, med Stor-Trued. Tjuren bergade sig länge i denna strid; men slutligen fick gengångaren råda, och förderfvade honom. Till att hindra missdådare från att gå igen efter döden, har man derföre under medeltiden iakttagit åtskilliga bruk. Till dessa hörde, att när någon rånsman eller annan grof våldsverkare blifvit aflifvad, drefs en stark ekepåle igenom hans kropp ned i jorden. Äfven har man brukat afhugga den dödes hufvud och lägga det emellan hans ben eller under hans arm. Ännu så sent som d. 4 Maj 1612 dömde Kinnevalds häradsting om en skogsman, dråpare och fredlös, vid namn Per Börgesson i Onsvalehult, att «hans lik skulle huggas i en ho och »sedan föras afsides och nedsättas uti moras, och »aldrig läggas uti vigda jord och kyrkogård». Om en annan våldsman, vid namn Åke i Hemmingsmåla, förekommer i Konga härads dombok för d. 17 April 1615, att han blef »ihelskjuten och lagder i skogen i »ett rör». Detta senare, eller liks nedläggande i rör, har i Wärend varit uråldrig hednisk folksed. Sankt Sigfrids legend förtäljer, om dem som mördade hans systersöner, att »tha thoko the kroppana ok bundo »reep um thera fötir, oc drogho thæm til thæn »stadh, som diwrwm var vilsambir, oc neplica kom »sool, oc kastadho storan stenahögh upa thera »hælgha likama».

Ännu mer betecknande äro de rättsbruk, som iakttogos med sjelfspillingar, hvilka, enligt gammal folktro, efter döden äro de värsta af alla gengångare. Vi hafva således i det föregående (§ 112) omtalat, hurusom Kinnevalds häradsrätt d. 14 Nov. 1616 dömde, att liket efter Håkan Nilsson i Rimsehult skulle »till skogs föras och i båle brinna». Nästan vid samma tid, eller år 1611, dömde Sunnerbo häradsrätt om en gammal bonde, vid namn Arfvid i

Ramnaryd af Lidhults socken, som fått likmatken (kräftan) och i förtviflan hängt sig på gällstången vid grufvan, att »efter han gjort sig sjelf till en »sjelfspilling och intet hopp hade, — — skulle han »utgrafvas under syllen och sedan läggas i hästa»backen». Med likets utgräfvande under husets grundstock, i stället för utförande genom dörren, afsågs här otvetydigt, att skydda husfolket för den hemsökelse, som eljest var att vänta af sjelfspillingen såsom gengångare.

Om någon dött en våldsam död för annans hand, eller i lifstiden lidit någon djup oförrätt, tros han icke få någon ro i sin graf, förr än gerningen blifvit uppenbar och hans död eller oförrätt blifvit hämnad. Att hämnas sin frändes död, skymf eller skada, har derföre ifrån äldsta tid varit betraktadt såsom en helig pligt, som af slägten icke kunde försummas, utan att den döde skulle hemsöka dem alla, såsom en nattlig gengångare. Att sjelf öppet tillkännagifva ett begånget dråp, har af samma skäl varit en af våra förfäder allmänt iakttagen folksed. Blef någon dräpen, så att ingen visste hvem som var rätter baneman, var det i Wärend ett gammalt folkbruk, att närmaste frände gick fram till liket, innan man ringt själa-ringningen, och bad den döde sjelf hämnas sin död. Den dräpne troddes då gå igen hos sin baneman, och ej unna honom hvarken ro eller lisa, utan på mångfaldigt sätt hemsöka honom natt och dag, och slutligen taga hans lif förr än året var om. För dråparen fanns då ingen annan råd, än att bota för sin gerning, eller ock att nattetid gå till den dödes graf och bedja för sig. Om då den döde gaf honom till, så fick han igen sin yttre och inre frid. Men ett sådant nattligt besök vid grafven hade sin stora fara, och om dråparen vid bortgåendet såg sig om, så kom kyrkogrimmen (§ 87) efter honom och ödde honom.

Hade den döde varit girig, och, efter gammal hednisk sed, gömt undan penningar eller annat gods, så troddes han gå igen och vakta på sin skatt, enligt samma föreställningssätt, som i en ännu äldre tid gaf upphof åt mytherna om draken, hönan och penga-gasten. Det är derföre folktro, att man aldrig må gömma någonting i springor och andra skrymslen; ty då får man efter sin död gå igen, för att se efter hvad man gömt.

Likaledes om någon eljest varit kärt fästad vid detta jordiska, eller djupt fattad af någon lidelse, så får han efter döden gå och uträtta hvad han tänkt här i verlden, och far så alltjemnt om nätterna emellan hemmet och grafven eller emellan kyrkan och grafven.

Slutligen i fall någon omkom i skogen, i vattnet eller på annat lönligt sätt, så troddes han gå omkring såsom gengångare, och förvilla folk, eller spöka hos dem i husen, tills man letat rätt på hans lik och visat detsamma tillbörlig heder. Enligt medeltids-tro var härvid framför allt angeläget, att den döde fick hvila i vigd jord. Att icke bli ärliga begrafven, eller att icke få kyrkogård, att dömas till en åsna-begrafning eller till att nedgrafvas i hästa-backen, är således en skärpning i dödsstraffet, som ända till senare tid qvarstått i våra svenska lagar, och som noga sammanhänger med ett äldre föreställningssätt om menniskoväsenets tillstånd efter döden.

Hela Wärend är ännu uppfyldt af sägner om gengångare. Uppenbarelsen af dessa hemska, nattliga väsen är mycket olika, och beroende af de skilda sätt, hvarpå man, under olika tider och med olika bildningsgrad, föreställt sig menniskoväsenet efter döden. I den äldsta oeh råaste sägnen uppträder således gengångaren alltid fullt kroppslig. Vi hafva anfört exempel på detta föreställningssätt, i berättelsen om Stor-Trued, som brottades med tjuren. En annan hithörande sägen, som i Wärend ofta omtalas, är den om en fru, som under en resa kom att ligga på ett främmande ställe, der det brukade spöka. Om natten kom der fram till hennes säng en gengångare, klädd såsom en qvinna, med en hvit klut på hufvudet. Frun tog mod till sig och talade henne till, såsom gengångare aldrig kunna säga något, utan att man först tilltalar dem. Då berättade qvinnan, att hon var bondens i gården hustru, som han mördat och nedgräft i stallet under den tredje golf-tiljan. Till bevis på sina ord löste hon kluten af sitt hufvud, och visade huru hjessan blifvit klyfd med ett yxhugg. Frun tog en ring af sitt finger och kastade i såret. Andra morgonen skickade hon efter folk och lät göra ransakning. Då fanns liket af den mördade hustrun under stallgolfvet och i hennes hufvudskål låg ringen, som den främmande frun hade ditlagt om natten.

Stundom taga dessa gamla sägner äfven en romantisk form, såsom i berättelsen om flickan, som om natten låg och tänkte på sin käraste. Då klappade det på dörren, och när hon öppnade, var det hennes fästeman, men blek och förändrad. »Följ mig!» bad han henne. Ja, det ville hon gerna; hon satte sig så upp på hästen, bakom sin fästeman, och de drogo åstad på kyrkovägen. När de kommit ett stycke, qvad ryttaren:

»Månen han skrider,
den döde han rider.
Allra kärestan min, är du inte rädder än?»

»Nej», svarade flickan, »huru skulle jag vara rädd, när jag får följa med dig!» Om en stund sjöng ryttaren åter, såsom förra gången; men fick allt samma svar. Tredje gången likaledes. Slutligen kommo de till kyrkan. Der steg mannen af hästen och gick in på kyrkogården, hvarest han begynte kasta upp en graf. Men då förstod flickan, att hennes fästeman var död och att han gick igen efter döden. Hon flydde nu förfärad bort och klappade på hos presten. Der blef hon insläppt, och kom så ifrån gengångaren och till bys igen.

I sammanhang med hela detta föreställningssätt är det äfven wärendsk folktro, att om snickaren råkat göra den dödes likkista för kort, så knakar det i kistan om natten och blir förskräckligt buller och oljud. Har snickaren lofvat kistan färdig till någon viss tid och ej håller ord, kan han äfven vänta, att af den döde bli hemsökt med hvarjehanda buller och annat spökeri.

För att hindra oroliga, syndiga och vid lifvet kärt fästade menniskor, att gå igen efter döden, har man i Wärend af ålder iakttagit åtskilliga karakteristiska folkbruk. De äldsta ibland dessa ha sin rot i den gamla eld-kulten och i den ännu äldre soldyrkan. Hit hörer, att, till husets skydd emot gengångare, hafva en röd hane, solens fogel, sittande på sin vagel i förstugan (jfr. §§ 76, 85). Hit hörer ock seden, att uppbränna sänghalmen efter den döde, att kasta brinnande eld efter likfärden och att strö aska (salt, och sprängfrö eller linfrö) omomkring gården, eller öfver vägen, der man vill att gengångaren skall stadna. Ifrån det tidskifte, då man först lärde känna stålet, härrör bruket att hugga in en yxa eller annat eggjern ofvanför stugu-dörren. Ännu yngre är bruket att hopbinda den dödes fötter, att sticka nålar i svepningen, så att de vetta mot fötterna, samt att i lik-kistan nedlägga hake och mårna (ɔ: hyska och merla), eller en stör, bruten ur gärdesgården. När lik skall utbäras ur husen, må det alltid bäras med fötterna förut, att den döde icke må gå igen. Urgammal är äfven folkseden, att hviska den döde i örat, att han icke skall gå igen, likasom Oden hviskade i örat på sin son Balder, när denne lades uppå bålet. Många omständigheter visa ock, att man fästat en stor betydelse vid det gamla skicket att lägga jord på den döde. Det christna bruket, att med jordkastning och med kraften af det heliga ordet binda den döde vid sin graf, grundar sig således, efter all anledning, i ett vida äldre hedniskt folkbruk. Denna heliga handling får ock i Wärend namn af att *jordfästa ett lik,* eller att *jordfästa den döde.*

§ 120. När mördade barn gå igen, få de i Wärend namn af **Myrdingar.** Myrdingen är således samma väsen, som vi förut omtalat under namn af Nattramnen, ehuru fattadt enligt ett yngre föreställningssätt, icke såsom en gast, utan som en återgångare.

Man har i Wärend många sägner om Myrdingar. På en gård i Hjortsberga socken var en nattstuga, der det hördes spela hvar endaste natt. Ingen tordes ligga der. Ändteligen kom der en karl, som inte var rädd, utan bad att få ligga i nattstugan. Vid midnatts-tid fick han då se ett blodigt barn, som begynte sjunga och spela, och som höll ett förskräckligt hus. Karlen repade hälane (ɔ: mod), och frågade myrdingen hvarföre han for fram på det viset. »Jo», sade myrdingen, »det är för att jag blifvit mördad. I morgon får du se min mor komma bärandes, med en röd hätta. Hon har gräft ned mig under förstugu-stenen; men du skall laga att jag får komma i vigda jord.» Detta lofvade karlen, och dermed försvann myrdingen. Dagen efter kom modren dit, med en röd hätta på hufvudet, och när man gräfde under förstugu-stenen, hittades benranglet af det mördade barnet.

Myrdingen, såsom alla återgångare, är ett grymt väsen och farligt att råka vid. Kommer det någon att oroa honom, der han ligger nedgrafven, tros myrdingen vara i stånd att öda och förderfva honom.

Har ett barn blifvit förgjordt redan i moderlifvet, eller har ett halfgånget och framfödt foster icke blifvit lagdt i kyrkogården, så får gengångaren skämtvis namn af en *Äske-Pelle;* namnet taget af den ask eller äska, i hvilken förtidiga foster pläga bäras till kyrkogården.

§ 121. Med den christna verlds-åskådningens seger öfver hedendomen, upplöser sig långsamt det äldre mythiska menniskoväsenet i sina begge motsatta beståndsdelar, Själen och Kroppen. Den döde kan nu icke mer gå igen lekamligen, utan hans kropp hvilar liflös i jorden, medan hans själ drager bort till något rum utom densamma, för att njuta lönen för sina onda och goda gerningar.

Men det äldre hedniska föreställningssättet var alltför djupt rotadt, för att kunna på en gång öfvergifvas. Nedom och vid sidan af kyrkans lära bibehåller sig således en folktro, som, hela medeltiden igenom och än i dag, står uppå rent hednisk grund, ehuru alltmera påverkad af de nya christna idéerna. I denna folktro förknippar sig det hedniska föreställningssättet om menniskans följes-andar, med den utifrån lånade idén om en Satan, såsom princip för det sedligt onda. Menniskans onde följes-ande, *den onde*, som följer menniskan, betraktas då alltmera, först såsom en puke eller ond ande, och sedan såsom Satan sjelf. Huru för öfrigt denne medeltidens Satan sjelf bibehåller förvridna drag af den i två motsatta väsen sig upplösande hedniske Oden, ha vi redan i det föregående (§ 52) allmänneligen påvisat.

Ur det äldre hedniska föreställningssättet om gengångare, utvecklade sig på detta sätt medeltidens folktro om *Spöken*. Ett **Spöke** är nemligen icke längre menniskoväsenet sjelf, som, fördt af sina jordiska känslor och böjelser, efter döden går igen på jorden; utan menniskans onde följes-ande, den Onde, eller, efter christen medeltids-tro, *Oden, Skam, Lucifer* eller *Satan*, som tager något af den dödes kropp eller svepning och deraf skapar sig en hamn, med hvilken han nattetid drifver sitt onda spel, bryr folk, och på mångfaldigt vis oroar de lefvande. Spöken och gastar hafva derföre i Wärend af ålder varit räknade till *Onrot* (Odens-rot, jfr. §§ 53, 60) eller *Lucifers anhang*, och bli ännu alltjemnt af folket ansedda för *fans-tyg* eller *djefvuls-tyg*.

Tron på spöken är i Wärend ännu allmän. Om hvarje buller nattetid, med skrapande, stampande, knäppande och andra ljud, som störde folkets nattro, och om hvarje sällsam syn, förstorad af inbillningskraften, hette det fordom, såsom än i dag, att »*det spökar*». Otaliga s. k. *spök-historier* voro förr i svang hos folket och äro det ännu. Serdeles märkliga ibland dessa spökerier äro de, i hvilka den onde anden tager en uppenbarelse-form eller bibehåller drag, lånade af den hedniske Oden, eller af Odens hästar och Odens hundar. Oden sjelf visar sig således ännu någon gång i Wärend, såsom en gengångare eller ett spöke (jfr. § 49). Likaledes ha vi i det föregående (§ 48) redan omtalat, hurusom Satan, i skepnad af en häst, dansade hvar natt på ett loft i Brohult af Wislanda socken, och huru man, ännu vid slutet af förra århundradet, sökte på en småländsk kyrkogård läsa bort den svarta hästen. Om Odens hundar, och om de af dem skapade helvetes-hundarne, ha vi likaledes redan i det föregående talat.

En gammal wärendsk sägen förtäljer om två vänner, som kommit öfverens, att hvilken som dog först, skulle den andre vaka vid hans graf i tre nätter. När så den ene dog, och hans vän, enligt löfte, satt första natten vid grafven, kom den Onde gåendes i skepnad af en man, och ville taga bort liket; men han, som vakade, förhindrade det. Andra natten kom den Onde igen; men ville då nöja sig, om han kunde få en ledamot af den döde. Tredje natten kom han åter, och bad då så gerna, om han blott kunde få en tråd af svepningen, för att dermed kunna fara omkring och spöka. Till hela detta föreställningssätt knyter sig således det gamla medeltids-bruket, att vaka hos den döde, tills hans lik blifvit jordfästadt. I Wärend blir derföre graf-ölet än i dag kalladt *Vake-natt.* Meningen med Vakenätterna var ifrån början, att hindra Satan från att lekamligen anamma den döde, såsom dylika händelser icke sällan omtalas i den wärendska folksägnen. Ljusen, bönerna och den heliga sången voro framförallt verksamma till skydd emot den Onde. Huru denna idé blifvit upptagen i vår svenska medeltids-kyrka, hörer icke hit. Men en qvarlefva af det gamla föreställningssättet igenfinnes i den allmänt iakttagna wärendska folkseden, att, så snart någon aflider, lägges uppå liket en sax (eller annat stål) och en psalmbok, till skydd emot onda andar och all slags förgerning. Dessa heliga skyddsmedel borttagas, så snart själen genom själa-ringningen blifvit frigjord ifrån detta jordiska, och, enligt katholskt föreställningssätt, tagen under beskydd af den heliga kyrkan.

§ 122. Medan föreställningarne om menniskans öde efter döden på detta sätt långsamt utveckla sig, och, för den onda menniskan, småningom antaga den form, som tillhör christna medeltiden, föregår en motsvarande utveckling i föreställningssättet om de frommas och rättrådigas lott efter döden. Äfven här fasthöll man dock länge vid den äldre hedniska uppfattningen af menniskan, såsom ett mythiskt och ofritt naturväsen, och under det oberäkneligt långa skede, som ligger emellan den äldsta folktron om menniskoväsenets förvandling till djurväsen (§ 111), och det christna föreställningssättet om själen såsom en ande, tänkte man sig de frommas lott efter döden, såsom hufvudsakligen likartad med hvad vi nyss förtäljt om Gengångarne. De aflidna, fattade på detta sätt, få i Wärends-målet namn af **Dödingar,** ett ord, som närmast motsvarar Manerna hos forntidens Romare.

Dödingen, eller menniskan efter döden, fattad såsom ett mythiskt menniskoväsen, qvarstår i wärendska folktron såsom ett hemskt, kallt, grymt och blodlöst väsen. Han bor i sin ättahög, eller i grafven på kyrkogården, der han blifvit jordad. Om han oroas, så hämnar han sig grymt, och den som med våld sökte intränga i grafhögen, troddes förr hafva att med den döde bestå en kamp på lif och död. Att *vara i hög med någon,* heter ännu i Wärendsmålet att kämpa med någon. I den yngre folktron hämnas dödingen på dem som störa hans frid eller våldföra sig på hans grafhög, genom att påföra dem sjukdom eller på annat sätt oroa och qvälja dem. Vi hafva denna folktro att tacka för bibehållandet af våra dyrbaraste forngrafvar, och vi ha redan i det föregående anfört exempel, huruledes, på Rudbecks tid, Mons:r Hagelsten, som gick in i Frulund vid Skatelöf, blef der alldeles vettlös och rasande (§ 31), och huru Major Jöns

Gyllensparre, som lät köra bort den runda stenen ifrån Kungshögen vid Ingelstad, dervid icke blott miste sina oxar, utan ock att ingen menniska eller kreatur i gården fick någon ro eller lisa, förrän stenen blifvit återförd till sitt rum igen (§ 34).

Dödingen bibehåller i grafven alldeles samma böjelser, som han hade på jorden, och njuter der ännu af det gods och de rikedomar, som han sjelf gömt eller som med honom blifvit nedlagda i grafhögen. Det var derföre nordisk fornsed, att lägga guld och dyrbarheter med den döde på bålet, och att högsätta eller jorda honom med sina smycken. De gamla hedningarne plägade, af samma skäl, lönligen åt sig nedgräfva skatter i jorden, och vi ha i det föregående sett, huru denna fornsed ihågkommes i den wärendska folktron om Draken, Hönan och Penga-gasten. Ännu så sent som år 1624, vittnades inför Konga häradsrätt om en afliden rik bonda-käring, att »när hon låg på döds-sängen, be»fallte hon dem som hennes lik kläda skulle, att de »ändteligen skulle sy fyra bref inne i hen»nes klädsel». Dessa fyra bref voro köpebref eller gårdbref, af hvilka hon således menade sig fortfarande hafva nytta och gagn. En qvarlefva af detta forntidsbruk är den än i dag iakttagna wärendska folkseden, att man hos den döde i kistan nedlägger en penning, ett folkbruk, som således hvilar på uråldrig hednisk grund, och som erinrar om ett liknande skick hos de forntida Romarena.

Såsom i det gamla norden ingenting skattades så högt som goda vapen, blefvo alltid kämpens vapen med sin egare lagda på bålet eller nedlagda i högen. Äfven strids-hästen dödades, och högsattes hos sin herre. Qvarlefvor af dessa gamla bruk hafva i vårt land länge bibehållit sig. Således föres vid konungars och stora krigares begrafning ännu alltjemt strids-hästen med i jordafärden. Vid våra gamla konunga-begrafningar fördes alltid i liktåget den aflidnes banér, äfvensom hans vapen, burna af en man till häst, som i ena handen höll den dödes svärd, med uppåt vändt fäste, och på ryggen hans sköld. Vid riddare-begrafningar ännu för 200 år sedan, buros likaledes i sorge-tåget den dödes standar och hans adeliga vapensköld, hvilka sedan upphängdes öfver grafven. Äfven hans rustning fördes i jordafärden af en man, som i gamla relationer kallas »mannen med kyrassen». Efter svensk medeltids-sed hafva riddarnes vapen förmodligen blifvit krossade på sin egares graf, hvaraf det ännu iakttagna bruket att krossa en riddare-sköld, när den siste ättlingen af en adels-slägt föres till grafven. Men på 1500-talet öfverlemnades riddare-rustningen till kyrkan; likväl med rätt för arfvingarne att den igenlösa. Seden, att nedlägga svärdet i grafven hos sin egare, genomgår hela medeltiden, och ännu under de sista sextio åren har i Wärend varit bruk, att, vid riddare-begrafningar, svärdet först blifvit nedlagdt på den dödes lik-kista, och derefter upphängdt på kyrkoväggen, der gamla officers-värjor ännu ofta finnas hängande, för det mesta med afbruten udd eller krossadt fäste.

Samma uråldriga föreställningssätt, som uttalar sig i dessa gamla svenska bruk, ligger äfven till grund för den wärendska folkseden, att när en danneman jordas, så nedlägges hos honom i kistan eldtyg, tobaks-pipa, tobaks-pung, bränvins-flaska, och hvad annat han mest älskat eller brukat i verlden. Har en barnsängs-qvinna dött oförlöst, brukar man likaledes hos henne i kistan nedlägga en svep (mantel, linda, blya, och skjorta eller pinka); det är nemligen folktro, att qvinnan efter döden skall framföda sitt foster och derför har behof af kläder, hvari hon kan svepa det späda barnet.

Har dödingen högt älskat någonting i lifvet, så tros han äfven efter döden vilja njuta deraf och således derpå vålla förgerning. År 1627 vittnades inför Albo häradsrätt, om »en gammal surdeg »och tal här vid gränsen går i svang, — att när »bonden dör, skall humbla-gården blifva för-»gjord. För att bota sådant hafva de för sed, att »skjuta ett djur (rådjur) och lägga i humbla-»gården». Djuret, som skjutes och nedgräfves, är här ett offer åt dödingen, till ersättning för humlen eller ölet, som de gamla Wärends-bönderna i lifstiden älskade högre än någonting annat. Samma föreställningssätt ligger till grund för det ännu iakttagna folkbruket, att, när lik bäras ur gården, lägges på bistockarne en jord-torfva, eller ock nedläggas sjelfva bistockarne på marken, emedan de eljest tros alla dö ut. Såsom bekant brygde våra förfäder sitt mjöd med honung, hvadan ock förgerning på bin tros komma af dödingarne. Jordtorfvor och mull bota bäst uppå sådan förgerning, hvadan de ock i liknande fall användas af den wärendske kloke, såsom vi redan i det föregående (§ 102) visat.

Äfven annan förgerning kan, enligt folktron, komma af dödingarne. Således må, när lik svepas, de lappar, som bli öfver, tillvaratagas och läggas på dynghögen, emedan eljest den döde kan taga all husets lycka med sig till andra verlden.

Dödingen är på det närmaste fästad vid sin slägt och vid sina fränder, och älskar att hafva deras sällskap i grafven, såsom han haft det i lifvet. Det har derföre varit gammal svensk sed, att jorda hvarje slägt för sig i en egen graf, och denna sed har i Wärend bibehållit sig längre än på andra ställen. Hela landet är ännu uppfyldt med ätta-kummel, ätta-hagar, ätta-backar och ätta-högar ifrån hedenhögs, och samma sed har vid de wärendska kyrkorna varit iakttagen ännu långt fram i den lutherska tiden. En sådan slägt-graf uppkallades alltid efter den gård, der slägten var bosatt, och fick namn af gårdens *ättahög.* Dylika ättahögar funnos vid de flesta wärendska kyrkor ännu för femtio år tillbaka, och träffas än i dag vid Nöttja och andra aflägsna kyrkor i Finveden. Faller någon graf in, på gårdens ättahög, så tros det förebåda, att någon af samma ätt snart skall stiga ned i sin graf. Ättahögarne hade, såsom vi i det föregående (§ 73) anmärkt, gerna sitt läge åt söder eller åtsols; frånsols, eller der som »neplica kom sool» (jfr. § 119), ville ingen gerna ligga begrafven. Dit förlades derföre blott frändelösa staf-karlar och främlingar. Denna föraktade grafplats fick i Wärend namn af *främlings-högen.*

§ 123. Dödingarne voro i hedna-verld föremål för en egen offer-dyrkan, som dels var offentlig och dels huslig. Af den förra hafva spår bibehållit sig i åtskilliga gamla svenska folkbruk. På ställen invid vägarne, der någon vådligen omkommit, och der man således fruktat att den döde, såsom en oren gast eller gengångare, skulle bry och förvilla vägfarande, har folket i många svenska lands-orter ända till vår tid brukat *offra;* en sed, som äfven varit iakttagen, der lönskaläge eller annan orenhet yppat sig invid vägen. Offret består deri, att man på dylika ställen kastar någonting, vare sig en ris-qvist, en sten, eller ock (i Westmanland) en penning, o. s. v. Den hög, som på detta sätt bildas vid sidan af vägen, erhåller i olika landskaper skilda namn. Består han allenast af ris och buskar, hvilka hopkastas samt då och då uppbrännas, så får han i Wärend namn af ett *bål,* och att bränna en sådan hög, heter då, att bränna bål (jfr. § 37). Bildas högen af på en gång ris och stenar, hvilka om hvartannat kastas i hög, så heter han i Skåne (Onsjö härad) en *båla-hög;* i Wärend ett *värpe* (af vb. varpa ɔ: kasta); i Nerike (vid Ram-stigen och på Käglan) en *stig-hög;* i Södermanland en *vård;* i Westmanland en *vål, våle* eller *ris-vål;* i Östergötlands skogs-bygd en *vål-kast.* Bildas högen uteslutande af kuller-sten, så kallas han ett *kummel,* eller *sten-kummel.* Dylika sten-kummel hopkastas än i dag på några ställen i Södermanland, Westmanland, Gestrikland o. fl. st. Exempelvis må nämnas ett kummel, på Skärmarbo-mo, ¾ mil ifrån Nora, uppkastad på det ställe, der en gosse blef mördad för trettio år sedan. Efter en murare, som på 1740-talet blef ihelslagen på skogen emellan Hedsunda och Walbo i Gestrikland, kastas af folket ännu kummel, och den så bildade högen, som består allenast af större och mindre rullsten, har nu ett tvärmått af minst 20 fot och en höjd öfver marken af 10 till 12 fot. Nästan öfverallt, der dessa bål, vårdar, högar eller kummel förekomma, bibehåller sig ock den folktron, att man offrar, för att dödingen eller gasten icke må göra en något ondt, då man färdas vägen fram.

Vi kunna af dessa ännu lefvande folkbruk leda oss till slutsatser om tillkomsten af de stenkummel, hvilka ännu talrikt förekomma i Wärend, serdeles omkring Helgasjön och Salen. Dessa kummel äro nemligen otvifvelagtigt gamla graf-kummel, »stenahögar» eller bålhögar, uppkastade dels omedelbart vid sjelfva graf-ölet, dels ock, i tidernas längd, vid de årliga blotgillena på det ställe, der den döde blifvit bränd. Äfven de i Wärend mera sällsynta jord-högarne (f. ex. Kungs-högen vid Ingelstad) hafva förmodligen tillkommit på ett liknade sätt, nemligen så, att folket, för att hedra den aflidne höfdingen, uppkastat högen af jord, som blifvit medförd i säckar eller korgar. Man träffar nemligen aldrig någon hålighet i jorden invid de gemenligen på åsar lagda ätta-högarne, och, vid gräfning, finner man dem ofta bestå af flera sammanblandade jord-arter. I en stor ättehög på gården Helenelund i Skåne, emellan Lund och Malmö, anträffades en ask-urna, ett slag-svärd och en häst-sko, och sjelfva högen var sammansatt af jord-arter, af hvilka några först åter anträffas fem mil längre bort, i Luggude härad. Folket har således otvifvelagtigt fört jorden med sig, och hvarje närvarande har förmodligen, efter hednisk sed, lagt jord på den döde, eller på hans aska, för att sålunda jordfästa honom, i enlighet med det folkbruk, som ifrån hedenhögs blifvit öfverfördt till den christna medeltiden (jfr. § 119).

Äfven veden till de offerbål (§ 37), som vid blotgillena under bar himmel upptändes på eller vid ättahagen, ättakumlet, ättabacken eller ättahögen, har förmodligen blifvit på lika sätt hopsamlad. Om de bruk, som vid dessa nattliga blotgillen, såsom ock vid graf-ölen, iakttogos, ha vi för öfrigt yttrat oss redan i det föregående (§§ 36, 37), och de synas i allmänhet ha varit väsendtligen lika med hvad som en gång förekom äfven hos de antika folken.

Det var således genom dödingarnes omedelbara närvaro i de grafhögar, på hvilka offren förrättades (jfr. § 34), som hedendomens högtider erhöllo sin rent religiösa och tillika nationela karakter. Af de bruk, som från en äldre tid öfverfördes till den yngre hedendomens tempel-gillen, och vidare till medeltidens andeliga gillen, finna vi ock, att man åt dödingarne egnat serskilda högtidliga *minnes-skålar* (jfr. § 38), beledsagade af sånger och gilles-visor till de aflidnas ära. Äfven de vid hedendomens gillen vanliga kämpalekarne och dansen troddes tjena dödingen till förlustelse, under det glädjelösa lif, som han förde i den tysta ättahögen.

Den wärendska folksägnen har, af dessa gamla hednabruk till dödingarnes ära, bibehållit icke otydliga hågkomster. Vi hafva således i det föregående (§ 37) omtalat, hurusom folket ännu på Rudbecks tid visste förtälja, att i det stora röret eller stenhorgen i Helige-lund »syntes ofta eld brinna än om nätterna». Detsamma förtäljdes äfven om den mindre högen vid Ingelstad. Om Moderhögen vid Skäggalösa hette det ännu på samma tid, att han »står om högtids»nätterna på stora gyllene stolpar, hvarunder synes än »i dag icke allenast springas och dansas, utan den »härligaste musik man vill höra, hålles». Sammaledes ock, att i Kongshögen vid Ingelstad »brännes »ljus om stora högtids-nätter än i dag, och säga de »som bo i byn, att de ofta se, serdeles om julnätter, »att denna Kongshög står upprest på fyra gyllene »stolpar, och att derinne, likasom af krönta konun»gar sjunges och dansas». På samme Rudbecks tid inträffade äfven, att Länsmannen Samuel i Thorsjö, med sin moder och flera personer, skulle gå hem, en natt under julhelgen, och gingo förbi kämpahögarne vid Ingelstad. Då »stodo dessa högar på »stora, ljusa och silfverskinande stolpar, »hvarunder dansades och sjöngs af förfärlige store »resar dessa efterföljande ord, som folket klarligen »hörde och minnas:

»Vi kämpar härunder begrafne nu stå;
»ty jorden bär en så stor tunga.
»Säll är den man, som lefva får
»och glädja sitt lif det unga.»

De sjungande voro således dödingar, hvilka efter hedniskt vis ännu firade sitt julagille, med offerbål, sång, dans och lekar uppå de gamla ättehögarne. Deras sång uttrycker för öfrigt noga just den lifsuppfattning, som för hedendomen var utmärkande. Skugglifvet i högen var nemligen blott en lägre tillvaro, kall, dyster och glädjelös, och de blickade med saknad tillbaka till det högre lif, som de en gång lefde uppå jorden.

Alldeles samma föreställningssätt bibehåller sig i Wärend äfven under en yngre, christnad medeltids-form. Det är således ännu allmän folktro, att d ö d i n g a r n e på j u l n a t t e n, vid m i d n a t t s t i d, s a m l a s i g i k y r k a n, d e r d e h a f v a l j u s u p p t ä n d a o c h h å l l a g u d s t j e n s t e l l e r m e s s a. Detta är orsaken, hvarföre man vid jul-ottan alltid efter dem finner stoft och mull i kyrkobänkarne. En man, som red förbi Thorsås kyrka på julnatten, såg ljus i fönsterna och hörde dödingarne sjunga:

«Här stå vi med gula ben och sjungom,
med kaller ande och utan själ intill domen.»

När dödingarne på detta sätt församlas, se de hemska ut; de äro klädda i sina lik-skjortor och sjunga med ljudlös stämma, så att sången icke höres, utan blott förnimmes. Somliga säga, att de sitta i bänkarne u t a n h u f v u d e n, och att »det ligger omkring dem ett sken, såsom hade man d r a g i t ö f v e r d e m e t t h v i t t k l ä d e». Är det någon som går årsgång, och tittar in genom kyrko-fönstret när de döda äro samlade; men han råkar dervid h å l l a m u n n e n ö p p e n, så tros han af dödingarne bli illa handterad, och till och med ihelkrammad. Kommer någon lefvande menniska i otid till jul-ottan, så att hon råkar in i dödingarnes gudstjenst, blir hon af dem genast ihelrifven, med mindre att hon hastigt flyr ut ur kyrkan, lemnande sin kappa eller något annat klädes-plagg i sticket. Flera sådana händelser omtalas ifrån forntiden, och bland annat äfven om en prestafru af gamla Wislanda-slägten. När hon på julnatten tänkte att hon hade försofvit sig, och skyndade till kyrkan, kom henne allt der så hemskt och sällsamt före. Presten, som stod för altaret, talade med ljudlös röst, och ändock förnam hon hans stämma. Rundt omkring sig på bänkarne igenkände hon personer, som för längesedan voro döda. Slutligen blef hon rädd och ville ut. Då blef der rörelse i hela kyrkan, och alla dödingarne gåfvo sig efter. Kommen ut på stigen (gången), mötte prestafrun en döding, som varit hennes go'mor. Dödingen sade: »Vore jag inte din go'mor, såsom jag det är, så skulle jag bita näsan af dig. Haka af dig kåpan i kyrkodörren!» Prestafrun gjorde så. När hon så kom i sjelfva kyrko-dörren, upphanns hon af dödingarne, som ryckte kappan af henne; men sjelf kom hon undan. Om morgonen, när sol gick upp, hittades blå lappar, rifna af kåpan, liggandes på hvarenda ättahög öfver hela kyrkogården.

§ 124. Äfven af den husliga kult, som fordom egnades åt dödingarne eller åt aflidna fränders skuggor, hafva i Wärend några spår förmått bibehålla sig. Denna husliga offertjenst har i allmänhet blifvit öfvad vid de hedniska högtiderna, förnämligast på jul-afton (§ 40) och vid den gamla thorshelgen (§§ 43, 50). På dessa heliga qvällar har man derföre trott sig förr *få emottaga dödingarne till gäst i husen.* För deras skull måtte då hållas alldeles tyst i stugan; ingen fick göra något oljud med att hugga, bulta eller ropa, utan allt hvad som skulle sägas, sade man hviskande. För dödingarne var det ock, som på dessa qvällar alltid stugan måtte vara prydd tillreds, och bordet skulle dukas och tillredas med mat och dryck, samt ljus derpå upptändas. Än i dag heter det i Wärend, att orsaken, hvarföre de gamla icke göra någon kringgerning på thorsdags-qvällen, är den, att »om någon har barn eller maka i jorden, och spinner på thorsdags-qvällen, så tycker den döde icke om det». I åtskilliga gamla Wärends-hus iakttages äfven, att, när folket badat på jul-afton, må elden icke släckas i badstugan eller värmen utsläppas, för dödingarnes skull, som efter de lefvande komma dit för att bada. Enligt den fromma medeltidstro, som identifierade dödingarne med *Änglarne,* får jul-ölet i kannan, som öfver julnatten alltid må stå öppen på jul-bordet, namn af *Ängel-öl,* och dagen efter trettonde-dagen, då julen lyktar och dödingarne eller Änglarne fara sina färde, heter i Wärend ännu *Far-ängladagen.*

Men icke blott på de gamla hedniska högtiderna, utan ock i det alldagliga lifvet iakttages ännu åtskilliga bruk, hvilka stå i förbindelse med den dyrkan, som allt ifrån den gråaste forntid varit egnad åt de aflidna. Wärendsbon dricker derföre af gammalt aldrig ur en nyfylld kanna, utan att först spilla några droppar öl på marken. Meningen med denna folksed blir tydlig af ett liknande bruk, som än i dag förekommer på Gotland. Gammalt folk bruka nemligen, då de taga sin morgondryck, först hälla ut några droppar, såsom det heter, »åt Guds Änglar». Drycken, som spilles, är således en libation eller en minne-skål, egnad åt dödingarne, på samma sätt som det ännu iakttagna wärendska folkbruket, att, när man skärar brödet eller osten, alltid först lägges undan en tunn kant eller skifva, är en förstling, gifven åt Vättarne (jfr. § 67). Äfven ett annat folkbruk hör hit. Man iakttager nemligen i Wärend ännu noga, att en knif aldrig må ligga på bordet, med eggen uppåt. Samma bruk iakttages äfven på Gotland, med det tillägg, att om en knif ligger på bordet, med eggen uppåt, så »kunna Guds Änglar skära fötterna af sig». Detsamma omtalas ock för hundra år sedan, ifrån norra Småland, af Törner, med de orden: »Man må ej lägga knif med eggen uppåt; då skära Guds Änglar fötterna af sig. Ab aliis: rida på honom. Det är angelägnare att vända honom, än taga barn ur elden.» Äfven: »Knif får ej ligga i tomt fat. Det är angelägnare att taga honom derut, än barn ur elden.»

Till husliga bruk, med hvilka man afsåg att hedra aflidna fränder, hörde framför allt, att gifva deras namn åt barn, som föddes i slägten. Försummades detta, så troddes den döde hämna sig, genom att gå igen och oroa barnet under dess sömn. För att barnet må få ro, iakttages derföre, att man i vaggan lägger svafvel, krut och stål, samt att man hänger ett af barnets lintyg ute i förstugan. Dödingen skyr nemligen för eld och för stål, och när han i förstugan finner barnets lintyg, så stadnar han derute och glömmer barnet.

Åtskilliga förebåd, af hvilka Wärendsbon än i dag tager tydor för kommande händelser, och serdeles för dödsfall inom eller utom slägten, hafva efter all anledning sin grund i det gamla föreställningssättet om dödingarne. Således:

Om någon har ärende tillbaka, när likfärd går af gården, betyder dödsfall.

Tyckes det ringa för öronen, så spörjes någon död.

Börjar man tanklöst nunna eller sjunga på en likpsalm, betyder dödsfall.

Dallrar eller slamrar spjället i skorstenen, betyder dödsfall.

Knäpper det i bordet nattetid, så spörjes någon död.

Gifver en ärfd gryta ljud ifrån sig, när hon sättes på elden, så spörjes någon död.

Om ett barn, som redan begynt gå, börjar åter krypa på golfvet, eller om två stickor ligga i kors, utan att någon vetandes så lagt dem, betyder likaledes dödsfall.

§ 125. Ifrån den hedniska uppfattningen af menniskan efter döden, såsom en döding, eller ett i sin uppenbarelse ännu fullt kroppsligt, mythiskt menniskoväsen, höjde man sig blott långsamt till föreställningen om döden, såsom en fullständig skilsmessa emellan menniskans själ och hennes kropp. Menniskoväsenet troddes således ännu länge kunna efter döden uppträda på jorden, ehuru numera blott såsom en hamn eller skugge. Denna hamn är, i den yngre folksägnen, uppenbarelsen af menniskans följes-ande eller vård, och får derföre i Wärendsmålet namn af *Vålne*, *Vålnad* eller *Genfärd*.

Öfvergångs-skedet ifrån den äldre folktro, som låter menniskan efter döden bo i sin grafhög, och det yngre föreställningssätt, som flyttar henne till en annan verld, eller till *himmelen* (jfr. § 78), infaller närmast under medeltiden. Hela föreställningssättet var derunder länge i hög grad dunkelt, och lifvet efter döden fattades föga annat än såsom ett drömlif. Denna dunkelhet är således betecknande för de sägner, som ifrån detta skede ännu fortlefva hos folket. Såsom prof på deras egendomliga skaplynne, må det tillåtas oss att här anföra en sådan legend ur Wärend:

Det var en gång i verldena två stallbröder, som älskade hvarandra så högt, att de lofvade komma hvar på den andres bröllop, antingen han vore lefvande eller död. Hände sig så att den ene blef död, och någon tid derefter skulle den andre gifta sig. När nu bröllops-dagen var utsatt, gick han om qvällen till sin väns graf och klappade på. »Statt upp», sade han, »om du mäktar, och kom med på mitt bröllop!» Den döde bad så gerna: »gack dina färde och låt mig hvila i fred!» »Nej», svarade hans vän, »jag har kommit hit, såsom vi lofvat hvarandra, och du måste följa med.» Den döde steg så upp ur högen och följde sin vän till bröllops-gården. Der satte han sig bakom förstugu-dörren, och hans vän bar dit en näfve mull och ett glas vatten; det skulle vara hans undfägnad.

När det så led på natten, att brud-dansen skulle dansas, gick brudgummen ut till sin vän, och bad att han ville hedra bruden och gå in och dansa med henne. Ja, den döde gjorde honom till viljes, och gick in och dansade med bruden tre gånger. När det var gjordt, ville han gå sina färde. »Nej», sade brudgummen, »du skall inte gå ensam; jag vill följa dig ett stycke.» Den döde bad honom hellre stadna hemma hos sin unga brud; men han var enveten (ɔ: envis), och så följdes de åt om natten.

När de nu hade gått vägen fram, kommo de i ett land, som var så ljufligt, att ingen menniskotunga det kan uttala. Der sågo de mångahanda syner, som betecknade de godas och frommas lott efter döden, och den glädje som är i himmelen. Ändtligen kommo de till en stor gård, der det var så ljust och klart, och lyste som i sjelfva himmelen. »Nu skall du gå hem», sade den döde; »men jag skall gå in, ty här håller jag i qväll också mitt bröllop.» »Nej», svarade hans vän; »du dansade i afton tre gånger med min brud; nu vill jag också dansa tre gånger med din brud.» Dermed följdes de åt in i bröllops-gården, och den lefvande dansade tre dansar med den dödes brud. Sedan tog han afsked och vände åter till sitt, och tänkte att det var blott en liten stund som han varit borta ifrån hemmet.

Men när han kom till sin egen gård, var der allting förändradt; och af menniskor, som han mötte, kände han ingen. Då blef han förfärad, och gick till prestagården och bad att få tala med presten. För honom berättade han om hvad han hade gjort, och presten slog upp kyrko-boken och såg efter, och allt var sannt som han sade. Men efter det han gick hemifrån voro nu tre hundra år förflutna; det hade gått hundra år för hvar dans, som han dansade i himmelen. När mannen hörde detta, föll han ihop, och det blef likasom en fal-aska efter honom på golfvet. —

Medeltidens folksägner uppfatta således glädjen i himmelriket såsom ett bröllop eller ett gästabud. Detta föreställningssätt är dock vida äldre och går tillbaka i Odens-läran, som låter de tappre efter döden hvar dag vara på gästabud i Valhall. En qvarlefva af detta hedniska föreställningssätt har bibehållit sig i ett urgammalt wärendskt folk-uttryck. När det om sommaren regnar, medan solen tillika skiner klar, heter det nemligen, att *»i dag är det stort gästabud i himmelen.»*

§ 126. Granska vi nu all denna öfvertro, som djupt i Wärends skogar förmått bibehålla sig lefvande hos ett eljest rikt begåfvadt och redan i åtta århundraden christet folk, så kunna vi icke undgå att bemärka, huru densamma har sin rot i ett eget, traditionelt, i grunden poëtiskt åskådningssätt. Detta åskådningssätt gör sig visserligen i vår tid mindre märkbart, men framträder likväl icke sällan i folksägner, hvilka än i dag uppvexa ur ett äldre föreställningssätt, vare sig genom nyskapning eller ombildning.

Emellan folksägnen ur vår egen tid och den mundtligt bevarade folktron eller sägnen ifrån fordna tider, förefinnes då alltid en djup inre öfverensstämmelse och ett oförnekligt historiskt sammanhang. Men ju längre vi gå tillbaka i tiden, desto mer öfvervägande framträder hos sägnen en mythisk karakter. Vi ledas häraf till den meningen, att detta slags traditioner i allmänhet måste betraktas såsom qvarlefvor ifrån en äldre kultur-period, med ifrån början *rent mythisk natur-åskådning.* Detta odlings-skede var då det som tillhörde vårt slägtes barndom. I vår svenska folktro kunna vi ock ännu påvisa drag, såsom lefvande, hvilka låta sig historiskt föras tillbaka icke blott i den aflägsna tid, der nordboarnes och de antika folkens hedendom förenas i samma ursprungliga källa, utan till den guld-ålder i menniskoslägtets barndom, der de vester- och österländska folkens traditioner mötas och der den första menskliga odlingen rörer sig i former, hvilka för alla jordens folk på en viss primitiv utvecklings-grad synas vara analoga.

Tillkomsten af detta äldsta mythiska åskådningssätt måste då vara grundad i menniskans eget ursprungliga väsen, och dess utveckling eller upplösning följa en lag, som vetenskapen kan reda och förklara. Fullt känd, skulle denna lag kunna läggas till grund för bestämmandet af de mythiska föreställningarnes relativa ålder. Enligt vår mening låter han ock uttala sig i och med den enkla grundsatsen, att *mennisko-slägtets allmänna själs-lif och högre andeliga odling utvecklar sig i samma ordning och under samma vilkor, som den enskilda mennisko-individens.*

Likasom hos barnet i dess spädaste ålder, finna vi derföre äfven hos det nyfödda mennisko-slägtet hela själs-lifvet samladt i, och beherskadt af *den skapande inbillnings-kraften.* Alla intryck, vare sig dem själen upphemtar genom de yttre sinnena, eller dem hon sjelf skapar, antaga under detta skede objektivitet och uppfattas såsom rent yttre. Formen för denna uppfattning bestämmes genom individualiteten. Allt naturlif uppenbarade sig enligt denna regel för de första menniskorna, såsom *lefvande väsen,* och dessa väsen ikläddes bestämningar, hvilka alltid mer eller mindre voro skapade efter menniskans egen urbild. Menniskans hela inre verld sammanföll således med den yttre, och de bildade tillsammans en mythisk komplex af på en gång dröm och verklighet. De äldsta språken uttrycka noga detta rent mythiska åskådningssätt. Hvarje naturting uppträder derföre i dessa språk, icke såsom ett abstrakt begrepp, utan som ett lefvande, manligt eller qvinnligt väsen; *orden fingo kön*. Talet sjelf var på detta sätt ifrån början blott en mythisk dikt, som redan tidigt ordnade sig rhytmiskt till sång. Alla folks äldsta litteratur är derföre mythisk poësi, likasom deras naturlära är mythologi, och deras äldsta historia icke annat än mythiska sagominnen.

Ur den mythiska komplex, som på detta sätt omfattade menniskans hela själslif med dess andeliga och sinnliga erfarenhet, utvecklade sig nya elementer genom en långsamt fortgående evolution, på samma sätt som plantan utvecklar sig ur sina groddblad. Inom den lefvande naturverlden delade sig således det ursprungligen gifna mythiska väsenet i sina begge yttersta bestånds-delar, kropp och ande. Af dessa blef anden nu sjelfva väsenet, och kroppen fattades länge blott såsom en väsenets yttre, ombytliga uppenbarelseform. Men småningom tillerkännes åt den sinnliga naturverlden en allt mera konstant materiel tillvaro, i samma mån som det mythiska naturväsenet allt mera drager sig undan och förflygtigas. Detta väsen öfvergår då till en naturvätte, d. v. s. en natur-ande, iklädd en materiel kropp, och uppträder, såsom sådant, dels inom naturen, dels ock utom densamma, hvarest på detta sätt bildar sig en egen mythisk guda- och ande-verld. De hedniska gudarne, på den utvecklingsgrad der de qvarstannat i folktron, äro således ännu naturgudar. Oden jagar ännu troll i höstnatten, när flyttfoglarne fara, och Thor körer sin vagn i thordönet. Såsom uppträdande i naturföreteelserna äro de ännu bundna vid materien. Dertill äro de ock sedligt ofria, i likhet med menniskan sjelf, som ännu fattar sitt eget väsen, såsom beherskadt af andra väsen genom deras goda eller onda *tydor.* Genom denna mångfald af yttre inflytelser, uppkommer den allt beherskande nödvändighet, som är hedendomens *blinda öde.*

Det är först under hedendomens senare skeden och i dess högsta uppenbarelse-former, som denna verld af natur-gudar och natur-andar alltmera klarnar till sedlig bestämdhet, såsom goda eller onda, hufvudsakligen genom upptagande af ett rent historiskt element af förgudade hjeltar, eller ock fiendtliga mythiska menniskoväsen. Men med christendomens framträdande, och den jäsning i hela föreställningssättet, som deraf blef en följd, går slutligen hela denna guda-verld under, tillika med det äldre mythiska åskådningssätt, hvarur den uppvuxit och hvari den hade sitt fäste. Hedendomen hade ock nu redan uppfyllt sin bestämmelse, såsom ett föregående och nödvändigt moment, för utvecklingen af den högre och renare verlds-åskådning, som uttalar sig i christendomen.

Den äldre mythiska natur-åskådningen vek dock blott steg för steg undan, och bibehöll sig genom långa århundraden, vid sidan af kyrkans lära, såsom folktro. Den öfvade ock, genom hela medeltiden, ett mäktigt inflytande på det allmänna religiösa tänkesättet, serdeles i fråga om andeverlden. Genom den motsättning, som betingades af christendomens högre utvecklade sedliga begrepp, sönderföll nemligen, redan tidigt, den äldre hedniska guda-verlden i två öfversinnliga verldar af ny och alldeles motsatt karakter. Den ena af dessa är *himmelriket*, förut jemväl hedningarnes himmel, nu befolkad af heliga väsen och fromma aflidnas andar, christnade till *Änglar*. Den andra var hedningarnes *helvete*, nu utbildadt till ett mörksens rike, och befolkadt af onda aflidnas själar och orena hedniska naturväsen, ännu igenkännliga såsom *pukar* eller onda andar. I himmelen, såsom ljusets rike, regerar Gud Allsmäktig, redan af hedningarne anad såsom Allfader. I helvetet deremot uppträdde en furste med nytt lånadt namn, såsom personification af en ny idé, som man likaledes måste låna utifrån. Denna främmande tankebild erhöll nu af den gamle hedniske Oden alla de lägre attributer, som det nya föreställningssättet icke längre ville vidkännas, och genomgår hela medeltiden, såsom det godas eviga motsättning, naturens och menniskornas lede fiende, Lucifer eller Satan.

Mennisko-anden har således i folktron, likasom öfverallt i kulturen, blott följt sitt eget väsens innersta lag och utvecklat elementer, hvilka i detta väsen voro ursprungligen gifna. En möjlighet är då på förhand gifven, att ordna och reda dessa lefvande fornminnen ifrån verlds-åldrar, historiskt bestämbara blott genom de stora upptäckterna af e l d e n och af s t å l e t, och således med rötter, gående ned i en urtid, emot hvilken folkens skrifna historia är en saga ifrån gårdagen. Dessa vittrade spillror af en förgången eller utdöende mythisk tradition äro då icke oförtjenta af forskarens uppmärksamhet. De gömma ifrån guld-åldern i vårt slägtes barndom en guldsand, som, förd af tidens ström under årtusenden, nu ligger inbäddad i slammet från yngre kulturskiften. Dess uppsamling, sofring och bearbetning äro icke utan sin möda. Men äfven här skall vetenskapen lösa sin uppgift och inhösta sin skörd, för den nationela bildningen såsom för slägtets allmänna odlings-historia.

Tillägg och Anmärkningar.

§ 4. »Om något kreatur varit bergtaget, skall man kasta stål öfver det, eljest får man aldrig behålla det, och fast det med våld skulle ske, kommer något annat bort i stället. — Item tändes eld i något och gås tre slag kring dem.»

»När en hustru föder barn, må ingen ut eller ingå, helst nattetid, eller upplåta dörren, utan att hafva eld med sig, att ej *Troll* må ingå och barnet bortbyta.»

»Tråg får ej vändas upp och ned, icke heller såll eller rissel stå på ända. *Trollen* skjuta då deråt, och om folk eller kreatur komma emellan, få de skott.»

(*Joh. J. Törner,* de reliquiis Paganismi et et Papismi in Smalandia. Hdskr. å Linköpings Gymn. Bibliothek.)

§ 5. I Wärend förekomma jordkulor äfven i Åsheda sockens norra fjerding. I Finveden förekommo de för icke länge sedan inom Långaryds socken.

Hos jordbyggarne på skogen Kolmorden och i Södermanlands skogstrakter anträffas ännu icke sällan egenheter i kroppställning och ansigts-drag, som närma sig till den Lappska folktypen. Exempelvis må nämnas en ännu lefvande jordbyggare, vid namn Erik Ersson, född i en jordkula under Skedevi och nu boende på krono-allmänningen i Oppunda härad, som, undantagandes drägten, helt och hållet återkallar bilden af en fjäll-Lapp, med låg och spenslig vext, djupt liggande, mörka ögon, gul hy, svart, rakt hår och klen skägg-vext. Samma egenheter igenfinnas äfven någon gång, ehuru sparsamt, hos individer af de wärendska backstugu-sittarne.

Ekstock eller *Eka* är, vid åtskilliga sjöar i öfra Sverige, ännu namnet på en mindre båt, hvaraf kan slutas, att dessa enkla farkoster en gång varit allmänt kända i vårt land. Andra gammaldags farkoster, som på olika ställen bibehålla sig, äro: *Smackar*, på sjön Öljaren i Södermanland; *Lankor*, *Öbolankor*, på Wisings-ö; *Snäckor* i Bohus-län; *Bassar*, *Elf-bassar* eller *Elf-båtar*, i Wenern och på Göta elf, o. s. v.

§ 15. Äfven Rudbeck har kännt wärendska folksägner, i hvilka den gamble *Hund* eller *Hune-smed* göres till densamme som *Widrik Werlandsson*. Rudbecks ord (Smål. Antiquit. kap. 16) äro dessa:

»Och när nu denne berömmelige Kung (Widrik Werlandsson) blef sjuk och såg att han dö skulle, då han länge och väl regerat hade, ville han ändå icke i Halland ligga begrafven, fast han der konung var, utan befalte, att hans män skulle honom i hans fosterland Småland begrafva, inom den Småländska och hos den Halländska gränsen; hvilket ock skedde, så att han är begrafven på gränse-skillnaden uti Markaryd kyrka i Småland, derest hans graf (af) alla hosboande visas till de resande och dem der efter fråga, och på hans sten på kyrkogården står hammar och tång till efterdöme uthuggen.»

§ 17. En aflägsen trakt i Wierstad socken (södra delen af Östra fjerding) vid Albo härads gräns emot Skåne, får hos folket namn af *Lappa-länet* (jfr. § 27). Norra fjerdingen af Åsheda socken, som är magrare än de öfriga, heter hos grannarne *Agna-Norget*. Inbyggarne i Ljuders socken bli för sin korta vext på spe kallade **Vrattar**. En *vratte*, *pojk-vratte* är i Wärendsmålet ett barn med knuten vext, och nyttjas skämtvis i nästan samma mening som byting. Äfven *bortbytingen* (§ 4) är nemligen alltid småvuxen. Folket i vestra Småland får af Hallänningarne hålla till godo med ök-namnet **Tejar**. Törner (anf. arb.) har härom följande anteckning:

»Hvadan kommer att Jutarne (in specie Hallännin-
»garne) kalla alla Smålänningar, per convitium, *Tejar*?
»Forsan a Teja, Ostro-Gothorum rege in Italia» &c.

Ryttmästaren P. v. Möller på Skottorp har, på förfrågan, härom meddelat i bref till författaren, att ordet *Taija* f., plur. *Taijer*, ännu allmänt brukas i Halland (f. ex. af skolgossarne i Halmstad), såsom skälls-ord till Smålänningar, eller till Hallänningar, som bo i de intill Småland gränsande socknarne: f. ex. »din Torupa-*taija!*»

§ 19. Den här anförda sjön heter Nistingen, icke Nislingen. — Vikings-äng, såsom namnet skrifves i de gamla domböckerna, heter nu Vikingsved eller Vickensved.

§ 22. Att de gamla marknads-slagsmålen af ålder voro stam-fejder, visade sig ingenstädes så tydligt som vid Eneryda, hvars marknad, på grund af de blodiga slagsmålen, måste aflysas ännu så sent som på 1820-talet. Vid Eneryda marknad delade sig de kämpande i två, alltid lika grupper, nemligen å ena sidan Wierstad-boarne och Stenbrohults-boarne, understödda af Skåningarne; å andra sidan Skatelöfs-boarne, Thorsås-boarne och Wislanda-boarne, understödda af folket från ofvan om dem belägna socknar. Emellan nu uppräknade delar af Wärend förefinnes en märkbar brytning i folk-målet. Medan således de förra socknarne uttala det öppna o såsom å, f. ex. håppas, kåmma, dåppa, uttala de senare denna vokal såsom ö, f. ex. höppas, kömma, döppa.

§ 27. En hågkomst af det gamla Troll-folkets bosättning i Göta rikes skogs-trakter, gömmer sig i namnet *Troll-Tive'n*, som i Westergötland ännu gifves åt skogen Tiveden. En del af denna skog, på ett högt berg i Undenäs socken, får hos folket äfven namn af *Troll-kyrke*.

§ 43. »Om någon spinner på thorsdags-qvällen, så få paska-käringarne makt med linet.»

§ 44. Om Gnid-eldens bruk i Småland har Törner följande anteckningar:

»När Fä-sjukan var i Småland, borrade de hål i en ek, gnedo med en pinne eld, brände med densamma nio slags träd och läto kreaturen gå deröfver. Detta blef förbudet och hotadt.»

»När något kreatur är sjukt, så låter man taga *Gnid-eld*, med en speta af en e k e - p i n n e och ett snöre uti en hus-dörr, som så länge drages, tills det tager eld, hvilken eld, då han blir ansyls tre gånger dragen omkring sig och med en viss formular signa, botas det, när kreaturet rökes dermed.»

»Denna *Vrid-eld* brukas ock ad avert(endam) fascin(ationem), när fisk-redskap är förgjord. Man borrar hål i ett dörrträd af e k, derigenom drar man en tög, till dess elden fastnar derefter; deraf tänder man i svafvel och röker noten.»

I Wärend omtalas Gnid-elden äfven under namn af *Gno-eld* (af gno ɔ: gnida). När boskapen i någon gård får Svartsjuka, har man ända till senare tid brukat upptända gno-eld, genom att lägga ett snöre omkring en stafver och dermed vrida emot en afhuggen ek-stock, tills det fattar eld. Med denna gno-eld rökas kreaturen och upptändes ny eld i gården. Äfven har sådan eld varit brukad för att tända på kol-milor och mas-ugnar.

§ 45. Ett exempel på huru de första christna lärarne i vårt land höllo Guds-tjenst vid ett upprest böne-kors, förekommer hos Sturlesson. Han berättar nemligen om Olof Tryggvason, att denne konung en gång ärnade sig till en Norrman, vid namn Röd, för att tvinga honom till christendomens antagande. På färden uppehölls konungen af motvind, och hans biskop, Sigurd, förklarade detta hinder vara uppkommet genom F i e n d e n s, Fandens eller djefvulens k r a f t (»fianda krapt»). Till att öfvervinna denna onda inverkan, i k l ä d d e B i s k o p e n s i g s i n m ä s s e - s k r u d, u p p s a t t e e t t k o r s, l ä s t e e v a n g e l i u m o c h b ö n e r, a n t ä n d e r ö k e l s e, o c h s t ä n k t e v i g v a t t e n r u n d t o m k r i n g p å s k e p p e t. Derefter blef konungen i stånd att fortsätta sin resa. — Äfven förekommer i legenden om S. Sigfrid, hurusom, då en af de tolf första christna i Wärend dött brå-död, gjorde S. Sigfrid böner för hans själ, att hon måtte få njuta ro (»ut anima ejus aliqua requie potiretur»), och tillstadde senare åt den aflidnes fränder, att sätta ett kors vid grafven, till tecken att han dött såsom christen.'

De gamla katholska *böne-korsen*, som ofta på samma gång voro *själa-kors*, alldeles såsom de hedniska blothögarne tillika voro grafhögar, låta ännu spåra sig i åtskilliga wärendska lokal-namn. Till hvad redan i det föregående (§ 45) om dem blifvit anfördt, må således här läggas, att i Liuder socken af Konga härad förekommer en gård med namnet Korsa-näs. I Mistelås socken af Albo härad finnes likaledes en gård, som heter Kors-moen, samt i Upvidinge härad gårdarne Korsahult och Krysse-boda.

Efter det gamla katholska penitens-väsendet lefver i Wärendsmålet ännu talesättet, att krypa till krysse ɔ: krypa till korset, ödmjuka sig och bedja om tillgift.

Korsandet, såsom ett yttre tecken, är icke heller bortlagdt, utan brukas ännu på samma sätt som elden och stålet, till skydd emot all slags förgerning och trolldom. När jordegumman upptager ett nyfödt barn, gör hon således kors-tecken öfver dess hufvud och bröst, innan hon lägger det i den första lögen eller lögvattnet (jfr. § 102). När späda barn gäspa, gör modren kors-tecken öfver deras munn; sammaledes korsar modren ock öfver barnet hvarje gång hon nedlägger det i sin nanna, dussa eller dusse-nanna (ɔ: hängande barn-vagga). Vid läggdags, när husmodern rakar samman glöderna i spiseln eller fäster elden, försummar hon icke att tillika signa elden, d. v. s. deröfver göra kors-tecken. När smör-trillingen är nykärnad, tecknas han alltid med ett kors, till skydd emot förgerning på mjölken. Öfver deg-tråg och mat-grytor göres kors med handen, för att Hin Ondes anhang icke må taga kraften af maten. När bonden sår, korsar han öfver sädes-skäppan, att icke trollen må stjäla säden som kastas ut. Spannar och byttor, som lemnas ut ur gården, tecknas med kors. Om julakorsen och kors öfver dörrarne i dymmel-veckan, till skydd emot onda väsen och trollbackor, ha vi redan talat i det föregående (§§ 40, 41). Ett kors af halm, lagdt under rost-karet, fredar brygden emot förgerning. Äfven flätas kors af spingstickor, till leksaker åt barnen, likasom korset igenkännes i formen på barnens mor-pycken (ɔ: smycken) och qvinnornas hals-prydnader.

Vid plötsliga utrop eller hastig förskräckelse, anropar Wärendsbon ännu det heliga korset, såsom:

Kors, i Herrans namn!
Kors, i Jesu namn!
Korsana mig!
Åh, kors, o s. v.

Äfven brukar man åtskilliga svordoms-formler ifrån katholska tiden. Vid sidan af de eder ifrån hedna-tid, dem vi redan (§ 53) anfört, bibehålla sig således i Wärends-målet flera gamla svordoms-formler, i hvilka man svärjer vid *Vårs Herres träd* (ɔ: kors), *pina* och *död*, såsom:

Vass Herra Tre! — Serra Tre! — Herra Tre! — Pina Tre!
Vass Herra Död! — Serra död! — Herra död! — Pino död! — Guds pino död! — Dyra död!

eller vid *Heliga Män* (ɔ: helgonen), deras *nåd* eller *död*, såsom:

Tan Heligan! *) — Hillemän! — Vasshellimän! — Sellimän!
Heligonåd! *) — Vasshellinåd! — Sellinåd!
Heligodöd! *) — Vasshellidöd! — Sellidöd!

Efter *Munkarne* och munk-väsendet bibehålla sig hos folket ännu några svaga hågkomster. Åtskilliga gårdar i Wärend bära således namn efter munkarne. I Wissefjerda socken af Konga härad förekommer ett Eremitemåla eller Årmittemåla. I Elmeboda socken af samma härad ligger gården Munkamåla. I Kinnevalds härad förekomma Munkagård (i Stenslanda by) och Munkanäs i Urshult socken. I Uppvidinge härad förekomma gårdarne Klerkeboda och Munkamåla, och inom Norrvidinge härad ett Munketorp i Tolgs socken. Ännu i början af 1600-talet visste man tala om »de gamla Munkedagarne» och huru Munken plägat intala de sjuka eller döende, att gifva af sitt gods till kyrkan. Åtskil-

*) Dessa svordoms-formler brukades ännu på Rudbecks tid och blifva af honom omtalade.

liga namn och talesätt, som bibehållit sig i Wärendsmålet, vittna om huru djupt de katholska andeliga slutligen sjunkit i folkets mening. En blomma (Chrysanthemum) med gul, kullrig disk och slokande, hvita kronblad, återkallande bilden af en katholsk andelig med rakad hjessa, heter i Wärendsmålet Munka-skallar. En gul blomma, med vämjelig lukt, som plägar vexa på svedjelanden, heter i folkmålet Munka-fes. De taggiga fröna af Cynoglossum heta hos Wärendsfolket Munka-löss, och ett slags pösande, flottiga klenäten få namn af Munkar, pös-munkar. Att jollra, såsom barn eller druckna, heter i Wärendsmålet att karpa Pater noska eller prata Patri noska, en förvridning af munkarnes Pater Noster eller det latinska Fader Vår. När någon tanklöst och ur minnet upprepar en inlärd lexa, säger man, att han »rabblar upp» eller »läser som det voro på radband (uttalas: rabånn)». Att »gå i radband» när man slår, är att gå skår snedt efter hvarandra, såsom perlorna följa en efter annan på katholikernas radband.

§ 49. *Odens Jagt*, såsom naturföreteelse, blir i Wärend någon gång förvexlad med Nattramnen (§ 117). När det då höres uppe i luften »ett gnällande, pipande och knarrande ljud, såsom då man kör med en osmord vagn», heter det hos Wärends-folket, att »det är *Odens jagt.* Nu far han efter någon arm själ». — Oden hålles nemligen för att vara »*djefvulen*, som passar upp att taga själen, när någon dör, som icke dör väl.»

§ 59. Törner hörde vid början af 1700-talet Glo-son omtalas i norra Småland, under namn af *Gräf-son.* Om det offer, som henne egnades, har han följande anteckning:

»När man lyktar att skära säden, så lemnas gemenligen en hand full, vid pass, af de sista stråen, sådana som de vext med strå och allt uti åkern. De flätas med tre tåtar om hvarandra och sedan böjas ned till jorden, då tre små stenar läggas deruppå. När man frågar hvad det betyder? så svara de, att det kommer *Gräf-son* till, på det man skall få god årsvext åt åre. — Om det skall vara ett offer åt Ceres eller ej, det lemnar man.»

Föreställningen om den hedniska Glo-son, såsom ett hvitt svin, har förmodligen gifvit upphof åt den i Westmanland gängse folktron, att det är olyckligt hafva hvita svin. Svin som påläggas, må derföre vara svarta eller brokiga.

§ 64. »*Elfhögar* får man icke gräfva i.»

»Att vatten ej må tryta i brunnen, lägges en hvit styfver brunnen, när han rensas.»

»När dessa (hedna) små barn äro oroliga mycket, hvilket somliga säga att *Elfvorna* valka dem, då skall man hafva strödt krut på golfvet och tända uti, så går denna trollskapen bort och så få de sedan ro.»

»Ingen må kasta sitt vatten i någon ström eller rinnande vatten; ty om *Elfvorna* komma öfver det, så mår man illa deraf och får *Elfblåst* (nästan som små-messling), hvilket måste botas således, att en som blifvit ormhuggen, tager en torr nässle-stjelk och derigenom blåser på den sjuke, så går det öfver.»

»Om man kastar sitt vatten på ett sådant ställe, får man en sjuka, som kallas *Elfbläst*, ser ut som svinkjörn; det slår upp, om en timma är det borta och slår (ut) på ett annat ställe.»

»Af somliga botas det så, att om de veta stället, offra de skafvet guld, silfver och tenn i ett glas dricka, (som) utgjutes der v(attnet) är kastadt eller i en myrstack.»

»Af andra så, att de med ett tennfat fläkta på det som är uppslaget, och sedan röka't med *Elfnäfver*.»

»Den som råkar att somna vid *Elfdans*, blir så yr i hufvudet, att han ej vet hvar han är, utan kan gå vilse.»

(*Törner*, anf. handsk.)

§ 65. »Dricker man vatten sent på aftonen, måste man kasta stål eller eldkol uti vattnet.»

(*Törner*.)

§ 66. »Man måste akta sig, att man ej slår barnets löge-vatten på det ställe der *Vetter* hafva sitt tillhåll; ty deraf trifves icke barnet.»

(*Törner.*)

§ 81. »Gamla träd, som länge stått vid gården, hugger man ej gerna bort, emedan vulgus tror, att några Genii uti dem hafva sin boning, hvaraf kallas de ock *Tomte-träd.*»

(*Törner.*)

§ 82. *Enen* hålles i Westergötland för ett heligt träd. På Svanebergs egor vexte för trettio år sedan ett gammalt en-träd, som gårdens egare ville fälla; men på hela godset fanns icke en man, som kunde förmås att hugga trädet. — I Skåne anses *Torn* eller Hagtorn för helig. I Wemmenhögs härad får man således ännu se detta träd vexa orördt, till och med midt i åkrarne.

§ 83. »Låt oss komma öfverens och inte trampa hvarann på tårna!» sade tuppen till hästen, på den tiden när djuren kunde tala.

§ 104. I Brocmanni N:o 2, handskrift å K. Riks-arkivet, förekomma några *läsningar*, antecknade ur Norrköpings stads Protokoller, för åren 1617, 1618. Vi meddela här följande:

Läsning (af en djur-karl på Åland), »att hvilken som hade en sådan sedel hos sig, honom skulle ingen kunna fordra för lag och rätta.»

Jag bedes af dig (Sune Nilsson) try bröd till läns:
det ena ditt hjerta,
det andra ditt hjerte-blod,
det tredje din lefver, lunga och tunga.
I namn &c.

För Ondt i hufvudet.

Jungfru Maria och hennes Möjor, de till stranden gingo,
då sågo de hjernen flyta.
De vodo ut och togo den

och lade honom i hjerna och hjerne-skål,
med Guds nåd.
I namn &c.

För Qvesan.

Vår Herre gick sig åt vägen fram,
mötte Honom Qvesan.
»Hvart skall du gå?» sade Vår Herre.
»Jag skall gå till mannen,
bryta ben och echta värk.»
»Nej», sade Vår Herre.
»Du skall honom icke göra till mene,
än som en jordfastan stene.»
I namn &c.

För Skott.

Jag läser öfver dig
för *Finne*-skott,
Lappe-skott,
Väder-skott,
Berg-skott,
Ved-skott,
Hanka-skott,
och för alla de skott, som jag intet nämna kan.
I namn &c.

För Torske-bett.

Jag gör kors på den helga jord.
Jag signar dig, Torske-bett.
Lände-bett,
Grymme-bett
och allt det såg, som går emellan himmel och jord,
det skall jag binda med Jesu Christi välsignade ord,
från tand, från tunga,
till värelds ända,

under en jordfastan sten.
Nu skall du intet mera göra någon menniska till men.
I namn &c.

§ 108. För jemförelse meddela vi här en *Aftonbön*, antecknad i Westmanland, 1864.

Det går en ängel kring vårt hus,
han håller två förgyllda ljus,
han bär en bok uti sin hand;
så somna vi i Jesu famn. Amen.

Aftonbön, antecknad i Bohus-län, på 1840-talet.

Nu går jag till sänga
med tolf Guds änglar:
två till hand och två till fot,
och två till annor ledamot;
två mig täcka
och två mig väcka,
två de föra min själ till himmelrik. Amen.

Bön, antecknad i Skåne af J. Törner.
(»Pigor, som gerna vilja gifta sig, läsa denna bön, S. Luciæ afton, så bli de säkert gifta det året.»)

Luciæ den blida
skal få mig at wida,
huis sæng jag skal breda,
huis børn jag skal bära,
huis käresta jag skal vara
och huis famn jag skal sofva uti.

Bön, ifrån Skåne, antecknad af Törner (anf. arb.).

Jag tackar dig, nåd och miskund. — —
Synd och sorg förlåt du mig!
Helvetes pina skedde dig.
Det sker Skärthorsdag efter middag,

Ljugare-lag, Kompare-lag;
der skulle Vår Herre Jesus Christus korsfästas.

De lade Honom i så stark ena dömma,
då måtte alla gode Guds änglar från honom rymma,
utan Herr Peder allena,
han förmådde sig intet mena:
»O, Herre! Gör nåd med mig,
så gerna jag vill gå i döden med dig.»

»Du tror icke få svärja tre gånger;
innan midnatt du flyr i skog och skrige,
ljugare med din like.
Du flyr i mörka ljung;
men jag skall tåla döden den starka.»

Der voro fyra man till mage,
kunde korset i markena age (ɔ: åka, köra).
Jesus Christus var sjelf så stark,
sjelf bar han sitt kors i mark.
Jesus gick i marken,
lät sig pina om igen.
Löper eller följer ålle (ɔ: arla) eller sille (ɔ: serla),
intet skall der för mig spilles.
Det blodet nedåt stegen rann,
dermed får den blinde man
sin ögon visst.
»Städse må han skåda
mitt blod det röda;
det rinner mig till döda.» —
Gud nåde oss för synder vi ha gjort i dag!
Vi görom den ondt, som gör oss godt,
som fäderna med oss göra.

Hvilken dessa bön läsa kan,
qvinna eller man,
mö eller sven,
piga eller dräng,

och ingen dag förgäta;
så har Vår Herre Jesus lofvat
att Han ville fliteligen bevara dem från ondt och gram,
från last och skam,
emellan man och menniskans allt som skada kan.
Guds ord. Amen.

»Ofvanstående bön var den endaste, som en hundra-års äring, uti byn Öhlsjö vid Christianstad kunde läsa.»

Lightning Source UK Ltd.
Milton Keynes UK
UKHW05f1531260718
326327UK00007B/407/P

9 781293 333440